CRH 动车组系列教材

动车组维护与检修

（第 3 版）

主编　王连森　林桂清
主审　张中央　杨　弘　施　朗

西南交通大学出版社
·成　都·

内容提要

本书设两篇计十一章。第一篇为基础部分，用两章篇幅介绍动车组维护与检修的基础知识；第二篇为检修工艺及检修设施部分，用九章篇幅介绍动车组车体、转向架、牵引电机、主要电气装置、制动机、空调装置等主要零部件的检修规程、检修工艺和动车组落成及调试的内容，还介绍了动车组检修设施方面的内容。

本书为高职高专动车组专业教材，也可作为中等职业学校、职工培训教育的教材，还可供动车组检修相关人员、机车车辆检修技术人员、工人和高等学校相关专业师生参考。

图书在版编目（CIP）数据

动车组维护与检修 / 王连森，林桂清主编. —3 版
. —成都：西南交通大学出版社，2022.1
ISBN 978-7-5643-8527-9

Ⅰ. ①动⋯ Ⅱ. ①王⋯ ②林⋯ Ⅲ. ①动车 – 故障诊断 – 高等学校 – 教材②动车 – 故障修复 – 高等学校 – 教材 Ⅳ. ①U266

中国版本图书馆 CIP 数据核字（2021）第 278730 号

Dongchezu Weihu yu Jianxiu

动车组维护与检修

（第 3 版）

主编　王连森　林桂清

责任编辑	李华宇
封面设计	墨创文化
出版发行	西南交通大学出版社
	（四川省成都市金牛区二环路北一段 111 号
	西南交通大学创新大厦 21 楼）
邮政编码	610031
发行部电话	028-87600564　028-87600533
官网	http://www.xnjdcbs.com
印刷	成都蓉军广告印务有限责任公司
成品尺寸	185 mm × 260 mm
印张	18
字数	446 千
版次	2010 年 8 月第 1 版
	2018 年 1 月第 2 版
	2022 年 1 月第 3 版
印次	2022 年 1 月第 6 次
定价	48.00 元
书号	ISBN 978-7-5643-8527-9

课件咨询电话：028-81435775
图书如有印装质量问题　本社负责退换
版权所有　盗版必究　举报电话：028-87600562

"CRH动车组系列教材"
编委会

主　任　李晓村

委　员　（以姓氏笔画为序）

邓木生　王连森　王建立　华　平

何成才　张中央　张　龙　张　维

李益民　李瑞荣　连苏宁　陶若冰

谢家的　董黎生

序

我国铁路自 2007 年 4 月 18 日进行第六次大提速,并在国内首次开行 200 km/h 动车组以来,统称为"和谐号"的 CRH 系列动车组即成为我国铁路迈入高速铁路俱乐部的象征。在"十一五"期间,我国将建设铁路新线 17 000 km,总投资达 2 万亿元。根据新调整的国家中长期铁路网规划,到 2020 年,全国铁路营运里程将达到 120 000 km,将建成"四纵四横"铁路快速客运通道以及经济发达和人口稠密地区城际客运系统。这又将为 CRH 系列动车组提供进一步施展的舞台。

但目前 CRH 系列动车组的运用、检修专业人员的培养尚不能适应我国铁路发展的现状与趋势;铁路职业教育也迫切需要一套与 CRH 动车组专业联系紧密的教材,以实现有针对性的教学,为国家早日培养出铁路行业专门人才。由此,全国铁路高职、中专机车专业教学指导委员会以及其后的中国职业技术教育学会轨道交通专业委员会,会同相关院校,在西南交通大学出版社的大力支持与配合下,于 2007 年 5 月在武汉会议上组建了以李晓村为主任、何成才等为委员的"CRH 动车组系列教材"编委会。会议经分析、讨论,确定了动车组核心专业课程的设置和课时分配。之后又于 2007 年 11 月在成都会议上审定了各核心专业课程的编写大纲,最终确定了《动车组构造》《动车组牵引与控制系统》《动车组辅助设备》《动车组电机与电器》《动车组网络技术》《动车组制动系统》《动车组操纵与安全》《动车组行车与规章》《动车组维护与检修》等九种书为第一批 CRH 动车组系列教材。

本系列教材由全国铁路高职、中专机车专业教学指导委员会副主任李晓村担任总主编,特邀西南交通大学李芾教授担任总主审;由一批资深的行业专家担任各教材主编暨教材编委会委员,由路内外有关专家担任各教材主审。在实行第一主编负责制的前提下,编写人员本着对铁路发展负责任的态度,认真进行专业调查,收集相关资料,团结协作,确保了编写内容的准确性、适用性和及时性。

本系列教材适用于高职和中专铁道机车车辆专业动车组方向或相关专业的教学用书,也适用于动车组运用、检修人员的学习培训用书,以及相关专业技术管理人员的参考用书。

由于 CRH 系列动车组在我国运用的时间还不长,各型号动车组之间的结构原理存有显著差别(本系列教材中暂定以 CRH2 型动车组为主讲车型),部分技术资料欠缺,加上编写时间又十分仓促,本系列教材难免存在一些不足。但随着 CRH 系列动车组技术的日臻成熟,运用经验的积累与丰富,编写者理解水平的不断提高,我们会适时对其进行修订、补充,使之完善、提高。我们真诚希望各位专家、专业技术人员和教材使用者能积极提出宝贵意见,让本系列教材在积极发挥作用的同时,得到进一步的提炼。

本系列教材在筹划编写过程中,得到了铁道部劳动和卫生司的大力支持和帮助;西南交通大学的李芾教授、付茂海教授等也对其给予了极大的关注,提出了不少指导性意见;同样,许多一线的铁路专业技术人员也为我们提出了具体的意见和建议。此外,西南交通大学出版社的领导和工作人员为本书的出版付出了辛劳,并提供了极大的帮助。在此,我们一并表示衷心感谢。

CRH 动车组系列教材编委会
2009 年 1 月

第3版前言

本书第2版自2017年发行以来，我国铁路动车组运营规模又得到了迅速的发展，动车组设计日趋完善，目前我国运营动车组已呈现出多速度等级、多种动力模式的技术局面，并且整体技术更加先进、成熟可靠。动车组维护与检修工作在这几年当中也随之得到了进一步的发展。各检修基地及检修工厂广泛采用了众多的新技术、新工艺、新设备。

本次修订，在内容方面，对编进书内的检修部件作了重新选取，使部件阐述内容更具有代表性、典型性；针对部件检修工艺融进了大量的新技术、新工艺，体现出与铁路动车组检修现场使用的技术手段保持同步；作为附加内容，增加了他型动车组典型部件的检修过程实例。

本次修订，在教材组织及表述上，更加注重条理性、逻辑性，尤其是简明扼要性，使学生倍感亲切。

本书系统地介绍了动车组检修的基本知识，以及动车组检修过程、动车组典型部件的检修工艺。教材的教学目标是：培养具有扎实检修理论知识，具有较强分析、解决问题和实际操作技能的动车组检修应用型人才。

本书由辽宁轨道交通职业学院王连森教授、天津铁道职业技术学院林桂清教授担任主编，全书由郑州铁路职业技术学院张中央教授、中车长春轨道客车有限公司教授级高级工程师杨弘、沈阳铁路局集团公司沈阳动车段技术科主任施朗担任主审。天津铁道职业技术学院唐红林、郑州铁路职业技术学院宋慧娟、吉林铁道职业技术学院金雪松、辽宁轨道交通职业学院丁洪东、苍松参与编写。具体分工如下：王连森负责第一章、第二章、第十章的编写；林桂清负责第三章、第七章的编写；宋慧娟负责第四章、第十一章的编写；唐红林负责第五章的编写；丁洪东负责第六章的编写；金雪松负责第八章的编写；苍松负责第九章的编写。

本书在编写过程中，得到了全国铁道职业教育机车车辆专业教学指导委员会、沈阳铁路局车辆部、沈阳动车段、武汉动车段、中车长春轨道客车股份有限公司的大力帮助，在此一并表示感谢。

编 者
2022年1月

第 2 版前言

本书系统地介绍了动车组检修的基本知识、动车组的检修过程和动车组典型零部件的检修工艺。教学课时约 110 课时。本书的教学目标是：培养具有扎实检修理论知识，具有较强分析、解决问题的能力和实际操作技能的动车组检修应用型人才。

自 2010 年第 1 版《动车组维护与检修》出版发行 7 年以来，我国铁路动车组运营得到了迅速发展，动车组维护与检修工作在规模和技术上也得到相应的提高与发展。铁路总公司各检修基地及检修工厂广泛地采用了各种新技术、新工艺、新设备。为了使高等职业院校学生在校期间能够更好地掌握动车组检修相关理论知识与技能，毕业后到现场能尽快胜任工作，同时为现场工程技术人员的再学习提供帮助，特编写了新版《动车组维护与检修》。

本书适应铁路发展形势，在充实动车组检修新工艺、新技术的同时，对各章节的内容进行了一定程度的调整与增减，如强化了设备的检测技术知识，加强了典型零部件的检修知识与工艺的讲解，删减了同类零部件的相关知识内容，使教材更加精炼、条理，重点更加突出。

本书由辽宁轨道交通职业学院王连森教授、天津铁道职业技术学院林桂清担任主编，由郑州铁路职业技术学院张中央教授、中车长春轨道客车有限公司教授级高级工程师杨弘担任主审。天津铁道职业技术学院唐红林、郑州铁路职业技术学院宋慧娟、吉林铁道职业技术学院金雪松、辽宁轨道交通职业学院丁洪东参与了本书的编写。具体分工如下：王连森负责绪论、第一章、第二章（第一节、第二节、第三节）、第十章的编写；林桂清负责第三章、第七章的编写；宋慧娟负责第二章（第四节、第五节）、第四章、第十一章的编写；唐红林负责第五章的编写；丁洪东负责第六章的编写；金雪松负责第八章、第九章的编写。

在本书编写过程中，编者得到了全国铁道职业教育机车车辆专业教学指导委员会、沈阳铁路局车辆处、沈阳动车段、武汉动车段、中车长春轨道客车股份有限公司的大力支持，在此一并致谢。

编 者
2017 年 9 月

第1版前言

本书系统地介绍了动车组检修的基础知识、动车组的检修过程和动车组典型零部件的检修工艺。

教材的教学目标是：培养学生具有扎实的检修理论知识，具有较强分析、解决问题和操作技能的动车组检修应用型人才。本书共计十一章，其内容有：动车组检修基础，主要涉及动车组检修共同性工艺问题及检修管理基本知识；动车组维护；动车组车体检修工艺；转向架检修工艺；动车组电机、电器检修工艺；动车组空调装置检修工艺；制动机检修工艺；动车组落成及调试和试运转；动车组典型检修设备。

在编写过程中，编者查阅了大量的参考资料，多次到铁路动车运用及检修现场调研，并多次进行专题交流与研讨。在内容的编排上，注意适用性、理论与实践相结合，突出分析、解决问题和操作能力的培养，教材中介绍的工艺方法，基本取自国内铁路动车组检修现场的实际情况；在内容的组织上，注重逻辑性、系统性和层次性；在文字的表述上，注意准确、精炼、通俗易懂；在技术的发展上，着力反映本领域最新的技术、工艺、设备。每章附有小结，指导学生掌握本章重点；此外，还附有复习思考题，供学生巩固所学知识。

本书由沈阳铁路机械学校教授级高级讲师王连森、南京铁道职业技术学院连苏宁主编，全书由大连交通大学教授胡继胜、北车集团长春客车股份有限公司教授级高级工程师杨弘主审。天津铁道职业技术学院林桂清、唐红林，吉林铁道职业学院金雪松、郑州铁路职业技术学院毛红军、沈阳铁路机械学校丁洪东参编。具体分工如下：王连森负责绪论、第一章、第二章、第四章第二节、第十章的编写；连苏宁负责第三章和第十一章的编写；毛红军负责第四章第一节的编写；唐红林负责第五章的编写；丁洪东负责第六章的编写、林桂清负责第七章的编写；金雪松负责第八章和第九章的编写。

在编写过程中，得到了全国铁路机车和车辆专业高职高专教学指导委员会的大力支持，以及北车集团长春客车股份有限公司及沈阳铁路局车辆处的大力帮助，在此一并致谢。

编 者
2010 年 5 月

目 录

绪 论 ·· 1

第一篇 动车组检修基础

第一章 动车组检修基本概念 ·· 7
第一节 动车组故障 ·· 7
第二节 动车组维修制度 ··· 12
第三节 动车组检修限度 ··· 22
第四节 动车组维修组织 ··· 24
第五节 动车组检修经济技术分析 ··· 27
本章小结 ··· 30
复习思考题 ·· 30

第二章 动车组检修工艺基础 ··· 31
第一节 动车组零件的损伤 ·· 31
第二节 动车组检修工艺过程 ··· 47
第三节 动车组分解、组装及清洗 ··· 49
第四节 动车组零件的检验 ·· 55
第五节 动车组零件的修复 ·· 69
本章小结 ··· 84
复习思考题 ·· 84

第二篇 动车组检修工艺及检修设施

第三章 动车组维护 ··· 87
第一节 动车组一级检修 ··· 87
第二节 动车组二级检修 ··· 98
第三节 动车组临修与专项修 ··· 108
本章小结 ··· 119
复习思考题 ·· 119

第四章 动车组车体检修 ·· 120
第一节 概 述 ·· 120

第二节　动车组车门的检修·· 121
　　第三节　动车组车钩及缓冲装置的检修·· 125
　本章小结·· 133
　复习思考题··· 133

第五章　动车组转向架检修·· 134
　　第一节　转向架检修工艺流程·· 135
　　第二节　轮对的检修·· 138
　　第三节　轴箱装置检修·· 143
　　第四节　转向架构架、空气弹簧装置的检修···································· 148
　本章小结·· 151
　复习思考题··· 151

第六章　三相异步电机检修·· 152
　　第一节　三相异步电机的主要故障·· 152
　　第二节　三相异步电机的解体与组装··· 154
　　第三节　三相异步电机的检修·· 157
　　第四节　三相异步电机的试验·· 165
　本章小结·· 167
　复习思考题··· 167

第七章　动车组电气装置检修·· 168
　　第一节　受电弓检修·· 168
　　第二节　真空断路器的检修·· 172
　　第三节　牵引变压器的检修·· 175
　　第四节　牵引变流器检修··· 185
　本章小结·· 191
　复习思考题··· 191

第八章　动车组空调换气系统检修·· 192
　　第一节　空调装置的检修过程·· 193
　　第二节　空调机组的维护··· 201
　　第三节　制冷压缩机的检修·· 205
　　第四节　热交换器、送风机、电加热器的检修································ 211
　本章小结·· 218
　复习思考题··· 218

第九章　动车组制动系统检修·· 219
　　第一节　空气压缩机的检修·· 220
　　第二节　制动机阀件检修··· 231
　　第三节　基础制动装置检修·· 237
　本章小结·· 244
　复习思考题··· 244

第十章 动车组落成与调试 ················· 245
  第一节 动车组检修前的试验鉴定 ················· 245
  第二节 车辆落成及编组 ················· 249
  第三节 动车组调试试验 ················· 251
  第四节 动车组试运行 ················· 258
  本章小结 ················· 262
  复习思考题 ················· 262

第十一章 动车组检修设施 ················· 263
  第一节 我国动车组检修基地的设置 ················· 263
  第二节 动车组检修基地的主要功能和主要设备配置 ················· 264
  第三节 动车组典型检修设备介绍 ················· 268
  本章小结 ················· 273
  复习思考题 ················· 273

参考文献 ················· 274

绪　论

一、动车组维护与检修的意义

目前，我国高速铁路建设快速发展，这导致铁路动车组大量地投入运用。

动车组是现代高速铁路客运运载装备，其基本特点是高速。这就对其运行的安全性、可靠性、运行平稳性、运用效率等提出了非常高的要求。而动车组的维护与检修则是满足上述要求的根本保证。

动车组运行速度高、连续运行的里程长，这使动车组经过一段时间的运用后，其各零部件必然会有一定程度的损伤，如机械部分会发生零件的磨损、连接件的松动、密封件的失效等，电气部分会出现器件接触不良、绝缘老化等。所以必须适时地对其进行维护保养、检修，及时发现故障，并予以消除和恢复零部件及动车组的技术状态。

动车组的运用特点决定了必须强化其维护保养工作，我国现期制定的动车组五级修程中，前两级为维护性修程，后三级为定期检修修程。

那么，如何确定检修时机呢？过早，则浪费了动车组的运用能力，经济性差；过晚，则会引起零部件损伤加剧，甚至导致零部件损坏，不能进行修复。必须根据零件的损伤规律，结合它的使用寿命，予以确定。为此要形成一种检修制度。这种检修应该是"防患于未然"的，具有鲜明的预防性，它不是等到零件损坏后，而是在零件损伤达到一定限度时即进行，以起到预防动车组及零部件发生事故性损坏的作用，这种检修制度称为动车组的"计划预防修理制度"。本书"检修"的含义，即基于此。动车组后三级检修修程是"计划预防修理制度"下的定期检修。

检修，对于一个部件，它是一个过程，包含分解、清洗、检查（检验）、修复、组装、调整、试验几个环节；对于一个零件，主要指检查和修复。

动车组检修是铁路运输工作的重要组成部分。科学、合理地实施动车组检修工作，可以为铁路运输提供质量可靠、数量充足的动车组，保证铁路运输生产顺利进行。

铁路行车安全是铁路运输各项工作的重中之重。高质量地检修动车组，可使检修后的动车组技术状态良好，从而避免因设备不良引起行车事故，造成人员伤亡和重大经济损失。

二、动车组检修的现状及发展

我国动车组检修经历了一个较快的发展过程。目前，全国铁路已形成了由修理工厂和动车段、动车所组成的完整的动车组检修体系。

根据铁路发展的战略部署，依据路网布局及发展规划，结合我国动车组投放、配属和开行方案，中国国家铁路集团有限公司（简称"国铁集团"）已在北京、上海、武汉、广州、沈阳等地建立动车组检修基地。动车组检修基地设置原则是立足干线，辐射周边，检修集中，运用分散，科学地设置规模能力，合理地配置检修资源。在旅客高度密集的客运站，设置相应动车组运用所。

在生产组织方面，动车组运用所主要负责一、二级动车组运用维护；动车段主要负责三、四、五级动车组定期检修。目前各动车组生产厂家也承担三、四、五级检修任务。这些维修单位都设置了完整的检修管理机构和完善的管理制度，并严格地按各项规定（检修范围、技术要求、操作工艺规程）检修动车组。

在检修质量方面，国铁集团制定了完善的动车组各级修规程，统一了动车组检修、验收标准。使动车组维护与检修工作在标准化方面达到了一定水平。

在检修制度方面，采用"计划预防修理"制度。计划预防修理是对动车组进行预防性的、有计划性的定期检修。这种检修制度是根据动车组走行公里或运行时间来确定修程，并未考虑动车组不同线路的地理状况，可能出现有些动车组按其实际技术状态需要检修，但仍在运行的情况；有些动车组按其实际状态仍可运行，却进行了检修，造成了浪费。

未来的动车组检修发展趋势主要有两方面。一是在检修策略上加大状态修的成分。状态修是国内外推行的先进、科学、经济效益高的一种检修制度。它是一种预知性的维修制度。通过对车辆状态进行监测和技术诊断，随时掌握设备技术状态的变化及工作情况，能根据设备工作状态的情况，确定是否需要维修，以及合理的维修时间和维修所需要的人员、设备等，技术状态良好的则免维修，避免了维修的盲目性。二是以可靠性为中心的维修思想建立维修体系。它是以可靠性理论为基础，以状态修方式的扩大使用，以及逻辑分析决断法的使用为标志。主要实现目标如下：

（1）建立统一的检修基础数据管理体系，实现基础数据的标准化和数字化，提高数据质量。

（2）建立统一的检修系统，实现动车及大部件全生命周期管理。

（3）实现以可靠性为中心的检修管理，实现从粗放的整车计划定期修，向精细化的部件级预防性检修和状态修管理的转变，避免过度修，提高动车及部件的使用率，保证可靠性，降低检修成本。

三、动车组检修工作的任务

动车组维护与检修工作的主要任务：消除零部件损伤，恢复其工作性能，使动车组保持良好的技术状态，以满足铁路运输生产的需要。

动车组检修课程研究的主要内容：

（1）系统地研究、分析动车组零件的损伤规律；

（2）确定可行的检修制度，确定各修程和检修范围；

（3）合理地确定动车组检修的技术条件和质量要求；

（4）选择与研究先进的检修方法和技术，大力推广检修新技术、新工艺。

四、课程的性质、目的和学习方法

"动车组维护与检修"是动车组专业重要的专业课程之一,是研究动车组检修理论、动车组零部件检修工艺的一门综合性课程。

学习本课程的目的是,掌握动车组检修的基本理论知识和基本的实际操作技能,为动车组的检修工作打下坚实基础。为此,本课程提供了以下知识:

(1)动车组检修基础理论知识;
(2)动车组车体检修工艺;
(3)动车组转向架检修工艺;
(4)动车组电机检修工艺;
(5)动车组电气装置检修工艺;
(6)动车组制动机检修工艺;
(7)动车组空调装置检修工艺;
(8)动车组落成、调试及试运转知识、动车组检修设施及典型检修设备介绍。

"动车组维护与检修"是一门与生产实践紧密联系的课程,学习本课程必须采用理论与实际相结合的方法,明确理论的用途及对生产的指导意义。学习具体零件的检修工艺和方法时,应加强现场教学,做到理论与实践融会贯通,在教学过程中应加强动手能力训练。教师应关注、跟踪动车组检修现场技术的发展,及时更新与充实教学内容。

第一篇 动车组检修基础

第一章 动车组检修基本概念

第一节 动车组故障

一、动车组故障及其分类

（一）动车组故障的概念

动车组故障是指动车组整车或其零部件的某项或多项技术经济指标偏离了它的正常状态，在规定的使用条件下已不能完成规定功能的状态。如某零件及配件的损伤、部件的损坏导致功能不正常或性能下降；电机功率降低；动车牵引力下降；传动系统平稳性变差、振动噪声增大等。

研究故障的目的是诊断故障、预报故障、研究故障机理、排除故障和改进设计，以减少或消除故障的发生，提高动车组运用的可靠性和有效利用率。

产品一般可分为可修复产品和不可修复产品两大类。不可修复产品是指产品发生损伤后不进行维修而报废的产品，其中包括有的在技术上不便进行维修的产品，一旦产生故障只有报废，如照明装置；有的是价格低廉的消耗品产品，维修很不经济，在动车组中属于这类产品的有轴承、油封、电容器及其他电气元器件等。动车组和其他机械设备大多属于可修复产品，在使用过程中都是通过修复或者更换新的零件或部件以恢复原来的使用性能。

动车组在运用过程中，其技术状态随着走行公里数的增加而逐渐变差，继而达不到预定的工作性能，即可认为动车组产生了故障。

有下述现象之一，认为动车组产生了故障：

（1）动力性能下降——动车组不能发出预定的功率，牵引力下降。

（2）经济性能下降——工作效率降低，如齿轮传动效率降低等。

（3）可靠性能下降——如电气部分绝缘老化、击穿，造成短路，导致动作失误，影响正常行车；再如机械部分配合间隙加大，连接松动，产生冲击振动、噪声，可能引起零件的断裂，甚至危及行车安全。

（二）动车组故障的分类

动车组故障可从不同角度进行分类。

1. 根据故障的性质划分

（1）间歇性故障：设备只是短期内失去某些功能，稍加检查处理，设备功能就能恢复的故障。

（2）永久性故障：由于设备零部件的损坏，需要更换或修复，设备功能才能得以恢复的故障。

2. 根据故障发生的快慢程度划分

（1）突发性故障：不能通过试验或测试手段来预测的故障。

（2）渐进性故障：能够通过试验或测试手段来预测的故障。

3. 根据故障的发生规律划分

（1）随机性故障：故障的发生时间是随机的，如轴类零件的断裂。

（2）规则性故障：故障的发生随时间有一定规律性，如轴承的磨损。

故障产生的原因是零件发生了损伤或失效。零件损伤通常有磨损、断裂、变形、腐蚀、电气损伤等几种形式。

（三）动车组与机件的故障规律

1. 故障率的概念

机械产品的技术状况总是随着使用时间的延长而逐渐恶化，其使用寿命总是有限的，其产生故障的可能性也总是随着使用时间的延长而增大，因而它是时间的函数。同时，机械故障的发生具有随机性，因此机械发生故障的情况只能用故障率来表示。

故障率定义：产品在 t 时刻后的单位时间内发生故障的产品数，相对于 t 时还在工作的产品数的百分比值，称作产品在该时刻的瞬时故障率 $\lambda(t)$，习惯上称之为故障率。

故障率 $\lambda(t)$ 表示的是某时刻 t 以后的单位时间内发生故障的产品数与 t 时刻工作产品数之比，它反映了 t 时刻后单位时间内产品发生故障的概率。因此，也可把故障率称为故障强度。

在实际工程中，经常使用平均故障率。平均故障率表示产品在某段时间内的故障数与此段时间内的总工作时间之比，即

$$\lambda = \frac{某段时间内的故障数}{此段时间内的总工作时间}$$

故障率的单位：1/h、%/h 或 %/1 000 h（单位时间内产品发生故障的百分数）；开关类间歇工作的产品用 1/动作数；动车组车辆也可用 1/km 或 1/1 000 km。

2. 动车组平均故障率的表示

动车组平均故障率常采用机破率和临修率来表示。

（1）机破率。机破率是指在规定的走行公里或时间内，动车组发生的机破事故次数。

《铁路行车事故处理规则》规定：机破事故指动车组车辆破损故障造成列车在区间内非正

常停车，或在车站内非正常停车时间超过一定时间，或由于车钩破损而造成列车分离的事故。

我国铁路部门常用每十万千米的机破事故次数来作为平均故障率指标。英、德、法、日、俄等国普遍使用每百万千米的机破事故次数作为平均故障率指标。

（2）临修率。临修是指动车组发生故障需要临时进行的修理；临修率是指在规定的走行公里或时间内，动车组发生的临修次数。我国铁路部门常用每十万千米的临修次数来作为临修率指标。

3. 动车组与机件的故障规律

动车组与机件的故障规律是指动车组产品、零部件在使用寿命期内故障的发展变化规律。大多数产品、零部件的故障率是时间的函数，如图1.1所示。故障率曲线像浴盆的断面，因此，也叫"浴盆曲线"。故障率的高低随时间的变化可划分为三个阶段：早期故障期、偶然故障期和耗损故障期。

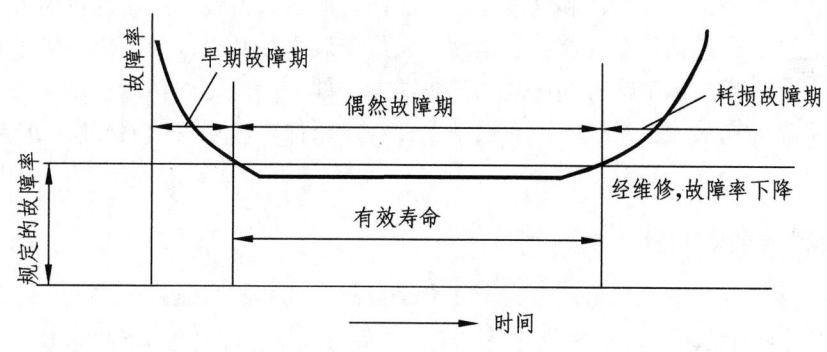

图 1.1 故障率曲线

1）早期故障期

早期故障期是产品开始工作的那段时间，它的特点是故障率较高，且故障率随时间的增加而迅速下降。故障往往是设计、制造的缺陷或修理工艺不严、质量不佳等原因引起的，如使用材料不合格、装配不当、质量检验不认真等。对于刚修理过的产品来说，装配不当是发生故障的主要原因。对新出厂的或大修过的产品，可以在出厂前或投入使用初期的较短的一段时间内，进行磨合或调试，以便减少或排除这类故障，使产品进入偶然故障期。因此，一般不把早期故障看作是使用中总故障的一个重要部分。

2）偶然故障期

偶然故障期是产品最良好的工作阶段，也叫有效寿命期或使用寿命期。它的特点是故障率低而稳定，近似为常数。在这一阶段，故障是随机性的。突发故障是由偶然因素引起的，如材料缺陷、操作错误以及环境因素等造成的故障。偶然故障不能通过延长磨合期来消除，也不能由定期更换产品、零部件来预防。一般来说，再好的维修工作也不能消除偶然故障，偶然故障什么时候发生是难以预测的。但是，人们希望在有效寿命期内故障率尽可能低，并且持续的时间尽可能长。因此，提高运用与管理水平，适时维修，以减少故障率，延长有效寿命期。

3）耗损故障期

耗损故障期是指产品使用后期的那段时间。其特点是故障率随时间的增加而明显增加，这是产品长期使用后由产品磨损、疲劳、腐蚀、老化等造成的。防止耗损故障的唯一办法就是在产品进入耗损期前及时进行维修，把上升的故障率降下来。如果产品故障太多，修理费用太高，即不经济，则只好报废。可见，准确掌握产品何时进入耗损故障期，对维修工作具有重要意义。

以上三个故障期是就一般情况而言的，并不是所有产品都有这三个故障阶段，有的产品只有其中一个或两个故障期，甚至有些质量低劣的产品在早期故障期后就进入了耗损故障期。

二、动车组的可靠性

1. 可靠性的概念

产品设备的可用性、可靠性和维修性是产品固有的三大特性。产品设备的可靠性具有三个要素：一是条件，包括产品的储存、运输、使用安装现场和操作与运用环境等条件；二是时间，是指产品使用的期限或时间区间；三是功能，即产品规定的功能。

因此，可靠性定义为：系统（产品设备）在规定条件下和规定的期间内完成规定功能的能力。

2. 可靠性的数值度量

可靠性可用可靠度进行数值度量，可靠度是可靠性的基本数量指标之一。可靠度的最大值为 1，称为 100% 的可靠，最小值为 0，称为完全不可靠，即 0≤可靠度≤1。

可靠度定义：产品在规定条件下和规定时间内，完成规定功能的概率。

从产品的故障规律"浴盆曲线"中可知，偶然故障期正是产品可靠的使用寿命期，其故障类型属于恒定型。在这个阶段，产品的寿命分布服从指数分布。对于动车组产品，当其进入耗损故障期前就应进行检修，恢复其功能。因此，不论是可修复产品还是不可修复产品的可靠性研究，指数分布是常用的一种分布形式，具有与数理统计学中正态分布同等的地位。

对于要求具有高可靠性的动车组产品，恒定型偶然故障期是可靠性研究的主要对象。因为动车组产品、零部件的有效寿命是维修决策的重要依据。其在此期间的故障率 $\lambda(t)=\lambda$（λ 为大于零的常数）。

3. 可靠性设计概述

可靠性设计是在产品性能设计和结构设计阶段针对系统、产品和零部件，应用可靠性手段，降低产品失效率，提高产品的可靠性，保证产品质量的一种设计。可靠性设计包括：可靠性论证、可靠性结构设计、可靠性试验。在可靠性论证中，主要是确定系统、产品和零部件的可靠性指标，并进行可靠性预计、分配及可靠性指标的平衡。

动车组等机械产品系统是由若干个单元部件子系统构成的，根据产品结构图纸可以作出装配系统图。参照装配系统图可进一步作出系统与所有构成单元部件子系统之间，以及各部件与各级分组件、零件之间的可靠性逻辑图，这个逻辑图反映了它们之间的可靠性功能关系。利用这种逻辑关系建立数学模型，对系统的可靠性指标进行预计、分配和平衡。

三、动车组的维修性

产品的寿命周期是指产品从研制、生产、销售、使用,直至报废为止的整个时期。动车组的维修贯穿于其整个寿命周期。维修不仅是运行检修部门研究的课题,也是产品设计研制生产部门研究的课题。做好维修需要三个条件,又称为维修的三要素:

(1) 机械设备的维修性;
(2) 维修技术人员、管理人员及工人的素质和水平;
(3) 维修保障系统,包括维修基地、维修技术、检修检测设备、机具、备件与材料供应系统。

1. 动车组维修性

维修性是指在规定的条件下使用的产品设备,在规定的时间内,按规定的程序和方法进行维修时,保持或恢复到能完成规定功能的能力。维修性是产品设备的一个重要性能参数。它表示维修的难易程度,是机械产品在研制生产出来所固有的设计特征。维修性与维修的关系十分密切,它反映产品是否具备适应维修的能力。如应检测的机件应具有相应的测试点或相应的传感器;应检查的机件外露性可达性好;需换件维修的零部件应具备拆卸和装配方便。维修性还集中体现在能以最短的维修时间、以最少的维修费用和其他资源的消耗,能够维持和保障产品设备达到完好的技术状态,以提高产品的有效利用率。

动车组的维修性,指可修性、易修性和维护保养性。具体包括结构简单,零部件组合合理,故障部位容易发现;维修时拆装容易,通用化、单元模块化、标准化高,互换性强;维修材料和备件供应来源充足等。

例如,德国 ICE 高速动车组的维修性好,加上先进的汉堡动车段共同构成了完美的高速列车维修三要素,能够在 60 min 内完成轮对更换等维修作业和列车的整备工作,在 4 h 内完成动力转向架的更换等维修作业,使每列动车组平均每年的营运里程达到 50 万千米以上,是普通列车营运里程的两倍多,取得了很好的经济效益。

2. 动车组维修度

维修度是指在规定条件下使用的产品,在规定的维修时间内,按规定的程序和方法进行维修时,保持或恢复到能完成规定功能的概率。

维修度最大值为 1,最小值为 0,即 0≤维修度≤1。

在一定的维修定额时间 t 内,维修度越大,说明维修的速度越快,实际耗费的维修时间 τ 越少,也说明产品设备的维修性越好。因此,维修度是产品维修性的一种度量。但对相同的产品设备进行同级修程的维修时,当产品的维修性水平一定时,维修度也可用维修三要素中的另外两个要素,即维修企业的管理水平和技术水平以及维修保障系统进行评定。

3. 动车组的维修性结构设计

维修性是产品设备的一项固有的设计特性。因此,在产品的设计研制阶段应同时进行维修性设计。维修性设计的主要内容包括:维修性结构设计和维修性指标分配、维修周期设计、维修技术保障设计以及在样机完成后进行维修性验证。维修周期设计在后面的章节进行论述。

维修性结构设计的指导性准则，可归纳为如下几个方面：

（1）设备的总体布局和结构设计，应使设备的部件总成易于检查，便于更换、修理和维护。

（2）良好的可达性。可达性是指在维修时，能迅速准确方便地进入和容易看到所需维修的部位，并能用手或工具直接操作的性能。对于易损零部件，更应具有较好的可达性。在考虑可达性时有两条原则：一是要设置便于维修操作（如检查、测试、更换等）的通道，如开设窗口等；二是要有合适的维修操作空间。

（3）单元部件和连接件特别是在日常维修中要拆卸更换的部件要易拆易装，如动车组中的轮对、转向架等。

（4）简化维修作业。减少产品维修的复杂性，使结构简化、轻型化；减少需要维修的项目，使单元部件方便换件维修；提高易损件的寿命，以减少维修次数。

（5）配置检测点和监测装置。这是现代产品设备的突出特点，也是动车组车辆产品安全运输的迫切要求。设置检测点、配备传感器和测试监控输出参数的仪器仪表，采用自检和诊断技术，以便对故障进行预报。这是维修设计的重大课题，必须精心设计。

（6）零部件的无维修设计。机械产品目前流行的不需维修的零部件主要有：不需润滑，如固定关节、预封轴承、自润滑合金轴承和塑料轴承等；不需调整，如利用弹簧张力或液压自动制动缸等。可将零部件设计为具有一定的寿命，到时则予以报废。

结构设计时采用标准化、互换性和通用化的零部件，模块化整体式安装单元；部件单元之间的连接设置定位装置识别标志；配备专用快速的拆装随机工具与检测装置等，都有利于该目标的实现。

例如，法国 TGV 高速列车的制造商编制的 TGV 使用说明书，介绍了 TGV 的构造和基本性能，内容包括 587 项，14 000 多页，装订成 47 册。此外，为提高 TGV 的维修性，还编印了一套《排除故障手册》，全书由低压、牵引制动、辅助设备、安全装置、空调、电控六部分组成。同时研制了 6 种便携式提箱检测装置，还配备了抽屉式电路板测试器和固定在动车段内的测试台位，以便实时维修。所有维修人员需参加牵引制动、辅助设施、安全设备三个专业的严格培训，合格后才能上岗进行维修工作。

第二节　动车组维修制度

一、维修思想、维修方式与维修制度

（一）维修思想

用于指导维修活动的思想观念或理论称为维修思想。

1. 事后维修为主的维修思想

事后维修为主的维修思想是以机械设备出现功能性故障为基础的。当机械设备出现无法继续运转、有明显的经济损失、严重威胁设备或人身安全等功能性故障时，才去设法修理的维修思想。在产业革命时期，是以此作为维修的指导思想，并且与其对应的是事后维修方式。当时的工厂规模小、设备简陋。设备操作工兼管设备维修，谁用谁修，设备坏了再修。随着产业革命的深入，科学技术的发展，机械维修才逐渐形成一个独立的工种，事后维修的思想已不能促进生产的发展。

2. 以预防为主的维修思想

以预防为主的维修思想是以机件的磨损规律为基础，以故障率"浴盆曲线"中耗损故障期的始点来确定修理时间界限的维修思想。

由于把机件的磨损或故障作为时间的函数。因此，其对应的维修方式就是定期维修方式。机件的磨损程度主要靠人的直观检查和尺寸计量来确定。所以，拆卸解体检查维修就成为预防维修的主要方法。同时，必须经常检查、定期维修，并且认为预防工作做得越多，设备也就越可靠。而检查和修理的周期长短则是控制其可靠性的重要因素，从这一观点出发，以预防为主的维修思想的实质是根据量变到质变的发展规律，把故障消灭在萌芽状态，防患于未然。通过对故障的预防，使设备经常处于良好的技术状态。实践证明，近几十年来，以预防为主的维修思想及其相应的维修制度基本处于主导地位，在保证各种机械设备包括动车组车辆发挥其效能，以及在设备维修学科的建设中起到了积极的作用。

随着科学技术的发展，产生了一种维修方式——视情维修（状态维修），这种维修也是一种预防式维修。其主要特点是：通过仪器诊断检测，在设备不解体的情况下来确定设备的技术状态，确定维修时机。

但是随着科学技术和维修实践本身的发展对以预防为主的维修思想产生了巨大冲击，也迫使维修行业不得不去寻求一种更加符合新的客观实际的科学而经济的维修途径。

3. 以可靠性为中心的维修思想

以可靠性为中心的维修思想是以可靠性理论为基础的，其形成是以视情维修方式的扩大使用，以及逻辑分析决断法的诞生为标志的。

以可靠性为中心的维修就是以最低的费用实现机械设备固有的可靠性水平。换言之，即充分利用机械设备固有可靠性的维修方式，其基本要点如下：

（1）机械设备的固有可靠性是由设计制造决定的。因此，要提高其可靠性，必须从机械设备研制开始做起。维修的责任是控制影响设备可靠性下降的各种因素，以保持和恢复其固有可靠性。已定型但可靠性低的设备，必须通过改造才能改善其可靠性。

（2）以可靠性为中心的维修思想强调设备寿命的全过程管理简称寿命管理。产品设备的整个寿命全过程是指产品设备从市场调研、开发设计、研制、制造、选购、安装调试、使用、维修、改造更新与报废的整个过程。任何机械设备的问题既有先天性的又有后天性的。机械设备的可靠性与维修性是其固有的设计制造特性，是先天性的，与运用维修之间应建立一套完整的信息反馈管理系统。

（3）频繁的维修或维修不当会导致可靠性下降。所以要尽量少做那些不必要的过剩维修，要科学分析、有针对性地预防故障，使维修工作做得更有效、更经济。

根据对机件本身的可靠性分析，加以区别对待；对那些故障发生与工作时间的增长有密切关联且无法视情或监测的机件，采用定时维修方式；故障的发生能以参数标准进行状态检测并有视情条件的机件，采用视情维修或状态维修；故障的发生不危及安全，且通过连续监控可以在故障发生后再进行维修的机件，或有可靠性设计冗余度的设备及机件，采用事后维修。

综上所述，以可靠性为中心的维修思想不仅用于指导预防故障的技术范畴，同时也用于指导维修管理范畴。如确定维修方针、制订维修规程、选择维修方式、建立维修制度、改进维修体制、实施质量控制、组织备件供应、建立反馈系统等，这样就把机械设备维修的各个环节，连成一个维修系统，围绕着以可靠性为中心来开展各自的工作，从而互相制约、互相促进。

以可靠性为中心的维修思想目前在我国维修界还处于探索、消化和开始应用阶段。但是，确立以可靠性为中心的维修思想来指导维修实践，是人们对机械设备维修在认识上的一个发展，是掌握机械设备维修规律的科学途径，是维修思想的一种发展趋势。

4. 用系统工程的观点研究维修工作与设备综合经营管理的思想

尝试用成熟的专业交通运输设备检修软件来实现动车组检修管理。整个系统按照以可靠性为中心的检修制度和全面生产管理的理念设计，建立以设备为核心的完整的检修数据模型和检修管控流程，实现动车组产品的全生命周期管理，覆盖动车组及大部件的构型、检修履历、修程修制、检修工艺、检修计划、检修执行、质检管理、故障管理等业务环节，为可靠性管理和全生命周期成本管理提供数据基础。

（二）维修方式

维修方式是实现维修思想的具体途径和手段，是对动车组维修时机的控制。目前的维修方式有3种：定期维修、视情维修和事后维修。

1. 定期维修

定期维修又称时间预防维修方式，它是以使用时间或运行里程作为维修期限。只要设备使用到预先规定的时间，不管其技术状态如何，都要进行规定的维修工作，这是一种带强制性的预防维修方式。

定期维修的依据是机件的磨损规律，长期以来的实践使我们认识到机件只要工作就必然磨损，磨损严重就会形成故障，进而会影响使用和安全。定期维修的关键问题是如何确定维修周期或维修的时机。

定期维修的实施是由计划修理周期、修理级别和检修范围以及有关的检修工作条例来保证的。动车组的修程和检修周期应根据其构造特点、运用条件、实际技术状态和一定时期的生产技术水平来确定，以保证动车组安全可靠地运用。

下面介绍定期维修的修程、检修周期、检修范围的概念。

（1）修程。修程是指动车组修理的级别。目前国内动车组分为一级检修、二级检修、三级检修、四级检修、五级检修。其中一、二级检修属于运用检修（日常维护性质），三、四、五级维修属于定期检修。

一级检修（例行检查）：日常性检查，维护保养。通过对动车组主要部分进行外观、动作、状态及性能的检查，及时发现并消除故障，防止运营故障，保证行车安全。在运行整备状态下，完成耗损部件的更换、调整和补充等，同时对各部分的状态和性能进行检查，发现偶然发生的故障，在车辆使用的间隙进行维修作业。

二级检修（重点检查）：以不落轮的状态进行设备的检查、调整，停止车辆的使用，进行维修作业。其基本任务是保证运营车辆具有良好的技术状态，尽量做到及时发现并消除潜在故障，防止运营事故，保证行车安全。进行动车组全面检查，保养维护，做故障诊断，按状态修理。检修范围主要针对车辆运营安全至关重要的部位，如走行部的转向架构架、轮对、齿轮箱悬挂装置、联轴器、制动系统的空气压缩机组、车门控制系统等。

三级检修（重要部件分解检修）：对重要的大部件进行细致的分解检修，如转向架；对检查后发现故障的部件进行修理；对易损零件进行更换，因此需要把列车进行分解，然后架车检查和修理。

四级检修（系统全面分解检修）：是恢复性的检修，对各系统进行解体检修，并且进行车体的涂漆。

五级检修（整车全面分解检修）：对全车进行解体检查，较大范围地更新零部件，并且进行车体的涂漆，是恢复性的检修。全面进行检查，大范围（各部件、管系等）解体检修，最终全面恢复动车组的基本性能，使其检修后的技术状态接近于新造车的水平。

除了上述五级检修外，还有动车组在运行过程中的检查；按相应检修周期，进行车轴超声波探伤、踏面修形、电气回路绝缘检测、牵引电机绝缘检测和车下电器过滤器类部件清扫除尘等专项检修。其任务是保证在运行中的动车组具有良好的技术状态，防止事故发生，以保证行车安全。

（2）检修周期。检修周期是指相同修程之间的间隔时间或使用期限，修程级别越高，检修周期越长。各级修程的周期，应由该修程不足以恢复其基本技术状态的动车组零部件，在两次修程间保证安全运行的最短期限确定。如 CRH2 型动车组：

一级检修周期：运行里程 5 000 千米或 48 h。

二级检修周期：运行里程 3 万千米或 30 天。

三级检修周期：运行里程 60 万千米或 1.5 年。

四级检修周期：运行里程 120 万千米或 3 年。

五级检修周期：运行里程 240 万千米或 6 年。

（3）检修范围。动车组各级修程必须确定合理的检修范围，即检修涉及的零部件都有哪些。检修范围编制的依据有检修周期；各机组、部件的技术要求；质量变化规律、可靠性及使用运行区段的自然条件和水质情况。一般情况下，修程越大，范围越广。制定检修范围时还应做到：动车组在一个修程内不发生因范围不当而造成的机破、临修和超范围修；在完成规定的检修周期和保证动车组运用安全可靠的基础上，尽量减少"过剩"修理。

表 1.1 为我国动车组修程检修范围。

表 1.1 我国动车组修程检修范围

修程	部件、系统					编组形式
	转向架	牵引系统	制动系统	车钩装置	空调装置	
一级	外观检查	一般动作检查	外观检查	外观检查	性能检查	不解编
二级	外观检查，轮对超声波探测	动作性能检查	性能检查	外观检查	性能检查	不解编
三级	分解检修	齿轮箱、牵引连接分解检修	空气与基础制动组件检查	自动车钩分解检修	性能检查	解编
四级	分解检修	牵引电机分解检修	空气与基础制动组件分解检修	自动车钩分解检修	空调机组分解检修	解编
五级	分解检修	系统主要组成部件分解检修	系统组件、电气指令与控制元件分解检修	车钩全数分解检修	空调机组分解检修	解编

定期维修方式适用以下情况：

（1）故障机制带有明显的时间相关性；

（2）在设备使用期限内，机件出现预期的耗损故障期，这样可以依据其磨损规律，预测即将发生故障的时间，在此时期故障率将迅速增高；

（3）对于一些重要的机件很难检查和判断其技术状况时，定期维修方式是一种有效的办法。

定期维修方式的优点是容易掌握维修时间，维修计划、组织管理工作也较简单、明确，同时这种方式有较好的预防故障作用。我国动车组车辆以往和目前还是主要采用这种方式，在保证正常、安全运行方面起到了积极作用。

其缺点是对磨损以外的其他故障模式，如疲劳、锈蚀以及机件材质或因使用维修条件等方面影响而造成的故障未能考虑在内。不能针对设备的实际技术状况进行维修，预防工作采用"一刀切"的大拆大卸方针，使拆卸次数增多，不利于充分发挥机件的固有可靠性，甚至导致故障的增加。因此，对于难以更换的部件，这种维修方式并不理想，因为结构越复杂，故障模式则越不能具有明显的时间相关性；另外，复杂机件，不管是更换还是修理，都很费时、费钱，这样的设备采用状态监测维修方式，效果会更好。

2. 视情维修

视情维修又称为状态维修方式，这种维修方式是根据设备实际情况（技术状态）来确定维修时机。它不对机件规定固定的拆卸分解范围和维修期限，而是在检查、测试其技术状况的基础上确定各机件的最佳维修时机。

这种维修方式是靠不断定量分析监测机件的某些参数或性能的视情资料，决定维修时间和项目。视情资料指的是通过诊断或监测表征机件技术状态参数的资料。

视情维修适用于以下情况：

（1）属于耗损故障的机件，而且有缓慢发展的特点（如磨损），能估计出量变到质变的时间。

（2）能定出评价机件技术状态的标准，如极限状态的参数标准等。

（3）视情维修对于那些机件故障会直接危及安全，而且有极限参数可以监测的机件才是有效的。

（4）除了眼睛观察及设备本身的测试装置外，还要有适当的监控或诊断手段。

显然，视情维修方式可以充分发挥机件的潜力，提高机件预防维修的有效性，减少维修工作量和人为差错。不过这种维修方式费用高，要求具备一定的诊断条件，哪些机件采用，哪些项目采用，都要根据实际需要和可能来决定。

3. 事后维修

事后维修方式也称故障维修，它不控制维修时期，是在机件发生故障之后，才进行修理。实践证明，有些机件即便产生了故障，也不会造成严重后果或影响安全，对这类机件和一些偶然故障，没有必要进行预防维修，可以在故障发生之后再加以修理或更换。这样，这些机件就可以得到充分利用，可以减少预防维修的范围和项目，避免这类机件因不必要的拆卸、检查、保养而不能继续使用，造成损失浪费。

事后维修适合以下情况：

（1）机件发生故障，但不影响总体和系统的安全性。

（2）故障属于偶然性的，故障规律不清楚，或者虽属耗损型故障但用事后维修方式更经济。另一方面，随着新技术在机械设备上的广泛应用，使维修对象的固有可靠性达到一定的程度，可靠性技术冗余度很大，故障密度很疏，出现故障的可能性很小，即使出现了故障也不致影响任务和安全，这时也可以采用事后维修。

维修方式的选择应该从发生故障后机械设备的安全性、经济性和有关技术政策法令来综合考虑进行选择。

由上述三种维修方式的特点可以看出，定期维修和视情维修均属于预防性的，可以预防渐进性故障的发生。事后维修则是非预防性的维修，多用在偶然故障或用预防维修不经济，不影响安全运用或具有可靠性冗余度的机件。定期维修的判据是按时间标准送修，视情维修是按实际状况标准，而事后维修则不控制维修时间。从这个意义上分析，上述三种维修方式本身并没有先进落后之分，各有一定的运用范围。然而应用是否恰当，则有优劣之分，不过维修方式的发展趋势，是从事后维修逐步走向定期的预防维修，再从定期的预防维修走向有计划的定期检查，并按检查的结果，安排近期的计划维修。对于动车组等重要的铁路技术装备，则随状态监测技术和故障诊断技术的发展，逐步走向视情维修。不过，在同一系统或设备上往往这三种维修方式可以根据具体情况综合选用。

（三）维修制度

维修制度是指在什么情况下对动车组进行维修及维修达到什么状态的技术规定。具体来说，就是在一定的维修思想指导下，制订出的一整套规定，包括维修计划、维修类别或等级、维修方式、维修组织、维修考核指标体系等。它直接关系到动车组的技术状态、可靠性、有效度、使用寿命和运行维修费用。

目前世界上维修理论和制度可分为两大体系：一个是在预防为主的维修思想指导下以磨损理论为基础的计划预防维修制；另一个是在以可靠性为中心的维修思想指导下，以故障统计理论为基础的预防维修制。两种制度在一定时期内将同时并存，计划预防维修制较适合于机械设备维修的宏观管理，而以可靠性为中心的维修较适合于机械设备维修的微观管理。

1. 计划预防维修制度

计划预防维修制，是在掌握机械设备磨损和损伤规律的基础上，根据各种零件的磨损速度和使用极限，贯彻防重于治的原则，相应地组织保养和修理，以避免零件的过早磨损，防止或减少故障，延长使用寿命，从而能较好地发挥设备的使用效能和降低使用成本。

计划预防修理制的具体实施可概括为定期检查、按时保养、计划修理。

实现计划预防修理制，需要具备以下条件：

（1）通过统计、测定、试验研究，确定总成、主要零部件的修理周期；

（2）根据总成、主要零部件的修理周期，又考虑到基础零件的修理，合理地划分修理类别等级或修程；

（3）制定一套相应的修理技术定额标准；

（4）具备按职能分工、合理布局的修理基地。

前面三项是必不可少的条件，也只有具备了这些条件，计划预防修理制的贯彻才能取得实际的效果。所以说计划预防修理制的基础是一套定额标准，其核心是修理周期结构。

2. 以可靠性为中心的维修制度

以可靠性为中心的维修制是以可靠性理论为基础的，鉴于一些复杂设备，如动车组、飞机一般只有早期和偶然故障期，而不考虑耗损期。因为，定期维修对许多故障是无效的。现代机械设备的设计，只使少数项目的故障对安全有危害，因而应按各部分机件的功能、功能故障、故障原因和故障后果来确定需做的维修工作。20世纪60年代，美国联合航空公司提出了"逻辑分析决断法"，对重要维修项目逐项分析其可靠性特点及发生功能性故障的影响来确定采用相应的维修方式。

实行以可靠性为中心的维修制度应具备的条件如下：

（1）要有充分的可靠性试验数据、资料作为判别机件状态的依据；

（2）要求产品设计制造部门和维修部门密切配合，制订产品的维修大纲、维修指导书等；

（3）要具备必要的检测手段、仪器设备和标准，其核心是以状态监测和故障诊断为基础。

（四）我国动车组采用的维修制度

目前我国铁路动车组采用的是计划预防维修制度。动车组实行计划性的预防检修，检修分为五个等级，一级和二级检修为运用检修（维护），三级、四级、五级检修为定期检修。运用检修在动车运用所内进行，定期检修在动车段内进行。计划预防维修制度的有关内容如下。

1. 修制基本框架

车辆维修采用预防性检修和事后检修，主要为预防性检修。具体框架如图1.2所示。

第一章 动车组检修基本概念

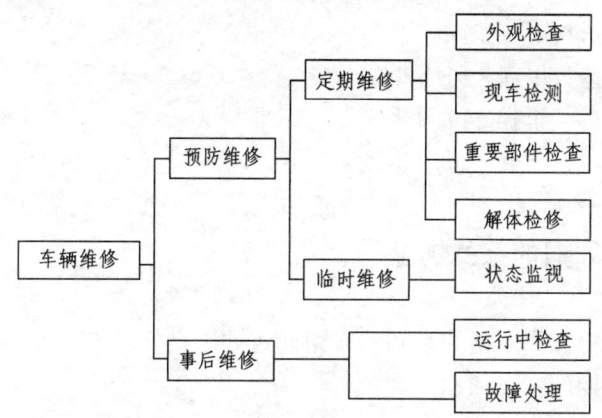

图1.2 我国动车组修制基本框架

2. 我国各型号动车组检修周期

1）CRH1型动车组

一级检修周期：运行里程5 000千米或48 h。

二级检修周期：15天。

三级检修周期：运行里程120万千米。

四级检修周期：运行里程240万千米。

五级检修周期：运行里程480万千米。

2）CRH2型动车组

一级检修周期：运行里程5 000千米或48 h。

二级检修周期：运行里程3万千米或30天。

三级检修周期：运行里程60万千米或1.5年。

四级检修周期：运行里程120万千米或3年。

五级检修周期：运行里程240万千米或6年。

3）CRH3型动车组

一级检修周期：运行里程5 000千米或48 h。

二级检修周期：运行里程暂定2万千米。

三级检修周期：运行里程120万千米。

四级检修周期：运行里程240万千米。

五级检修周期：运行里程480万千米。

4）CRH5型动车组

一级检修周期：运行里程5 000千米或48 h。

二级检修周期：运行里程6万千米。

三级检修周期：运行里程120万千米。

四级检修周期：运行里程240万千米。

五级检修周期：运行里程480万千米。

5）CRH380B型动车组

一级检修周期：运行里程4 000千米或48 h。

二级检修周期：运行 6 万千米。
三级检修周期：运行里程 120 万千米。
四级检修周期：运行里程 240 万千米。
五级检修周期：运行里程 480 万千米。

二、制订检修周期的基本方法

确定各种修程的检修周期是关系到动车组能否处于良好技术状态的主要因素。零部件使用期限是制订检修周期的主要依据。

1. 确定动车组极限技术状态的依据

动车组在运行过程中，其技术状态随着走行公里数的增加而逐渐变差，继而达不到预定的工作性能，就认为动车组产生了故障。当故障已严重地影响了动车组的正常运行，而必须对其进行修理才能够使动车组恢复运行时，此时动车组的技术状况，即动车组极限技术状态。

动车组极限技术状态，可综合下面各种情况进行确定：

（1）动力性能下降，在各工况下动车组发出的功率偏差较大；
（2）经济性能下降，传动效率低；
（3）运行可靠性下降，零件断裂、连接松动、振动增强、电气动作失误等发生的频率高，需经常进行临修。

2. 零件的使用期限

我们知道，动车组故障产生的原因是零件发生了损伤。制订具体的检修制度时，必须知道零件发生了不能再继续使用的极限损伤及从开始使用到发生了极限损伤的期限。下面讲述零件使用期限的确定等内容。

零件在使用过程中，随着工作时间的增加，不可避免地产生各种损伤，使配合关系遭到破坏，工作效率降低，最终导致工作失效，不得不进行修理。零件从投入使用，直到因各种极限损伤而必须修理的全部时间称作零件的使用期限。通过修理，零件恢复或基本恢复了使用要求，又可投入工作，直到下一个使用期限。零件从投入使用，中间经过若干个使用期限，直到不能修复或不值得修理的全部时间，称作零件的使用寿命。到了这个时候，零件即应做报废处理。工作中零部件配合关系的好坏，取决于配合件中任何一个组成零件的质量。当组成零件中任何一个零件出现极限损伤，应进行修理或更换时，该配合达到使用寿命。组成件中其他零件如没有出现极限损伤一般情况下仍可继续使用。所以，配合的使用寿命不能等同于零件的使用寿命。配合从投入使用，直到配合件中任一组成零件达到使用期限或使用寿命时，该配合无法再按技术要求进行工作的全部时间，称作配合的使用寿命。

3. 确定使用期限与使用寿命的依据

零件或配合件的使用期限取决于零件或配合件的极限损伤情况。对于某个零件来讲，它的极限损伤，可能是极限磨损量，也可能是极限腐蚀深度。此外，诸如机械损伤、疲劳、裂纹等而使零件必须进行修理的各种损伤，都可能成为该零件的极限损伤。对于某一配合而言，它的极限间隙就是极限损伤。通常认为有下述四种情况之一，则零件达到使用期限或配合达到使用寿命。

（1）零件损伤程度在短时间内将要急剧发展。零件或者配合的工作条件不同，所受主要损伤也不同，不管是哪种损伤，当发现在短时间内该种损伤的程度发展急剧，且也明显影响其工作质量时，该零件或配合就可以认为达到了使用期限或使用寿命。

损伤急剧发展的表现也是多方面的，这里仅以轴承的配合来说明。轴承在工作中因种种原因，磨损总是难以避免的，磨损后，配合间隙会逐渐增大，当配合间隙增大到一定限度后，会出现噪声、振动加大、轴承温度提高。由于配合间隙的增大使冲击功迅速增大，冲击功增至极限值时，冲击载荷促使润滑油过热，使磨损加剧。另外，振动增大后也会影响到其他机件的正常工作。由此可判断，当极限冲击功值出现时，其相应的配合间隙应为极限配合间隙。通过测其配合间隙即可确定该配合的使用寿命。

（2）出现零件工作能力过分消减或丧失的状况。零件的工作能力主要是指零件本身在强度、刚度和其他机械性能上达到要求的能力。设计时应根据零件的材质、工作条件、机加工水平或者适当的表面处理来满足使用要求。但是经过使用和多次维修后，零件从多方面都降低了工作能力，而不能再满足使用要求，如轴颈变细、弹簧弹力下降等。零件工作能力的消减，会直接影响其配合件的工作，如电气动作不及时等。因此在检修过程中，对每个零件的基本尺寸都会按照不同的修程规定相对应的尺寸限度要求，可根据测量结果判定其使用期限是否已到。

（3）根据经济指标来确定。动车组运用根据某些工作介质消耗量（如润滑油）、维护检修费用、易耗件消耗量的增加情况来确定。从日积月累的数字上可以看出动车组整体质量的优劣及变化。如果损失增大到经济上不合算的程度，即使零件还没完全丧失工作能力，也不能再继续使用。

（4）根据工作质量、工作安全性来确定。机件工作不平稳、电气误动作、动车组振动增加等，均说明动车组工作质量下降，有些质量问题直接影响到动车组的安全运行。如车轮踏面及轮缘的不均匀磨损，会破坏和钢轨的耦合，根据磨损规律，轮缘部分越磨越尖，踏面也会失去原有型面，在高速运行时，可能掉轨，甚至在过道岔时会将道岔挤坏，发生严重事故。所以从安全与质量的多重因素考虑，当踏面磨损到一定限度时，必须进行检修，以保证轮缘、踏面的形状正确。因此，当某些零部件因损伤而危及运行安全时，可判定该损伤已到极限，应进行维修或更换。

4. 确定使用期限的方法

通常确定配合或零件使用期限的方法有以下几种：

（1）调查统计法。调查统计法是根据动车组长期运用所积累的经验和实践资料加以整理、加工，用数学统计方法总结出零件和配合的损伤规律，以此确定其使用极限。这种方法的特点是需要积累大量的材料才能得到比较可靠的结果。

（2）运用试验法。运用试验法是指动车组在正常运用条件下，对某些零件和配合做长期的系统观察和测量，根据观察和测量的结果，并经分析和研究，从而确定零件和配合的使用期限。这种方法的特点是结果具有很高的可靠性，但试验时间较长。

（3）实验室研究法。实验室研究法是在实验室的条件下，对零件和配合进行模拟实验和研究，以总结其损伤规律，并确定其使用期限。这种方法的特点是花费时间少，但由于对零件和配合的工作条件被理想化了，试验结果与实际情况往往不相符。

（4）计算分析法。计算分析法是在运用条件下，影响零件损伤规律的各种因素之间的关系用公式表示出来，通过计算分析来确定其使用期限。这种方法的特点是由于各种因素的影响，在计算公式中不能完全反映，计算可靠性不易保证。

总之，上述四种方法各有优缺点，但它们不是相互排斥，而是相互补充的，在实际工作中，往往是综合使用的。

5. 零件使用寿命的确定

零件的使用寿命与配合的使用寿命是两个不同的概念。有些情况下，零件与配合的使用寿命相符合；多数情况下，零件的使用寿命要比它所组成的配合使用寿命长得多。如图1.3所示，轴类零件的原形尺寸为 D_0，运行 K_1 千米后因配合间隙达到极限而达到使用期限，进行修理后轴径由 D_0 变为 D_1，配以等级轴瓦后恢复原配合使用要求，又投入使用。虽然第一次配合使用寿命已到，但其自身的使用寿命未到，因此在修理后仍可以使用。通过一次次的使用期限修理，轴颈由 D_0 逐渐减小到 D_1、D_2、…、D_n，当 D_n 到达允许最小值 D_{min}（极限）时，这根轴才完成了使命，达到使用寿命。

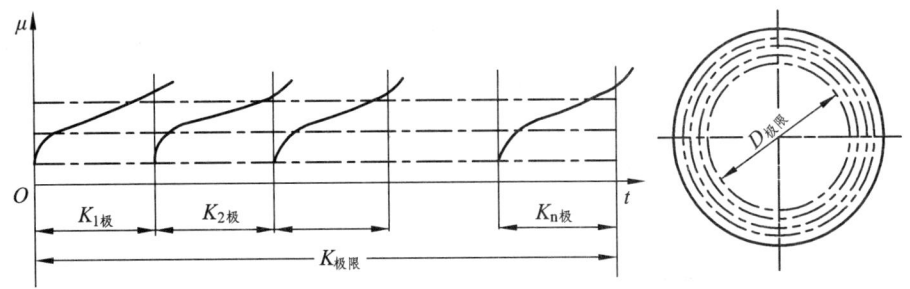

图1.3　轴类零件的使用寿命

所以，零件的使用寿命取决于它自己的强度、刚度等所允许的尺寸限度的极限值。

第三节　动车组检修限度

动车组检修限度是指动车组在检查与修理时，对零部件允许存在的损伤程度的规定限度，如车轮这个零件，一级检修完成时，踏面擦伤深度要≤0.5 mm，这是对动车组该项目一级检修出口质量的规定。它是一种极为重要的动车组规章制度。动车组检修限度制定的合理与否，不仅直接影响车辆的技术状态和行车安全，而且影响车辆的检修成本、经济效果和检修周期。因此合理地制定检修限度标准，对完成铁路运输任务有着重要意义。

由于影响动车组零部件的损伤和使用期限的因素十分复杂，用理论计算的方法，往往不能充分反映客观实际条件的各种影响。因此，通常是对零部件在理论上和实际运用情况进行全面调查、分析来确定动车组检修限度。

一、动车组检修限度的种类

在动车组检修限度中，动车组零件的损伤程度多以尺寸的变化来表示，因此检修限度大部分是尺寸限度，即通过对零件某些尺寸的限制，以控制其损伤程度，作为检修要求的依据。同时与动车组检修制度相适应，把动车组检修限度分为：

（1）原形尺寸：各零件的原形尺寸及配合原始间隙是指动车组各零部件的设计尺寸和制造允许公差，组装时的允许间隙。

（2）禁止使用限度：动车组各零部件的尺寸及配合间隙，超过此限度时，不经修理或更换不允许再继续使用。

（3）五级限度：五级检修是动车组的最大修程。它是指动车组在此修程时，有关零部件的尺寸（或配合）不允许超过的界限，超过则须予以修理或更换。在此修程时，原则上将各尺寸恢复到原形尺寸。

（4）四级限度：指动车组进行四级修程时，有关零部件的尺寸（或配合）不允许超过的界限，超过则须予以修理或更换。

（5）三级限度：指动车组进行此修程时，有关零部件的尺寸（或配合）不允许超过的界限，超过则须予以修理或更换。

（6）一、二级限度：指动车组进行一级和二级修程时，有关零部件的尺寸（或配合）不允许超过的界限，超过则须予以修理或更换。

表 1.2 为 CRH2 型动车组轮对（部分项目）一、二级检修限度。

表 1.2　CRH2 型动车组轮对（部分项目）一、二级检修限度　　　　单位：mm

序号	项目		原形	一级修程	二级修程	备注
1	车轮踏面擦伤深度			≤0.5	≤0.3	
2	车轮踏面连续碾长			≤70	≤50	
3	车轮踏面剥离			1 处长度≤20 2 处长度≤10		
4	车轮各部尺寸	车轮直径 轮缘高度 轮辋厚度 车轮轮对内侧距离	860 30±1 135 1 353$^{+2}_{-1}$	≥790	≥795 25~35	

二、确定检修限度的原则

（1）原形尺寸：设计动车组时，根据动车组的性能要求、零件的材质、加工工艺条件、使用条件等因素而制定的。

（2）禁止使用限度：实际上就是所谓零件或配合的使用期限。本章前面已有叙述。

（3）中间检修限度：即四级、三级、二级、一级检修限度。

（4）确定中间检修限度的基本原则：当零件或配合的磨损损伤程度在这个限度内时，磨损表面尚有足够的磨损余量来保证继续安全使用到下一个规定修程。

（5）五级检修限度，按上述原则将零件和配合恢复到原始设计尺寸。其他中间限度也按上述原则确定。

第四节　动车组维修组织

高速动车组大量采用高新技术、新设备、新材料，造价十分昂贵，因此动车组应该保持较高的利用率。必须制订合理的整备、维修方式和合理的修程，提高整备、维修的效率，减小高速列车的非运用时间。

一、维修基地

（一）维修基地设置原则

整备、维修基地设置数量和设置地点要充分考虑高速铁路客流特点、高速站的分布情况、铁路周围环境条件以及与其相关的既有铁路的情况而确定。主要考虑如下因素：
(1) 从始发到终点旅客的输送量；
(2) 列车空车回送比较少，动车组利用率高的地方；
(3) 离车站比较近的地方；
(4) 维修基地所需人员容易得到保证的地方。
所考虑的这些因素主要是为了提高动车组的运用效率，再者也要充分考虑建设用地因素。

（二）维修基地种类

按照优势设备相对集中的原则，维修基地功能应该有所不同，为此，借鉴国外经验我国分为动车段和动车运用所。

动车段：担负动车组的所有定期维修作业和日常整备、维修和临时性的维修工作。检修基地功能先进，设备齐全，维修能力大。

动车运用所：主要负责动车组的日常整备和日常维修工作，以及其他临时性的维修工作，并有动车组存放能力。

动车段和运用所均为维修基地。动车组的夜间驻留、动车组乘务员的管理等相关业务，由对应的维修基地管理。

（三）我国维修基地的设置情况

目前，国铁集团已在北京、上海、武汉、广州、西安、成都、沈阳等地建设动车组检修基地（动车段），并设置相应数量的动车运用所。

二、检修作业方式

动车组检修时有一个非常重要的目标就是在确保其检修质量的前提下，提高检修的作

业效率,最大限度地压缩检修停时,以提高动车组的使用效率和效益。为此采取以下作业方式:

(1)换件修。无论低级修程,还是中、高级修程,对在检修中出现故障的零部件,采取更换同样零部件的方式进行维修。拆下的部件可送到制造工厂或其设立的派出机构进行检修,修竣后并经过检验继续装车使用。

(2)集中修。动车组的定期检修都集中安排在检修基地进行,运用所仅承担日常的例行检查和部分临修作业。动车组的大部件或关键部件的检修,集中在动车段或相应的检修工厂进行。

(3)状态修。动车组一些设备采用状态修方式,如旅客服务性设施,随检随修,始终保持其技术状态良好。对于部分设备或部件,按照使用寿命的界定,在不能适应使用要求的情况下,在其发生故障前予以更换。

(4)均衡修。为减少大修检修停时,通过换件的方式将部分部件安排在运用过程中或其他较低级修程中进行,减少大修时的工作量,尽可能压缩动车组的在修时间。

三、动车组检修生产组织

动车组检修生产过程是从技术准备到修竣动车组的全过程。生产过程需要进行合理的组织,对修车过程的人员、工具、检修对象、工序等进行合理安排使其形成一个协调的系统,目标是优质、高效、低费用地检修动车组。

(一)动车组检修过程

(1)基本生产过程。它是动车组检修的主体工作,即车辆零部件的分解、检测、修复、组装等工序构成的工作过程。

(2)生产技术准备过程。这是产品生产前所进行的全部生产技术准备工作过程。对动车组检修,主要包括工艺路线(过程)设计、工艺规程等工艺文件的制订、工艺装备的配置、材料消耗定额和工时消耗定额的制订等。

(3)辅助生产过程。它是指为保证基本生产过程正常进行所从事的各种辅助生产过程,以及车辆检修前的调车作业等。

(4)生产服务过程。它是指为基本生产、辅助生产服务的工作过程,如材料、备品工具、运输等。

(二)动车组检修组织架构设计

1. 主要职能部门的设计

动车组检修是较大规模的集体劳动,既要有科学的劳动分工,也要有严密的组织协调。组织设计的目的就是从检修生产的实际要求出发,科学合理地组织和安排劳动者进行有效的劳动,充分发挥其积极性和创造性,不断提高劳动生产率,以最小劳动消耗取得最大的经济效益,同时正确处理检修人员和检修对象的关系,组织好对检修生产的服务和供应工作,从时间、空间上保证检修生产活动连续、协调、有节奏地进行,另外,根据生产发展的需要,不断调整组织,采用先进合理的劳动组织形式,提高劳动生产率。

由于动车组检修包括生产技术准备、基本生产、辅助生产和生产服务四个过程,为实现这些过程,需要分别建立相应的部门。每个部门又根据业务流程的需要,可建立生产车间,生产车间又可分为若干工段或班组。

(1) 生产技术准备部门。这是为基本生产过程进行技术准备的工作部门、综合室、技术室。技术室主要负责动车组检修工艺设计及其他技术支援、技术服务。技术室可按专业分工,如电机工程师、转向架工程师、控制系统工程师等,综合室可设计划统计工程师、成本核算和备品备件管理技术人员。

(2) 基本生产部门。这是直接实现动车组检修过程的生产部门,负责动车组各级修程的检修工作。如检修车间,在车间内部又设置若干班组及生产调度部门。

(3) 辅助生产部门。它是对动车组检修设备、厂房进行检修,加工自制配件,为基本生产过程提供工程服务的部门,如设备车间。

(4) 生产服务部门。它是为基本生产和辅助生产提供服务的部门,如培训中心、运输车队、材料仓库、标准计量室、油水化验室等。

上述部门构成了铁路机务段的检修组织结构。在确定各部门结构时,要考虑动车组检修的规模和特点,以及生产专业化水平与委外协作关系,随着经济发展和技术进步,不断重组业务流程和进行组织架构的调整。

2. 基本生产部门架构设计

动车组检修组织设计主要围绕基本生产过程进行安排,而检修生产班组是完成基本生产过程的最基层单位,是动车组检修生产行政分级管理的最基层的管理组织。科学合理地组建生产班组对提高动车组检修质量和检修效率具有决定性的意义。

生产班组的组建原则和形式如下:

(1) 工艺专业化原则。

工艺专业化原则就是由工艺相同的工序或工艺阶段组建生产班组。在这种生产单位内集中了同类型的设备,同工种的工人,用相同的工艺方法对不同类型产品进行加工或修理。

按工艺专业化原则组建班组,由于同工种工人集中,有利于技术的交流,提高检修技术水平。同类设备集中,可减少设备数量,便于安排生产任务。但缺点是动车组零部件种类繁多,各部件的修理在不同生产班组内进行,使零部件流动运输路程增加,检修单位之间联系复杂,增加了管理的难度。

对于工艺过程较为复杂、品种多、数量小的生产过程,适宜采用工艺专业化原则组建生产班组。

动车组的三、四、五级检修,宜采用工艺化原则组建生产班组,如转向架检修组、电机检修组、电器检修组等。

(2) 对象专业化原则。

对象专业化原则就是把产品按大部分工艺过程集中起来,组建一个生产班组,在生产班组内,工人种类不同,使用设备不同,工艺方法不同,但加工对象相同。这种生产单位的优点是内部联系简单,便于管理。缺点是设备故障或人员缺勤时会造成生产中断。

(3) 综合原则。

综合原则又分两种,一种是在对象专业化车间或工段内,按工艺原则组织班组。若一个车间负责生产几种产品,这些产品机构、工艺相似,加工方法和顺序大致相同,则可以将加工工艺相同的设备集中在一个班组。另一种是在工艺专业化车间内,按对象专业化的原则建立班组,每个班组只完成同一产品加工。

(4) 生产组织分工与协作。

组建生产部门和生产班组主要考虑的是分工要求。分工越细,责任越明确,有利于建立岗位责任制。但分工太细,会造成工人负荷不均,降低劳动生产率。因此,在检修组织设计时各生产车间和生产班组又不宜分得太细,在分工的前提下加强各车间和班组协作,实行合理的分工与密切的协作对于提高检修效率、减少动车组检修停车时间,具有重要意义。

(三) 检修生产控制

检修生产控制就是使动车组检修活动能按预定计划进行实施,使其达到预定目标的管理活动。动车组检修管理的目标是高质量、高效率、低成本,生产控制的目的在于使检修实施过程符合上述目标,这就要求在检修作业实施各个阶段,进行有效安排,并及时监督、检查,发现偏差,及时采取措施进行纠偏,以保证计划的实现。

检修生产控制涉及检修生产过程的人、财、物的管理,因此,又分为生产作业控制、成本控制、质量控制、安全控制等。动车组检修生产作业控制是动车组检修生产控制的重要部分,是实现动车组检修任务顺利完成,保证运营用车充足的管理核心内容。

实现动车组检修生产作业有效控制应抓好生产调度和生产进度两个环节。

第五节　动车组检修经济技术分析

一、动车组寿命周期费用的经济性

对于现代的动车组用户来说,要求动车组在使用期内安全、可靠和易于维修。是否购买这种动车组不仅受其购置费用的影响,而且还取决于它们在使用期内用户必须承担的运用和维修费用。为了使用户满意,动车组的制造厂家必须设计出可靠且在费用上有竞争力的产品。这里所说的费用,不只是装备的购置费用,而且还包括装备的运用维修费用等。这种费用的理念应当贯穿于产品从设计直至报废的整个寿命周期当中,这就是最佳寿命周期费用(LCC)的概念。

寿命周期费用分析是对产品的购置和运用维修总费用进行评估的经济分析方法,这种方法最基本的目标是在满足产品性能、RAMS(可靠性、可用性、维修性和安全性)和其他要求的基础上,评价和优化其寿命周期费用。

(一) LCC 基本概念

1. 寿命周期

产品的寿命周期是从论证开始到报废为止所经历的全部时间。按照现行国家标准 GB/T 6992 的规定，寿命周期分为五个阶段，即定义与概念、设计与研制、制造与安装、使用与维修和处理阶段。

2. 寿命周期费用 LCC

根据国家军用标准 GJB/Z 91—97 的规定，寿命周期费用的定义是在装备寿命周期内用于研制、生产、使用与保障以及退役所消耗的一切费用之和。即上述寿命周期各个阶段所发生的费用总和。

上述寿命周期各个阶段所发生的费用可以分为两大部分，即购置费和运用维修费。购置费通常发生于装备未投入运用以前的阶段（包括论证、设计和开发、生产、安装等阶段），这是用户和制造商都非常关心的费用项目。运用维修费用是装备投入运用以后的阶段（包括运用、维修和报废等阶段）发生的费用，这是用户最关心的费用项目。因此，制造厂家对运用维修费也逐渐重视起来。

3. 寿命周期各个阶段对 LCC 的影响

寿命周期的各个阶段对 LCC 的影响是不一样的，越是前面的阶段对 LCC 的影响越大。实际上，装备的 LCC 在生产之前就已经决定了，已经由装备的论证、研制先天决定了。到了使用阶段，各种性能（包括可靠性和维修性）和结构已基本定型。如图 1.4 所示为装备寿命周期各阶段活动对 LCC 的影响。由图可知，在装备论证、研制阶段对 LCC 影响就已在 80% 以上，因此虽然使用维修费用占 LCC 很大的比例，但其大部分却是由前期论证、研制阶段中的各种决策所决定的，因此从装备的整个 LCC 来看，越早应用 LCC 方法越好。应用得越早，花费越小，LCC 降低得越多。

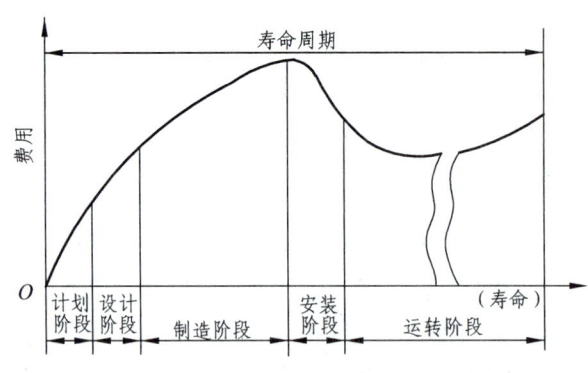

图 1.4　产品寿命周期的费用

4. RAMS 与 LCC 的关系

产品的 RAMS（可靠性、可用性、维修性和安全性）对寿命周期费用 LCC 有着重要的影响。较高的购置费可以使产品具有较好的可靠性和维修性，也就是说，在产品的设计研制阶段，为了保证在今后的运用中具有较低的故障率和维修成本，而采用维修性和可靠性高的设计方案，虽然表面上看是提高了研制费用，使用户增加了购置费，但实质上是降低了 LCC。

（二）LCC 分析的目的和意义

（1）LCC 是衡量装备经济性最合理的指标，在进行装备系统的各种权衡分析时，只有 LCC 才能真实地反映装备的经济性；只有当 LCC 最小时装备才是最经济的。装备的一生（整个寿命周期）中的耗费，购置费只占较小的比重，运用维修费用则占较大的比例。而且两者间是彼此密切相关的。因此，如果用户在动车组采购或研制时只注重动车组的性能和购置费，而对影响 LCC 的运用维修费重视不够，则使采购或研制出来的动车组运用维修费用昂贵，效能却不高。

（2）LCC 是产品寿命周期各个阶段进行决策的重要依据。LCC 分析为产品设计、开发、运用维修及其他过程的各种决策提供重要依据，涉及的主要决策有：

① 比较和评价不同的设计方案；
② 产品或项目的经济可行性评估；
③ 对费用起主导作用的因素进行鉴别，并对投资效应进行改进；
④ 对产品不同的运用、维修、试验、检查等方法进行比较和评价；
⑤ 对产品延长寿命或报废方案进行比较和评价。

（3）LCC 分析是制造厂家优化产品质量、控制装运费用、参与市场竞争的有力武器。制造厂家可以应用 LCC 分析和性能分析比较，对产品进行设计优化，实施费用设计。

（4）LCC 分析是用户谋求最佳经济效益的有力保证。用户在购置装备时不再像过去那样，不但注重装备的性能和购置费，而且还要对装备进行 LCC 分析。在购置合同中要求供货商对产品作出承诺，规定出 LCC 的具体指标，并在产品交付使用后进行验证。这样就保证了用户在使用维修中能够取得最佳的经济效益。另外，还可以通过 LCC 分析，对产品的运用维修方案进行比较评估，对产品运用维修阶段内的技术决策和资源配置进行优化。

（三）LCC 应用实例

德国铁路在高速动车组 ICE3 设计时非常重视维修，要求维修简单、低耗费和 LCC 优化。在评价和选择技术结构方案时，要不断考虑 LCC。有时看似列车购置费增加，但 LCC 却得到很大的节约。在 ICE3 制动系统的决策中起初认为比较现实的方案是列车采用两个制动系统，即空气制动（盘形制动）和电阻制动，但最终决定增加第三种涡流制动方案。尽管第三种方案使投资成本提高，质量增加，但由于涡流制动能无磨损地工作，维修耗费很低，因此列车整个 LCC 与购置费相比将带来很大节约。采用空气制动系统可使制动闸片和制动盘的消耗明显降低。在 ICE3 运行制动时所需的制动功率在整个速度范围内均可由电阻制动和涡流制动无磨损地提供，而空气制动只是在特殊情况下，例如，在快速制动或无法采用涡流制动的旧线路上采用，当然还可在其他制动系统失灵情况下作为安全备用手段。

1986 年 8 月瑞典国家铁路购置了第一批 20 列 X200 高速列车，在采购过程中应用了 LCC 分析方法，取得了巨大的成功，使用户和供应商双方都取得了明显的经济效益。

二、动车组的经济寿命

（1）物质寿命：设备开始使用到报废所经过的时间。搞好维修工作能有效延长设备的物质寿命。

（2）技术寿命：设备从开始使用到因技术落后而淘汰所经历的时间。它取决于科学技术的发展速度。适时的技术改造可延长设备的技术寿命。

（3）经济寿命：设备从开始使用到继续使用经济效益变差所经过的时间。适时的改造也可延长设备的经济寿命。

以上三个寿命长短一般不一样。在科技高速发展的时代，技术、经济寿命大大短于物质寿命。

本章小结

本章首先介绍了动车组故障的基本知识，包括动车组故障的基本概念与类型，以及动车组故障产生的规律，这是分析动车组故障和分析检修问题要用到的基本知识。本章介绍了动车组运用可靠性及维修性的概念，介绍了动车组维修制度的基本概念及我国现行动车组检修的维修体制。这里涉及几个重要概念：维修思想、维修方式、检修周期、检修级别。

动车组检修限度是检修工作的要素，是对动车组零件检修质量的量化要求。

本章还介绍了动车组检修的维修组织，介绍了检修基地的设置原则、检修作业方式，介绍了检修生产组织的基本知识。

本章最后讲述了动车组维修经济技术分析的基本知识，使学生掌握从经济角度分析解决动车组运用与维修问题的方法。

复习思考题

1.1 试述动车组故障的概念，以及动车组出现故障的现象有哪些。
1.2 试述动车组故障的类型。
1.3 什么是故障率？试述动车组与机件故障的发展规律。
1.4 试述动车组可靠性的概念、影响可靠性的三个因素及可靠性的度量。
1.5 可靠性设计包含哪些内容？
1.6 试述产品寿命周期的概念、产品维修性的概念、维修性三要素及可靠性的度量。
1.7 如何进行动车组维修性结构设计？
1.8 简述动车组的几种维修思想。
1.9 试述动车组各基本维修方式的概念？
1.10 什么是动车组定期维修的修程、检修周期、检修范围？
1.11 试述动车组维修制度的概念及两大制度的内容。
1.12 试述动车组检修周期的制定方法。
1.13 什么是动车组的检修限度？有哪些类型？
1.14 什么是产品寿命周期？寿命周期费用 LCC？分析的目的是什么？
1.15 试述寿命周期各阶段对 LCC 的影响及 RAMS 对 LCC 影响。

第二章 动车组检修工艺基础

第一节 动车组零件的损伤

设备出现故障的原因是零件产生了损伤。零件损伤的形式主要有：磨损、变形、腐蚀、断裂、电气损伤。在机械设备中，磨损是最主要的损伤形式，断裂是最危险的损伤形式。本章主要介绍零件各种损伤的形貌特征、产生机理、防止及减轻措施。

一、零件的磨损

大量的统计分析表明，机械设备产生故障的主要原因是摩擦副的磨损。动车组机械零件检修与更换主要是由磨损引起的，因此研究磨损、提高零件的耐磨性，对于提高动车组工作的可靠性、延长动车组零件的使用寿命、节省检修费用都具有重要意义。

磨损是指互相接触的零部件做相对运动时，工作表面的材料逐渐损耗的现象。磨损的快慢以磨损速度或磨损强度来衡量。磨损速度是指单位时间的磨损量，磨损量可以用零件的几何尺寸或零件质量的变化量来表示。工程上常以单位工作时间内，垂直于摩擦表面的尺寸减小量来计算。动车组零件磨损通常以在单位运行里程中零部件尺寸的变化量来表示。磨损带来的后果一是材料组织结构及性能的破坏，二是形状及表面质量（如粗糙度）的变化。

（一）摩擦与磨损

1. 摩 擦

物体间的摩擦会产生磨损，摩擦形式直接影响磨损的程度。根据零件摩擦表面的状态，摩擦可分为干摩擦、液体摩擦、边界摩擦和混合摩擦四种形式。

1）干摩擦

摩擦表面之间没有润滑剂，固体直接接触的摩擦称为干摩擦。如轮箍与钢轨的摩擦、制动时闸瓦与车箍踏面的摩擦。干摩擦时，摩擦系数高达 0.1~0.7，带来的磨损是极其严重的。

2）液体摩擦

液体摩擦是指摩擦表面之间完全被连续的润滑油膜所隔开，载荷的传递是通过油膜实现的摩擦。如各种形式的流体动力润滑轴承（滑动轴承、止推轴承），再如有润滑的齿轮啮合副，都属于液体摩擦。液体摩擦时摩擦系数很小，通常为 0.001~0.01，几乎不产生磨损。形成液体摩擦的关键是要形成油膜。

形成油膜需具备三个条件：零件表面有油楔的几何形状；供应充足的具有一定黏度的润滑油；两零件有相对运动，其运动方向驱使机油从油楔大端流向小端，同时油膜厚度最小值大于两工作表面圆柱度、圆度及微观不平波峰之和。油膜的厚度与机油的黏度、相对运动速度、载荷有关系。一般运动速度高、机油黏度大易形成油膜，载荷大时则不易形成油膜。

3）边界摩擦

边界摩擦是两摩擦表面之间仅由一层极薄的油膜所隔开的摩擦，通常厚度在 0.1 μm 以下。它一般是由于载荷突然增大或相对运动速度突然下降，或者由于润滑油温度过高，黏度下降等原因所致。

边界摩擦是一种过渡状态，很不稳定。边界摩擦时，金属表面凸起部分相互接触，由于润滑油具有较强的吸附能力，会在它们之间形成极薄的吸附油膜，从而防止了两金属的直接接触，使摩擦力大为减少，但可能会引起凸起部分的变形及吸附油膜被划破。

4）混合摩擦

在摩擦表面上液体摩擦、边界摩擦、干摩擦三种形态混合存在的摩擦称为混合摩擦。在机件运行中，这种摩擦形式广泛存在。它有两种情况，一是半液体摩擦：同时存在边界摩擦和液体摩擦的情况称为半液体摩擦；二是半干摩擦：同时存在边界摩擦和干摩擦的情况称为半干摩擦。摩擦引起的磨损量由边界摩擦与干摩擦所占比例而定。

各种形式的摩擦系数如图 2.1 所示。

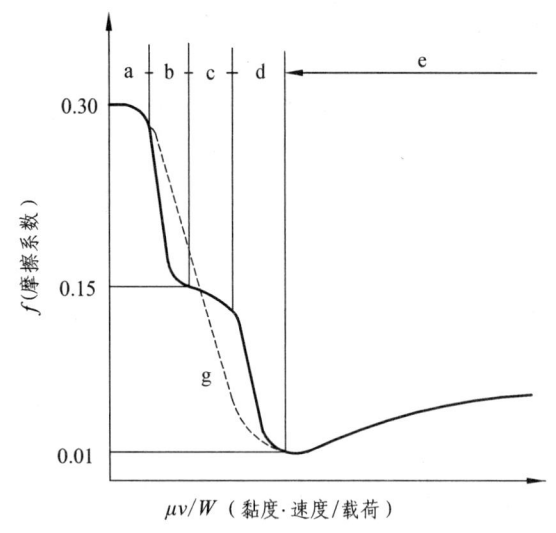

a—干摩擦；b—干摩擦与边界摩擦；c—边界摩擦；d—边界摩擦与液体摩擦；
e—液体摩擦；g—混合摩擦。

图 2.1 各种摩擦形式的摩擦系数

在上述各种摩擦形式中，干摩擦由于金属直接接触，因此零件表面的磨损是相当剧烈的。边界摩擦由于金属不直接接触，不会产生磨损，但必须指出，在高温或重载下吸附油膜会失去结合力或被划破，导致金属直接接触而引起磨损。液体摩擦不会引起磨损，但在实际工作中液体摩擦只能在高速运转时形成。任何机器总有启动、停车及冲击振动的情况，这时液体摩擦存在的条件即被破坏，边界摩擦、混合摩擦势必发生，从而产生磨损。

2. 磨损机理

摩擦时引起的磨损是一个很复杂的问题，它是一系列物理、化学、机械性能现象的综合。就磨损过程而言，一般认为包含三个过程：一是摩擦表面的相互作用；二是摩擦表面层性质的变化；三是表层被破坏。

关于磨损机理，一般认为产生磨损主要是由于表层金属的直接接触而产生机械作用和分子作用。由于摩擦表面存在一定的粗糙度，受正压力 F 后，表面凹凸部分互相嵌入，如图 2.2 所示。各凸起部分的强度、高度、方向是不相同的，嵌入的深浅也不同。当表面相对切向产生位移时，嵌入浅的发生弹性挤压，嵌入深的发生塑性挤压，这样经多次重复后，塑性变形的金属向滑动方向伸长，造成晶格扭曲、晶体滑移和破碎，使部分金属强化或冷作硬化成脆性物质从表层脱落。

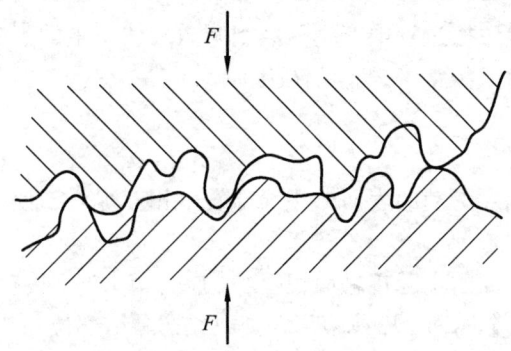

图 2.2 摩擦表面受压时互相嵌入的情况

表面凹凸部分互相嵌入的同时，还产生分子的相互作用。当两个固体表面紧密接触时，分子之间的距离极其接近，便会出现分子吸引力，使表面互相吸引。当分子相互作用力很大，接触点又没有任何覆盖膜时，接触点上的金属原子进入原子晶格以内，互相扩散成为像固溶体一样，两点好像焊接了起来，这些点在压紧时，经塑性变形而形成冷作硬化，材料的强度比基体的还高，因此相对移动时就发生深层撕扯现象。在摩擦表面的直接接触区产生大量的热。温度过高时，材料在滑移方向会产生塑性流动，甚至使接触部位的金属软化，相互熔合在一起，增强了它们的分子相互作用力。

（二）磨损形式

磨损是一个相当复杂的过程，上述各种作用可能同时发生。但在一定条件下，磨损过程常只有一至两种因素起主导作用，从而形成相应的磨损形式。

1. 磨料磨损

零件表面与磨料（粒）互相摩擦，而引起表层材料损失的现象称为磨料磨损。磨料磨损是最为常见的一种磨损，也是磨损强度较高的一种磨损。

1）磨料磨损的分类

（1）两体磨料磨损，指机件直接与磨料接触发生的磨损，如挖掘机斗齿的磨损。

（2）三体磨料磨损，指硬质颗粒进入两表面之间形成的磨损，如灰尘、磨粒进入齿轮副的磨损。

（3）微凸体磨料磨损，指坚硬的、粗糙表面上的微凸体在零件表面上滑动形成的磨损，如淬火齿轮对软齿面带来的磨损。

2）磨料磨损的影响因素

（1）金属材料的硬度。一般情况下，金属材料的硬度越高，耐磨性越好。金属材料的硬度与合金成分和热处理有关。

（2）磨料性质。经研究发现磨粒粒度对材料的磨损强度影响有一个临界值。小于临界值时，粒度增加，磨损加剧；大于临界值时，磨损强度不随粒度增加而增加。磨损粒度的临界值为 60 ~ 100 μm。

3）减少磨料磨损的措施

对于机械设备中三体磨料磨损的摩擦副，如滚动轴承、轴颈与轴瓦等应设法阻止外界磨料进入摩擦副，及时清除摩擦过程中产生的磨削和微凸体产生的磨削。具体措施是对润滑油进行良好过滤，注意密封，经常维护，清洗换油。

2. 黏附磨损

黏附磨损是两个做相对滑动的表面，在局部发生相互焊合，使一个表面的材料转移到另一个表面所引起的磨损。

产生机理是当摩擦表面的实际接触面积很小、应力很大时，接触点处金属产生塑性变形，使氧化膜破坏，呈现纯净金属面，摩擦表层彼此黏结。黏结部位在相对运动中被撕裂、强化，常常把强度较小的金属表层撕走，黏附到另一摩擦表面上。在被撕走金属的部位易产生应力集中现象，逐渐形成显微裂纹，从而引起疲劳破坏。

黏附磨损常发生在压力大、润滑条件差、相对速度高的情况下。黏附磨损会使摩擦表面带来严重的磨损，磨损加剧还会导致零件互相咬死，如抱轴现象。减轻的措施：合理润滑，建立可靠的润滑油膜，把两表面隔开；选择互溶性小的材料配对，如铅、锡等的合金抗黏着性能好，易作轴瓦材料；金属与非金属配对，如钢与石墨，也有较好的效果；适当的表面处理，如表面淬火、磷化处理渗氮等。

3. 疲劳磨损

疲劳磨损一般产生于载荷较大的滚动摩擦副中，主要是由于接触疲劳所引起的，是一种表层脱落或剥离现象。如常见的滚动轴承滚动体、外圈产生的麻点，齿面和轮箍踏面的剥离现象。

影响疲劳磨损强度的因素有：接触表面的压力、载荷循环次数、零件表面抵抗挤压变形的能力、强化层的厚度、疲劳强度极限等。

减轻的措施：减少材料中的脆性夹杂物；提高表面的加工质量，降低表面粗糙度和形状误差；进行表面处理，如渗氮、表面滚压处理、喷丸处理等。

4. 氧化磨损

在摩擦过程中，氧吸附在摩擦表面上，并向表层内扩散与发生显微塑性变形的金属接触形成氧化膜。氧化膜能防止黏附磨损，抗磨性好，但是当氧化膜较厚时，则易被撕碎从表面脱落，形成氧化磨损。氧化磨损的磨损速度最小，与压力大小有密切关系，压力越大，氧化磨损越严重。有振动载荷时，氧化膜易被破坏使磨损加速。相对速度较高时，氧化磨损将转变为以摩擦为主的黏附磨损。

在以上四种磨损形式中，氧化磨损可以认为是容许的磨损形式。而其他磨损形式均有磨损速度大、摩擦系数高、表面出现粗糙条纹等特点，是非正常磨损，应该设法避免。

（三）动车组零件与配合的磨损规律

磨损是摩擦的产物，不同的摩擦形式会产生不同的磨损量。尽管总希望零部件摩擦是液体摩擦，但在动车组实际运用中是做不到的。动车组工作时，总要经历启动和停车两个过程，零部件就不可避免地要经历由干摩擦到其他摩擦形式的转换过程，从而产生磨损。

实践表明，动车组上各零部件在润滑状态比较良好的情况下，由于启动—运转—停车过程的影响（且不计其他因素的影响），其磨损规律如图2.3所示。零部件的磨损量 μ 随时间 t 的变化规律称为零部件的磨损特性，由此形成的曲线称为磨损曲线。图中：

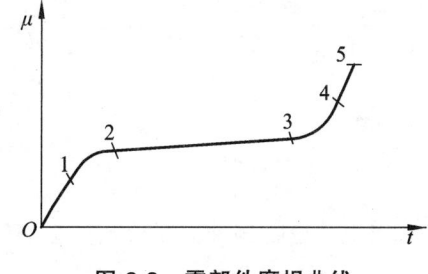

图 2.3 零部件磨损曲线
（启动—运转—停车三个阶段）

曲线 0—2 段为启动阶段，其中 0—1 段为干摩擦阶段，1—2 段转入混合摩擦阶段；

曲线 2—3 段为运转阶段，零部件处于液体摩擦状态；

曲线 3—5 段为停车阶段，其中 3—4 段转入混合摩擦阶段，4—5 段为干摩擦阶段。

在动车组整个运用过程中，由于各零部件的启动—运转—停车的过程是多次发生的，因此零部件在动车组整个运用过程中的磨损曲线将由许多如图2.3所示那样的曲线所组成。如图2.4所示为零部件在动车组整个运用过程中的磨损曲线。从图2.4中可以看出，零部件的磨损—损坏过程有三个明显阶段。

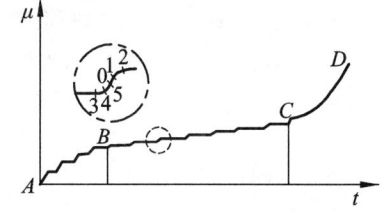

图 2.4 动车组零部件在整个运用过程中的磨损曲线

第一阶段（曲线 AB）：零部件处于刚开始运转的较短时间内，由于零部件表面经过加工后，总存在表面粗糙度，此时摩擦系数 f 值也较大，因而发生较强烈磨损。图上曲线 AB 段的仰角较大，表明磨损速度较快。在这一阶段内，零部件工作表面经过一段时间的磨损，相互之间的配合间隙由制造时的原始状态过渡到比较稳定的状态（此时的间隙即达到所谓的设计间隙），因而磨损速度也逐渐下降。零部件的磨损量由 A 值增至 B 值，曲线逐渐平坦，转入第二阶段。通常这一阶段称为零部件的磨合阶段。

第二阶段（曲线 BC）：零部件经过第一阶段磨合后，零部件的磨损开始比较缓慢，在相当长的时间内磨损量增加的速度也比较慢。此时磨损均匀增加。这一阶段称为零部件的正常磨损阶段，其磨损属于正常磨损。

第三阶段（曲线 CD）：零部件在正常工作阶段不断磨损，当磨损量逐渐增大到 C 点时，即发生一个由量变到质变的突变过程，造成配合间隙过大，引起较大的冲击和振动；同时，零部件的润滑条件也变得恶化，最后促使零部件的磨损速度急剧增加，直至导致零部件破坏。

因此 C 点称为零部件的极限磨损（此时配合副的间隙达到极限间隙）。

图 2.4 的磨损量 μ 也可用配合间隙 S 来代替，运用时间可用动车组走行公里数 K 来代替，并画成平滑曲线，改制成如图 2.5 所示的曲线。图中 Oa 为制造间隙，Ob 为设计间隙，Oc 为极限间隙；而 Oc' 则为极限走行公里。

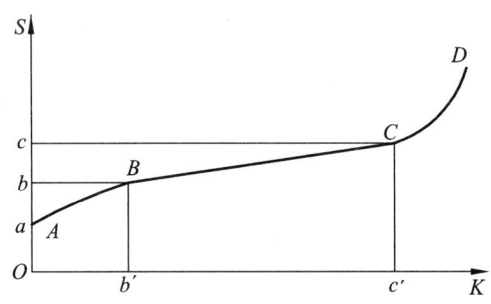

图 2.5 磨损对配合间隙的影响

（四）影响磨损的主要因素

以上无论哪一种磨损形式，影响磨损速度的因素有以下三个主要方面：

1. 工作条件

它是决定磨损形式和磨损速度的基本因素，包括摩擦类型、相对速度和载荷三个方面。

（1）摩擦类型。摩擦类型对表层的塑性变形特性有直接影响。滚动摩擦引起疲劳磨损；滑动摩擦倾向引起黏附磨损。

（2）速度。当摩擦条件一定时，摩擦表面的温度随速度增高而增高。当温度达到 150~200 ℃ 时，摩擦表面油膜遭到破坏，摩擦类型变为干摩擦。

（3）载荷。只要载荷增加了，都将使磨损速度增加，当载荷增加到一定值时，磨损会突然变成黏附磨损。此外，冲击载荷也会使磨损加剧。

2. 表面间介质

两表面之间包含的物质包括润滑油、磨料和气体等。润滑油能使摩擦表面不产生干摩擦，同时还有散热和排除异物的作用。润滑油的性质对磨损过程有很大影响，它应具有适当的黏度、油性或化学稳定性，不含酸类和机械杂质。

3. 表面情况

表面情况包括加工质量、金属材质、表面硬度和热稳定性等。加工质量良好，能加速磨合过程，减少磨合时的磨损量，从而减少摩擦副的初间隙，延长配合寿命。下面以表面粗糙度和加工精度来说明。

表面粗糙度：表面粗糙度与零件耐磨性之间有一定的关系，零件表面粗糙度过低或过高均使磨损速度上升。每一种载荷下有一个最合适的粗糙度，其磨损量最小。表面粗糙度过低反而使磨损速度上升的原因：工作表面过分光滑不能很好地储油和形成油膜。

加工精度：精度过低会使摩擦面上载荷不均匀或产生冲击，引起不正常磨损，造成磨损速度过快。如轴颈圆度、圆柱度不符合要求，造成轴颈与轴瓦接触不均。

金属材质与表面硬度对磨损也有十分重要的影响。零件的表面硬度越高，耐磨性越好。

（五）降低磨损速度的主要措施

（1）提高摩擦表面硬度。

对于承受冲击载荷的零件，为使其既有较高的硬度又有较好的冲击韧性，一般采用表面处理的方法来降低磨损速度，如渗碳、渗氮、淬火、滚压、喷丸强化等。

（2）恰当地选择耐磨材料。

在摩擦副的机件中，对较复杂、昂贵的机件一般应选择优质和耐磨的材料制造；对与其相配合的机件应选用软质耐磨材料，即减摩材料制造，如轴颈与轴瓦。另外，在零件表面覆盖一层耐磨金属也是常用的减摩措施，覆盖的方法可以是电镀或喷涂等，如镀铬，硬度可达HRC60~68，这样不仅提高了耐磨性，又恢复了零件表面尺寸和形状。

（3）合理采用润滑剂。

条件允许时，应尽量使零件处于液体摩擦状态，为保证液体摩擦的条件，要注意润滑油的质量、密封条件及供油的压力。

（4）保证零件表面的低粗糙度和高精度。

零件新制或修理时要使表面粗糙度和精度达到技术要求，互相配合的零件要使间隙符合技术要求。

二、零件的腐蚀

金属和周围介质发生化学作用或电化学作用而造成的损伤，叫作腐蚀。腐蚀的结果，使金属表面材料损耗、表面质量劣化、内部晶体结构破坏，最终缩短了零件的使用期限。

腐蚀按其机理可以分为两类：化学腐蚀和电化学腐蚀。

（一）化学腐蚀

化学腐蚀是金属和周围的干燥气体或非电解液体中的有害成分直接发生化学作用，形成的腐蚀层（膜）。化学腐蚀的基本特点是不产生电流，同时腐蚀产物生成于反应表面，如与空气中的氧、二氧化硫及润滑剂中的某些腐蚀性物质的反应。

化学腐蚀的程度取决于腐蚀后在金属表面形成的膜的性质，不同金属形成的膜是不同的。如钢、铁被腐蚀后，形成一层疏松的膜，腐蚀介质能缓慢地渗透疏松的膜，继续腐蚀金属；又如铝、不锈钢等金属被腐蚀后，会产生一层致密坚硬的膜把介质隔开，使腐蚀停止。

单一的化学腐蚀是很少的，因为零件的工作环境总有水分的存在，会溶解腐蚀性物质，形成电解质溶液，继而产生电化学腐蚀。

（二）电化学腐蚀

电化学腐蚀是金属和电解液起电化学作用的损伤过程。电化学腐蚀有电流产生，阳极金属被腐蚀，同时腐蚀产物并不完全覆盖于零件表面。

电化学腐蚀远比化学腐蚀来得普遍和严重。电化学腐蚀机理实质是原电池作用原理。如图 2.6 所示，将一块锌板和一块铜板插入稀硫酸溶液中，如果用导线在溶液外部把两金属板连接起来，那么导线上就有电流通过，上述实验组成一个原电池(电源)。锌比铜活泼，因而被分解、腐蚀。锌离子进入溶液，并且每个锌原子的两个电子留在锌板上（负极），电子通过导线向铜板流动，这里电子与硫酸中的氢离子结合，生成氢气逸出。不活泼的金属（铜）成为正极（阴极），较活泼的金属（锌）成为负极（阳极），受到腐蚀。

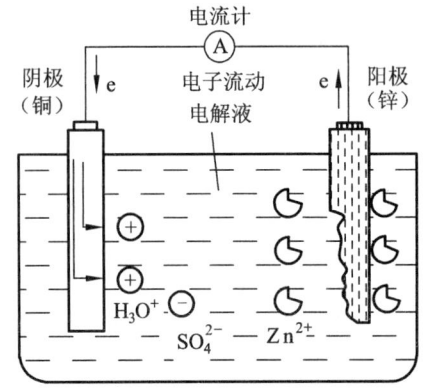

图 2.6 电化学腐蚀机理

综上所述，产生电化学腐蚀必须具备的条件是：

（1）有电解液；
（2）两种金属或同一种金属两部分之间存在电位差；
（3）电解液覆盖金属。

酸、碱和盐类物质的水溶液都是电解液。大气中含有水汽和其他物质，如二氧化碳、二氧化硫等在金属表面上的吸附膜也可形成电解液。

有了电解液，还需有电位差才能形成电流，产生电化学作用。电位差经常存在。例如不同的金属或同一金属具有不同的组织结构，那么在电解液中就形成不同的电位，产生电流，导致阳极金属溶解，即腐蚀。又如金属零件各部分具有不同的应力时，应力大与应力小的两部分金属之间存在电位差，使应力大的部分被腐蚀。

晶粒边界受到的应力也常比晶体本身大，所以晶粒之间也发生腐蚀，即所谓晶间腐蚀。图 2.7 所示为铁的电化学腐蚀示意图。

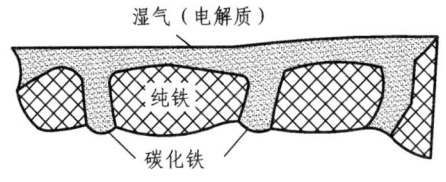

不同金属成分的晶界之间的晶间腐蚀

图 2.7 铁的电化学腐蚀

钢的基体是铁，而碳化铁是其中的一个成分。铁比碳化铁活泼，为阳极。金属表面有吸附水膜（含有 SO_2、CO_2 等）。这样在金属表面形成了许多原电池。铁为阳极，碳化铁为阴极，这些电极本身是一块金属，自然形成导线，把两极连接起来。阳极（铁）上的电子流向阴极（碳化铁）而形成电流，铁受到腐蚀。

(三) 影响零件腐蚀的因素

1. 金属的特性

金属的抗腐蚀性与金属的标准电位、化学活动性有关。金属的标准电位越低，化学活动性就越高，就越容易腐蚀。但有些金属例外，如镍、铬，它们的表面能生成一层很薄的致密性氧化膜，具有很高的化学稳定性，因而具有很高的抗腐蚀能力。

2. 金属的成分

金属中杂质越多，抗腐蚀性越差。一般钢中都含有石墨、硫化物、硅化物等，它们的电极电位都比铁高，所以易形成电化学腐蚀。

3. 零件的表面状况

零件的外表形状越复杂、表面越粗糙，越易吸附电解液而形成电化学腐蚀，抗腐蚀能力越差。

4. 温　度

温度越高，金属和腐蚀介质化学活动性越强，则腐蚀速度越快。

5. 环　境

气温高、相对湿度大的环境，会加剧腐蚀。温度变化大的地区，由温度变化引起的凝露现象，也会加速腐蚀。

（四）减轻腐蚀的措施

减轻金属腐蚀对延长设备的使用寿命和减轻经济损失有着重要的意义，减轻腐蚀的措施有以下几种方法。

1. 采用耐腐材料

根据使用环境要求，选择合理的材料。如选用含有镍、铬、铝、铜、硅等元素的合金钢，或在条件允许的情况下，选取工程材料、合成材料、复合钢板等材料。

2. 覆盖保护层

在金属表面上以薄膜的形式附加上耐腐材料，使金属零件与腐蚀介质隔开，防止腐蚀。这是动车组中常采用的防腐措施。

（1）金属保护层采用电镀、喷镀、熔镀、化学镀、气相镀等方法，在金属表面覆盖一层如镍、铬、铜、锡等金属或合金作为保护层。

（2）非金属保护层，常用的有油漆、塑料、橡胶等，临时性防腐可涂油或油脂。

（3）化学保护层，用化学或电化学方法在金属表面覆盖一层化合物薄膜，如磷化、发蓝、钝化、氧化等。

（4）表面合金化，如渗铝、渗铬等。

3. 电化学保护

主要介绍阴极保护。阴极保护是使被保护对象成为阴极，外加一个阳极，从而达到保护的目的。这种方法广泛应用于各种地下管道、海水与淡水中的金属设备、热交换器等。其原理示意如图 2.8 所示，图中，A、B 是设备或零件上发生电化学腐蚀的两个极，是保护对象，C 是加入的第三极，第三极的电位比原来的两极电位更低（金属离子更活跃，更容易被电解液腐蚀，内部出现多余电子），C 极电子同时向 A、B 转移，使 A、B 同时成为阴极而受到保护。

所以，通常情况下用一种比零件材料化学性能更为活泼的金属，铆接在零件上，使零件本身成为阴极，不发生腐蚀。

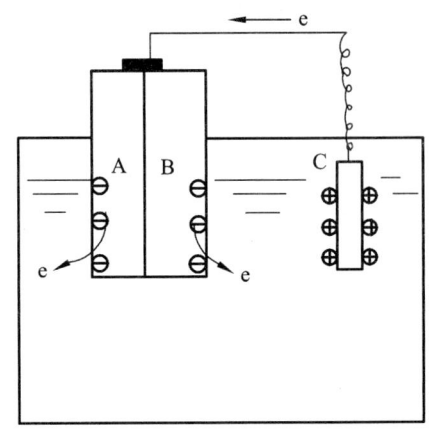

A、B—被保护对象；C—阳极。

图 2.8　阴极保护示意图

4. 防腐蚀结构

（1）电位差很大的不同金属应避免互相接触，否则易产生电化学腐蚀。如铝、镁不应同钢铁、铜接触。如必须接触，应用绝缘材料将其隔开，从而隔断腐蚀电流。

（2）钢结构中不能有积存液体存在，不可避免的情况应开排泄孔以排除积存液体。

5. 改善环境

（1）采用通风、除湿等措施降低大气或其他腐蚀介质的腐蚀性。对常用金属来说，把相对湿度控制在 50%～70% 以下，可以显著减缓大气对金属的腐蚀。

（2）采用缓蚀剂。在腐蚀介质中加入适量缓蚀剂，可降低腐蚀速度。缓蚀剂主要应用于静态及循环冷却系统中。

（五）动车组零件的腐蚀

在动车组中，零件腐蚀可分成以下几类：

（1）同水接触的零件。这类腐蚀主要是电化学腐蚀，如各种管道、水腔。

（2）同润滑油接触的零件。随着润滑油运用时间的延长，润滑油受到污染，逐渐生成有机酸、硫化物等，对零件产生腐蚀作用，如各类轴承、齿轮部分。

（3）动车组转向架、车体等部件的锈蚀。这些部件在运用中，会发生电化学腐蚀，产生腐蚀产物铁锈。

三、零件的变形

机械设备在使用过程中，一些零件，特别是基础零件，如箱体等的变形称为零件的变形。变形的形式有：体积改变、弯曲、翘曲等。零件变形使零件之间的位置关系遭到破坏，造成零件偏磨、裂纹，甚至断裂，从而影响整个设备的使用寿命。

金属零件变形包括弹性变形和塑性变形两种情况。金属受力变形过程可分为弹性阶段和塑性阶段。弹性阶段，应力消除后，变形基本消失，当应力超过材料的弹性极限，则进入塑性变形阶段，应力消除后，变形不能全部恢复。研究金属材料的变形机理，了解变形规律及变形对材料性能的影响是很重要的。

(一) 零件的弹性变形

弹性变形是材料在弹性范围内的变形，一般与强度无关，仅是刚度问题。轴类零件变形会使其上零件工作异常、支撑过载；箱体类零件可造成系统振动不稳定。

影响弹性变形的主要因素：

(1) 结构因素，零件截面的结构对刚度影响最大。对型钢来说，在截面相等的情况下，工字钢刚度最大，槽钢次之，方钢最小；如果是扭曲变形，环形截面优于实心截面。

(2) 弹性模量 E。材料的弹性模量 E 越大，抗变形能力越强。

(3) 温度。一般情况下，弹性变形量与温度成正比，当温度过高时，材料的屈服极限降低，易发生塑性变形。

(二) 零件的塑性变形

塑性变形的产生有两种情况，一种是在弹性变形中总是伴随着微小的塑性变形，并且会积累下来，如压缩弹簧经过一定次数的弹性变形后，在宏观上会产生缩短的现象；第二种是在使用中零件受力超过材料屈服应力，产生塑性变形。

影响塑性变形的因素主要有：温度、载荷、材质性能。另外以下因素也会产生影响：材质缺陷，如热处理存在问题；设计不当、载荷估计不足、工作温度估计不足等；使用维护不当、超载超速、检修拆装不当、零件存放不当等。

塑性变形对金属性能的影响：

(1) 引起加工硬化。随着塑性变形的增大，材料的强度和硬度加大，塑性和韧性降低。

(2) 提高原子活泼能力。原子活泼能力被提高，使金属容易生锈，耐腐蚀能力下降。

(3) 引起残余内应力。残余内应力与外加载荷方向相同时，可促使金属过早断裂。残余应力与外加载荷方向相反时，能提高金属的强度。金属表面通过喷丸引起压应力，便是提高疲劳强度的一例。

(三) 零件在使用中变形的原因与减轻变形的措施

1. 毛坯制造方面

锻、铸、焊接件的毛坯，在其制造和热处理过程中，都有一个从高温冷却下来的过程，在这个冷却过程中会产生内应力。用这种毛坯制造出的零件经过一段时间的使用后，会引起变形，这种现象称为应力松弛。为此，在制造工艺过程中必须安排消除内应力的工序。如对气缸、变速箱壳体等基础性零件在毛坯制造或粗加工后，进行一次或几次时效处理。

2. 机械加工方面

如果毛坯在有应力的状态下进行机械加工，切去一部分表面金属后，破坏了内应力的平衡，由于应力的重新分布，零件将发生变形。在切削力和切削热的作用下，表层会产生较大的塑性变形。

为了防止机加工后零件的变形，对于比较重要或比较复杂的零件，在粗加工之前应进行一次自然或人工时效处理。在机加工中尽量保留工艺基准，留给修理时使用，这可以减小修理加工中因基准不一而造成的误差。

3. 修理方面

零件检修时，要考虑引起变形的因素，避免可能造成更大的变形。在采用修复性工艺，如焊接、堆焊、压力加工等修复零件时，都可能产生新的应力和变形，所以要采取相应的措施减轻应力和变形。

4. 使用方面

零件在工作中由于超载或温度过高，也会引起零件变形。零件在使用中要严格保证工作条件和按照操作规程进行，避免零件超载或温升过高。

四、零件的断裂

动车组零件的损伤主要是裂纹与断裂。例如轴类、箱体、螺栓等，都是容易发生裂损的零件。零件的裂损通常会产生较严重后果。因此，分析动车组零件裂损的原因及其规律，以便采取相应措施加以防止，就显得非常重要。

（一）断裂机理

动车组零件的断裂，有的是受一次载荷或冲击载荷作用而造成的，有的是在不太大的载荷长期作用下造成的。大多数动车组零件是在受多次交变载荷作用下而产生裂纹的，这种形式的损坏叫疲劳断裂。下面着重研究疲劳断裂方面的问题。

疲劳断裂的产生取决于交变应力的大小、交变应力循环的次数、材料的抗疲劳强度三个因素。交变应力小于一定数值时，材料可以承受无限多次循环载荷而不破坏，这个数值称为疲劳强度极限。当应力大于疲劳强度极限时，材料所承受的循环次数就有限度，达到这个循环次数时，材料就会破坏。这就是疲劳断裂机理。

一系列金相分析结果表明，断裂过程大致经历 5 个阶段：晶体中局部地区出现晶粒滑移；裂纹成核，即微观裂纹产生；微观裂纹扩展（裂纹长度 $l < 0.05$ mm）；宏观裂纹扩展（裂纹长度 $l > 0.05$ mm）；断裂。

金属零件承受交变载荷时，在应力集中的局部地区将出现严重的塑性变形，个别晶粒内出现剪切性滑移。在交变载荷的继续作用下，使最初出现的位移加长和变宽，形成一些滑移带，如图 2.9 所示。在某些材料中，实际由滑移带挤出的金属高度高达 $1 \sim 2$ μm，同时也产生一些深的挤入槽。与此同时，还产生新的剪切位移和滑移带，这些变形使晶粒分裂成小块（其直径为 $10^{-3} \sim 10^{-4}$ mm）。

金属材料表面通过各种滑移方式，最后大都沿着起作用的滑移带形成疲劳源，即疲劳裂纹成核。一般有两种成核方式：晶间成核和穿晶成核。关于疲劳裂纹成核的定义，即何种状态才算是一个疲劳裂纹，有不同的观点。从研究疲劳机理的角度上看，利用分辨率最高的电子显微镜，将长度为 10^{-4} mm 的裂纹定义为成核；往往工程上基于实用角度，通常把长度为 0.05~0.1 mm 的裂纹定义为成核，用一般放大镜可看到。

在形成滑移带裂纹以后，进一步加强了滑移带的应力集中，这时裂纹将沿着与拉伸应力成一定角度（约为 ±45°）的滑移面扩展，称为疲劳断裂过程第Ⅰ阶段成长。这个阶段的穿透通常是不深的（十分之几毫米）。当微观裂纹生长到一定长度后，便很快改变方向，最后沿着与拉伸应力垂直的方向生长，称为疲劳断裂过程的第Ⅱ阶段生长，如图 2.10 所示。

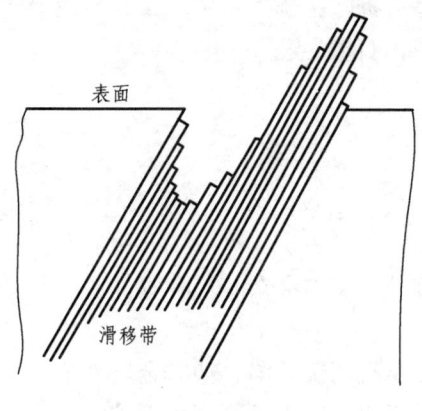

图 2.9 滑移带示意图

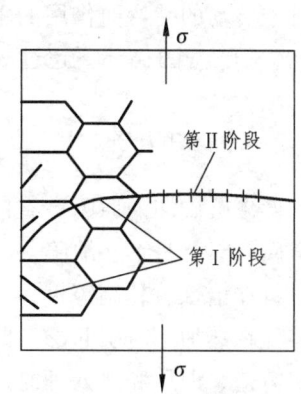

图 2.10 疲劳裂纹的扩展

实际上，多晶体材料第Ⅰ阶段的生长，包含成百个单位的滑移带裂纹，它们在第Ⅱ阶段成长开始时，最后连成一主导裂纹，即宏观裂纹。宏观裂纹继续扩展，当严重削弱了零件的有效面积时，就导致零件的断裂。

（二）疲劳断面特征

由前述可知，疲劳断裂破坏是由于零件局部表面出现疲劳裂纹，裂纹逐步向深、向长扩展，最后当零件有效面积小到一定程度时突然发生断裂。因此，疲劳断裂断口都有明显的两个区域：一个是疲劳断裂区，另一个是最后折断区。前者表面较为光洁，后者表面较为粗糙。

疲劳断裂区的断面光滑明亮，它是裂纹逐渐发展的痕迹，在交变载荷的作用下，裂纹时合时裂，互相摩擦使表面变得光滑。疲劳裂纹的起点，表面多呈方齿形。因为疲劳裂纹都是由许多滑移带连成一个宏观裂纹后，逐步向金属深处扩展，所以裂纹汇合处表面就呈现不平。

最后折断区的表面粗糙，它是最后折断的部分，通常都有明显的塑性变形痕迹。对于韧性金属材料多是纤维状的结构；对于脆性金属材料则是呈粗晶粒结构，如图 2.11 所示。

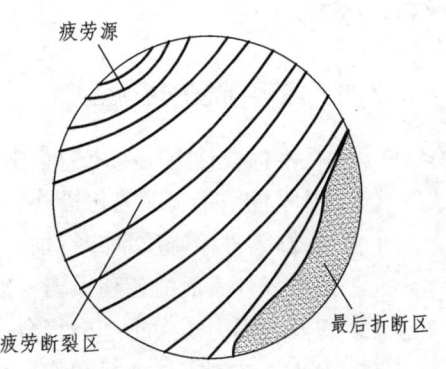

图 2.11 轴类零件疲劳断面示意图

另外，有些零件在断裂前只经历了一次载荷作用，如冲击载荷，或只经历了较少次数的交变载荷就发生了断裂，这种情况称为一次性加载断裂。其断面形态全部为最后折断区。

疲劳断裂断面有以下特点：

（1）疲劳源一般发生在零件应力集中最为严重的地方，如小孔、圆角等，也可能发生在零件表面或内部的缺陷处；

（2）最后折断区面积越大，零件受载越严重；

（3）疲劳断裂区越光滑，零件断裂前应力循环次数越多；

（4）对于转动的受弯曲作用的轴类零件，最后折断区越接近中心，其超载程度越大（可达 30%~100%），应力循环不超过 30×10^4 次时即可能断裂。

（三）疲劳断裂原因

引起零件疲劳破坏的原因，有以下几方面：

（1）金属材料自身存在缺陷。

金属材料在冶炼、轧制等过程中形成的内部缺陷，如夹杂、气孔等。

（2）零件在热加工时引起的缺陷。

零件在铸造、锻压和热处理时，内部或表面留有局部缺陷，如非金属夹杂、气孔表面裂纹。如果这些缺陷恰位于危险断面内，特别是接近表面时则极易产生裂纹。

（3）零件结构上存在缺陷。

零件在结构、形状上不合理常能造成应力集中、引起断裂，例如零件断面变化急剧，过渡圆角半径过小。强度和硬度越高的材料，对应力集中的敏感性越大。

（4）零件表面加工时引起的缺陷。

表面光洁度、加工留下的残余应力及加工深度对疲劳强度极限都有直接的影响。表面越粗糙，疲劳强度越低。

（5）检修时引起零件损伤。

零件在搬运时碰伤、检查时锤击打伤，都会造成应力集中；检修时，冷压、火烤弯曲零件，会产生内应力或破坏金相组织，降低材料强度；不正确的组装，也会产生附加应力，导致疲劳破坏。

（四）减轻断裂的措施

（1）在零件设计上减少应力集中。

（2）对零件采用表面强化措施，如高频淬火、镀铬、滚压和喷丸处理等。

（3）提高零件检修质量，特别注意下面几点：

① 避免零件表面的各种损伤，如划伤、碰伤。

② 螺栓紧固力矩大小严格符合技术要求。

③ 保证各装配零件之间和连接零件之间的位置精度要求，如螺栓与支承面的垂直度。

五、电气电子元件的损伤

(一)常见电气线路和电子线路故障

过热、潮湿、灰尘及污染物、振动或移动、安装不良、制造缺陷等环境因素可导致电气与电子线路故障。下面介绍常见的几种电气与电子线路故障。

1. 短　路

短路典型的特征包括熔丝烧断、发热、电压下降、电流大、冒烟等。电路中有两根导线接触并使正常电流旁路,则产生短路,如电动机短路。由于短路时电路中的电阻减小,会吸取更多的电流而电压下降。

2. 断　路

断路典型的特征包括电阻无限大、电流为零、设备不工作等。如电动机断路,使电流无通路,而导致电动机停止工作。

3. 接　地

导线或元件的绝缘不良或放置不当,会导致电路中的电流通路异常。例如,在电动机中,当部分绕组与机座发生接触时,则电动机产生接地故障。在接地故障中,由于是间接电路旁路,所以元器件会保持工作,但是工作不良,会产生异常的电流与电压。接地的电路可能会导致操作者被电击,特别是没有保护断路器时更容易发生危险。

接地故障一般是由导线绝缘不良造成的。接地的典型现象是:电流、电压、电阻读数异常,电路性能异常,保护断路器动作。

4. 机械故障

机械故障是由于磨损、冲击振动等导致电气与电子设备产生物理损伤,如轴承损坏、螺栓松动、触点磨损、机座损坏、控制中断等。机械故障的典型特征包括运行产生噪声、工作异常、电路产生故障等。

5. 电子电路故障

电子电路是由具有特定功能的电子元件组合而成的,每个元件都有特定的作用。如果某个元件损坏,电路的功能必然发生变化。电路功能的变化必然伴随电路参数的变化。电子电路故障分为渐进故障和突发故障。渐进故障,指元件参数超出容差范围而功能没有完全丧失;突发故障则引起电路功能完全丧失。

(二)常见电气与电子装置故障

1. 接触器故障

1)触头磨损

各种有触点电器,随着工作时间的延长,其触头表面会产生磨损。一些触头的磨损还具有黏附性质，即在一个触头表面形成针状凸起，另一个触头表面形成凹坑。

触头的磨损是机械、电气综合作用的结果。具有一定动能的动触头和静触头碰撞，触头表面材料将产生弹性变形，并且两触头间也产生微量滑移，形成带有机械性质的磨损；当两触头分离时，开始刚刚分离阶段，由于触头压力减小，其接触电阻增大，触头接触部分金属有一定程度的熔化；紧接着分离成一条微小缝隙，其中充满进一步熔化的金属，在电拖动力的作用下，熔化的金属被带走，形成电气性质的磨损；当连接部分的金属被拉断，此时会出现电弧，触头进一步熔化，使上述电气性质的磨损又进一步进行，从而加剧了磨损。

2）触头熔焊

产生的原因是操作频率过高或经常过载，闭合过程中振动过于剧烈，触头氧化严重（接触电阻大）及触头弹簧弹力过小。

3）线圈断线

主要原因是线圈过热烧损引起。线圈过热烧损的原因是安装环境空气潮湿、线圈匝间短路、动作频率过高、衔铁吸合不完全，导致线圈电流过大而烧损。

4）衔铁不释放

主要原因为弹簧弹力小、铁心极面有油污黏着、机械部分犯卡、剩磁过大（对于直流接触器应加厚非磁性垫片或更换）。

2. 变流元件损坏

变流元件主要指晶闸管、GTO 和 IGBT 等大功率电子元件。

由于变流元件的耐压不是很高，因此在主电路出现过电压（再生制动时等）时，容易被击穿。再者，过电流也会对变流元件产生很大威胁，产生过流的主要原因是元件的误触发、吸收电路保护不及时引起变流元件被击穿。此外，变流元件的散热不好，也容易引起过流，长期的过流导致变流元件被击穿。

3. 电子线路板故障

一般来说，故障主要集中在功率放大部分，因为此处电流较大，元件容易发生短路和过流现象。另外线路板上的元器件也易发生故障。由于元器件受潮、过热、腐蚀等原因产生接触不良、断脚、爬电，从而使元件烧损。

4. 绝缘材料老化

绝缘材料老化是指电气设备在工作中，其绝缘材料由于环境因素的作用，发生化学、物理的变化，而导致其电气性能（主要是绝缘性能）和机械性能变差的现象。

绝缘材料老化的形态特征一般为：变色（如表面呈现蜡黄色等）、分层、变形、变脆、裂纹。严重时脱落及呈粉酥状态。

引起绝缘材料老化的原因有：材料受热、材料氧化、环境湿度、材料受力、光照等。这里主要的原因是热和氧化作用。绝缘材料老化的速度随其工作温度的超限，增长幅度很大，如 E、B 级绝缘，温度超限 10 ℃，其寿命将下降一半。绝缘材料的老化会引起电气设备产生故障，如接地、短路都可能产生严重的不良后果。

第二节　动车组检修工艺过程

一、工艺的概念

1. 工　艺

工艺指人们使用工具进行生产时，将材料加工成产品的工作方法及操作技艺。

对于机器修理行业，工艺就是人们在修理过程中，为达到修理质量标准所采用的技术、方法和手段。

2. 工艺过程的定义和组成

在设备检修过程中，用分解、检查、修复、调整、试验、装配等方法，形成的检修过程，称为检修工艺过程（也称为工艺流程）。

工艺过程一般都由一系列的工序组成，而工序又由工步所组成。工序、工步的定义为：

工序——在修理过程中，一组（或一个）工人，在一个工作地点，对一零件或一部件所施行的、连续进行的工艺过程为一个工序。

工步——在检修过程中，当使用的工具、仪器基本不变时，对一零件或一部件所完成的一部分连续工作称为一个工步。

在检修工作中，由于工作种类十分复杂，工序之间以及工序与工步之间的界限不是十分绝对的。在实际工作中工序、工步的划分一般是根据其定义并考虑人员的分布、工作位置和工具设备等因素进行的。

二、动车组检修生产过程

动车组按规定的检修周期进行检修，在动车段或工厂进行。待修动车组送至厂、段直至修竣后的全部过程，称为动车组高级检修（如四级检修）的生产过程。包括以下部分：

（1）接车鉴定；
（2）各系统分解；
（3）动车组分解，根据作业计划将动车组分解成零部件；
（4）零部件的清洗、检查，并确定其修理范围；
（5）修理零件和部件；
（6）动车组组装及落车；
（7）动车组试验（静调及动调试验）；
（8）整备及用户接车。

根据动车组零部件修理作业方式的不同，把动车组修理工艺过程分为现车修理（即不换件修理）与互换修理两种类型。

（一）现车修理工艺过程

现车修理是指待修车上的零部件，经过修理消除缺陷后，仍装在原车上而不进行零部件互换的修理方式。

检修前的首道工序是动车组分解和车辆分解。车辆分解的范围应根据修程及技术状态来进行。现车修理的工艺过程如图 2.12 所示。

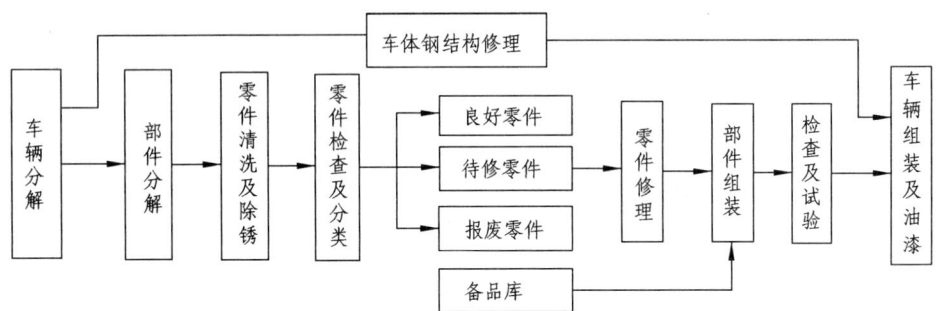

图 2.12　现车修理工艺过程

现车修理作业方式中，除报废零件从备品库领取外，其他零件均待修竣后装回原车。常因等待待修零件，而延长动车组停修的时间。现车修理的优点是不需储备过多的备用零件。这种方法主要用来修理动车组数量不大的情况。

（二）互换修理工艺过程

动车组定期修理中普遍实行的互换修理，是指从待修动车组上分解下来的零部件，修竣后可组装于同车型的任何检修车上，而并非一定装于原车，这种作业方式能大大缩短检修停时，提高修车效率和效益。

图 2.13 为动车组互换修五级检修工艺过程。在动车组修理工厂内进行。

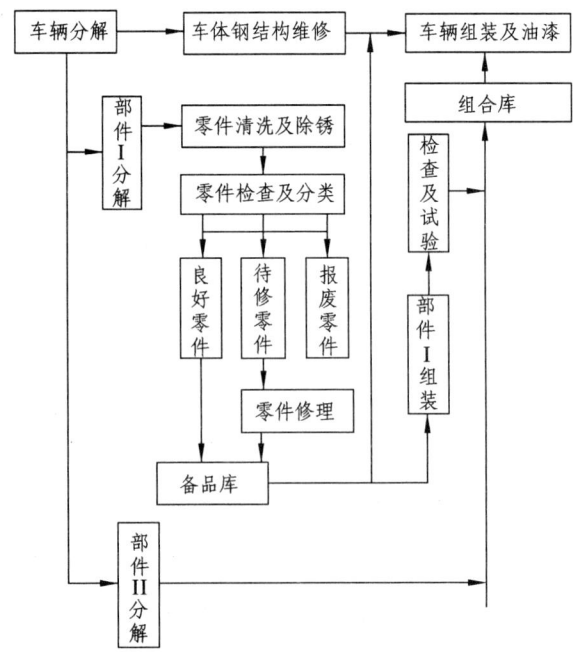

图 2.13　互换制修理工艺过程

三、检修工艺文件

根据零部件的技术要求,结合厂(段)的实际情况,并考虑各种因素,将最合理的技术要求、操作方法和程序等,用图、表、文字形式表示出来,并以文件的形式加以规范。这些技术文件就叫工艺文件。通常有如下几种:

1. 检修技术标准

检修技术标准是动车组检修的质量标准,具有强制性,主要规定动车组检修的技术要求、检修限度、各修程的备件互换范围等。它一般是按照修程编制,如国铁集团的《铁路动车组运用维修规程》《铁路动车组动车组定期检修规程》。

2. 检修工艺规程

检修工艺规程是动车组和零部件修理的作业标准。它规定了使某一修理对象达到该修理技术标准和要求的修理方法和程序。编制工艺规程应依据铁道部颁布的检修规程、图纸、技术条件以及各级技术标准来编制。工艺规程应对质量标准、工艺装备和机具、检测器具、作业环境、重点作业方法和作业要领等做出明确的规定。应广泛采纳新技术、新材料和先进技术装备。

工艺规程必须得到严格的执行。

3. 操作性工艺文件

它是具体指导工人进行生产的工艺文件。针对检修一个具体零部件的全部工艺过程按工作步骤一条一条列出,以具体指导工人操作,如作业手册。

第三节 动车组分解、组装及清洗

动车组检修,一般的工艺过程为:动车组分解、零部件清洗、零件检验、零件修复、组装为部件及整车、动车组试验及交车。

一、动车组分解

动车组分解是指把动车组零部件从动车组上拆卸下来的工艺过程。分解是检修过程的第一道工序,分解也称解体。从动车组解体下来的零部件,绝大多数都要重新使用,因此,要重视分解工作,避免在分解过程中对零件造成损伤。

(一)分解的一般性原则和要求

(1)分解前必须弄清楚设备及部件构造和工作原理。主要清楚零件结构特点、零件之间连接、配合关系。

（2）分解前做好准备工作。主要包括：分解场地的选择、清理；拆卸，断电、擦拭、放油；对电气、易氧化、易腐蚀的零件进行保护。

（3）使用正确的分解方法，保证人身和设备安全。分解顺序一般与装配顺序相反，先拆外部附件，再将整机拆成总成、部件、最后全部拆成零件，并按部件分类放置。

根据零部件连接形式和尺寸规格，选择合适的拆卸工具和设备。有些拆卸还要采用必要的支承和起重设备。

（4）对轴孔装配件应坚持拆与装所用力相同原则。主要防止零件碰伤、拉毛、甚至损坏。热装零件需用加热来拆卸。

（5）拆卸应为装配创造条件。做好必要的记录和标记，避免误装。细长零件要悬挂存放，防止弯曲变形。精密零件要单独存放，注意做好对精密结合件的防护，以免损坏。细小零件要注意防止丢失。对不能互换的零件要成组存放或打标记。

（二）常用拆卸方法

（1）击卸法。利用锤子或其他重物在零件上敲击，使零件拆下。

（2）拉拔法。对精度较高不允许敲击的零件采用此法。采用的工具为专门拉拔器。

（3）顶压法。利用机械和液压压力机或千斤顶等工具和设备进行拆卸。适用形状简单的过盈配合件。

（4）温差法。对尺寸较大、配合过盈量较大或无法用顶压等方法拆卸时，可用此法。

（5）破坏法。若必须拆卸焊接、铆接等固定连接件，或为保存主件而破坏副件，可采用锯、钻、割等方法。

（三）动车组分解过程注意事项

（1）要严格遵守工艺规程及操作性工艺文件要求。

（2）动车组上一部分零部件的公差配合要求较高，具有严格的相对位置且不可互换。对于这种必须对号入座的零部件，分解时须严格注意。制造和检修时，都会在这些零件上打上相互配合的钢号和标记，因此解体前应先核对记号，记号不清者应重新标上，以免将来组装时发生混淆。

（3）有些零部件在运用中发生的运动间隙、相互位置的变形，如轴的横动量，齿轮啮合间隙，只有在组装状态下才能测取，解体后已无法检查、测量。因此，解体前必须对这些主要的、必要的参数进行测量、记录，为检修工作提供依据。

（4）设备上一些调整垫片，重新调整选配比较麻烦，如这些垫片无损坏，为了组装调整的方便，分解时可将每组垫片做好记号，分别存放。

二、动车组装配

动车组装配是把零件按照工艺装配规程要求组装成动车组的整个工艺过程。装配对动车组性能和使用寿命有非常大的影响，即使所有零件都合格，装配不当，也不能组装出合格的动车组。装配包括部件组装和总装配，其顺序为组件、部件装配、总装配。

动车组装配过程要严格遵守装配工艺规程及操作性工艺文件。若装配不当，将影响动车组各部分固有的可靠性，导致每做一次定期检修后，就会出现一段故障高峰期。

(一) 装配工作一般要求

（1）对零部件要进行检验，坚持不合格的零部件不许进行装配的原则。
（2）对零件进行清洗，对摩擦表面进行润滑。
（3）装配工作必须按一定的程序进行，一般遵循：先下部零件，后上部零件；先内部零件，后外部零件；先笨重零件，后轻巧零件；先精度高的零件，后一般零件。
（4）要选择合适的装配工具和设备，尽量采用专用工具和机动工具。

(二) 装配工艺过程

基本包括三个环节：装配前的准备，装配，调试（调整和试验）。
动车组装配生产的组织形式为固定式装配。固定式装配是在一个地点进行的集中装配，分为部件装配和总装配。目前动车组都是采用固定式装配形式。

三、动车组清洗

(一) 清洗的目的与要求

动车组经过长时间的运转，各部分均有不同程度的油污、积垢、锈蚀等堆积在零部件的内外，如不清洗干净将给下一步的检修工作带来很大困难，使一些隐蔽的缺陷、损伤不能被发现而造成漏检、漏修，可能会导致严重的后果。因此，清洗工作是检修工作中不可缺少的一道工序。

动车组零部件的清洗对象是各种各样的，对机械部分而言，主要指除去零部件表面的油污、积尘、水垢、锈蚀、沙尘等；对电气部分主要是吹尘和除尘。清洗类型有：

（1）外部清洗。主要是对整体设备或部件解体前外部的清洗，以方便分解及发现外部损伤。
（2）零件清洗。解体后针对零件的彻底清洗，以方便对零件作进一步的检查或修复。
（3）修理过程中的清洗。在修理过程中根据修理工艺的需要对零件进行的清洗。如电镀前先除去零件表面的油脂和氧化膜，使镀层与基体表面结合得更牢固。
（4）组装前的清洗。主要是清除修理过程中带来的污垢，铁屑、杂物避免带入部件造成损伤。对配合精度要求较高的零部件更应严格清洗。

对清洗工作的一般要求是，在清洗干净的前提下，尽量采用清洗方法简单、清洗效果好、成本低、安全且无损伤基体的清洗剂。

(二) 动车组零部件主要清洗方法

1. 机械清洗

（1）手工清除法。包括擦拭，使用利刀、钢丝刷、扁铲除污，用毛刷除尘。
（2）机械工具清理。这种方法多用于清除零件表面的锈蚀、旧漆。清理时用电钻带动金属刷旋转除去表面污物。

（3）压缩空气吹扫。要根据零部件覆盖物性质和厚度来选择压缩空气压力。如牵引电动机一般为 250~350 kPa，转向架及车体底架一般为高压吹扫。

（4）采用吸尘器。主要用于电气装置和电路板灰尘清洁。

（5）高压喷射清洗。高压喷射清洗的特点是：清洗效率高，能除去严重油污和固态油污；特别适合形状复杂的大型工件清洗；既可间歇生产，也可连续生产。高压喷射清洗的原理是：将清洗液用高压泵加压从而产生高速射流喷向工件表面，在工件表面产生冲击、冲蚀、疲劳和气蚀等多种机械、化学作用，从而清除工件表面的油脂、油污、旧漆氧化皮等有害成分。清洗形式如图 2.14 所示。

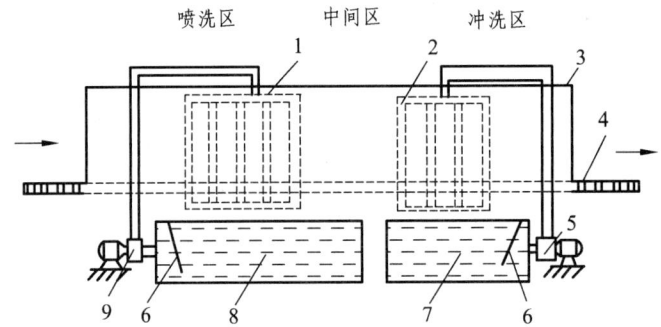

1—热碱溶液喷射装置；2—热水喷射装置；3—机体；4—传送带；
5—热水泵；6—滤网；7—热水槽；8—热碱溶液槽；9—碱水泵。

图 2.14 传送带式清洗机结构示意图

高压喷射清洗的主要工艺参数是压力和流量。提高压力，可提高清洗效率和清洗质量，但清洗机所用喷嘴、管道、密封质量也要随之提高，会使清洗成本增加。另外，随着工作压力的提高，到达工件表面的射流有可能反弹回去，干扰后继射流，甚至会使清洗液雾化，反倒使清洗效果下降。常用压力为 0.35~0.5 MPa，大型工件可提高至 0.5~1.0 MPa，常用的清洗液有水、水基清洗液。喷射压力与清洗时间的关系如图 2.15 所示。

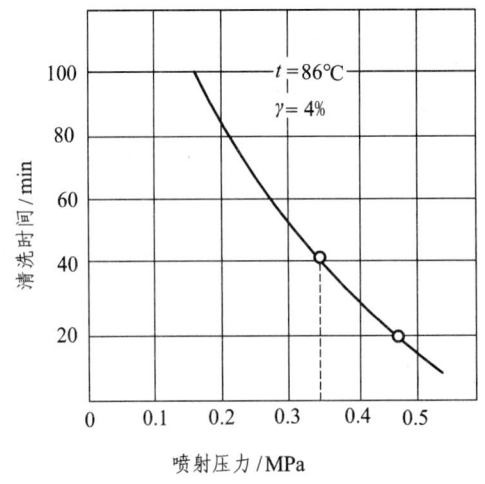

图 2.15 喷射压力与清洗的时间关系

（6）超声波清洗。超声波清洗是一种效果较好的强化清洗。它能通过冲击波破坏零件表面的积炭和油膜，起到清洁作用。它的特点是操作简单、清洗质量好、清洗速度快，能快速清洗有空腔和有沟槽等形状复杂的工件，而且易于实现机械化和自动化。

超声波清洗的机理是：超声波使液体产生超生空化效应，液体分子时而受拉，时而受压，形成一个微小空腔，即空化泡。由于空化泡的内外压力相差悬殊，待空化泡破裂时，会产生局部压力冲击波（压力可达几百甚至上千个大气压）。在这种压力作用下，黏附在金属表面的各类污垢会被剥落。与此同时，在超声场的作用下，清洗液流动性增加，溶解和乳化加速，从而强化清洗。

超声波清洗的主要规范有：超声波频率、超声波功率、清洗液特性、温度以及零件在超声场中的位置等。超声波频率决定空化泡破裂时产生的冲击波强度，频率通常为 20~25 kHz。对于表面粗糙度要求较低，具有小径孔或狭长缝的零件，应选用波长短、频率高、能量集中的高频超声波。但高频超声波衰减较大，作用距离短，空化效果弱，清洗效率低，而且具有很强的方向性，易使零件某些部位清洗不到。超声波功率对清洗效率有很大影响，大功率适用于油污严重、形状复杂、有深孔及盲孔的零件。但功率太大，会使金属表面产生空化腐蚀。因此应选用合适的功率。

清洗液多采用水基合成清洗剂。清洗液的温度对空化作用有较大影响，提高温度对空化作用有利。但温度过高会使空化泡冲击力下降。因此必须保持一定的温度范围。

2. 物理-化学清洗

这种方法主要是采用各种化学清洗剂，用以软化和溶解金属表面的污垢，并保持溶液的悬浮状态。选择清洗剂时注意不能损伤零件表面，且要考虑经济性，不影响人体健康。常用的清洗剂有碱溶液、酸溶液、有机溶剂和金属洗涤剂。常用的清洗方法有浸洗、煮洗、喷洗、强迫溶液循环和溶剂蒸气法。工艺过程一般为：清洗、冲洗和干燥。主要有以下几种：

（1）碱溶液煮洗。这是一种化学清洗方法。碱溶液成分通常由碱、碱盐和少量乳化剂组成，它利用碱溶液对油脂的皂化作用和乳化作用进行除油、除积炭（积炭不能皂化但可使其与基体产生剥离），高温情况下效果更好。一般煮洗温度为 80~90 ℃，根据清洗对象的材质、结构形状与除垢程度的不同，可选用不同成分的配方和煮洗时间，如图 2.16 所示，当碱溶液温度为 80 ℃ 时，碱溶液的浓度（γ）改变时对清洗质量的影响。如图 2.17 所示，表示当碱溶液浓度一定（$\gamma=5\%$）时，改变溶液温度对清洗质量的影响。

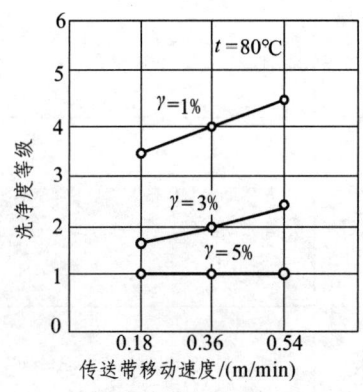
图 2.16 碱溶液浓度对清洗质量的影响

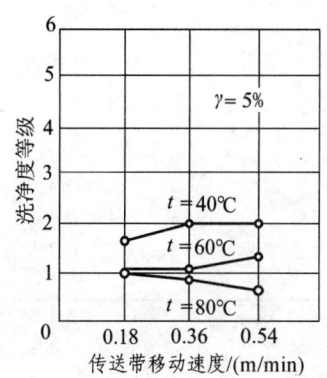
图 2.17 碱溶液温度对清洗质量的影响

碱性清洗液具有价格便宜、操作简单、不会燃烧等优点，但对金属有腐蚀作用，清洗后要用清水冲洗干净，劳动条件差、溶液温度较高、操作时应注意安全。碱溶液煮洗在生产中应用比较广泛，动车组大中型机械类零件多以此种方法清洗。

（2）有机溶剂清洗。有机溶剂是利用其能溶解皂化性油和非皂化性油的特点，将油垢除去。特点是方法简单，除油速度快，效果好，适应性强，基本不腐蚀金属。但有机溶剂大都价格昂贵，具有挥发性、毒性、易燃性，故在生产使用中受到一定限制。常用的有机溶剂：煤油、柴油、汽油、苯、酒精、丙酮类，某些氯化烷烃、烯烃等。

此种方法常用于有特殊要求的清洗，如电器元件、贵重仪表、精密零件。除柴油外，煤油、汽油、酒精、丙酮的用量都很少。使用有机溶剂时，应特别注意通风、防火，防止发生事故发生。

（3）水基清洗。水基清洗也称作金属清洗剂清洗，是一种被广泛使用的工业清洗剂清洗方法，牌号有多种。以表面活性剂为主要成分的多组分混合溶剂，可适用于不同清洗对象的要求，一般清洗剂与水的配比为5%~95%，可在常温下使用，也可加热使用，可煮洗也可喷洗，清洗剂一般呈弱碱性，对工件表面不会产生腐蚀，且具有节省能源、使用安全、操作条件好、污染少、清洗成本低、适用于机械化和自动化清洗等优点，大有以水代油（有机溶剂）、以水代碱（碱溶液）的发展趋势，动车组绝大部分零部件的清洗均可用水基洗剂清洗。常用合成清洗剂及适应范围见表2.1。

表2.1 常用合成清洗剂一览表

编号	清洗液成分	主要工艺数据	适 应 性
1	664清洗剂　　　　2%~3% 余水	加温75 °C	钢铁制品，清洗硬脂酸、石蜡、凡士林等
2	6501清洗剂　　　　0.2% 6503清洗剂　　　　0.2% 三乙醇胺油酸皂　　0.2% 余水	加温35~45 °C 清洗次数4~5次	精密加工钢铁制品；清洗矿物油及含氧化铬等物的研磨剂残物
3	6503清洗剂　　　　0.5% TX-10清洗剂　　　0.3% 聚二乙醇　　　　　0.2% 磷苯二甲酸二丁酯　0.2% 磷酸三钠　　　　1.5%~2.5% 余水	加温35~45 °C 清洗4 min	主要清洗研磨剂残留硬脂酸、各种油脂
4	664清洗剂　　　　　0.2% 105清洗剂　　　　　1% 羧甲基纤维　　　　0.05% 余水	加温85~90 °C	精密加工的钢制件；清洗油脂和抛光剂
5	664清洗剂　　　　　0.5% 聚氧乙烯脂肪醇醚　0.3% 三乙醇胺　　　　　1% 油酸　　　　　　　0.5% 聚乙二醇　　　　　0.2% 余水	加温75~85 °C 超声频率20 kHz	精密钢制零件、轴承、喷油嘴等；研磨后清洗
6	6503清洗剂　　　　0.4% 亚硝酸钠　　　　　0.4% 煤油　　　　　　　2%~3% 石油黄酸钡　　　0.1%~0.2% 余水	加温25~45 °C 清洗4 min	钢铁制零件；能去除一般氧化皮及黏附铁屑、机械杂质等

（4）气相清洗。主要用于除去污油，它的突出优点是在除油过程中，与工件接触的清洗液总是经汽化后变成干净的清洗液蒸气，从而使工件表面获得较高的清洁度。

蒸气除油的基本原理是：加热清洗液，使之变为蒸气而形成气相区，工件在此区内，黏附在其表面的油脂被蒸气溶解、冲洗，当蒸气被冷凝时，连同油脂、污垢落回到槽内。清洗液随后再经加热汽化为蒸气，蒸气再与工件接触、发生作用，如此循环作业，直至工件被清洗干净。

蒸气除油使用的溶剂有氯乙烯、过氯乙烯、三氯乙烷及四氯化碳等，其中三氯乙烯使用最多。清洗装置如图2.18所示。

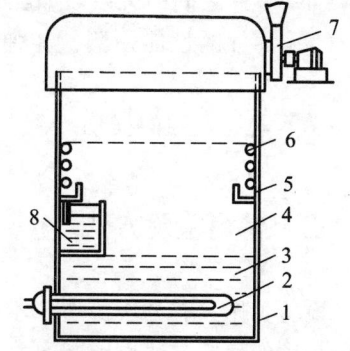

1—清洗槽；2—加热器；3—三氯乙烯液体；
4—三氯乙烯蒸气；5—集液槽；6—冷凝管；
7—通风装置；8—浸洗罐。

图 2.18　三氯乙烯蒸气清洗示意图

第四节　动车组零件的检验

动车组零部件检验是检修过程中的一个重要环节。正确地检验零件的缺陷和故障性质、程度和位置，是动车组修理的前提。零件的检验工作将直接影响动车组的修理质量。

一、检查类型

在动车组检修过程中，一般零件须经过以下三种检查：

（1）修前检查，它是在动车组分解成零部件后进行的。目的在于确定修复工作量，确定零件的技术状态，并将零件分成可用的、不可用的和需要修理的三类。

（2）中间检查，这是在零件修理过程中进行的检验，应用各种检测工具和设备对零件按技术要求进行仔细检查，其目的在于检查经过修理的零件是否符合技术要求，以决定零件的合格程度，避免组装后返工修理；

（3）落成检查，这是部件组成后的性能检测，要核对性能和参数是否符合技术要求，也是较全面系统的检查，检验合格才允许装车和使用。

二、检验内容

零件的检验内容主要包括：

（1）几何精度。即零件的尺寸、形状、位置精度，如直径、长度、宽度、圆度、同轴度、垂直度、平行度等。

（2）表面质量。如粗糙度、零件表面的损伤和其他表面缺陷。

（3）隐蔽缺陷。指零件内部的空洞、夹渣及表面微观裂纹。

（4）零件之间的关系。如配合部位的间隙等。

（5）零件的性能检测。如弹簧的弹力，密封件的漏泄、压力，高速旋转件的平衡、重量等。

（6）电气元件的损伤。

三、常用检验方法

检验工作只有方法得当，才能判断正确。由于被检验对象的不同，检验内容的不同，一般所采用的检验方法也不同。

（一）感官检验法

通过检验者的眼、手、耳、鼻等感觉器官来对被检验零件进行检验，以确定其损伤类别及程度。

（1）目检：用眼睛或者借助放大镜来检查零件表面的状态。如查看齿轮轮齿的剥落与折断以及透油、透锈等迹象。

（2）听检：从发出的声响和震动判断机械运转是否正常，是动态听检的主要内容。例如工作者用检查锤轻轻敲击检查部位，可听出螺栓或铆钉的连接情况，完好情况发音清脆，有缺陷的零件发音哑浊。

（3）触检：触检可大致判断运转部分零件的温度，油管、水管内液体流速的脉动，也可通过配合件的晃动量对运动间隙做出粗略的检查。

感观检验法简单、方便，用处广泛，但这种检验方法与工作者实践经验有很大关系，不够精确，一般只作为初检（如日常检查）。对于精确度要求较高的如间隙、圆度等，还必须用量具仪器来测量。

（二）量具仪器检验法

（1）用通用量具、量仪测量零件的尺寸、形状及位置。通用量具和量仪是指游标卡尺、百分表、内外径千分尺、塞尺、压力表、万用表等测量工具，其种类很多，使用也很广泛。零部件的平行度、垂直度、同轴度、对称度、圆度、圆柱度、跳动量、配合间隙与过盈量等诸多形、位误差，均可通过通用量具检测；电器组件的电压、电流等参数值，也可用量仪进行检测。

（2）用专用量规、样板测量形状和尺寸。在实际工作中，经常会遇到一些表面形状用通用量具无法检测的零件，如齿轮轮齿外形、凸轮外形、轮箍外形，这些零件的尺寸和形状用通用量具都不能将其真实性表示得很完整，因此，采用专用样板（或测尺）、专用量规来测量就具有特殊重要的意义。用样板测量不但方法简便，而且误差较少。动车组修理工作中，常见的样板很多，如车轮踏面形状样板等。

（3）用机械仪器检测零部件的性能，如弹簧弹力、平衡重量、严密性、承压能力等性能。

（三）隐蔽缺陷检测法

隐蔽缺陷是指零件内部的空洞、夹渣、微观裂纹等不易发现的损伤，这些隐蔽缺陷像定时炸弹一样埋伏在工件内部，在运用工作中随时会导致故障的产生。因为是隐蔽缺陷，所以检测方法也大都带有探测性质，又称作无损探伤检测。下面介绍几种常用的方法：

1. 荧光探伤法

荧光探伤是利用紫外线对某些物质的激发来检验零件的表面缺陷，主要用于一些较高技术要求和不导磁材料。如不锈钢，铜、铝、镁等合金，塑料和陶瓷等制成的零件。

荧光探伤的基本原理是基于物质的分子可吸入光和放出光能，即每一个分子能吸收一定数量的光能，反之也可以放出一定数量的光能。分子在正常情况下，具有一定的能量，若分子所具有的能量较正常情况下为大时，则该分子处于受激状态。要把分子从正常状态转为受激状态，需要消耗一定的能量，这种能量称为激发能。荧光探伤的原理就是利用紫外光源照射某些荧光物质，使这些物质转化为受激状态，于是向外层跳越，而处于不平衡状态的分子要恢复到平衡状态时，就会放出一定的能量，这个能量是以光子的形式放射出来，放射出来的可见光称为荧光。

荧光探伤时，将经过去脂除油的零件浸入荧光渗透剂或涂上一层荧光渗透剂。经过 10～30 min，渗透剂就渗入到最细微的裂纹中。从零件表面上擦去渗透剂，用冷水清洗吹干，再涂以具有良好吸收性能的显像剂，从而将荧光剂从零件缺陷中吸附出来。荧光渗透剂在紫外光源的照射下会发出鲜明的本身固有的辉光，即荧光。根据荧光就可以确定缺陷的形状和所在位置。荧光探伤仪主要由紫外光源组成。荧光剂由二甲苯二丁酯、二甲苯、石油醚、荧光黄和增白剂组成。显像剂由苯、二甲苯、珂洛酊、丙酮、无水酒精和氧化锌组成。

由于荧光探伤设备简单，成本低廉，使用方便，可用于各种材质，故获得较为广泛的使用。

2. 涂色探伤法

涂色探伤法也是一种探测零件表面裂纹的简便方法，和荧光探伤相仿，也是利用液体渗透原理，只是不用紫外线照射，方法更为简便。

涂色探伤的工艺方法是：先将零件表面去脂除油，然后再涂上一层渗透液（一般为红色），零件表面若有裂纹，渗透液即渗入，10～20 min 后将零件表面擦净，再涂以乳化液，稍候擦净再涂以一层吸附液（一般为白色）。由于吸附液的作用，裂纹处的红色渗透液即被吸出，即可显示裂纹。

渗透液由红色颜料（如苏丹红三号）、硝基苯、苯和煤油组成。吸附液则由氧化锌、珂洛酊、苯和丙酮组成。

涂色探伤和荧光探伤一样，不受零件材质的限制，方法简便，反应正确，但只能发现表面缺陷。几乎不受材料的组织或化学成分的限制，在最佳检验条件下，能发现的缺陷宽度约为 0.3 μm，能有效地检查出各种表面开口的裂纹、折叠、气孔、疏松等缺陷。

3. 电磁探伤法

电磁探伤检验能比较灵敏地查出铁磁性材料（铁、钴、镍、镝）以及它们的合金（奥氏不锈钢除外）的表面裂纹，夹杂等缺陷。对于表面下的近表缺陷（2~5 mm 以内）在一定条件下也可查出。在最佳检验条件下可检出长度 1 mm 以上、深度 0.3 mm 以上的表面裂纹，能检查出的裂纹最小宽度约为 0.1 μm。

1）电磁探伤的基本原理

电磁探伤的基本原理是利用缺陷所引起的材料中磁导率的改变来发现缺陷。众所周知，电磁材料所制成的零件，如果把它磁化，那么该零件就有磁力线通过。如果该零件材料组织均匀，那么磁力线的分布也是均匀的，也就是说各处的导磁力均相等。如果零件内部出现了缺陷，如裂缝、气孔、非磁性夹渣等，那么磁力线通过时，将遇到较大的磁阻而发生弯曲现象。如果缺陷接近于零件表面，磁力线还会逸出缺陷而暴露在空中，形成所谓漏磁通。散逸的磁力线向外逸出，而后又穿入零件，所以在缺陷两侧磁力线出入处即形成局部磁极，如图 2.19 所示。

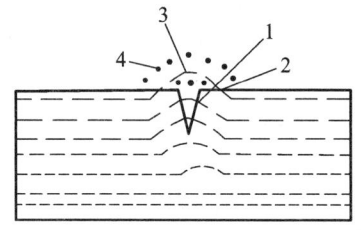

1—裂纹；2—局部磁极；
3—漏磁通；4—铁粉。

图 2.19 因裂纹而出现的漏磁通

如果在零件表面撒以磁粉，那么这些铁粉就会很快地被吸集在裂缝处，顺着裂缝形成一条黑线。根据黑线位置，便可确定裂纹位置。由于裂纹的长度和深度不同，磁力线外逸程度也不相同，吸聚的磁粉粗细也不一样，因此，从吸聚的铁粉黑线形象，便可大致判断裂纹的深度和长度。

2）电磁探伤方法

先将零件表面上的锈蚀、油垢、灰尘及水分除净，露出金属本色，再确认探伤器是否良好（将一有裂纹的样板作为检验对象，观察显示是否清晰来确认探伤器是否灵敏），然后即可正式操作检测。金属内部的缺陷大小、位置、方向会直接影响磁力线的分布，当缺陷方向与磁力线垂直时，磁力线弯曲程度最大，如图 2.20 所示，缺陷靠近表面，也会引起少量磁力线外逸，而当缺陷方向与磁力线相同（平行）时，弯曲变化很小，不易发现。因此在探伤操作时，要采取不同的磁化方法，使形成的磁力线与裂纹走向垂直或成一定的夹角。探伤时，如发现有磁粉聚集成线状时，应将铁粉擦净，再度探查、确认。

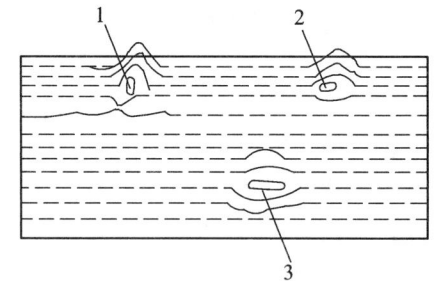

1—横向裂纹；2—靠近表面的气孔；3—纵向裂纹。

图 2.20 金属存在缺陷时磁力线的分布情况

检查零件的纵向裂纹时，可将零件直接通电如图 2.21 所示，将一芯棒（用铜或铝）通电，使芯棒通过空心零件及靠近零件表面。如图 2.22 所示，利用电流周围的磁场在零件上产生一个周向磁场。这种方法称为周向磁化法。检查零件的横向裂纹时，可用电磁铁或通电的螺管线圈在零件上产生一个纵向磁场，如图 2.23 和图 2.24 所示。这种方法称为纵向磁化法。采用直流纵向和交流周向同时磁化的复合磁化法内摆动的磁场，同时检查出不同方向的缺陷。

检验时，可以在对零件进行磁场磁化的同时喷撒磁粉，也可利用零件剩磁进行检验。剩磁法可用于检验剩磁大的零件，如高碳钢或经热处理（淬火、回火、渗碳等）的结构钢零件；当用交流磁化零件时，在不控制断电相位的情况下，有时剩磁很小，会造成漏检。

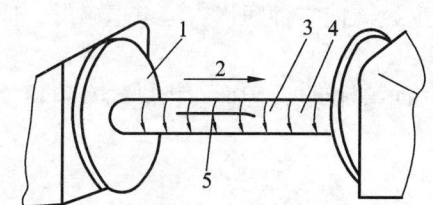

1—夹头；2—磁化电流方向；3—磁力线方向；
4—被检零件；5—缺陷（裂纹）。

图 2.21 零件直接通电周向磁化法示意图

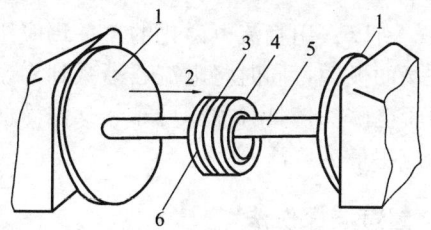

1—夹头；2—磁化电流方向；3—磁力线方向；
4—被检零件；5—铜棒；6—裂纹。

图 2.22 芯棒法周向磁化示意图

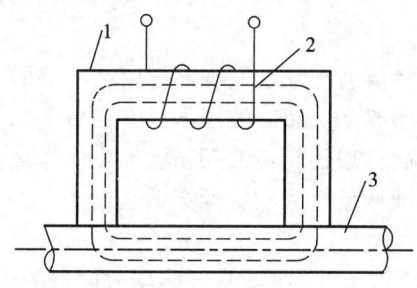

1—电磁铁；2—线圈；3—工件。

图 2.23 用电磁铁纵磁化

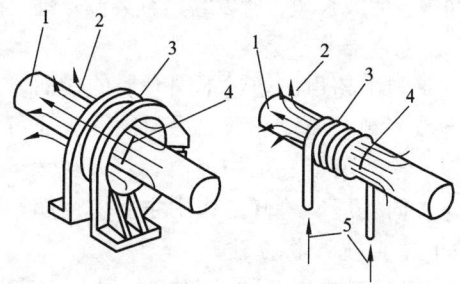

（a）零件置于固定线圈内　（b）在零件外绕线圈

1—零件；2—磁力线；3—线圈；4—缺陷；5—电流。

图 2.24 螺管线圈纵向磁化法示意图

喷撒磁粉分为干法（即干磁粉）和湿法（即磁悬液）两种，干法对零件表面缺陷检出能力差，但结合半波直流电对零件外加磁场法检验时，可显示出较深的内部缺陷。湿法容易覆盖零件表面且流动性好，对检查表面微小缺陷灵敏度高。

磁悬液分为油磁悬液和水磁悬液。油磁悬液常用 40%～50% 的变压器油与 50%～60% 的煤油混合。磁粉含量 15～30 g/L。水磁悬液中常加入浓乳、亚硝酸钠、三乙醇胺等成分。

磁粉有黑色（主要成分是 Fe_3O_4）、红褐色（主要成分是 Fe_2O_3）等。荧光磁粉和某些有色（如白色）磁粉是采用磁性氧化铁或工业纯铁粉为原料在其上包覆一层荧光物质或其他颜料而成。采用各种有色磁粉是为了增强磁粉的可见度及与零件表面的衬度。荧光磁粉与非荧光磁粉相比，在紫外线灯照射下，缺陷清晰可见，工作人员眼睛不易疲劳，不易漏检。荧光磁粉若配备光电转换装置，可实现自动或半自动化检验。国外目前多采用荧光磁粉。

缺陷的尺寸、位置（是否与磁力线垂直）及距表面的深度，对于探伤效果有显著的影响。如图 2.25 所示，对于不同裂纹宽度能被发现的深度范围，只有在图示曲线以下的缺陷才能被电磁探伤器查出。另外，不规则的零件外形也会使磁力线分布不均匀，因此，应根据零件外形选用不同形式的探伤器。常用的探伤器有马蹄形和环形。

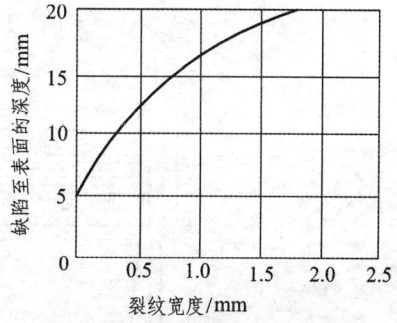

图 2.25 电磁探伤器对于不同裂纹宽度所能发现的深度范围

零件经电磁探伤后，会多少留下一部分剩磁，必须进行退磁，否则，零件在使用过程中会吸引铁屑，造成磨料磨损。最简单的退磁方法是逐渐地将零件从交流电的螺管线圈中退出，或直接向零件通以交流电并逐渐减少电流强度直到为零。但采用交流电退磁时，仅对零件表面有效。所以，用直流电磁化的零件仍应用直流电退磁。向零件通以直流电退磁时，应不断改变磁场的极性，同时将电流逐渐减到零。

由于电磁探伤具有探测可靠、操作简便、设备简单等优点，因此在内燃动车组检修探测工件中应用最为广泛。

4．超声波探伤法

一般情况下，人耳能听到的频率为 50～20 000 Hz，频率大于 20 000 Hz 的声波称为超声波。用于探伤的超声波，频率一般为 0.4～25 MHz，其中用得最多的是 1～5 MHz。由于超声波的波长比可闻声波的波长短，所以它具有类似光直线传播的性质，并且容易发现材料中微小缺陷的反射。

1）超声波探伤原理

它是利用超声波通过不同介质的接面，产生折射和反射现象来发现零件内部缺陷的。它不仅可以探测金属及非金属材料缺陷，还可以测定材料厚度。超声波探伤具有灵敏度高、穿透力强、检测灵活、结构轻便、对人身无害等优点，而且现代超声波探伤已逐步向显像法及自动化方向发展。检修工作中主要应用超声波探伤的脉冲反射法和脉冲穿透法。

2）超声波探伤方法

超声波探伤大致分为两种：一种是将声波发射到被检零件，接收从缺陷反射回来的声波；另一种是测定声波在零件中的衰减。目前生产中应用最多的是脉冲 A 型反射显示法。它是用荧光屏上反射波的波高来确定缺陷大小；用反射波在横轴（称为距离轴）上的位置来确定缺陷的位置；根据探头扫描范围来确定缺陷面积等。如图 2.26 所示为其工作原理。

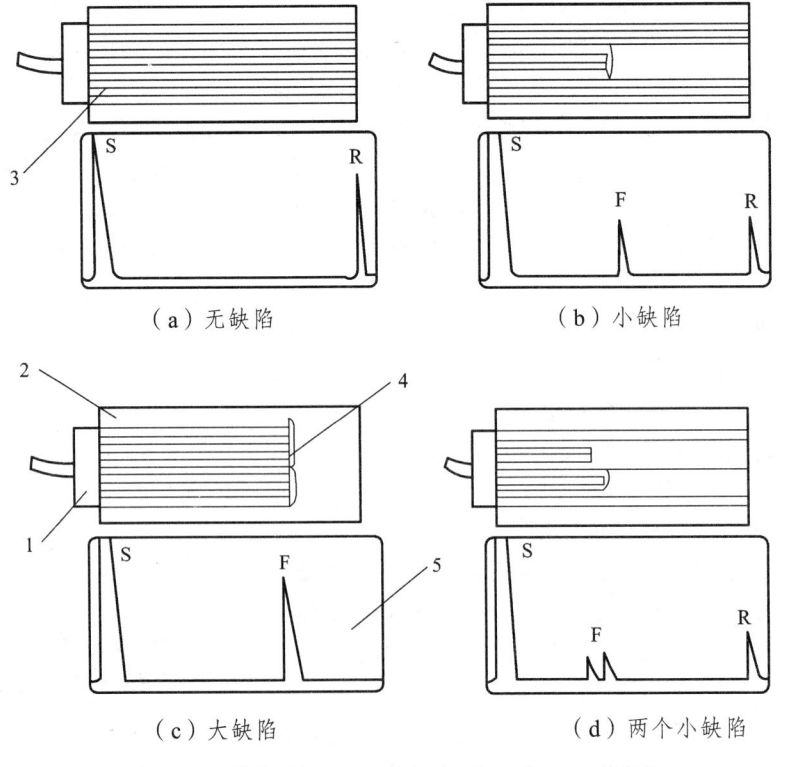

1—探头；2—被检零件；3—声波示意；4—缺陷；5—荧光屏。

图 2.26 超声波探伤 A 型显示原理

探伤时将探头放到零件表面上，为了更好地传播声波，通常用机油、凡士林或水作为传播介质。探头发出超声波并穿过零件，在底面反射后，再穿过零件，又回到同时作为接收用的探头。在仪器荧光屏上与发射脉冲 S 相距一定的距离内出现了所谓底面反射波片。发射脉冲和底面反射波之间的距离与声波穿过零件的时间是相应的。根据零件中存在的缺陷的大小，相应的缺陷反射波 F 直接在缺陷处返回，而不能到达底面。缺陷的反射波位于底面的反射波和发射脉冲之间的位置，和缺陷在零件中探伤面和底面之间的位置是相对应的。因此可以很容易地算出缺陷在深度方向的位置。

当超声波碰到缺陷时，就在那里反射和散射，但当这些缺陷的尺寸小于波长的一半时，由于衍射作用，波的传播就与缺陷是否存在没有什么关系了。因此，超声波探伤中缺陷尺寸的检测极限为超声波波长的一半。

超声波频率越高，方向性越好，就更能以很窄的波束向介质中传播，这样就容易确定缺陷的位置。而且，频率越高，波长就越短，能检测的陷缺尺寸就越小。然而频率越高，传播时的衰减也越大，传播的距离就越短，故探伤时频率应适当选择。

超声波探伤除了 A 型显示外，还有 B 型显示、C 型显示、立体显示、超声波电视法及超声全息技术等。B 型显示可以在荧光屏上观察到探头移动下方断面内缺陷分布情况，此法目前多用于医学上检查人体内脏的病变。C 型显示以亮度或暗点的不同在荧光屏上显示探头下方是否有缺陷，即显示缺陷的投影，近来已有用颜色（如蓝、绿、红）显示缺陷深度的方法。立体显示是 B 型和 C 型的组合。

超声波检验主要用于探测内部缺陷，也可用于检查表面裂纹。尽管超声波探伤具有很多的优越性，但也有不足之处。如对于形状稍复杂工件内部的微小缺陷不易查出；表面要求平坦、缺陷分布要有一定范围等等。当遇有这种情况时，应选用其他探伤方式加以弥补。

5. 射线探伤法

射线探伤法就是利用放射线对金属有相当的穿透能力来检查零件内部缺陷。

（1）X 射线探伤。采用 X 射线检查零件时，如果光路上遇有空隙（裂纹、气孔等），那么在缺陷部位的射线投射率就高，透过的射线就强。若用透视法，在荧光屏上就会有比较明亮的部分，亦即缺陷的位置和大小。如图 2.27 所示，为 X 射线探伤的原理图。可用照相法把影像记录下来。

利用 X 射线检查金属的最大厚度一般为 80 mm。

（2）γ 射线探伤。γ 射线与 X 射线探伤相仿，只不过用放射性元素或 γ 射线发生器来代替 X 射线管，原理如图 2.28 所示。γ 射线的放射源，不论是天然的还是人造的，都广泛用于金属内部缺陷的检查。γ 射线的穿透力更强，它可以检查厚度为 150～300 mm 的金属。

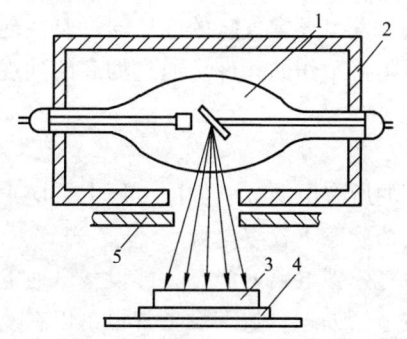

1—射线管；2—保护壳；3—工件；4—荧光屏或有暗匣的软件；5—隔板。　　1—同位素；2—铅护壳；3—底片。

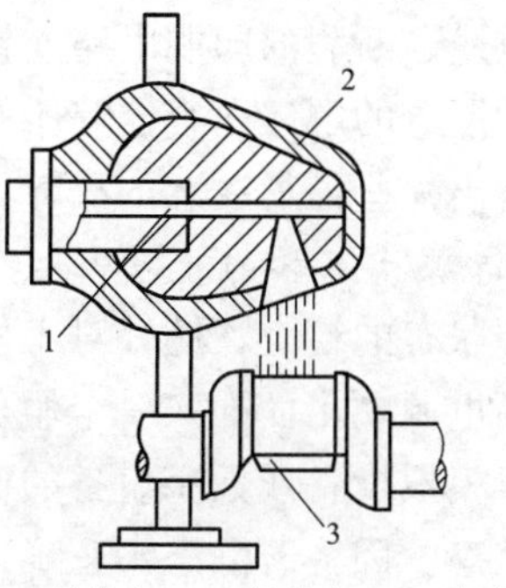

图 2.27　X 射线探伤　　　　　　　　　　**图 2.28　γ 射线探伤**

四、电气部件的检测

电气部件的检测通常有两方面内容，一是常规检测，如动车组一、二级检修有关电气部分的检测，具体有开关操作试验、线路绝缘与损伤检查、电器外观及安装等；二是电气部件与设备出现故障的检测。下面主要针对第二方面进行讲述。

（一）电气故障检测的基本步骤

电气故障类型主要有：短路、开路、接地、机械故障等。当出现故障时，通常通过三个步骤来完成电气部件的检测，从而为电气故障检修提供依据。

第一步是故障现象分析。首先通过与设备的正常工作进行对比进行故障识别，用视觉或听觉来判断显示器所指示的性能是否正常。

第二步是故障原因分析。通过现象分析，确定出故障或不工作的元器件，分析可能产生问题的原因。

第三步是故障确定。对比可能产生问题的原因，进行一一排除，确定最终故障部位。

通过以上三步即可完成电气部件故障的检测，而确定故障部位是检测电气部件故障的最终目的。

（二）电气部件故障检测的主要方法

1. 确定故障范围

大多数电气设备都由若干单元组成，每一单元都有确定的功能。确定故障范围，即确定故障位置或者故障部件处。为了准确地查找故障，必须预先判断功能块和各种症状之间的相互关系。这一工作涉及功能方框图、电路原理图和印刷电路板元件布置图。功能方框图给出电气设备中各单元的功能关系，这是故障分析的主要信息来源。电路原理图给出电子设备中所有部件及其功能关系。印刷电路板元件布置图给出电子元件间的实际关系及其在设备中的具体位置，在故障定位和排除故障时最为有用。

确定故障时，可以按以下步骤进行：

1) 外观检查

判断故障位置，首先要对设备进行完整检查。检查被烧坏的熔断器、失效或变色的元件、断开的电线、断裂的印刷电路连接导线、冷焊点、发出异常气味的变压器、腐蚀现象、过热的元件和漏电的电解电容器等所有出现问题或不正常工作的元件。通过彻底的外观检查，通常能够看出一些值得注意的故障。

2) 电源状态和静止状态

电源状态的检查，应针对工作在正常负荷下的所有电源。它们的电压电平应正常，即使必须切断电源输出而插入一个假负载，也应在负荷状态下检查电源。

对于模拟设备或数字设备的模拟部分，应检查模拟电路的静态，即设备已通电但无信号输入的状态。因为若静态不正确，信号将不能被适当处理。数字设备常常可以在复位状态下进行检查，观察它的初始状态是否正确。

3）故障电路分割

基本分割技术利用方框图或电路原理图把故障确定到某一功能区。分割技术提供了一种手段，以便把故障范围缩小到某一电路群，然后再到某一电路。症状分析和信号跟踪法可与分割法一并使用，也可作为分割技术的一部分。

选择便于测试的位置是下一个需要考虑的因素，原则上测试点可以是线路中任何节点。通常测试点选择在一个便于接近的插孔、插头，或一些重要的工作电压点或电路信号连接点。另一个要考虑的因素是检修经验和设备的故障记录。检修经验可帮助决定首先测试哪一个电路群。相同或类似设备的故障检修记录和故障概率分析，对第一测试点的选择有一定的帮助。

4）部件交换

将完好的印刷电路板或组件、元件换到系统中以确定故障的方法称之为部件交换法。当电路中有可替换部件时，确定故障范围的过程与上述方法有所不同。现今电子设备趋向于采用可替换部件的结构，如印刷电路板可用插头插入，或用少量的焊接点接入。检查这样的设备，可顺序替换组件或电路板，直到查清故障在哪一部件为止。

当设备需要迅速恢复工作时，替换已经失效的部件是可行且有效的方法，它能使现场维修工作时间缩到最短，然后在某个时候从容地找出故障部件中的故障元件。

2. 查找故障电路

查找故障电路进行电路测试的主要方法如下：

1）从后向前

从后向前仅仅是在进行动态测量时从输出部分向输入端方向进行检查，直到发现正确的信号（对数字设备则为代码），这时下一级电路就可能是有故障的电路。

2）信号注入

当一个有故障的电路影响到前一级的输出或使设备没有正常输入时，故障查找用信号发生器将信号注入该设备，这个信号应尽可能与正常信号接近。当所测电路需要一个叠加在直流电平上的交流信号时，应使用函数信号发生器上的位置控制器，以便提供一个有限的直流电平。如果直流偏置调节范围不够大，可以利用分压器和电容器来获得所需的直流偏置。

3）中点分开

中点分开是指在一个多级复杂电路的中点处检查其输出，并依次在每次余下的电路级的中点处进行检查。此法最适用于各级独立串联的设备，如无线电接收机和发射机。

4）断开环路

具有反馈环路的电子系统除非将环路断开，否则便很难找出故障。而且必须在反馈环路断开的地方注入适当的直流电平或信号，然后监测整个电路上的电压和信号是否有错误，可以改变在环路断开点注入的电压或信号，以检查对整个电路的变化是否有适当的响应。在正常情况下，环路应在便于注入低功率信号的地方断开。

5）旁路

在检查可疑现象时可先移除某些电路元器件。在其他情况下，需要将整个电路板的电源断开，以便检查电压和进行其他测量，同时观察该电路板对整个运行系统的影响。

6）桥接

当怀疑一个元器件损坏时，可先跳过电路中怀疑损坏的元器件而跨接一个已知的正常元器件，如果电路开始正常工作，就找到了问题所在，这就是桥接。不过桥接仅限于开路元器件，而不能用于短路元器件。桥接一个短路元器件毫无效果，还有可能损坏新元器件。

7）隔离

复杂系统一般都是由逻辑子系统设计而成的，整个系统可能太复杂而不能立即确定故障，但是每个子系统通常可以独立采用前述方法之一来检查。当发现有故障的子系统后，该子系统又可以采用前述的方法来查找具体的故障。所有子系统故障确定后，整个复杂系统的故障也就确定了。

8）信号和波形的比较

为了识别错误的输出，将电路中信号路径上的实际信号或波形与能正常工作的电路输出进行比较，或将输出与维修手册中的波形（位组合形式、状态序列、存储器映像图或数字设备的时序图）作比较。这种方法对数字设备和以微处理器为基础的设备特别有作用。

该方法用监测装置考察各测试点的信号。监测装置包括频率计、示波器、万用表等。首先应在一固定点上加入信号，信号可用外部仪器产生，也可利用设备中的正常信号。然后用监测装置的输入探头，在测试点上逐点测量。

9）集成电路和插接件故障

电子设备中集成电路被广泛使用。在使用集成电路和可以更换模块的电子设备中，故障只能确定到组件或模块，不能确定到集成电路内的某一点路（或单个元件），没有进一步检查集成电路内部故障的必要。固态密封电路组件和集成电路一样，多数只能整片或整个电路一起更换。

3. 确定故障位置

确定故障位置是指借助于测试仪器对故障电路各个支路和节点进行测试，识别和确定故障直至查出有故障的元器件。

查到故障电路后，确定故障的第一步是凭直觉来进行一次初步检查。例如，电阻或有填充物（油或蜡）的元件，如电容、线圈和变压器等，可用视觉和嗅觉查到。元件过热，如晶体管的管壳发热，可以利用触觉很快查找出来。听觉也可用来检查导线与导线之间、导线和机壳之间的高压打火，听变压器有无交流声也是一种检查变压器过载的方法。

若直观检查不能确定故障位置，则需要进行电路测试。电路测试的第一步是分析电路或有源器件的输出波形，如对波形幅度、持续时间、相位和性状进行的分析，对波形的分析常常可以正确地指出有故障的支路。故障症状和波形有一定的关系，电路完全毁坏时，通常会导致无波形输出，电路性能差会导致波形差或失真。

在进行了波形分析之后，下一步是在有源器件的节点上进行电压测量。在波形不正常的地方，测量应特别留心，在这些地方大多数情况下电压都不正常。说明书或电路图会给出有关电压信息，这些信息包含控制位置、典型电压值等。在某些设备的维修说明书中，电压和电阻的相互关系及其实际位置是画在一起的，测量时要找出准确测量位置。将实际测试的电压值和说明书给出的正常值相比较，有助于找到有故障的支路。为了安全起见，测量前应将电压表量程置于最高档，依电压高低顺序进行测试。

若用波形和电压测量方法没有找到故障位置，还需要进行的工作是测量电阻值。做完波形和电压测量之后，在有源器件的相对点上进行电阻测量常常有助于查找故障，可疑元器件常常通过电阻测试或对可疑支路点与点之间的电阻测量而被发现，特别是当发现该点波形和电压不正常时，更是如此。电阻测量应在不加电压状态下进行，可以测量有源器件各引出脚对地（或机壳）的电阻，也可以测量电路中任何两点之间的电阻。对于可变电阻的测量，应将其置于某一特定的位置，这时所测的读数才能与说明书所标示的读数近似。所以在测量可变电阻时，位置一定要调准确。在进行固态电路的电阻测量时，应注意元件特性，例如，三极管的 PN 结相当于一个二极管，当 PN 结上加正向偏压时，二极管导通，测量到的是正向结间电阻。测量任何电路中的电阻之前，应检查一下滤波电路是否已放电，并在严格地按照安全规程操作的前提下，遵循说明书中所给出的各种要求进行。

4. 电气部件及设备温度诊断方法

温度诊断，尤其是红外温度诊断，是电气设备状态监测与故障诊断中常用的有效方法，通过定期对电气设备、输电线路等设备和接头进行热像监视，测量其温度变化和温度分布，可以有效地确定运行的电力设备上的外部热缺陷和内部热缺陷。目前，在高压绝缘工具的红外热像动态检测诊断和寿命预测方面也取得了显著成效。

正常运行的电力设备由于电流、电压的作用将产生发热现象，这种发热主要包括电流效应引起的发热（反映在载流电力设备中）和电压效应引起的发热（常反映设备内部损耗的变化）。比如电阻损耗增大的发热属于电流效应引起的发热；由于绝缘介质的劣化、老化、受潮等因素引起介质损耗的增大，所产生的发热属于电压效应引起的发热。

当电力设备发生缺陷或故障时，缺陷部位将发生明显变化，以电流效应引起的发热可能急剧增加。例如，电气元件接触不良故障将使接触电阻增加，当电流通过时发热量增大而形成局部过热。相反，整流管、可控硅等器件存在损伤时将不再发热，从而出现冷点。

因此，应用红外技术监测输电线路、供电设备、发电设备，采用红外热像仪扫描，可以对高压电线的电缆、接头、绝缘子、电容器、变压器等电气设备的故障进行探查。

五、动车组故障诊断技术

（一）动车组故障诊断的意义

现代故障诊断技术就是采用检测技术装备，在设备不解体或运转的情况下，获取其有关技术信息，以判定设备技术状态是否处于良好、正常、劣化、故障的技术。

随着科学技术的发展，机车车辆、动车组装备故障诊断技术的应用范围越来越广泛，诊断技术本身的领域也非常宽广，近代已经发展成为一门独立的应用科学，因此，动车组故障诊断系统有着极为重要的作用。例如，通过故障诊断系统能够提高动车组运行的可靠性和安全性，为动车组维修提供重要的依据；可检测、显示、记录、存储和分析数据，同时可以为动车组的改进和发展提供依据。

（二）状态监测与故障诊断技术的内容

状态监测与设备故障诊断技术一般是指机械在不拆卸的情况下，用仪器、仪表获取有关参数和信息,并据此判断机械运行状态的技术手段。

设备状态监测与故障诊断的内容和流程主要包括信号检测、特征提取、状态识别、预报决策等关键环节,如图 2.29 所示。

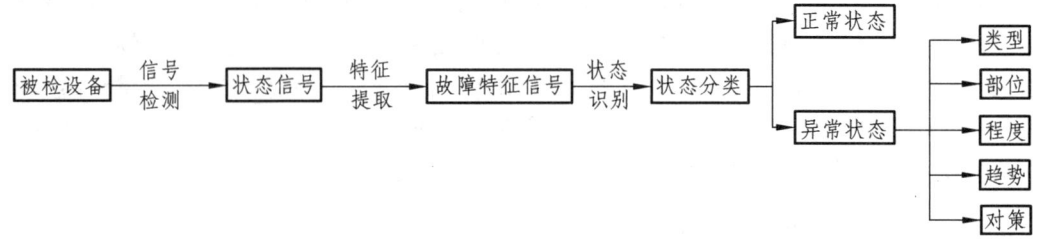

图 2.29 设备状态监测与故障诊断的内容和流程

1. 信号检测

选择合理的监测对象和适当的传感器,对运行中机械的状态进行正确测试,获取状态信号。状态信号是设备异常或故障信息的载体,是否能够采集足够数量的客观反映诊断对象运行状况的状态信号,是故障诊断成功与否的关键。

2. 特征提取

在机械运行过程中,一般故障信息常常混杂在背景噪声中。为了提高故障诊断的灵敏度和可靠性,必须采用信号处理技术,去除噪声干扰,提取有用故障信息,以突出故障特征。

3. 状态识别

对反映机械故障特征的信息进行分析、比较和识别,判断机械运行中有无异常征兆,进行早期诊断。若发现故障,需判明故障位置和故障原因。

4. 预报决策

经过判别,属于正常状态的可继续监视,重复以上流程;属于异常状态的,需进一步对机械异常或故障的原因、部位和危险程度进行评估,预测机械运行状态和发展趋势,提出控制措施和维修决策。

(三)机械设备故障诊断的分类

机械故障诊断的类型很多,可以概括为以下几方面:

1. 功能诊断和运行诊断

功能诊断是针对新安装或刚维修后的机械,检查它们的运行工况和功能是否正常,并根据检测和判断的结果对其进行调整,如发动机安装或修理好后的检查。功能诊断的主要目的是观察机械能否达到规定的功能。

运行诊断是针对正常运行中的机械,监视其故障的发生和发展而进行的诊断。运行诊断的目的是发现正常工作中的机械是否发生异常现象,以便及早发现、及早排除故障。

2. 定期诊断和连续诊断

定期诊断是指每隔一定时间间隔对工作状态下的机械进行常规检查和测量诊断。它不同于定期维修。定期维修是每隔一定的时间间隔，不管机械的状态如何，都要对机械进行维护修理，更换关键零部件。而定期诊断则是每隔一定的时间间隔对机械进行测量和诊断，若诊断中发现机械有故障时才进行修理。

连续诊断是采用仪器及计算机信号处理系统对机械的运行状态进行连续的监视或检测，因此，连续诊断又称连续监测、实时监测或实时诊断。

对于一台机械，究竟采用哪种诊断方法主要取决于下列因素：机械的关键程度、机械产生故障后对整个机械系统影响的严重程度、运行中机械性能下降的快慢、机械故障发生和发展的可预测性等。

3. 直接诊断和间接诊断

直接诊断是直接确定关键零部件的状态，如轴承间隙、齿轮齿面磨损、轴或叶片的裂纹、腐蚀环境下管道的壁厚等。直接诊断迅速而且可靠，但往往受到机械结构和工作条件的限制而无法实现，一般仅用于机械中易于测量的部位。

间接诊断是利用机械产生的二次信息来间接判断机械中关键零部件的状态变化，如用润滑油的温升反映主轴承的磨损状态，用振动、噪声反映机械的工作状态等。由于二次信息属于综合诊断信息，因此，在间接诊断中可能出现伪警或漏检。

4. 简易诊断和精密诊断

简易诊断是用比较简单的仪器、方法对机械总的运行状态进行诊断，给出正常或异常的判断，主要用于机械性能的监测、故障劣化趋势分析及早期发现故障等。

精密诊断是针对简易诊断中判断大概有异常的机械进行的专门的诊断，以进一步了解机械故障发生的部位、程度、原因，预测故障发展趋势。精密诊断需要较为精密的仪器才能进行。其主要目的是分析机械异常的类型、原因、危险程度，预测其今后的发展。

5. 在线诊断和离线诊断

在线诊断是对现场正在运行中的机械进行实时诊断。离线诊断是记录现场测量的状态信号，此后再结合诊断对象的历史档案进一步分析和诊断。

（四）机械设备故障信息获取方法

按照状态信号的物理特征，信息获取方法主要有以下几种：

1. 振动检测

振动是机械运行过程中的重要信息。运行机械和静止机械的重要区别在于，运行过程中机械产生了振动，振动反映了机械的工作状态。振动检测以机器振动作为信息源，通过振动参数的变化特征判别机器的运行状态。

2. 声学检测

以机械噪声、声阻、超声、声波、声发射为检测目标,通过分析声学信号强度与频率的变化特征判别机器的运行状态。

3. 油液检测

机械中使用过的润滑油或冷却液中磨损残余物及其他杂质的性状、大小、数量、粒度分布及元素组成反映了机械零件在运行过程中的完好状态。可以通过检测油品的理化性能、铁谱分析、光谱分析等判别机器的运行状态。

4. 温度检测

对于电机电器、电子设备等,可以在机器运行过程中以可观测的温度、温差、热图像等参数作为信息源,根据其变化特征判别机器的运行状态。

5. 电气参数检测

对于输变电设备、电力电子设备、电工仪表等,可以在机器运行过程中,通过电流、电压、电阻、功率、电磁特性、绝缘特性等电气参数的变化特征判别机器的运行状态。

6. 表面形貌检测

对于某些设备及零件的表面损伤,可以通过对其表面层显微组织、残余应力、裂纹变形、斑点、凹坑、色泽等表面形貌进行检查,研究变化特征,判别机器设备存在的故障及形成原因。

7. 强度检测

对于载运工具和各种工程结构,可以通过对应力、应变、载荷、扭矩等强度参数进行检查判别机器的运行状态。

8. 无损检测

通过射线、超声、磁粉、渗透、电涡流等无损检测方法,可以进行压延、铸锻件及焊缝缺陷检查、表面镀层和管壁厚度测定。

9. 光学检测

以亮度、光谱和各种射线效应为检测目标。

10. 压力检测

在机器运行过程中,以机械系统中的气体、液体压力作为信息源,检测压力参数的变化特征判别机器的运行状态。

(五)机械设备故障诊断的基本方法

机械设备故障诊断的基本方法主要有以下几种:

1. 性能指标诊断法

机械的性能指标反映了机械的工作状态和工作性能，可用来判断机械的故障。机械性能测量包括整机性能测量和零部件性能测量。整机性能测量是测量机械的输出，如功率、转速等。零部件性能测量是测量关键零部件的性能，如应力、应变等。

2. 频域诊断法

应用频谱分析技术，根据频谱特性变化，判别机器的运行状态及故障形成原因。

3. 时域分析法

应用波形分析、时间序列分析、统计分析等时域分析法实现状态监测与故障诊断。

4. 信息理论分析法

应用信息理论建立特性函数，根据机器运行过程中的变化进行状态分析与故障诊断。

5. 人工智能方法

人工智能方法包括模式识别法、人工神经网络、专家系统等现代诊断方法。

第五节 动车组零件的修复

动车组零件的修复是动车组检修工作的重要组成部分。合理地选择和运用修复技术，能有效地提高检修质量、缩短停修时间、节约资源、降低检修费用。

目前常用的修复工艺有钳工和机械加工法、压力加工法、金属喷涂法、焊修法、电镀法、刷镀法、黏结法。

一、钳工和机械加工法

钳工和机械加工法是零件修复中最主要的工艺方法。

（一）几种精加工方法

1. 铰 孔

利用铰刀进行精密孔加工和修整性加工的方法，它能得到很高的尺寸精度和较小的表面粗糙度，主要用来修复各种配合的孔。

2. 珩 磨

它是利用 4~6 根细磨料的砂条组成可涨缩的珩磨头。对被加工的孔作既旋转又沿轴向上下往复的综合运动，使砂条上的磨料在孔的表面上形成既交叉但又不重复的网纹轨迹，磨去一层薄的金属。由于参加切削的磨料多且速度低，磨屑中又有大量的冷却液，使孔的表面粗糙度变小，精度得到很大的提高。所以珩磨是一种较好的修复内表面的方法，如压气机气缸内表面的珩磨。

3. 研　磨

用研磨剂和研具对工件表面进行微量磨削的方法叫作研磨。研具一般由铸铁制成，它有良好的嵌砂性，研磨剂是由磨料和研磨液混合而成的一种混合剂。研磨常用于修复高精度的配合表面，研磨后的精度可达到 0.001～0.005 mm。

4. 刮　削

刮削是用刮刀从工件表面上刮去一层很薄的金属的手工操作。它一般在机加工后进行，刮削后的表面精度较高，表面粗糙度较小。通常，互相配合的零件的重要滑动表面要进行刮削，如滑动轴承、机床导轨。

（二）钳工修补

1. 键　槽

当轴或轮毂上的键槽只磨损一部分时，可把磨损的键槽加宽，然后配制阶梯键。当轴或轮毂上的键槽全部磨损时，允许将键槽扩大 10%～15%，然后配制大尺寸键。当键槽磨损大于 15% 时，可按原槽位置旋转 90°或 180°，重新按标准开槽，开槽前把旧槽用气或电焊填满并修正。

2. 螺　孔

当螺孔产生滑牙或螺纹剥落时，可先把螺孔钻去，然后攻出新螺纹。如果损坏的螺孔不许加大时，可配上螺塞，然后在螺塞上再钻孔、攻出原规格的螺纹孔。

3. 铸铁裂纹修补

可采用加固法修复，一般用钢板加固，螺钉连接，并钻出裂孔，如图 2.30 所示。

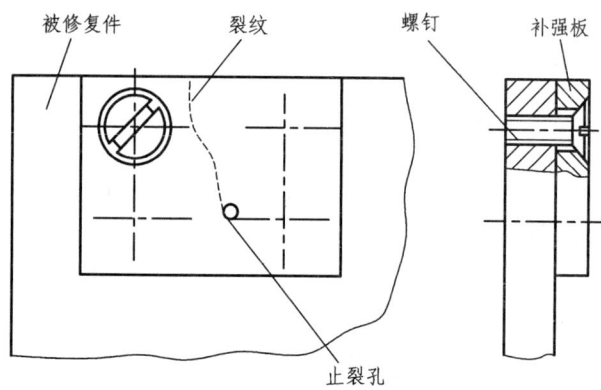

图 2.30　铸铁裂纹用加固法修复

(三) 局部更换法

若零件某个局部损坏，其他部分完好，可把损害的部分除去，换上一个新的部分，从而保证连接的可靠性，这种方法称为局部更换法，如动车组轮对的轮箍部分的更换。

(四) 换位法

某些零件在使用上通常产生单边磨损，对称的另一边磨损较小。如果结构允许，可以利用零件未磨损的一边，将它换一个方向继续使用，此为换位法。

(五) 附加零件法

附加零件法是将磨损零件的工作表面进行加工，然后装上附加零件，再加工至所需尺寸的方法。如轴颈磨损后，可做成外衬套，以过盈配合装到轴颈上。为了连接可靠，有时还用骑缝螺钉或点焊进行紧固。

(六) 修理尺寸法

具体做法是对配合件中的一个零件进行加工，扩大（或缩小）其尺寸以消除不均匀磨损，恢复其原有的正确几何形状，并相应更换与其配合的零件，从而达到原来的配合要求。修理后的配合件的尺寸和原来的尺寸不同，这个新尺寸称为修理尺寸，这种修理方法叫作修理尺寸法。

此方法适合于修复磨损的配合件，保留配合件中价值高、结构复杂、尺寸较大的零件作为加工对象，对另一个零件按照新的尺寸更换。新配合虽然改变了零件原来的尺寸，但却恢复了原设计要求的几何形状和配合间隙，使其能够重新恢复到正常的工作能力。

通常把第一次加工的尺寸称为第一次修理尺寸，第二次加工的尺寸称为第二次修理尺寸，以此类推。被加工零件能进行多少次加工，是根据它的强度（一般轴颈减少量不超过原设计尺寸的 10%）、刚度、工作性能和磨损情况来确定的。同时，为了使修复的零件具有互换性，以及为了制造备品零件的需要，也要使每次加工的尺寸标准化。

修理尺寸法具有最小修理工作量、设备简单、经济性好、修复质量高的优点，缺点是修理某一零件，但必须同时更换或修理另一组合零件。修理尺寸法在动车组及机械行业应用非常广泛，如柴油机曲轴主轴颈、缸套活塞等的修复。

零件按修理尺寸修理时，应先确定零件的修理尺寸。

1. 确定轴的修理尺寸

如图 2.31 所示，为一轴颈的修理尺寸。

设 d_H 为轴颈的名义尺寸，d_1 为运行磨损后的尺寸，由于磨损的不均匀，其一边的磨损量最小为 δ_1'，另一边的磨损量最大为 δ_1''，直径方向的总磨损量为

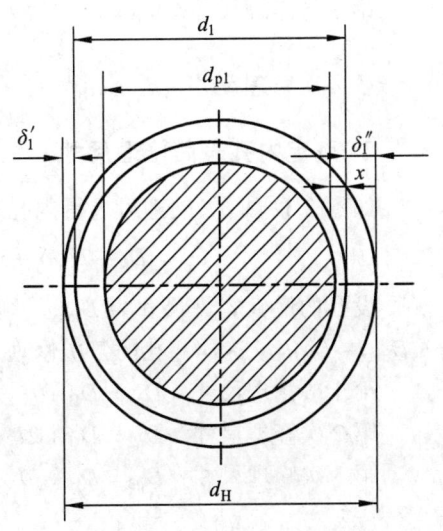

图 2.31 轴的等级修理尺寸确定

$$\delta_1 = d_H - d_1 = \delta_1' + \delta_1''$$

设 ρ 为不均匀磨损系数

$$\rho = \delta_1''/\delta_1$$

当磨损均匀时，$\delta_1' = \delta_1''$，则

$$\delta_1 = \delta_1' + \delta_1'' = 2\delta_1' = 2\delta_1''$$
$$\rho = \delta_1''/\delta_1 = \delta_1''/2\delta_1'' = 0.5$$

当只有单面磨损时 $\delta_1'' = 0$，则

$$\delta_1 = \delta_1' + \delta_1'' = \delta_1''$$
$$\rho = \delta_1''/\delta_1'' = 1$$

由此可知，磨损的不均匀系数 $\rho = 0.5 \sim 1$。

用测量统计法，对磨损件进行多次测量，就可以求得该零件的平均磨损不均匀系数。

为确定修理尺寸，在不改变轴心位置的情况下，选定加工方法，并考虑到加工系统的刚性和安装误差，确定加工余量为 x，则轴颈的第一次修理尺寸为

$$d_{p1} = d_H - 2(\delta_1'' + x) = d_H - 2(\rho\delta_1 + x)$$

式中　$2(\rho\delta + x)$——轴颈的修理间隔，以 I 表示。

根据零件的刚度和强度要求，假设轴颈的最小容许尺寸为 d_{min}，在所有修理间隔相同的条件下，轴颈的容许修理次数为

$$n = (d_H - d_{min})/I$$

这样，就可以求出各次的修理尺寸：

第 1 次修理尺寸　$d_{p1} = d_H - I$
第 2 次修理尺寸　$d_{p2} = d_H - 2I$
第 3 次修理尺寸　$d_{p3} = d_H - 3I$
　　　⋮
第 n 次修理尺寸　$d_{pn} = d_H - nI$

2. 确定内孔表面修理尺寸

如图 2.32 所示,同理可求得内孔表面的各次修理尺寸：

$$D_{p1} = D_H + 2(\rho\delta_1 + x) = D_H + I$$

设孔的最大容许尺寸为 D_{max}，则孔的容许修理次数为 $n(D_{max} - D_H)/I$。这样，孔的各次修理尺寸为：

第 1 次修理尺寸　$D_{p1} = D_H + I$
第 2 次修理尺寸　$D_{p2} = D_H + 2I$
第 3 次修理尺寸　$D_{p3} = D_H + 3I$
　　　⋮
第 n 次修理尺寸　$D_{pn} = D_H + nI$

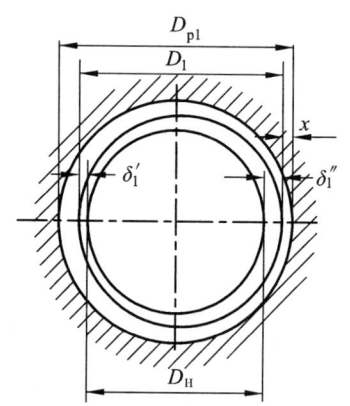

图 2.32　孔的等级修理尺寸确定

二、压力加工法

压力加工法是指在外界压力作用下，使金属发生塑性变形，恢复零件的几何形状或尺寸的加工方法。通常分为冷压加工和热压加工两类。具体方法有镦粗法、扩张法、缩小法、压延法、校正法几种，下面只讲常用的校正法。

零件在使用中，常会发生弯曲、扭曲等残余变形。利用外力或火焰使零件产生新的塑性变形，去消除原有变形的方法称为校正。校正分冷校和热校，而冷校又分为压力校正和冷作校正。

（一）压力校正

将变形的零件放在压力机的 V 形槽中，使凸面朝上，用压力把零件压弯，弯曲变形量为原来的 10~15 倍，保持 1~2 min 后撤出压力。努力做到一、二次校正成功，切忌加压过大，反复校正。

压力校正简单易行，但校正的精度不易控制，零件内部留下较大的残余应力，效果不稳定，疲劳强度下降（一般降低 10%~15%）。

为了使压力校正后的变形保持稳定，并提高零件的刚性，校正后需要进行定性热处理。

（二）冷作校正

冷作校正是用手锤敲击零件的凹面，使其产生塑性变形。该部分的金属被挤压延展，在塑性变形中产生压缩应力，它对邻近的金属有推力作用，弯曲零件在变形层应力推动下被校正。

冷作校正的校正精度容易控制，效果稳定，一般不进行定性热处理，且不降低零件的疲劳强度。但它不能校正弯曲量较大的零件，通常零件弯曲量不超过零件长度的 0.03%~0.05%。

（三）热　校

热校是将零件弯曲部分的最高点用气焊的中性火焰迅速加热到 450 ℃以上，然后迅速冷却，由于被加热部分的金属膨胀，塑性随温度升高而增加，又因受周围冷金属的阻碍，不可能随温度升高而伸展。当冷却时，收缩量与温度降低幅度成正比，收缩力很大，造成收缩量大于膨胀量的情况，以此校正了零件的变形，如图 2.33 所示。

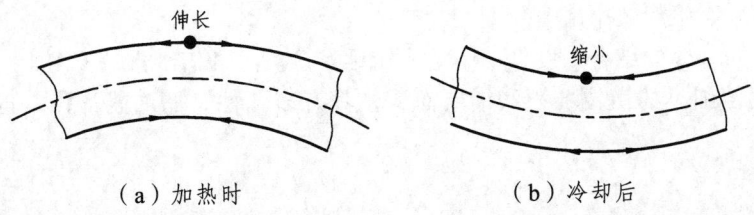

图 2.33　火焰校正示意图

热校时，零件弯曲越大，加热温度应越高，且校正能力随着加热面积和深度增大而增加。当加热深度达到零件厚度的 1/3 时校正效果较好。超过此厚度，效果变差，全部热透则不起校正作用。

热校适用于变形量较大,形状复杂的大尺寸零件,校正保持性好,对疲劳强度影响小,应用比较普遍。

动车组上有许多零部件在工作中受外力的作用会发生弯曲、扭曲变形损伤,如连杆杆身、曲轴、管道等。对于这类情况,只要结构允许,均可采用压力加工法校正。

三、金属喷涂

金属喷涂是用高速气流将熔化了的金属吹成细小微粒,此微粒以极高的速度喷敷在经过专门处理过的待修零件表面上,形成覆盖层。喷涂的涂料只是机械地咬附在基体上,基体金属并不熔化。

根据热源不同,喷涂工艺又可分为氧-乙炔焰喷涂、电弧喷涂、等离子喷涂等,但其工作原理是一致的。喷涂层的厚度一般为 0.05~2 mm 甚至可达 10 mm。电弧喷涂工作原理如图 2.34 所示,气喷涂枪外形如图 2.35 所示。

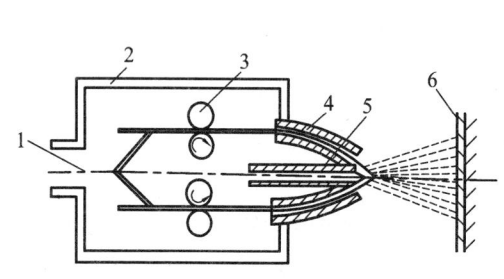

1—金属丝;2—导线;3—滚轮;4—导向头;
5—喷嘴;6—喷涂层。

图 2.34 电弧喷涂工作原理

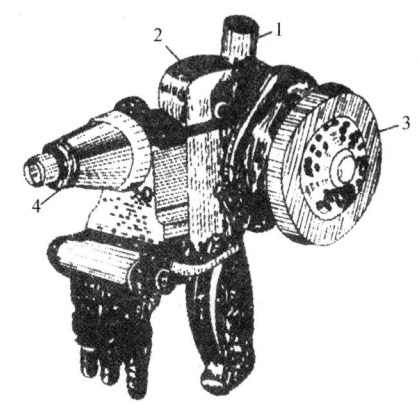

1—调节螺母;2—折合盖;3—空气涡轮室;
4—喷射金属装置。

图 2.35 气喷涂枪外形图

金属喷涂在维修中应用很广,是修复零件表面的工艺。主要特点:

(1)适应性强,可喷涂的材料很多,不受可焊性的影响。
(2)喷涂温度只有 70~80 °C,零件热应力小,变形也小。
(3)工艺简单、生产效率高。
(4)喷涂层与基体的结合强度低,不适合压延、滚动、冲击零件的修复。
(5)喷涂层由细小的微粒堆积和铺展而成,具有多孔性,储油能力强,但降低了抗腐蚀性。

四、焊修法

焊接技术应用于维修工作时称为焊修。焊修是通过加热基体及焊条,并使之溶化,使两个分离体结合成一个整体的加工方法。零件的加热会带来基体组织、性能和形状的改变,这是焊修的关键问题。根据加热方式的不同,焊修可分为电弧焊、气焊和等离子焊等。按照焊修的工艺和方法不同,可分为焊补、堆焊、喷焊和钎焊等。

(一) 焊 补

1. 铸 铁

普通铸铁是制造形状复杂、尺寸庞大、防振减磨的基础性零件的主要材料。铸铁件的焊补,主要应用于裂纹、破断、磨损、气孔等缺陷的修复。焊补的铸铁主要是灰铸铁。

铸铁的可焊性差,在焊补时会产生很多困难:铸铁熔点低,铁水流动性差,施焊困难。焊缝易产生又脆又硬的白口铁,焊缝不熔合、加工困难、接头易产生裂纹,甚至脆断。为此,必须采用一些技术措施才能保证质量。选择性能好的铸铁焊条;做好焊前准备,清洗、预热等;控制冷却速度(缓冷)。铸铁件的焊补分为热焊和冷焊两种。需根据外形、强度、加工性能、工作环境、现场条件等特点进行选择。

(1) 热焊。它是焊前对工件进行高温预热,焊后加热、保温、缓冷。用气焊或电弧焊均可得到满意效果。焊前加预热到 600 ℃ 以上,焊接过程不低于 500 ℃,焊后缓冷。

这个过程工件温度均匀,焊缝与工件其他部位之间温差小,有利于石墨析出,避免白口、裂纹和气孔。热焊的焊缝与基体组织基本相同,焊后加工容易,焊缝强度高、耐水压、密封性能好。比较适合铸铁件毛坯或加工过程中发现形状复杂的基体缺陷的修复。

(2) 冷焊。它是不对铸件进行预热或预热温度低于 400 ℃ 的情况下进行,一般采用手工电弧焊或半自动电弧焊。冷焊操作简便,劳动条件好,施焊时间短具有更大的应用范围,一般铸铁件多采用冷焊。

冷焊时要根据不同的焊补厚度选择焊条直径,按照焊条直径选择焊补规范,包括电流强度、焊条药皮类型、电源性质、电弧长度等。使焊缝得到适当的组织和性能。冷焊操作时,需要较高的焊接操作技能。

2. 有色金属

主要有铜及铜合金、铝及铝合金等。因它们的导热性高,膨胀系数大熔点低、高温下脆性较大、强度低很容易氧化,所以可焊性差焊补比较困难。必须采用一些技术措施才能保证质量。

铜及铜合金的特点是:在焊补过程中,铜易氧化,生成氧化亚铜,使焊缝塑性降低,促使产生裂纹;导热性强,比钢大 5~8 倍,焊补时必须用高而集中的热源;热胀冷缩量大,焊件易变形,内应力增大;易在焊缝熔合区形成气孔,这是焊补后常见的缺陷之一。所以要重视以下问题:焊补材料的选择(电焊条、焊粉)及焊补工艺正确。

铝及铝合金的特点是:铝及铝合金的可焊性差,主要是氧化膜问题。铝及铝合金的焊接方法很多。目前焊接质量较好的是钨极交流氩弧焊,其次是气焊、弧焊。无论哪种方法,都要做焊前清洗工作。

3. 钢

对钢进行焊补主要是为了修复裂纹和补偿磨损尺寸。各种钢的可焊性差别很大。低碳钢和低碳合金钢在焊接时发生淬硬的倾向较小,有良好的可焊性。随着含碳量的增加,可焊性降低。高碳钢和高碳合金钢在焊接时发生淬硬的倾向大，易形成裂纹。含碳或合金元素很高的材料一般都经过热处理，损坏后如不经过退火直接焊补，易产生裂纹。

（二）堆焊

堆焊是焊接工艺方法的一种特殊应用。它不是为了形成接头焊缝，而是用焊接的方法在零件表面堆敷一层金属。其目的在于修复因磨损损坏了的零件或在表面得到特殊的性能，如耐磨性、耐腐性。凡是属于熔焊的方法都可以用于堆焊，目前应用最广的方法有手工电弧堆焊、氧-乙炔焰堆焊、振动堆焊、埋弧堆焊、等离子堆焊。

堆焊特点是堆焊金属与基体金属有很好的结合强度；对基体的热影响小，热变形小；可以快速地得到较厚的金属层，效率高。

在工艺措施中注意两点，一是耐磨堆焊层一般都有较高的硬度，存在淬硬性，容易产生裂纹，为了减少这种倾向，要采取预热和缓冷措施；二是耐磨堆焊层堆焊材料都含有较多的合金元素，堆焊时由于基体的熔化会冲淡合金元素的浓度，影响堆焊层性能，所以要采取措施予以避免。

（三）喷焊

喷焊是在喷涂的基础上发展起来的。它是将喷涂层再进行一次重熔过程处理，与基体表层达到熔融状态，进一步形成紧密的合金层。与喷涂相比，它具有结合强度高、硬度高，同时使用高合金粉末之后可使喷焊层具有一系列的特殊性能。喷焊时工件表面产生熔化熔敷层。

喷焊不仅用于表面磨损的零件，当使用合金粉喷焊时，能使修复件比新件更耐磨，而且它还可以用于新零件的表面强化、装饰等。

（四）钎焊

钎焊采用比母材熔点低的金属作钎料，把它放在焊件连接处一同加热到高于钎料熔点而低于基体金属的熔点温度，利用熔化的液态钎料润湿基体金属，填充接头间隙，并与基体金属产生扩散作用，而把分离的两个焊件连接起来的焊接方法。

钎焊适用于焊接薄板、薄管、硬质合金刀头焊修、铸铁件及电气设备等。钎焊根据钎料熔点的不同分为两类：

（1）软钎焊，即钎料熔点在450 ℃以下进行的钎焊，如锡焊等。常用的钎料是锡铅焊料。主要用于电器元件的修理。

（2）硬钎焊，即钎料熔点为450～800 ℃，主要用于有色金属材质的修理，如空调修理中的热交换器铜管的焊修。

根据采用的热源不同，可分为火焰钎焊、高频钎焊。为使焊接牢固，钎焊时必须使用溶剂。溶剂作用是溶解和消除零件钎焊部分表面的氧化物，保护钎焊表面不受氧化，改善液态钎料对焊件的润湿性。

五、电镀

电镀是利用电解的方法将金属以分子的形式逐渐沉积到待修零件的表面上，形成均匀、致密、结合力强的金属镀层的过程。

电镀时,温度都在 100 ℃ 以下,零件不会发生变形,镀层厚度可以控制,随电流密度和时间的增加而变厚。电镀不仅可以恢复磨损零件表面的尺寸,还能改善零件表面的性质,提高耐磨性、防腐性、形成装饰性镀层和需要某种特殊性能的镀层。主要用于修复磨损量不大,精度要求高、形状结构复杂及适合批量较大的情况。电镀的缺点是电镀需要有特殊设备,镀层厚度有一定的限制。在维修中,最常用的有镀铬、镀铁、镀铜。下面对镀铬加以介绍。

镀铬是使用电解法修复零件的最有效的方法之一,它不仅能修复磨损的表面尺寸,而且在相当大的程度上能改善零件的质量,特别是提高表面耐磨性。

1. 镀铬层的特点

(1) 镀铬层的化学稳定性好,摩擦系数小,其硬度可高达 400 ~ 1 200 HV,比零件淬火硬度还硬,具有较高的耐磨性。

(2) 通过调节可以得到不同的镀铬层,镀层与金属结合强度高。

(3) 镀层具有较高的耐热性,在 480 ℃ 下不变色,500 ℃ 以上才开始氧化,700 ℃ 以上硬度才显著下降。

(4) 抗腐蚀能力强,能长期保持光泽,外表美观。

(5) 镀铬层脆,不宜承受分布不均的载荷,不能抗冲击,当镀层厚度超过 0.5 mm 时,结合强度和疲劳强度降低。

(6) 沉积率低,润滑性能差,工艺复杂,成本高。

2. 镀铬层的种类

镀铬层可分为硬质镀铬层和多孔性镀铬层。在一定电解浓度的条件下,改变电流密度和电解液温度,可获得不同颜色、不同性能的硬质镀铬层。其性能和适用范围见表 2.2 所示。

表 2.2 硬质镀铬层的性能及适应范围

电流密度	电解液温度	铬层颜色	性能特点	适应范围
高	低	灰暗色铬层	结晶粗大,颜色灰暗,有网状微小裂纹,质地坚硬(HV1 200)但韧性差	基本无实用价值,仅可用于刀具、量具
中	中	光亮色铬层	结晶细致、表面光亮,内应力小,有密集的网状裂纹,硬度较高(HV900),韧性耐磨性较好	适用于修复承受变负荷的摩擦件、静配合表面、滑动摩擦表面及防锈防腐表面
低	高	乳白色铬层	结晶细密,呈乳白色,无网状裂纹,硬度为 HV400 ~ 500,有较高的韧性和耐磨性	适用于修复承受冲击负荷和单位压力大的零件,常用厚度为 0.05 ~ 0.5 mm

在零件获得硬质镀铬层的基础上,再将零件作为阳极进行短时间的反镀,零件表面就会形成点状或沟状孔隙,这种方法称为多孔性镀铬。多孔性镀铬层改善了硬质镀铬层的润滑不良性能,更适应于润滑条件差又需耐磨的零件。沟状铬层和点状铬层比较,在阳极腐蚀规范相同的条件下,点状铬层的细孔容积比沟状铬层的细孔容积大 3.5 倍以上,即点状铬层的吸油容量大,而储油性能仅次于沟状铬层。点状铬层形成后其硬度减少 2/3,较软易磨合,适

用于载荷重、需要储存一定油量又易于磨合而提高气密的工件,如空压机第一道活塞环。沟状铬层形成后,其硬度下降14%~17%,由于硬度高、储油性能好,所以宜用于润滑条件差又需抗腐的零件上,如气缸套等。其性能和应用见表2.3。

表2.3 多孔性镀铬的性能及应用举例

硬质铬层	多孔性镀铬层	多孔性镀铬的优点	实用零件名称	要求的镀层厚度/mm
灰暗色镀层 灰暗-光亮过渡层	沟状镀铬层	1. 耐高温; 2. 表面硬度高; 3. 能抗燃烧气体的化学腐蚀作用; 4. 保证均匀的润滑; 5. 延长使用期限4~7倍	气缸和气缸套	0.5~0.25或更厚（视特殊情况需要而定）
		1. 保证均匀的润滑; 2. 提高表面硬度; 3. 延长使用期限4~8倍	曲轴、凸轮轴	
光亮色镀层 光亮-乳白色镀层	点状镀铬层	1. 提高耐磨性及工作效率3~5倍; 2. 改善磨合情况; 3. 气缸或气缸套的磨损降低1/2~2/3	活塞环	0.05~0.15

六、刷 镀

它是应用电化学原理,在金属表面局部有选择地快速沉积金属镀层,从而达到恢复零件尺寸,保护零件和改变零件表面性能的目的。

1. 原 理

刷镀是使用不同形式的镀笔和阳极、专门研制的刷镀液,以及专用的直流电源进行,如图2.36所示。

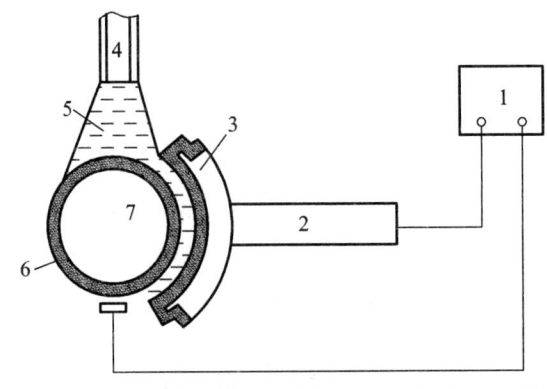

1—电源;2—刷镀笔;3—阳极包套;4—刷镀液喷口;5—刷镀液;6—刷镀层;7—工件。

图2.36 刷镀原理图

工作时，电源的负极与被镀工件 7 相连，刷镀笔 2 接正极，刷镀笔上的阳极（石墨材料）包裹着有机吸水材料（如用脱脂棉或涤纶、棉套或人造毛套等），称阳极包套 3，浸蘸或浇注专用刷镀液 5，与待镀工件表面接触，并擦拭或涂抹做相对运动。镀笔和工件接上电源正负极后，镀液中的金属离子在电场力的作用下向工件表面迁移，不断还原并以原子状态沉积在工件表面上，从而形成镀层。随着时间的延长与通电量的增加，镀层逐渐加厚，直至达到需要的厚度。镀层厚度由专用的刷镀电源控制，镀层种类由刷镀液种类决定。

2. 特　点

（1）刷镀在低温下进行，基体金属性质几乎不受影响，热处理效果不会改变。镀层与基体结合强度高于常规的电镀和金属喷涂。对于铝、铜、铸铁和高合金钢等难以焊接的金属，以及淬硬、渗碳等热处理层也可以刷镀。
（2）工艺适用范围大，同一套设备可镀不同的金属镀层。
（3）设备轻便简单，工艺灵活。
（4）镀层厚度可控制在 ±0.01 mm，适用于修复精密零件。

3. 应　用

（1）修复零件由于磨损或加工后超差的部分，特别是精密零件和量具。如曲轴轴颈、滚动轴承外圈的外圆等。
（2）修复大型、贵重零件，如曲轴、机体等局部擦伤、磨损、凹坑、腐蚀、空洞。
（3）零件表面的性能改进，提高耐磨性、耐腐性。
（4）电镀的反向操作，有电腐蚀效果。

4. 刷镀工艺

（1）工件表面准备：工件表面应光滑平整、无毛刺。无须机械加工，但疲劳层和原镀层应去除，淬火层、渗碳层和氮化层允许保留。
（2）电净：在上述清理的基础上，再用电净液电化清洗。电净时工件接负极，时间应尽量短，电净后应用流动水彻底清洗工件。
（3）活化：活化处理是通过活化液的电化学作用彻底去除工件表面的氧化膜和其他杂质。活化时工件可接负极也可接正极，活化后也应用清水彻底清洗工件。
（4）刷镀过渡层：根据工作镀层的情况确定是否需要进行。
（5）电镀工作层：根据零件的工况，选择合适的刷镀液，刷镀至所需厚度。

七、气相沉积技术

气相沉积技术是从气相物质中析出固相并沉积在基材表面的一种新型表面镀膜技术。根据使用的原则不同，可分为化学气相沉积（CVD）及物理气相沉积（PVD）两大类。前者系利用气相化学反应在待沉积的基材表面上成核、长大和成膜，而后者是利用加热或放电物理方法使固体蒸发后，凝结在基材表面上成膜。近年来各类气体放电技术诱发某些高温下才出现的气相反应在较低温度下也能发生。CVD 和 PVD 技术相互渗透而发展出一代新型气相沉积（PVCD）技术。

气相沉积能够在基材表面生成硬质耐磨层、软质减磨层、防蚀层及其他功能性镀层，因而十分引人注目。由于这类技术工艺先进，获得的镀层致密均匀，提高材料的耐磨性效果明显，所以它在改性材料表面工艺中占有十分重要的地位。

八、黏结技术

黏结是利用胶黏剂把两个分离、断裂或磨损的零件进行连接、修复或补偿尺寸的一种工艺方法。它以快速、牢固、经济等优点代替了部分传统铆接、焊接等工艺。

1. 胶黏工艺的特点

（1）黏结时温度低，不产生热应力和变形（可修复薄件、铸铁件等），不改变机体金相组织，接头的应力分布均匀。

（2）可使黏结面具有密封、绝缘、隔热、防腐、防振导电等性能。

（2）工艺简单，不需复杂设备。

（3）胶黏剂具有耐腐、耐酸、耐油、耐水等特点。

（4）不耐高温，一般只能在 150 ℃ 以下长期工作，黏结强度比基体强度低得多，耐冲击力差，易老化，胶黏剂有毒，易燃。

2. 胶黏剂种类

胶黏剂的种类很多，成分各异，一般由基料，固化剂、增塑剂、填料、溶剂等配合制成。

按基料的化学成分分为：① 无机胶黏剂，主要有硅酸盐、硼酸盐、磷酸盐；② 有机胶黏剂，主要有天然胶，如动物胶、植物胶；合成胶，如树脂胶，橡胶型胶和混合型胶。

1）无机胶黏剂

无机胶黏剂具有较好的黏附性及较高的耐热性。设备修理中常用的有磷酸铝-氧化铜胶黏剂。无机胶黏剂的特点：适应的温度范围较广，可在 －183 ℃ ~ 950 ℃ 使用，耐湿、耐油，不易老化，成本低；但脆性大，耐酸、耐碱性能差，不抗冲击。可用于量具及硬质合金刀头等的黏结。

2）有机胶黏剂

有机胶黏剂分成天然胶黏剂和合成胶黏剂，目前合成胶黏剂约占整个胶黏剂的 80%。它的种类繁多、组成各异，按其用途又分为结构胶黏剂、非结构胶黏剂、特种胶黏剂。

① 结构胶黏剂。它具有较高的强度，黏结后能承受较大的载荷，可用于较大零部件的修复。常用品种有：环氧树脂、聚氨酯、有机硅树脂、丙烯酸等。

② 非结构胶黏剂。不能承受较大的载荷，一般用于较小零件的修复或作定位用。常用品种有动物胶、植物胶、聚酰胺胶等。

③ 特种胶黏剂。这种特种胶满足某种特殊功能要求，如导电胶、压敏胶、密封胶、水中固化胶等。

3. 胶黏剂的选用

（1）了解黏结件的材料类型、性质、需要黏结的面积、线胀系数、表面状态等。
（2）了解黏结剂的黏结强度、使用温度、收缩率、耐腐蚀性等。
（3）确定黏结的目的及用途，主要满足什么功能，是连接，密封，还是定位。
（4）考虑黏结件的受力情况，受力大的选用结构胶；受力不大的选用通用胶黏剂；长期受力的选用热固性胶黏剂，以防蠕变破坏；作用力频率小或静载荷，可选用刚性胶黏剂，如环氧胶；冲击载荷选用韧性胶等。

4. 工艺要点

（1）根据被黏物的结构、性能要求、客观条件，确定黏结方案，选择胶黏剂。
（2）设计黏结接头，尽可能增大黏结面积。
（3）对表面进行处理，包括清洗、除油、除锈、增加表面粗糙度的机械处理。
（4）胶黏剂配制，对单液型液体胶黏剂在使用前时需摇匀；对多组分胶黏剂的配制，一定要严格按规定的条件、配件、配比及调制程序进行，配胶器皿须清洁干燥，否则将影响黏结质量。
（5）涂胶，按胶黏剂的状态（液体、糯糊、薄膜、胶粉）不同，可用刷涂、喷涂、刮涂、粘贴等方法。胶层厚度一般控制在 0.05~0.35 mm 为最佳。
（6）晒置，对含溶剂的胶黏剂在涂胶以后必须晾置一定时间，以挥发溶剂，否则固定化后胶层结构松散，有气孔，从而削弱黏结强度。不同类型的溶剂，晾置的温度和时间也不同。
（7）固化，即通过一定的作用是涂于黏结面上胶黏剂变为固体，并具有一定强度。固化时通过加压挤出胶层与被黏物之间的气泡，保证胶层均匀，以得到理想的强度。
（8）质量检验，检查黏结表面有无翘起和剥离现象，是否固化。

5. 黏结修复的应用

黏结技术在设备修理中应用日益广泛。修复磨损、裂纹、断裂，填堵孔洞，密封管路、接缝；用简单件黏结成复杂件，代替焊接、铆接；黏结与其他技术配合使用，能更加充分发挥各种技术的特点。如电机机座裂纹，可采用钢板加固黏结修复。用螺钉、钢板、胶黏剂进行处理。

九、零件修复工艺的选择

修复一个零件可能有若干种方法，但究竟哪一种方法最好，需要合理地选择。选择的原则是要使所选用的方法在技术上是可行的，在质量上是可靠的，在经济上是合算的。

（一）零件各种损伤的修理方法

现在从技术角度介绍如何选择各种损伤的修理方法。

1. 磨损的修理

（1）改变公称尺寸的方法：只对零件的几何形状和表面质量进行加工，配合的正常工作条件通过选配来解决。

（2）恢复原公称尺寸的方法：这种方法可恢复零件表面质量、几何形状、又恢复了原公称尺寸，使装配工作更方便，如电镀法、镶套等。

2. 腐蚀的修理

（1）恢复零件的强度。由于零件腐蚀使其尺寸减小，结构变弱，腐蚀深度过大，可堆焊，或加焊补强。

（2）恢复防腐保护层。

3. 裂纹的修理

根据零件的深度、长度和零件的重要性，采用铲、锪、磨等消除；或采用焊修和补强等方法。

4. 弯曲的修理

变形一般采用调整法处理，并根据情况决定是否予以补强。

5. 配合松弛的修理

常见为连接件，如螺栓、铆钉等发生松弛，应重新组装；对车轮与轴，则必须分解拆卸，重新选配零件组装。

（二）选择修复方法的原则

以上从技术角度，粗略地、方向性地指出修复方法的选择。修复方法的选择，要综合考虑各种因素：

1. 工艺合理性

所谓工艺合理性，就是使零件的工作性能得到有效的恢复。在工作过程中零件工作性能的破坏不外是尺寸、几何形状、表面质量和材料性质等的改变。修复就是恢复上述的一些变化。但并不是所有的修复方法都能得到同样的效果。如活塞销磨损后，可用镀硬铬的方法恢复磨损尺寸，也可以用喷涂的方法恢复原形和尺寸，虽然从外形尺寸、几何形状看效果一样，但从前面所介绍的修理方法中得知，喷涂后对活塞销在液体摩擦和受冲击载荷较大的工作条件是不适合的，由于它不能恢复零件的工作性能，所以在工艺上是不合理的。

2. 保证机械性能

确保修复层达到零件所要求的机械性能，是选择零件修复方法的主要依据。评定金属零件修复机械性能的主要指标是：修复层与基体金属的结合强度；修复层的耐磨性能；修复层对零件疲劳强度的影响。

3. 经济合算

所谓经济合算，就是真正做到多、快、好、省，保证修复成本低，零件修复后使用寿命长。这是评定修复方法选择合理与否的最重要的指标。经济合算不仅要算成本账,同时还要考虑修复后的使用寿命。

4. 结合条件

究竟采用哪种修复方法,应考虑本单位的现实条件。如曲轴表面氮化层磨损掉后,本应重新进行氮化处理修复,这在工艺要求上虽然合理,但一套完好的氮化设备不是每个单位都具有的,若改用镀铬修复,条件就变得简单了,又不影响曲轴的工作性能。

选择修复方法时,除根据前述原则外,还应注意以下几点:

(1)采用修理尺寸法能简化修复工艺过程,但不是所有的零件都能采用。应当选择加工较方便的零件作为用修理尺寸法进行修复的对象。

(2)要注意某些工艺上的特点。如电镀、喷涂等工艺,修复时零件受热温度不高,不破坏原有的热处理特性,而堆焊、压力加工等工艺修复需进行复杂的热处理过程。

(3)在选择修复方法时,应考虑被修零件的数量,因为单件修理和成批修理在工艺和经济效果上是不同的。

(4)为修复一个零件上的各种不同磨损部位,不应选用过多的修复方法和类型,否则会使总的工艺复杂化。

(三)选择修复方法的步骤

(1)查明零件存在的缺陷(如磨损、变形、弯曲、破裂等),缺陷的部位、性质或损坏的程度;特别是对非正常的磨损和破坏,必须彻底查明原因。

(2)分析零件的工作条件、零件材料和热处理情况。

(3)研究各种覆盖层的机械性能。

(4)选择修复方法。

(四)修复方法的经济合理性

为了评定修复方法选择得是否合理,应当进行经济效果的评估。经济上合理的修复方法应该是修复零件单位走行公里的修复成本低于零件的制造成本。这一关系可用下式表示:

$$E_{修} / K_{修} < E_{新} / K_{新}$$

式中 $E_{修}$——零件的修复成本;

$E_{新}$——新制零件的成本;

$K_{修}$——修复零件的走行公里;

$K_{新}$——新造零件的走行公里。

应当指出,修复方法的经济合理性不能只从一个零件来考虑,而应有整体、全局观点。对于那些修复成本较高的,应采用新技术、新工艺、来提高劳动生产率,节约原材料来设法降低成本。修复成本与批量有密切关系,有些零件的制造成本较低,对其修复在经济上似乎不合理,但如果集中起来大批量修理,其修复成本无疑还是会低于制造成本的。

本章小结

动车组产生故障是由于零件发生了损伤。零件损伤有五种形式，分别是磨损、腐蚀、变形、断裂、电气损伤。磨损是最主要的形式。要掌握各种损伤发生的原因、规律及减轻措施。

动车组检修要通过工艺过程完成，包含分解、清洗、检验、修复、装配等工序。将合理的技术要求、操作方法和程序等，用图、表、文字形式表示出来，并以文件的形式加以规范，这些技术文件就是工艺文件。

动车组零部件检验是检修过程中一个重要环节。检修中需要正确地检验零件的缺陷和故障性质、程度和位置。掌握各种检验方法的特点及应用。故障诊断技术是动车组检测技术的发展趋势，应掌握故障诊断技术的基本原理、特点及应用。

动车组的分解、装配工作必须遵循一定的原则和要求。零件的清洗、检验和修复技术有多种方法，要合理选择、正确操作。

动车组零件的修复形式有钳工和机械加工法、压力加工法、金属喷涂法、焊修法、电镀法、刷镀法、黏结法等。应掌握各种方法的特点及应用范围。

复习思考题

2.1 试述零件磨损的形式及动车组零件的磨损规律。影响零件磨损的因素是什么？
2.2 试述减轻零件磨损的措施。
2.3 零件腐蚀有哪些类型？试述减轻零件腐蚀的措施。
2.4 试述零件在使用中产生变形的原因及减轻变形的措施。
2.5 试述零件断裂过程及疲劳断面特征。
2.6 零件产生断裂的原因有哪些？如何减轻断裂？
2.7 试述检修工艺过程的定义及组成。
2.8 试述动车组各种检修限度的意义。
2.9 动车组及部件分解时的一般原则和要求是什么？动车组装配时注意的要点是什么？
2.10 动车组零部件清洗有哪些主要方法？简述各种清洗方法的适用范围。
2.11 零件检验的内容有哪些？简述各检验方法的用途？
2.12 试述荧光探伤法、涂色探伤法、电磁探伤法、超声波探伤法和射线探伤法的工作原理。
2.13 动车组常用的修复工艺有哪些？
2.14 试述零件修理尺寸法的具体工艺方法及其特点。
2.15 试述零件变形的各种校正方法及其各自的特点。
2.16 试述金属喷涂的原理和特点。
2.17 试述焊修的种类及其各自的特点。
2.18 试述镀铬的种类及其各自的特点。
2.19 试述刷镀的应用和特点。
2.20 选择零件修复工艺的原则是什么？

第二篇 动车组检修工艺及检修设施

第三章　动车组维护

动车组每次运用结束或累计运用一定时间后都需要进行例行的检查及保养,这就是动车组的运用维修,或称为维护,即目前动车组的一、二级检修。《铁路动车组运用维修规程》规定:动车运用所是动车组运用维修的主体,主要承担动车组一、二级检修及专项检修,包括各部件检查、外皮清洗、吸污作业、检修设备与信息化系统维护等工作。动车段主要承担动车组高级检修,即三、四、五级检修,也可附带承担一、二级检修任务。

本章以 CRH2 动车组为例,讲述动车组运用维修(动车组维护)的有关内容。

第一节　动车组一级检修

本节主要介绍动车组一级检修范围、作业程序和作业方法等内容。涉及的具体检修工艺,以 CRH2 动车组为例。为了确保高速动车组的技术状态良好,规定 CRH2 动车组 ≤（4 000 + 400）km 或运用 48 h 进行一次一级检修。

一、一级检修范围

（1）对动车组易损易耗零部件进行调整、更换。

（2）通过人工目视和车载故障诊断系统等对动车组技术状态进行检查,主要包括以下内容：

① 转向架及车底检查。转向架及轮对的技术状态检查；车体支撑装置及减振器检查；基础制动装置技术状态检查；空气压缩机技术状态检查。

② 车体检查。车内设备（灯具、门、窗、座椅及电子设备等）；密集式车钩的连接状态及漏气检查。

③ 车内整备。车载信息的采集、转储及处理；上水排水、车厢内部清洁、密闭式厕所系统地面接收机处理；车内垃圾收集及转运等。

④ 司机室控制装置、各种仪器仪表、刮雨器等的检查。

⑤ 车顶设备的检查。包括各高压电器状态,如受电弓等的检查。

（3）处理临时发生的故障。

二、检修人员配备及分工

对于 CRH2 型单列动车组。安排检修作业小组一个,4 名作业人员,自检自修,辅助检查人员 2 名。

①、②号作业人员负责车内设施、司机室设备、车载信息系统、车顶设备检查及相关性能试验及维修。③、④号负责车体、裙板、底板、转向架、钩缓连接、制动等下部检查、维修。

三、一级检修工艺流程（工序）

（一）检修工艺流程图

CRH2 动车组的一级检修主要包括接触网供电前检修和接触网供电后检修两部分,具体工艺流程图如图 3.1 所示。

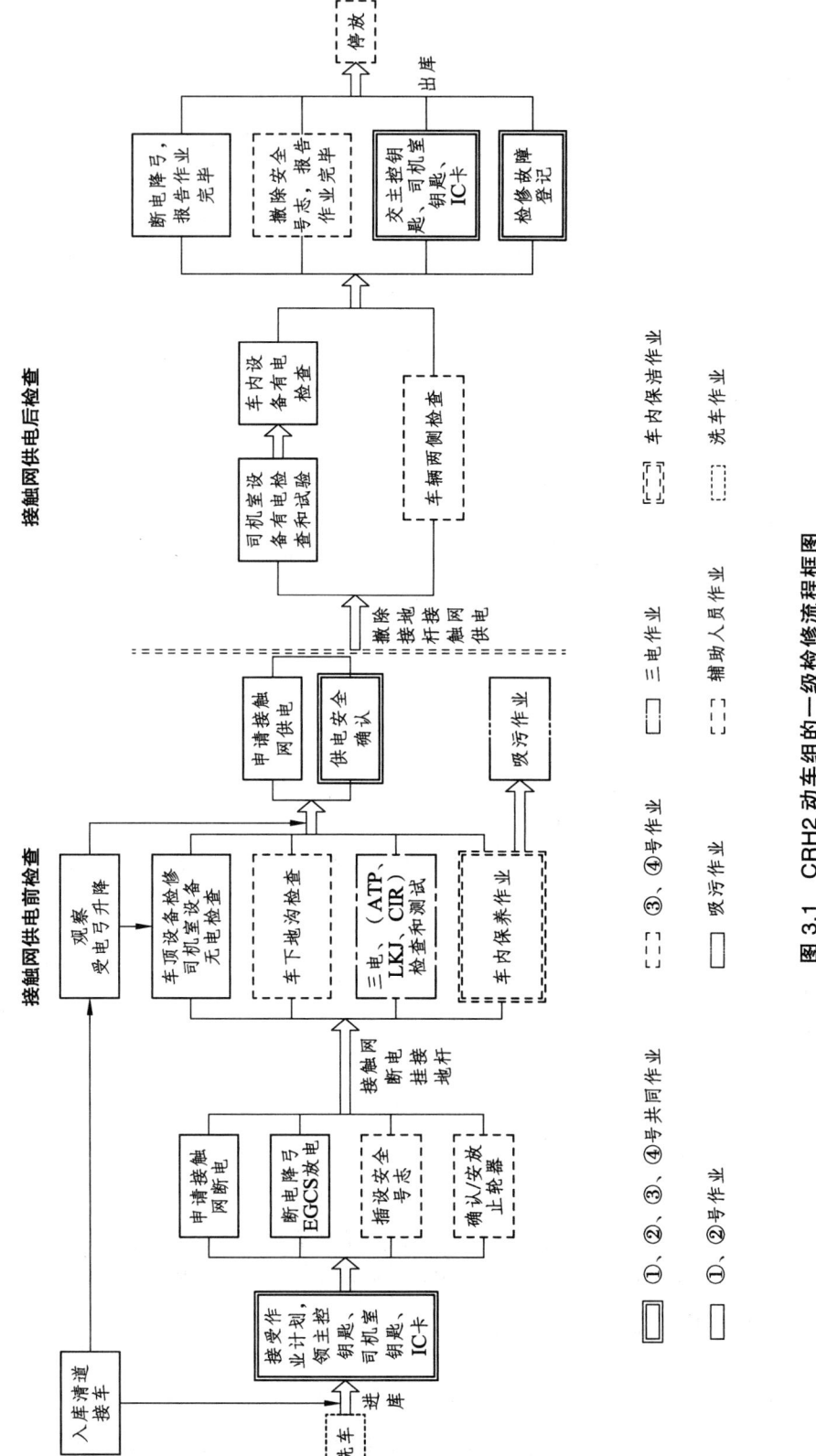

图 3.1 CRH2 动车组的一级检修流程框图

（二）检修工作步骤说明

1. 接触网供电前

（1）接受作业计划；领主控钥匙及 IC 卡；准备检修工具。
（2）接触网断电；挂接地杆；插设安全号志；确认止轮器；升起受电弓；EGCS 放电。
（3）①②号在车顶进行设备检修；③④号在车下进行地沟检修。
（4）撤除接地杆；EGCS 复位；办理接触网供电；升起受电弓；合上 VCB。

2. 接触网供电后

（1）①②号在司机室进行设备检修；①②号在车内进行设备检修；③④号在车体两侧进行检修。
（2）断开 VCB；降下受电弓；撤除安全号志。
（3）交主控钥匙、IC 卡；报值班室；作业完毕。

四、一级检修作业路线图

为了提高检修效率，防止漏检及重复检，规定了检修作业路线。
（1）车顶作业路线（①②号作业流程）（见图 3.2）。

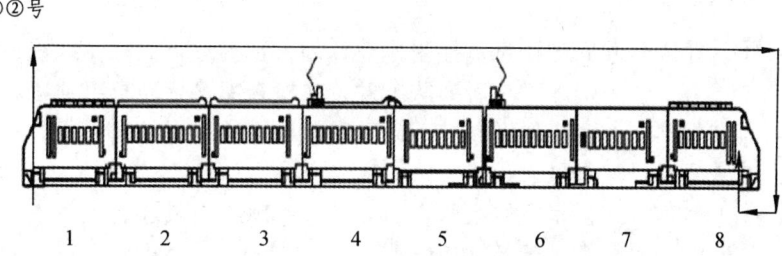

图 3.2　车顶作业路线

（2）车内作业路线（见图 3.3）。

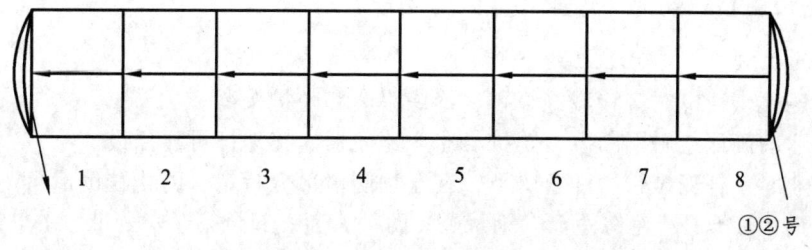

图 3.3　车内作业路线

（3）车下作业路线（③④号作业流程）（见图 3.4）。

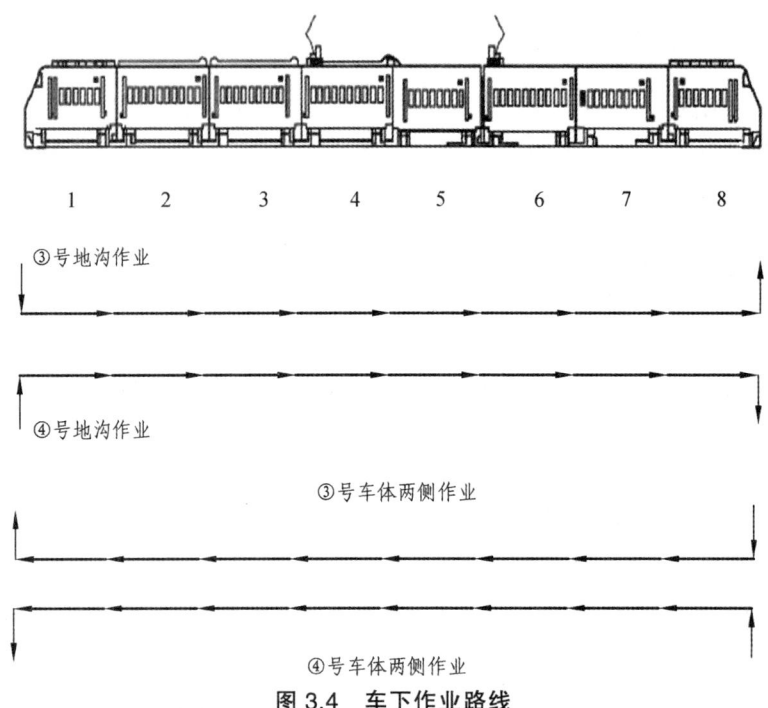

图 3.4 车下作业路线

五、一级检修作业程序、方法及质量标准

（一）接车及作业准备

步骤一：①②③④号共同到值班室接受作业计划，掌握运行故障及维修重点，领取司机室电钥匙及 IC 卡，检查检修工具后列队出发，在检查库等待动车组到达。
步骤二：①②号共同办理接触网断电；确认已断电、接地保护已设置。
步骤三：③④号插设安全号志。
步骤四：①②号进入司机室，升起受电弓，按下 EGCS 放电。
步骤五：①②③④号会合，准备开始作业。

（二）供电前检修作业

1. 车顶设备检查作业（作业人员：①②号）

安全注意事项：
（1）接触网供断电时应穿戴绝缘鞋、绝缘手套和防护头盔。
（2）作业前确认接触网断电，防护号志、止轮器、接地杆可靠插设。
（3）作业时系好安全带；注意脚下，在车顶防滑部分行走，防止跌倒滑落。

工具材料：接地杆、绝缘手套、绝缘鞋、防护头盔、安全帽、安全带、手电筒、检点锤、对讲机、防护信号、钢板尺、棉布、清洁剂等。

作业程序及质量标准：
（1）放电作业。升起受电弓，按下 EGCS ，确认保护接地开关 EGS 闭合。

（2）检查天线。1号车、0号车无线电天线和7号车FM信号天线无裂损、变形，外观及安装良好，如图3.5所示。

（3）车顶板、内外风挡。车顶板无塌陷，防滑地胶无剥离磨损。特高压连接电缆盒、保护套无破损变形，外观及安装状态良好。内、外风挡无变形破损，外观及安装状态良好。内风挡连接部锁闭装置状态良好。

（a）无线电信号天线　　　　　　（b）7号车FM信号天线

图 3.5　无线电天线及 FM 信号天线

（4）电缆接头、保护接地装置。特高压连接电缆接头外观及安装状态良好。4、5号车间的5度倾斜电缆接头外观及安装状态良好。受电弓电缆接头外观及安装状态良好。各电缆接头：无破损，变形、同一绝缘子的损伤在7处以下、同一褶边的损伤在2处以下、损伤的大小、沿着周长长度在60 mm以下、同一褶边在有2处损伤情况下，任何一处的损伤在30 mm以下、绝缘子铜体部分没有裂纹、直径的减少在20 mm以下。保护接地装置：接地开关 EGS 外观及安装状态良好，手动确认闸刀动作顺滑，如图3.6所示。

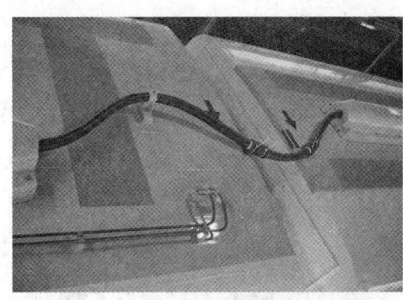 

（a）直接头　　　　　　（b）5度倾斜电缆接头

（c）受电弓电缆接头保护接地装置

图 3.6　电缆接头和保护接地装置

（5）受电弓。滑板：碳滑板磨耗后厚度≥5 mm，滑板总高度不得小于22 mm。表面不得有缺陷、断裂，安装牢固无变形，宽度方向破损不超过1/3；如更换滑板，两个滑板高度差不超过3 mm。弓头无变形，作用良好。销子、开口销齐全，作用良好框架表面平整，无变形、裂纹，安装牢固。网铜线外观无松动、无变形。受电弓上升、下降作用良好。支撑绝缘子和空气管无裂纹、打痕，瓷瓶清洁，如图3.7所示。

受电弓　　　　　　　　受电弓支撑绝缘子

图 3.7　受电弓及其支撑绝缘子

2. 车下地沟检查作业（作业人员：③④号）

安全注意事项：

（1）入库后，制动盘、闸片可能还处于高温状态，因此不要用手直接触摸。

（2）进行地沟检查作业时，应佩戴安全帽。

作业程序及质量标准：

（1）车底部。车体排障器底部、辅助排障器外观及安装状态良好，如图3.8所示。头车车下（STM天线、BTM天线）外观及安装状态良好。底板无变形、缺损，安装螺栓紧固、无缺失。空气管路无损伤、漏泄。内风挡下部无损伤，锁闭良好。防雪风挡下部状态良好，无破损。

（a）主排障器　　　　　　　　（b）辅助排障器

图 3.8　车体排障器和辅助排障器

（2）车钩。密接钩及电气连接器下部连接状态良好，无异常。密接钩、缓冲器托板安装螺栓无松动，如图3.9所示。

第三章　动车组维护

图 3.9　电气连接器

（3）制动装置。夹钳装置，配件齐全，状态良好，如图 3.10 所示；油缸及油管无漏油；悬吊螺栓紧固，各部件无裂纹。闸片外观状态良好，厚度符合规定（动车 > 5 mm，拖车 > 6 mm）。增压缸安装螺栓无松动；悬吊部件无裂纹；管路无漏泄，如图 3.11 所示。

图 3.10　制动盘及制动夹钳装置

图 3.11　增压缸

（4）驱动装置（2、3、6、7 号车）。齿轮箱油量在油窗标线 −2~0 范围内，无漏油；悬吊部件配件齐全，安装牢固；橡胶垫无老化，齿轮箱温度传感器、呼吸器、注油孔盖、排油堵等安装紧固，如图 3.12 所示。挠性轴接头外观及安装状态良好，如图 3.13 所示。牵引电机外观良好，电机电源线、传感器及配线无破损，安装螺栓无松动、各部无裂纹，电机注油孔堵安装良好，如图 3.14 所示。冷却风道无破损，安装牢固，排风口良好。电机安装座螺栓无松动、裂纹。接地装置和碳刷外观及安装状态良好，接地线无松动。速度传感器外观及安装状态良好，配线无损伤。

（5）牵引装置。外观及安装状态良好。牵引座无裂纹。牵引杆橡胶节点无开裂、老化、破损。橡胶挡无老化、变形、开裂、缺失。

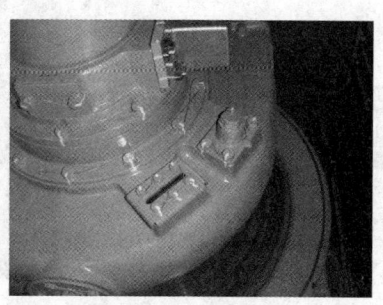

图 3.12　齿轮箱

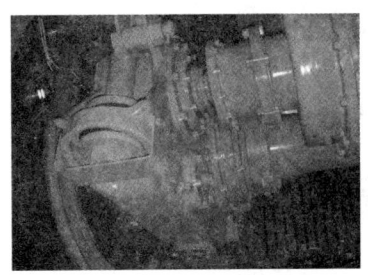
图 3.13 挠性轴连接器

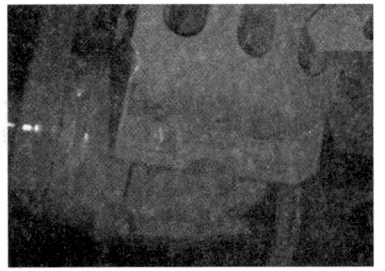
图 3.14 牵引电机（安装部）

（6）转向架构架。转向架构架无裂纹。转向架排障器安装牢固，测量下部距轨面距离 5～7 mm，如图 3.15 所示。转向架各安装管线状态良好。差压阀无漏风，安装牢固。横向油压减振器外观状态良好，无漏油，安装不松动，如图 3.16 所示。减振器座无裂纹。

图 3.15 转向架排障器

图 3.16 横向油压减振器

（7）轮轴。轮轴外观状态良好，各部无裂纹。制动盘外观状态良好，无贯穿裂纹，轮盘裂纹沿半径方向长度≤127 mm，轴盘裂纹沿半径方向长度≤70 mm。各部安装螺栓无松动。踏面清扫装置外观良好，安装无松动，研磨块无偏磨、厚度≥13 mm。

作业完毕后，断开 EGCS；降下受电弓，撤除接地杆，准备转入供电后检查作业。

(三）供电后检修作业

1. 驾驶室检查作业（作业人员：①②号）

（1）作业准备。确认接触网供电后，插入主控钥匙，制动手柄置于 快速 位，牵引手柄置于 切 位，方向手柄置于 关 位并挂上 禁动 牌。

（2）无线电蓄电池（0 号车）。断开 列车无线蓄电池 开关。制动手柄 BV 接通时，驾驶台电压表的显示电压应为 87 V 以上。按下 0 号车驾驶台的左侧面板电压表切换按钮，测定无线电蓄电池的电压应为 90 V 以上。

（3）供电。升起受电弓，合上 VCB，确认供电良好。

（4）电源电压。在监控显示器上查看电源电压画面，稳压电压为 AC（100±5）V，如图 3.17 所示。

（5）驾驶台设备 1、0 号车，牵引手柄、换向手柄

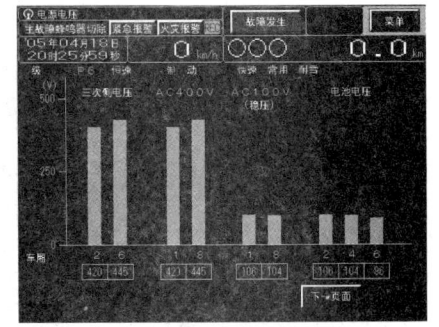
电源电压画面
图 3.17 电源电压画面

无损伤、安装无松动；制动手柄锁机构作用良好，无损伤，安装无松动，如图 3.18 所示；遮光板无损伤，作用良好；驾驶台计量盘电压表、压力表的外观及安装状态良好，显示正常；通电时，蓄电池充电电压为（100±5）V；监控显示器外观状态及显示良好；制动手柄从拔取位转到运行位，下车确认标志灯光颜色转换状态良好；进行车灯减光操作，确认功能良好；司机座椅状态良好；踏下汽笛脚踏，汽笛工作正常；室内空调、电加热、照明良好；各配电柜门及锁状态良好；开关、按钮齐全，状态良好。室内玻璃无破损，各门状态良好；拉出刮雨器开关并向右转动，刮雨器动作良好，喷水正常；雨刷的动作无打滑，雨刷的橡胶无破损。检查刮雨器水箱及液位；进行制动试验，查看监控显示器 BC 压力画面，在各挡位上制动控制装置的 BC 压力符合规定，色标正常，如图 3.19 所示；试验完毕后，将制动手柄置于拔取位；联络电话及车内广播装置安装及性能良好，如图 3.20 所示。

（a）牵引手柄　　　　　　　　　　（b）制动手柄

图 3.18　牵引手柄、制动手柄

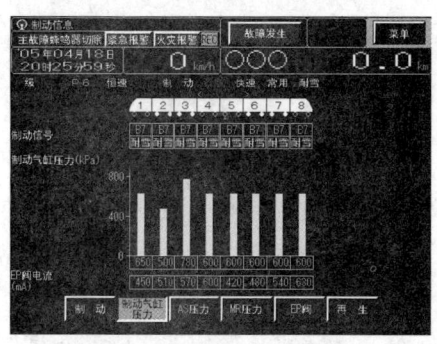 

图 3.19　BC 压力画面　　　　　　图 3.20　车内广播装置

（6）侧门试验 1、7、0 号车，操作 开门 开关，确认车体外侧墙上开门指示灯亮，在监控显示器上确认开门状态良好；操作 关门 开关，确认车体外侧墙上关门指示灯熄灭，在监控显示器上确认关门状态良好。

（7）运行故障检索，打开中央控制装置，按下 检修 键，统计故障并处理。

（8）将制动手柄置于 拔取 位。转入车内设施检查作业。

2. 上部设施检查作业（作业人员：①②号）

（1）车内各门，车内各门外观状态良好。

（2）客室设施，地板、顶板、装饰板、座椅、窗帘、茶几、行李架外观及安装状态良好，窗玻璃不漏气无破损；广告栏、杂志架、座号牌、衣帽钩、小桌、烟灰缸外观及安装状态良好；信息显示屏外观无异常，显示正常，如图3.21所示；各扶手安装牢固，状态良好；垃圾箱外观状态良好。紧急、火灾报警开关外观良好，如图3.22所示。

图 3.21　车内信息显示装置

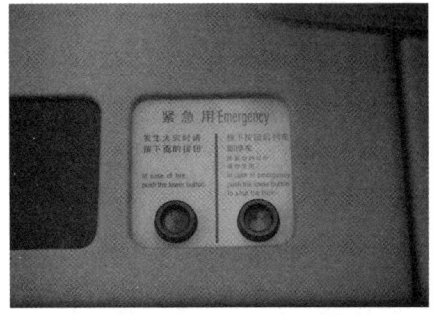

图 3.22　紧急、火灾报警开关

（3）照明灯具，各灯灯具外观及安装状态良好，灯色一致，无熄灯。

（4）空调装置工况良好，各出风口外观无异常、出风良好，如图3.23所示；回风口罩齐全；空气清净器外观无异常，状态良好；温度传感器外观无异常。

（5）配电柜，配电柜内各断路器、继电器、接触器、接线端子状态良好，阀门及短路开关位置正确；故障指示灯无破损，显示红灯时查明原因；配电柜箱体无变形、破损，锁闭状态良好。

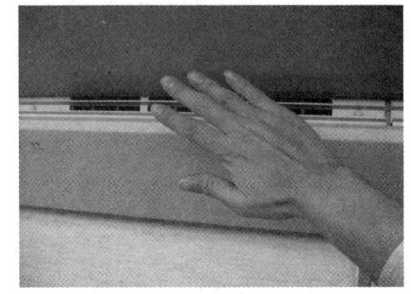

图 3.23　空调出风口

（6）车内连接部，内风挡罩板、过渡板、扶手外观状态良好。

（7）灭火器、紧急破窗锤，配置齐全，状态良好；灭火器定检不过期，压力正常。

（8）盥洗室1、3、5、7号车，全自动盥洗器（水嘴、洗手液、干燥风）动作正常状态良好，无漏水；镜子、架子、拉帘等外观良好。

（9）卫生间1、3、5、7号车，各设施外观良好，无漏水；感应冲水阀动作良好、紧急呼叫开关及照明灯状态良好；小便池自动清洗装置良好；扶手状态良好，安装牢固；婴儿床外观良好，安装牢固。

（10）电茶炉、饮水机2、4、5、6、0号车，安装牢固，作用良好，指示灯显示正常；无漏水。

（11）餐饮区、吧台设备5号车，柜子各拉门外观状态及动作良好；冰箱、微波炉、饮水机、电茶炉等外观无异常，状态良好；冷藏柜、展示柜无破损、状态良好；餐桌、座椅无破损。

（12）乘务室7号车，侧窗状态良好。气密开关无损坏，作用良好；紧急制动按钮外观状态良好；坐席安装牢固，无破损；监控显示器、播音装置、联络电话齐全，状态良好。

（13）行车备品，灭火器、信号旗、扩音器、紧急灯外观状态良好，定置存放，如图3.24所示。

（14）作业完毕后，转存IC卡数据，断开 VCB，降下受电弓，拔出主控钥匙。办理接触网供电手续。

3. 车体两侧检查作业（作业人员：③④号）

（1）前头罩、排障器（1、0号车），头车外观及前罩安装状态良好，刮雨器外观良好，司机室窗玻璃齐全完整，安装牢固；主排障器外观及安装状态良好；辅助排障器外观及安装状态良好。

图3.24 驾驶室搭载用品

（2）车体，外墙板、玻璃、侧门及裙板无变形、损坏；油漆无脱落、划痕；螺栓无松动；裙板各检查孔盖作用良好，内部各塞门正位；目的地显示器、车号显示器、门状态灯外观状态良好，显示正确。

（3）转向架构架，侧架无裂纹；各安装管线状态良好，无抗磨；转向架处车体底板和端板螺栓无松动。

（4）轴箱及定位装置：轴箱油压减振器无漏油，外观状态良好；减振器座无裂纹；轴箱弹簧无断裂，橡胶护套无破损；轴箱外观状态良好，无漏油，螺栓无松动。橡胶防尘盖无破损安装不松动；轴箱盖、呼吸器、链配置齐全；传感器安装牢固，接线无松动、破损；转向架排障器及辅助排障器安装牢固，无异状；轴箱定位装置外观状态良好，橡胶节点无开裂，螺栓无松动，如图3.25所示。

轴箱部1

轴箱部2

图3.25 轴箱及定位装置

（5）车轮及轮盘，踏面擦伤深度≤0.5 mm，连续碾擦长度≤70 mm；踏面剥离一处，长度≤20 mm，踏面剥离二处，长度≤10 mm；轮缘无缺损，磨耗不过限；轮盘螺栓安装牢固，无松动。盘面裂纹不过限。

（6）制动夹钳装置及闸片，闸片外观状态良好，厚度符合规定（动车>4.5 mm，拖车>5.2 mm）；夹钳装置配件齐全，状态良好；悬吊部件无裂纹；踏面清扫装置状态良好，配件齐全，悬吊部件无裂纹，研磨块厚度≥10 mm；增压缸油位正常，安装螺栓无松动，悬吊部件无裂纹，管路无漏泄，各部状态良好。

（7）空气弹簧及减振装置，空气弹簧外观状态良好、无漏风，充风状态下上盖与基准面间距为 160～270 mm；高度调整阀无漏风，调整杆无变形，配件无缺失；锁紧装置紧固，塞门正位，管路无漏泄；抗蛇行油压减振器无漏油及外观状态良好，安装不松动，如图 3.26 所示；减振器座无裂纹；橡胶套无破损，卡子无松动。

（8）车端连接部，车钩及连接器连接良好，各车钩封连线状态良好；各跨接连接线连接良好，外观无异状；内、外风挡及防雪风挡状态良好，安装牢固，无破损，锁紧装置锁闭良好，如图 3.27 所示；空气管路无损伤，橡胶空气软管无老化、鼓泡、漏气；两车端各线卡、管卡及各部状态良好无异常；4、6 号车自动信号接收装置外观及安装状态良好。

（9）作业完毕后，撤除安全号志，①②③④号集合后共同到值班室，交还主控钥匙及 IC 卡，报告作业情况。

图 3.26　减振器

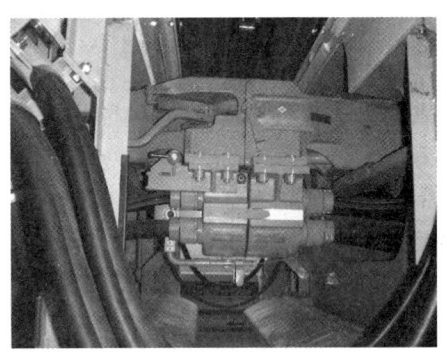

图 3.27　密接式车钩

第二节　动车组二级检修

按照铁路动车组运用检修规程，CRH2 型动车组二级检修周期为：3 万千米或 30 天，即其每运行 3 万千米或 30 天进行一次二级检修。

一、二级检修范围

（1）在一级检修基础上，增加部分检修项目，并通过车载故障诊断系统对车上所有设备进行检测和性能试验。主要包括以下内容：

① 转向架及车底检查。转向架构架和车体支撑装置的安装状态检查；轴箱及轴箱支撑装置的安装状态检查；轮对踏面状态检查；弹簧安装状态检查；齿轮箱状态检查；弹性联轴节状态检查；牵引电机状态检查；基础制动装置检查；空压机状态检查等。

② 车体检查。车内设备（灯具、门、窗、座椅及电子设备等）；密集式车钩的连接状态及漏气检查；主变流装置检查；真空断路器检查；主变压器检查；车内电器检查；各减振器检查；电气回路绝缘测试等。

③ 车内整备作业。与一级相同。

④ 司机室控制装置、各种仪器仪表、刮雨器等的检查。

⑤ 车顶设备检查。受电弓动作状态及滑板检查；绝缘子状态检查。

（2）按相应检修周期，进行车轴超声波探伤、毯面修型形、电气回路绝缘检测等专项修。

二级检修是"全面检修+专项修"模式。

二、二级检修工艺流程

二级检修分为三部分：接触网供电前的检查、外接供电检查、接触网供电的检查。

1. 供电前检查

（1）接受作业计划；领主控钥匙及 IC 卡；准备检修工具。
（2）接触网断电；挂接地杆；插设安全号志；确认止轮器；升起受电弓；EGCS 放电。
（3）绝缘检测；拆卸裙板、底盖板。
（4）车顶设备检修；车下地沟检修。
（5）司机室检修；车下两侧检修。

2. 外接供电检查

（1）插设外接电源。
（2）车内设备检修；检查电动风机；安装侧板底板。

3. 接触网供电后试验

（1）撤除接地杆；撤除外接电源；办理供电升；起受电弓；合上 VCB。
（2）司机室通电检查试验；检查裙板底盖板安装状态。
（3）断开 VCB；降下受电弓；撤除安全号志。
（4）交值班室电钥匙及 IC 卡；报值班室作业完毕。

三、二级检修作业流程与作业步骤

1. 检修人员配备及分工

检修作业分工检修作业小组人员 4 名，自检自修。其中①②号负责车内设施、司机室设备、车载信息系统、车顶设备检查及相关性能试验及维修。③④号负责车体、裙板、底板、转向架、钩缓连接、制动、车下设备等下部检查、维修及试验配合工作。

2. 检修作业路线图

（1）车顶作业路线（①②号作业流程），如图 3.2 所示。
（2）车内作业路线，如图 3.3 所示。
（3）车下作业路线（③④号作业流程），如图 3.4 所示。

3. 作业步骤说明

（1）供电前检查：

步骤一：①②③④号共同到值班室接受作业计划，掌握运行故障及维修重点，领取司机室主控钥匙及IC卡，检查检修工具后列队出发，在检查库等待动车组到达。

步骤二：①②号共同办理接触网断电，挂接地杆。

步骤三：①号进入司机室，升起受电弓，按下 EGCS 放电；②号在车下确认受电弓升起；③④号共同插设安全号志。

步骤四：①②③④号会合，准备开始作业。

步骤五：①②号进行绝缘检测；③④号指挥辅助人员拆卸裙板及底盖板。

步骤六：①②号进行车顶设备检修，③④号进行车下地沟检修。

步骤七：①②号进行司机室检修，③④号进行车下两侧检修。

（2）外接供电检查：

步骤八：①号确认②③④号作业完毕，插设外接电源。

步骤九：①②号进行车内设备检修，③④号检查电动送风机、风管路状态；配合制动试验动作确认；指挥辅助人员安装裙板、底盖板并检查确认。

（3）接触网供电检查：

步骤十：①号确认外接供电作业完毕，①②号撤除外接电源、接地杆、EGCS 复位，降下受电弓，办理接触网供电。

步骤十一：①②号进行司机室通电检查试验，③④号进行裙板安装状态检查。

步骤十二：作业完了后，①②号在司机室断开 VCB，降下受电弓；③④号撤除安全号志。

步骤十三：①②③④号会合后共同到值班室，交还主控钥匙及IC卡，报告作业情况，等待下次作业。

四、二级检修作业程序、方法及质量标准

（一）供电前检查作业过程

1. 作业前准备

（1）断电，办理接触网断电，挂接地杆；
（2）放电，升起受电弓，EGS 放电及确认；
（3）防护，插设防护号志。

2. 绝缘测试作业

（1）准备，插入主控钥匙，接通BV，制动手柄置于 快速 位，按下 受电弓升起 开关，确认6号车受电弓升起，按下 保护接地合 开关，确认保护接地开关闭合。1分钟后恢复 EGCS；将制动手柄置于 拔取 位，取出主控钥匙将驾驶台配电盘的 蓄电池接触器、监视器1、监视器2 和列车无线蓄电池；断开各车服务配电盘的 室内灯1、室内灯2、室内灯3、应急灯 开关；断开各车运行配电盘 直流电源1、直流电源2、牵引变流器1、牵引变流器2、蓄电池接触器、

保温1、保温2开关；断开各车相应GS接地开关（闸刀式、端子排插接式）。

（2）绝缘测量，测量绝缘：主回路501 C～大地间≥0.2 MΩ（使用500 V兆欧表）；（2、3、6、7车）辅助回路SC 200 A～大地间≥0.1 MΩ（使用100 V兆欧表）；加热器回路200P1～大地间≥0.1 MΩ（使用100 V兆欧表）；驾驶室绝缘测量（1、0号车）。绝缘测定后各配电盘的开关及GS复位。

3. 车顶检查作业

（1）车顶板、内外风挡，内、外风挡安装牢固，无变形破损；内风挡连接部锁闭装置良好。车顶板无塌陷、无裂纹，防滑地胶无剥离磨损。

（2）无线电天线，0号车和1号车无线天线、7号车FM信号天线无裂损、变形，安装无松动。

（3）受电弓，见受电弓专项检修办法。

（4）高压连接电缆及电缆头，外观及安装状态良好；电缆接头无破损、变形，安装牢固；电缆头同一绝缘子缺损在7处以下，同一褶边缺损在2处以下，缺损沿周长方向在60 mm以下，2处时在30 mm以下。直径的减少在20 mm以下；电缆头绝缘子铜体部分无裂纹；搭接杆、编导线外观、安装状态良好，编导线芯线缺损15%以下；高压连接电缆无破损，保护套无破损变形。

（5）保护接地装置，锭杆、夹子无损伤，安装牢固；锭杆动作及锭杆夹座的弹性良好，接地导线安装状态良好；操作气缸作用良好，无漏气；杆机构动作良好，配管无漏气；受电弓框架和大地（EGS盘）之间在25 MΩ以上（1 000 V兆欧表）。

4. 驾驶室检查作业

（1）作业准备，确认驾驶室配电盘、各车运行配电盘的空气断路器等开关正位；进入1号车司机室，蜂鸣器切断开关置于断开位。

（2）确认总风缸压力，确认MR压力，低于590 kPa；如高于590 kPa时放掉MR空气，使双针压力表的总风缸指针显示为590 kPa以下。

（3）列车无线电用蓄电，将0号车列车无线NFB（TWCN）和列车无线电蓄电池用断路器断开；按下电压表切换开关，显示电压表电压应为90 V以上。

（4）接通BV，在1号车司机室，插入主控钥匙，制动手柄置于快速位，降下受电弓，牵引手柄置于切位，换向手柄置于关位，并挂上禁动牌。

（5）辅助空压机动作及蓄电池，打开2号车的辅助风缸排气阀排气。准备未完成显示灯亮。监控器显示屏显示2号车辅助空压机由白变绿；将制动手柄移至拨取位置，1 min后移置快速位置，启动ACM开关，确认准备未完成表示灯灭；将保护接地切除开关闭合。将受电弓升起开关闭合保持3 s；操作受电弓切换开关，依次按下受电弓折叠按钮，分别放掉④、⑥号车的辅助空压机空气，确认准备未完成显示灯亮，通过监控显示器分别查看④、⑥号车显示辅助空压机常绿；合上辅助空气压缩机开关，启动ACM，约1 min后确认准备未完成显示灯熄灭；蓄电池电压在辅助空压机运行时电压表电压在87 V以上；电池电压低时，单块测量电池电压；ACM运转状态及动作良好。

（6）驾驶室设备，牵引手柄、换向手柄无损伤、安装无松动，配线无损伤，弹性机能正常；制动手柄外观及安装状态良好，锁装置、凸轮、电气接点无损伤，作用良好；驾驶台计量盘电压表、压力表的外观及状态良好，显示正确。配线及开关、显示灯无异常；中央控制装置外观安装状态良好；集控开门、紧急制动开关状态良好，开关操作杆和活动杆无污损；标志灯聚光罩、室内灯、仪表灯、射灯外观及安装状态良好。刮雨器电源及开关安装状态良好，冲洗水箱、操作阀无损伤、安装良好；司机座椅状态良好；各配电柜门及锁、开关、按钮齐全，状态良好；车窗玻璃无破损，各门状态良好；遮光板无损伤，安装状态良好；联络电话外观及安装良好，车内广播装置性能试验良好。

（7）头罩内设施，辅助制动器外观及安装状态良好；车内压力释放阀外观及功能良好；风笛装置安装状态良好，无损伤；分割联挂装置外观及安装状态良好，空气配管无漏气，各阀门位置正确；空调装置安装及状态良好。

（8）轮径设定，检修模式画面中、按下 监控器信息设定 键。在监控器信息设定画面中、按下 车轮径设定 键。检查1、0号车2、3位轴的车轮直径，超差1 mm时重新设定。通过0~9数字键输入车轮径的值。按下 设定 键。

（9）测试主回路接触器动作（1、0号车），将制动手柄置于 运行 位，接通 关门联锁 ；在司机模式下，进入牵引变流器信息画面。将换向手柄置于 前 位，列车信息中央装置 一般模式 ，确认监控显示器 K 合；将牵引手柄置于 1N 位：确认监控显示器 K 合；确认监控显示器 主回路动作 数据出现；将制动手柄由运行置于 B1 位：确认监控显示器 K 合；确认监控显示器 主回路动作 数据消失；将制动手柄由 B1→运行 ：确认监控显示器 K 合；确认监控显示器 主回路动作非牵引状态→主回路动作牵引状态 ；将牵引手柄由 1N→切 ：确认监控显示器 K 合；确认监控显示器 主回路动作非牵引状态 。

将制动手柄由 运行→B1 ：确认监控显示器 K 合，确认监控显示器 主回路动作非牵引状态 ；将制动手柄由 B1→运行 ：确认监控显示器 K 合；确认监控显示器 主回路动作非牵引状态 ；将换向手柄置于 关 ：确认监控显示器 K 断；将关门连锁开关复位。

（10）受电弓不上升测试，在1号车测试6号车受电弓；按下 EGCS 后再拉出，确认车顶 EGS 接通；将 受电弓升起 开关闭合，确认6号车受电弓不上升；将保护接地切除开关闭合，将 VCB 合 开关闭合，确认 EGS 断开；将 VCB 合 开关闭合，将 受电弓升起 开关闭合，确认6号车受电弓不上升；按下 VCB 断 按钮；在0号车测试4号车受电弓，执行（2）~（6）步骤。

（11）受电弓上升测试，在1号车测试6号车受电弓；将 受电弓升起 开关闭合，确认6号车受电弓上升；按下 VCB 合 按钮，通过监控显示器（MON）确认 VCB 接通；按下受电弓折叠按钮，确认 VCB 断开且 6 号车受电弓降下；在 0 号车测试 4 号车受电弓，执行（2）~（4）步骤。

（12）1 号车驾驶室检查完毕，进入 0 号车驾驶室，重复上述 1、4、6、7、8、9、10、11 项检查。

5. 车内配电柜检查作业

各配电盘设备，打开各配电柜门锁，检查各开关、接触器、继电器、电磁阀的外观及安装状态良好，配线状态良好，无损坏、变色，阀门及短路开关位置正确；故障指示灯无破损，显示红灯时查明原因；配电柜箱体无变形、破损，锁闭状态良好。

6. 地沟检查作业（指挥辅助人员卸下裙板、底板）

（1）车底部，车体排障器底部、辅助排障器外观及安装状态良好；底板无变形、缺损，螺栓紧固、无缺失；半永久式密接车钩、缓冲器、支座、弹簧箱、滑板、释放手柄不变形、无裂纹，安装及连接状态良好；空气管路无损伤、漏泄；内风挡下部无损伤，锁闭良好。防雪风挡下部状态良好，无破损；车下 STM 天线、BTM 天线、自动过分相车载信号接收器外观及安装状态良好；侧梁、横梁、支架梁无裂纹、损伤。

（2）轮轴车轮无偏磨，擦伤剥离在限度之内；轮轴外观状态良好，各部无裂纹。

（3）制动装置，增压缸外观良好，无漏油、漏气，安装牢固；制动闸片外观状态良好，厚度≥7 mm；夹钳装置配件齐全，状态良好；油缸及油管无漏油；悬吊螺栓紧固，各部件无裂纹；夹钳装置、框架体、油缸、自动间隙调整装置、支撑销外观及安装状态良好；自动间隙调整动作良好，无伤痕、磨耗及漏油。制动盘外观状态良好，无贯穿裂纹，轮盘裂纹沿半径方向长度≤127 mm；轴盘裂纹沿半径方向长度≤70 mm；轴盘、轮盘安装螺栓无松动；踏面清扫器状态良好。

（4）驱动装置，齿轮箱油量处于刻度 -2~0，无漏油；悬吊部件配件齐全，安装牢固；橡胶垫无老化、齿轮箱温度传感器及引线、呼吸器、注油孔盖、排油堵等无损伤安装状态良好；挠性轴接头外观及安装状态良好；牵引电机外观及安装状态良好，电机引线无破损，电机注油孔堵安装良好；电机安装座无裂纹、螺栓无松动；冷却风道无破损，安装牢固；接地装置外观及安装状态良好，接地线无松动。碳刷长度在 25 mm 以上；编导线的芯线缺损量在 15% 以下；速度传感器外观及安装状态良好，配线无损伤。

（5）牵引装置，外观及安装状态良好；牵引座无裂纹；牵引杆橡胶节点无开裂、老化、破损；橡胶档无老化、变形、开裂、缺失。

（6）转向架，转向架构架无裂纹；转向架排障器外观良好，安装牢固；转向架各安装管线状态良好；差压阀无漏风，安装牢固；横向油压减振器外观良好，无漏油，安装不松动。减振器座无裂纹。

（7）制动控制装置，制动控制装置外观及安装状态良好，配管无漏气，各部配线外观及连接状态良好；各阀类安装状态良好，无漏气；控制箱内各电器配件外观清洁，状态良好，配线紧固，无异常。

（8）电动空气压缩机，电动空气压缩机安装状态良好。无漏油、漏气；空气配管无损伤、漏气；空气压缩机油位在规定范围；冷却器、除湿装置外观及安装状态良好，无漏气；各阀门外观及安装状态良好；过滤器外观及安装状态良好、将滤清器卸下清扫。

（9）空气配管，空气软管、接头无损伤、漏气（空气软管每4年更换一次）；空气配管、接头无损伤、漏气；各阀、塞门、调压器、气压开关外观及安装状态良好，无漏泄；风缸配管无损伤、漏气；排水阀无损伤。

（10）水箱、污物箱，污物箱、排水塞门、供水口、水位表等外观状态良好、安装不松动；水箱外观良好及安装状态良好，各阀类、配管、注水口及盖外观及安装状态良好，无漏水。

（11）空调装置，空调装置、换气装置外观及安装状态良好；逆变电源箱外观良好，安装牢固；排水装置无异常。

（12）车下电气装置，高压机器箱外观及安装状态良好，显示灯无损伤、安装良好；真空断路器无污损，配管不漏气；主变压器外观及安装状态良好，无漏油；引线、套管无污损；压力释放阀状态良好；油冷却器无漏油，油位符合规定；散热器清洁；电动油泵无漏油；牵引变流器外观及安装状态良好，配线配管无损伤；辅助电源装置外观及安装状态良好；辅助整流器外观及安装状态良好；接触器箱外观及安装状态良好，外部配线无损伤；蓄电池箱、蓄电池、接续线外观及安装状态良好，辅助空气压缩机单元检查：① 辅助电动空气压缩装置的电动机外观及安装状态良好，整流子面无污损。压缩机无漏气、漏油，油量在规定范围内；② 打开油水分离机的排水塞门，排出废水；检查电动机碳刷，符合下列要求：长度 15 mm 以上；缺损量 15% 以下；编导线芯线欠缺量在 15% 以下；③ 空气控制单元外观及安装状态良好。电磁阀无漏气，配线无损伤。调压器无漏气，接触部接触良好。钥匙箱外观状态及锁机能良好。截断塞门无漏气。辅助气缸、配管无损伤、漏气。排水阀无损伤；④ 卸下辅助空气压缩机右侧罩盖，开启排气阀，将辅助风压排至 600 kPa 以下，确认运转状态无异常，在压力表上确认运转开始、结束时的压力值，标准为调压器闭合（640±20）kPa；调压器断开（780±20）kPa；用秒表测量从电动机开始转动至风压达到 780 kPa 的时间为 60 s 以下；接地电阻器外观及安装状态良好。

7. 车体两侧检查作业

（1）头部，头车前罩外观及安装状态良好，刮雨器外观良好，司机室窗玻璃齐全完整，安装牢固；排障器无裂纹、损伤，外观及安装状态良好；油漆无脱落；密接车钩、缓冲器、支座、弹簧箱、滑板、释放手柄不变形、无裂纹，安装及连接状态良好。

（2）车体，外墙板、玻璃、侧门及裙板无变形、损坏；油漆无脱落、划痕；安装状态良好；侧裙板无裂纹、损伤，安装牢固，油漆无变色、剥离；检查孔盖外观及安装状态良好，内部各塞门正位；合页、固定金属件无损伤；车下设备通风装置进出风口栅板状态良好；水封装置无裂纹、损伤，安装状态良好；各种标牌、显示器、门状态灯外观状态良好，无缺失；4、6 号车自动车载信号接收装置外观及安装状态良好。

（3）转向架构架，侧架无裂纹；配管无漏气，配管、配线的外观及安装状态良好，无抗磨；转向架处车体底板和端板螺栓无松动。

（4）轴箱及定位装置，轴箱减振器无漏油，外观及安装状态良好，橡胶套无破损，安装牢固。减振器座无裂纹；轴箱弹簧无异常，橡胶护套无破损；轴箱外观状态良好，无漏油。橡胶防尘盖无破损、松动，轴箱盖、呼吸器、链配置齐全；传感器安装牢固，接线无松动、破损；转向架排障器无损伤、安装状态良好，距轨面高度为（10±3）mm；轴箱定位装置外观状态良好，橡胶节点无开裂，安装状态良好。

（5）车轮及轮盘，车轮无偏磨，测量各部尺寸：轮径≥795 mm；轮缘高度25～35 mm；内侧距离 $1\,353^{+2}_{-1}$ mm；踏面擦伤深度≤0.5 mm，擦伤长度≤50 mm；踏面剥离一处，长度≤20 mm，踏面剥离二处，长度≤10 mm；轮缘无缺损，磨耗不过限；轮盘螺栓安装牢固，无松动。轮盘裂纹不过限，盘面裂纹沿半径方向长度≤127 mm。

（6）制动夹钳及闸片，闸片外观状态良好，厚度≥7 mm；夹钳装置配件齐全，状态良好；悬吊部件无裂纹；踏面清扫装置无漏泄，安装状态良好，研磨块厚度≥13 mm；增压气缸外观及安装状态良好，无漏油、漏气，油量在规定范围内。

（7）空气弹簧及减振装置，空气弹簧外观状态良好、无漏风，空气弹簧高度为（330±3）mm（从车体到转向架印记之间）；高度调整阀安装良好，无漏风；抗蛇行减振器无漏油，外观及安装状态良好。

（8）检查连接部，车钩及电器连接器连接状态良好；各跨接连接线连接状态良好，外观无异状；空气管路无损伤，橡胶空气软管无老化、鼓泡、漏气；内风挡紧固手柄无损伤，安装紧固；外风挡外观良好，安装牢固。防雪风挡外观及安装状态良好；两车端各线卡、管卡及各部状态良好无异常；橡胶风管及塞门安装正位，无漏泄。

（二）接触网供电后作业

1. 驾驶室通电检查、试验作业

（1）作业准备，确认无电作业完毕，办理接触网供电。

（2）升弓供电，进入1号车司机室，接通BV，将 受电弓上升 开关接通；确认6号车受电弓上升；按下 VCB合 按钮。

（3）驾驶室内检查，各仪表显示状态良好。通电时，蓄电池电压为（100±5）V；各显示器显示状态良好；室内空调工况良好、照明良好。

（4）车次、终到站设定，在监控器显示屏上 司机 模式下输入列车车次、始发站名；在 列车员 模式下输入终到站、列车类别、停车站、通过站；确认客室内显示是否正确。

（5）服务设备控制，在 列车员 模式 服务设备控制 下设定空调键：制冷/强冷/制热/强热/通风；选择 全车 、 设定 ，到客室内确认空调动作；在 列车员 模式 服务设备控制 下设定乘客信息显示，选择 全车 、 设定 ，确认客室内信息显示；在 列车员 模式 服务设备控制 下设定 广播 ，选择 开/关 、 设定 ，确认客室广播；在 列车员 模式 服务设备控制 下设定室内照明，选择 开/关 、 设定 ，确认客室照明。

（6）辅助电源电压，测量各车接地继电器（3次）（GR3）输入电压（0 V，测量701D、701E线）及辅助电源电压（100 V）；由MON电源电压画面确认1、0号车辅助电源电压为（100±10）V。

（7）主空压机控制器，主空压机自动停止工作时，确认主风缸压力表压力为（880±20）

kPa，在监控显示器显示 CMP 由绿变黑；进行紧急制动复位，按下 紧急制动复位 按钮，确认 紧急制动 显示灯熄灭；反复操作制动手柄，将主风缸压力降至（780±20）kPa 时，空压机开始工作，监控显示器（MON）显示 CMP 由黑变绿；主风缸压力升至（880±20）kPa 时，空压机停止工作。

（8）双针压力表的相互确认，在 1 号车驾驶台反复操作制动手柄，将主风缸压力降至 740 kPa；将制动手柄置于 运行 位，确认风表 BC 压力为 0 kPa；在两驾驶台同时确认制动手柄在 B1 、B4 、B7 、快速 、运行 位置时双针压力表的 BC 压力误差≤10 kPa。确认空气压缩机 闭合 、断开 时的压力无差值；（在 0、1 号车检查双针压力表的 BC 压力误差≤20 kPa）。

（9）火灾、紧急蜂鸣器测试，将 蜂鸣器切断 开关断开，确认单元显示灯及事故显示灯灭、蜂鸣器不响；各辆车分别按下 火灾报警 开关和 紧急 开关，蜂鸣器鸣叫、单元显示灯亮（每次按完确认后要及时复位）；将 蜂鸣器切断 开关闭合。

（10）远程控制测试，通过监控显示器（MON）进行下列操作，确认动作状态良好。分别切除 M1、M2 车 MM，并复位；切除 1 单元 2 号车的 VCB ，将 1、2 单元电源切换，动作正常，将 VCB 闭合；切除 2 单元 6 号车的 VCB ，将 1、2 单元电源切换，动作正常，将 VCB 闭合；降下受电弓；升起受电弓；切除压缩机；压缩机复位。

（11）分并测试，按下 联挂准备 开关，打开头车前罩，查看监控显示器(MON)显示联挂准备结束，从外确认前罩的动作状态良好；接通 强行罩闭 开关，关闭前罩，从外确认头车前罩的动作状态良好；再次按下 联挂准备 开关，打开头车前罩，断开 联解控制 开关，将头罩内分并总阀门置于关闭。

（12）标志灯测试，制动手柄从 拔取 位到 快速 ，车下确认标志灯颜色转换状态良好；重复标志灯减光→全光→减光操作，车下检修人员从车外确认动作状态良好。

（13）汽笛试验，踏下汽笛脚踏阀，确认鸣笛声音良好。

（14）快速、常用制动测试，将紧急制动复位，打开中央控制装置，按 检修 开关，进入检修模式；触摸监控显示器 车上检查实行 ，再触摸 试验项目 ，选择 常用快速制动 触摸 确认 ；制动手柄置于 运行 位，将 车上试验 、空挡 开关接通，确认制动缓解；触摸监控显示器（MON）确认键，依据监控显示器的提示进行制动手柄 BV 操作；在监控显示器上确认：试验 B1 级时，各辆车处于制动状态；试验 运行 位时，各辆车处于缓解状态；试验结束，在监控显示器（MON）触摸 试验结束 、触摸确认键，完成试验。

（15）紧急制动测试，将 UBS 紧急制动 开关拉出，再复位，从双针压力表上确认 BC 压力上升至（360±20）kPa。确认 紧急制动 显示灯亮；按下 紧急复位 按钮，从双针压力表上确认 BC 压力下降至 0 kPa。确认紧急制动显示灯灭。

（16）辅助制动测试，打开中央控制装置，按检修开关，进入检修模式；触摸监控显示器（MON）车上检查实行，再触摸试验项目，选择辅助制动试验触摸确认；闭合辅助制动开关；按照监控显示器指示操作触摸试验结束、确认键，断开辅助制动开关，试验结束。

（17）辅助电源通（断）电测试，在检修模式下触摸监控显示器（MON）车上检查实行，再触摸试验项目，分别触摸辅助电源无电试验、和辅助电源通电试验，触摸确认。试验数据应为：251 线：AC 72 ~ 120 V；103 线：DC（100±10）V；202 线：AC（100±10）V；试验结束后触摸试验结束。

（18）驾驶台交换试验，交换至 8 号车驾驶室，重复上述第 1、5、6、9、10、11、12、13、15、16 项试验。

（19）运行故障检索，打开中央控制装置柜门，按下检修键。触摸信息屏车上检查实行。触摸车上检查结果，统计故障，并做好相应的记录（在检查、试验后操作）。

（20）IC 卡数据写入，将车上试验、空挡开关断开，在检修模式下，触摸监控显示屏 IC 卡写入，在 IC 卡写入画面选择车上检查结果，根据提示插入 IC 卡后，按写入键，读取数据。

2. 上部检查作业过程

（1）各门及关门装置，侧门检修见专项修作业程序；自动门及门前端橡胶、玻璃无损伤及安装状态良好；开关动作及缓冲作用良好；电动机及皮带的安装状态及性能良好；光电、光线式开关的安装及状态良好；操作式开关的安装状态及性能良好；门夹安全机能良好；异物卡入保护性能良好；各开关的安装状态良好；拉门、活动窗的玻璃、铰链、气密橡胶、锁装置无损伤，安装状态良好；隔断门、连接件、门滑轮、滑槽铁、靠车门前端部分橡胶、门碰橡胶、玻璃无损伤及安装状态良好；关门机械安装状态及作用良好；电磁阀安装状态及性能良好；防火隔断门安装良好，动作灵活。

（2）车内设施，地板装饰材料、地毯外观良好；天花板、装饰板的外观及安装状态良好；窗帘及罩、窗户玻璃的外观及安装状态良好，玻璃无损伤；座椅的坐垫、靠垫、小桌板、杂物网兜无损伤、污损，外观良好；出风口外观状态良好；小桌、烟灰缸的外观及安装状态良好；行李架的外观状态良好；垃圾箱的外观状态良好；室内各灯、灯罩状态良好；衣帽钩、广告板、书报架外观及安装状态良好；火灾报警开关、非常报警开关的外观状态良好；温度传感器安装状态良好；客室信息显示器外观及安装状态良好；确认空调出风口有空气吹出，厕所吸风口有空气吸入。

（3）供水及卫生间、盥洗室，供水设备检查见专修办法；盥洗室镜子、窗帘无损伤、污损，安装状态良好；卫生间的便器底部橡胶外观及安装状态良好，出水状态良好；卫生间门外观、安装状态良好，弹簧锁、厕显无损伤、性能良好；各开关无损伤、开关性能良好，紧急开关蜂鸣器的性能良好；臭氧发生器外观无损伤、安装状态良好，清扫粗孔过滤网、内部过滤器；婴儿床的外观及安装状态良好；卫生间排气装置动作状态良好。

（4）吧台设备，合页拉门外观状态及动作良好；冰箱、微波炉、饮水机、热水器等电器设备外观无异常，状态良好；售货柜无破损，合页无松动；餐桌无松动破损，座椅齐全、无破损；杀菌装置零件按期更换。更换周期：杀菌灯每3个月清扫，每6个月更换；过滤器滤筒每年更换。

（5）灭火器、紧急破窗锤，灭火器、紧急破窗锤外观及安装状态良好，按规定规格、数量、位置配置。灭火器附件齐全、压力符合规定，定检不过期。

（6）乘务室设备，乘务室各开关的外观及安装状态良好；侧窗状态良好。气密开关无损坏，作用良好；紧急制动按钮外观状态良好；监控显示器、播音装置、联络电话外观、安装及性能良好。

3. 地沟检查作业

（1）电动送风机，各电动送风机（MTr用、CI用、APU用、MM用、换气装置用）运转正常无异音。

（2）制动漏泄，确认主风缸压力达到880 kPa；接通 停放 开关，制动手柄置于 B1 ，双针压力表在1 min内漏泄显示不超过40 kPa；车下检查作业人员对各辆车进行漏泄检查，确认各部良好；试验完毕后，断开 停放 开关，制动手柄置于 拔取 位。

（3）制动缓解动作确认试验，制动手柄置 B1 位，从MON显示器确认BC压力为100 kPa；车下作业人员确认各车闸片处于压紧制动状态；制动手柄置 运行 位，从MON显示器确认BC压力为0 kPa；车下作业人员确认各车闸片处于缓解状态；制动手柄置 快速 位，增压缸行程显示杆动作良好，快速制动时伸出在50 mm以下；行程显示杆动作在3 mm/min以内。

4. 作业完毕

（1）打开分并总阀门，关闭头车前罩，中央控制装置返回 一般 模式，切断 VCB ，降下受电弓，制动手柄置于 拔取 位，拔出主控钥匙，办理接触网断电手续。

（2）撤除防护号志。指挥辅助人员安装裙板、底盖板并检查确认。

（3）将IC卡数据转录。

第三节　动车组临修与专项修

本节主要介绍铁路动车组临修、专项修的含义，作业要求及作业程序、方法。

一、临　修

动车组在运用中出现或通过检查确认某些零部件产生故障并达到一定程度，需要做临时性修理。这类检修具有临时性和突发性的特点。对比较典型性的项目叙述如下。

（一）侧窗玻璃更换

1. 准 备

在拆卸玻璃和墙板之前，做好周围环境的保护，防止碎玻璃对座椅、地板、地毯等造成意外损害。

2. 拆卸侧窗玻璃

（1）先拆除破裂处的上墙板，墙板下部带帽螺钉固定，上部由行李架卡簧固定。拆除下部螺钉可直接拿下墙板。

（2）使用壁纸刀小心将外部胶体割出。

（3）使用螺丝刀拆除窗体四周的固定压条。

（4）使用一字螺丝刀小心撬出玻璃。

3. 安装侧窗玻璃

（1）清理车体窗框内的杂物。

（2）放入窗体，用固定件临时固定。

（3）上压板安装。

（4）调整窗体使两侧闪缝均匀，紧急窗必须保证保护膜与车体窗口闪缝一致。

（5）固定上部压板。要求上压板下平面与窗框在同一平面，上下差不超过 1 mm。

（6）调整下压板，使其压着面与窗框密接，并重新紧固螺钉。

（7）目的地窗、车号显示窗安装时要求：

① 放入窗体；

② 在窗体上下左右中心线处放置调整垫；

③ 调整窗体与车体窗口缝隙，使上下左右均匀；

④ 安装玻璃固定件，要求固定件与车体窗口的距离均匀。

（8）清理作业场所。

4. 密 封

（1）准备涂胶工具、清洗材料，并按比例调配密封胶：胶黏剂（双组分混合化学反应型聚硫胶类）、调配比例胶（固化剂 = 100∶11）、清洗剂（LHX-18）。

（2）定位防护。首先对窗框周围进行防护，再对原玻璃上的防护膜周边进行清除，边测量边防护，对圆弧部位特别要做到圆滑过渡，各周边尺寸应均匀一致。

（3）涂刷胶黏剂。防护好后，对铝合金窗框和预留的玻璃待涂密封胶部位分别涂刷胶黏剂。聚硫胶使用 HP84，硅酮胶使用 PRIME-C。

（4）晾置。在常温下，晾 15 ~ 20 min。

（5）涂打密封胶。用调配好的密封胶，先用密封胶枪沿待涂部位涂打密封胶，要求涂打均匀，无空隙。聚碳酸酯材质使用单组分硅酮密封胶 SILICON-72，直接涂打。再用涂抹刮刀涂抹,直至达到要求。密封胶固化时间参考固化特性曲线,按照使用量调配并搅拌均匀。

(6)检查确认。用手电从车内沿窗四周,仔细检查,确认密封良好。否则需要补涂或重涂密封胶,重涂时需先清理干净,再按工艺流程施工。并对车内窗安装间隙用密封胶填充。

(7)清洗养护。确认密封良好后,清除防护胶带,并用车体油漆专用配套材料清洗车体外侧。

(8)干燥。在常温下干燥48 h以上。

5. 质量要求

(1)窗体与车体窗口吻合,车内面对窗体,玻璃上厂家标识在右上角,玻璃及螺钉帽无功能损伤,挡板压板安装紧固。

(2)密封胶涂抹均匀,严密,无漏光部位;表面平滑,密封宽度均匀,无气泡、断裂、垂落、裂缝。

(二)窗帘装置检修

1. 拆装窗帘面料

(1)拆卸窗帘面料。

① 拉下窗帘。

② 将窗帘面料从拉锁上取下。

③ 将横棒部内侧的填充橡胶取出。

(2)安装窗帘面料。与拆下时的方法相反地进行。

2. 拆卸窗帘整体

(1)拆卸挡块:卸下侧槽块的上部和中央槽块上部的M4螺钉,U形螺母,拆下挡块。

(2)取下窗帘本体。

3. 拆卸窗帘卷筒

卷筒的拆卸:打开卷筒轴架(弹簧轴)手柄,把弹簧角轴侧的卷筒向上部拉起后,从反方向一侧的卷筒轴架(旋转轴)上拔出卷筒,此时,卷筒里面的弹簧不会卷回。

4. 拆卸横棒

(1)从槽块上拆下:将卷筒整个拔出,横棒就会从槽块上拆下来。

(2)槽块滑动部的拆卸:把翻转部的叶轮往上拉,旋转90°卸下3 mm螺钉。

5. 安装窗框盖

组装各部,安装窗框盖。

6. 确认窗帘动作

（1）用手来确认窗帘的动作是否顺畅。

（2）不顺畅则进行以下确认：

① 测定 $a \sim f$ 的槽块中心和侧窗玻璃的缝隙，如图 3.28 所示。

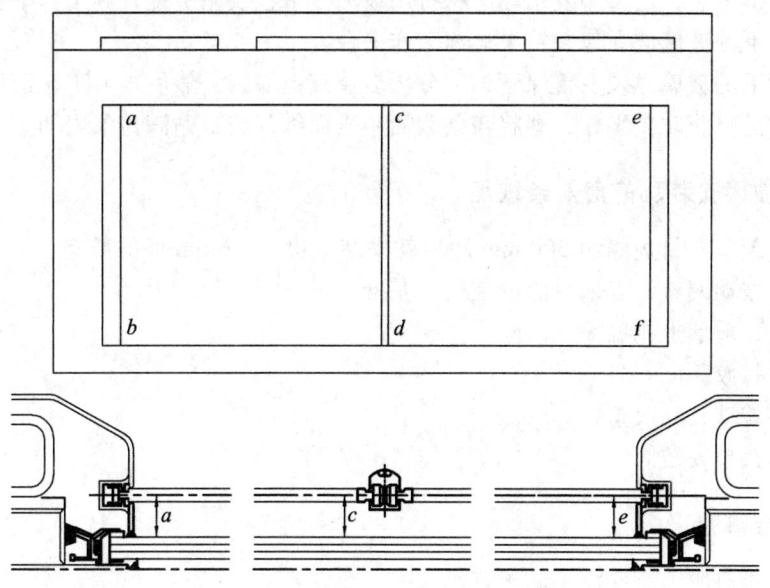

图 3.28　槽块中心和侧窗玻璃的缝隙

② 测定尺寸的差（左右差的差）在大于 4 mm 时，则窗框盖安装不正，再次进行安装使左右差的差不大于 4 mm。即：

$$|(a-b)-(c-d)| < 4 \text{ mm}$$
$$|(c-d)-(e-f)| < 4 \text{ mm}$$

（三）驾驶室前窗玻璃更换

1. 内部压条、内饰板拆除

（1）将内部的覆盖在要更换的玻璃上的前窗压条、压条及内饰板拆除，以便拆除玻璃，清理内部胶及内层打胶等。

（2）用充电电钻或螺丝刀将紧固螺钉拆下，再拆下部件。

注意：有些内饰板、压条有双面胶粘贴，拆除时注意不可使所拆下部件变形，不可伤及内饰板及压条表面。由于各紧固点螺钉长度不同，应做好恢复施工时的标记。

2. 外层胶清除、拆除前窗盖条

（1）清除覆盖前窗盖条紧固螺钉的密封胶清除，拆下螺钉；

（2）用壁纸刀将连接盖条与玻璃及窗框间的密封胶切开，将前窗盖条拆下。

注意：切割密封胶时不可伤及前窗盖条；有可能需要边将前窗盖条抬起边切除，此时注意不可使盖条变形过大，也不可有过小弯曲半径的弯曲。

3. 夹层、里层胶清除、拆除玻璃

拆下盖条后，用壁纸刀切割玻璃与窗框夹缝中的胶，直至可以将玻璃取下。

4. 余胶清除、玻璃安装前准备工作

（1）玻璃拆下后，用叉车或吊车等将备用玻璃（带包装箱）提升到工作平台上。

（2）将拆下的玻璃放在包装箱里运离工作平台。

注意：拆下的玻璃也须妥善保管，以分析玻璃破损原因。然后须分工，清理余胶的同时做玻璃盖条上的打胶防护工作，即将盖条表面用光面纸基胶带贴满盖条表面。

5. 前窗玻璃安装、前窗盖条恢复

（1）预粘胶垫，每边隔约 500 mm 距离就黏结一块 5~7 mm 厚的胶垫。

（2）放上玻璃调整，以未拆除的玻璃为基准。

（3）窗框、玻璃上刷底涂。

（4）夹层打胶。

（5）安装玻璃、黏胶垫。

（6）前窗盖条安装。

6. 里外层打胶

（1）里外层打胶前刷底涂、防护。

（2）里外层打密封胶。

（3）修胶、去除防护，密封胶打完后，为保证美观，还须修胶。

7. 压条、内饰板、刮雨器恢复

前窗玻璃更换完毕以后，将此前拆下的压条、内饰板、刮雨器等部件按原样恢复。

8. 现场清理

施工完毕后，须对施工现场进行清理，将施工带来的废料清理干净。

9. 施工要求

（1）窗外胶边缘距盖条（20±1）mm。

（2）打胶严密，不得有缝隙、起泡。

（3）外观美观，曲线过渡平滑。

（4）压条、内饰板、刮雨器恢复须美观牢固，工作正常。

（四）座椅检修

1. 一等车座椅检修方法

（1）更换坐垫、靠垫。

① 拆下圆形皿头小螺钉（M4×20），将下侧的拉链部分从后背衬套里取出；

② 将外表面料向上拉，抽出弹簧；

③ 拆下圆形皿头小螺钉（M4×12），拆下后背衬套；

④ 拆下内六角螺钉（M8×80），弹簧垫；

⑤ 卸下座椅固定装置的气缸侧托架的弹簧销，拆下轴；

⑥ 拉挂钩部位、拆下小螺钉（M4×12），拆下衣架；

⑦ 解开带子上的挂钩，抽出枕头；

⑧ 拧松内六角固定螺钉（M4×5），将把手向上方拉，卸下；

⑨ 坐垫被拉链固定在底架上面，将坐垫前侧下面向上抬起卸下。

（2）分解底座。

① 拆下构架小螺钉（M5×16）；

② 拆下内六角螺栓（M6×20），和 U 形螺母（M6）、卸下钩扣；

③ 拧松内六角螺栓（M6×20）和 U 形螺母（M6），用垫圈调节钩扣与底架的压板之间的间隙；

④ 拆下有垫圈盆头小螺钉（M6×20）、平垫圈（公称 6）、U 形螺母（M6），拆下踏脚装置；

⑤ 拆下 E 形固定轮（公称 6）、平垫片（公称 8）、滑动销子；

⑥ 拧松六角螺母（M8）、止动螺钉，卸下弹簧；

⑦ 拆下 U 形螺母（M6）、内六角螺钉（M6×25），将底架向上方抽出、拆下压环、轴承、衬垫；

⑧ 拆下弹簧垫、构架小螺钉（M4×12），将立板向上方拉起前拉，卸下。

（3）分解脚踏板。

① 拆下置脚板垫两侧的轴螺钉；

② 拆下 U 形螺母（M8）、平垫片（公称 8），从轴上抽出；

③ 调整置脚板的弹起高度时、拧松 U 形螺母（M8），转动缓冲橡胶，使用 4 个面中最合适的面调整高度后、将 U 形螺母（M8）拧紧；

④ 拆下带垫圈六角螺钉（M5×10）、衬套、带垫圈六角螺钉（M5×25），拆下两侧挡板；

⑤ 转动弹簧架来调整强度，调整后用 U 形螺母（M10）固定弹簧架。

2. 二等车座椅检修方法

（1）更换坐垫。

① 操作座椅面滑动按钮、把坐垫拉到最前面；

② 拆下坐垫前侧的双面拉链；

③ 抬起坐垫和坐垫罩、向后侧弹起；

④ 脱开坐垫罩后侧的挂钩、取下坐垫。

（2）更换坐垫前后位置可变装置的活动锁。

① 拆下缓冲垫框架的底座和坐垫罩；

② 拆卸固定坐垫前后可变装置前侧连杆的销子和活动锁的销子；

③ 拆卸向后复位弹簧。

(3) 拆卸靠背。

① 拆卸坐垫后，卸下连结靠背和坐垫以及可调靠背装置的三个地方的销子；
② 拆下双面拉链，卷起坐垫罩。
③ 用十字螺丝刀卸下固定板 4 个夹子、卸下板；
④ 使用公称 10 的六角扳手、拆卸两侧螺栓；
⑤ 抬起并拆下靠背。

(4) 更换辅助弹簧。

① 拆卸坐垫后，用一字螺丝刀撬开并取下固定弹簧挂钩；
② 更换新的弹簧后，为防止弹簧松动、用金属锤砸紧挂钩。

(5) 更换活动锁。

① 双人座椅，先将左座椅活动锁向上弹起然后拔下，再拔下右座椅用的活动锁；
② 三人座椅，卸下右座椅的连杆然后拔下，再将左座椅的活动锁向上弹起、然后拔下，最后拔下中央席用的活动锁。

(6) 座椅背后小桌板拆卸。

① 用圆棒将两侧桌子支撑臂连接，用公称 3 的六角扳手拆卸固定圆棒的两侧的螺栓；
② 从内侧向外侧轻轻敲打桌子支撑臂、卸下桌板。

(7) 拆卸靠背杂物兜。

用十字螺丝刀拆卸固定螺钉即可卸下。

（五）主空气压缩机润滑油更换

①号作业：

· 在受控司机室按下 VCB 断 。
· 按下 受电弓折叠 。
· 将 BV 制动手柄至 拔取 位，在 BV 手柄上挂好"禁动牌"。

②③号作业：

· 打开空气压缩机旁侧裙板及底板，并对其周边卫生进行清理。
· 将盛废油容器放至曲轴箱废油管下方。
· 卸下位于曲轴箱正面给油盖。
· 拧松曲轴箱废油管上油堵，卸下油堵放油，排掉曲轴箱废油。注意事项：拆卸油堵时使用两只扳手，一只卡紧废油管，另一只卡紧油堵，拧下油堵，使用一只扳手时可能拧断废油管。
· 排尽油后，装上并拧紧油堵，注入新油至 MIN 刻度线。注：润滑油应使用黏着等级 ISOVG100 压缩机专用油。指定润滑油为 Mobil 生产的 Rarus827 润滑油，严禁混用不同品牌的润滑油。
· 安装好给油盖。

①号作业：

· 取下"禁动牌"，按操作标准上电。
· 反复将 BV 制动手柄 运行 ⇔ 快速 位来回移动，启动空压机 10 次。

・按 VCB 断 键、按 受电弓折叠 键、BV 制动手柄投入 拔取 位，挂好"禁动牌"。

②③号作业：

・卸下给油盖及油堵。

・将刚注入的油排掉，重新拧紧油堵，注入新油至空压机规定的刻度线 MIN～MAX，安装好给油盖。

①号作业：

・取下"禁动牌"，按操作标准上电，启动主空气压缩机。

③号作业：

・观察主空气压缩机的运转情况，空压机应运转平稳。

・停止 10 min，油位 MIN～MAX。

・擦净废油管周边的残油。

・安装好空气压缩机旁的侧裙板及底板，设备舱裙板螺栓 25 N·m，设备舱底螺栓 37 N·m。

（六）研磨块更换

1. 研磨块拆卸

（1）关闭相应车厢二位侧 踏面清扫 截断塞门。

（2）用手拉出踏面扫清装置止动销，排尽踏面扫清装置气缸筒内残留压缩空气。

（3）研磨块完全复位后则放开止动销；注：若气缸筒内残留压缩空气还未排干净，研磨块未完全复位，须将止动销拉出 2～3 次进行排气，如手拉不动止动销时可用克丝钳适当用力夹住止动销向上挑。

（4）研磨块完全复位后，使两侧卡销处于闭合状态，用手将研磨子移向转向架外侧卸下研磨块。

2. 研磨块的安装

（1）将新的研磨块从转向架外侧，与安装板相配合后用力嵌入研磨块。

（2）确认锁紧研磨块两侧卡销已打开。

（3）用手转动研磨子来确认其不会脱落。

（4）打开每辆车二位侧 踏面清扫 截断塞门。

（5）将司机室 BV 手柄至 B1 位。

（6）对 空挡 开关进行闭合、断开操作。

（7）确认研磨块压紧、缓解动作良好。

（七）闸片更换

1. 闸片拆卸

（1）按作业标准降下受电弓，断开 VCB 。

（2）关闭相应转向架侧 制动缸 截断塞门，排风缓解。

（3）使用专用工具将闸片扳向远离制动盘一侧。

（4）剪断闸片底座螺栓防松铁丝并抽出。

（5）松开螺栓，取下螺栓和平垫圈。

（6）将闸片底座向下移动，如难于移动时，可用橡胶锤轻轻向下敲击。

（7）将弹簧销卡住的闸片底座向制动盘外侧旋转，抽出闸片。注意：防止闸片掉落。

（8）另一侧按上述方法同样进行。

2. 闸片安装

（1）先安装无液压缸侧闸片。

（2）确认间隙调整装置及液压缸处于返回状态。

（3）无液压缸侧的安装，从本体上方沿闸片支持槽将闸片顶住闸片底座。

（4）旋转闸片底座，返回水平位置后，用固定螺栓与平垫片来紧固闸片，相邻的螺栓用铁丝防松（紧固力矩 78 N·m）。

（5）安装液压缸侧闸片时，从液压缸相反侧压住本体，并在支持销上滑动。从下方将闸片插入液压缸侧闸片支持槽内，至顶住上侧闸片底座。

（6）旋转闸片底座，返回水平位置后，用固定螺栓与平垫片来紧固闸片，相邻的螺栓用铁丝防松（紧固力矩 78 N·m）。

（7）闸片更换完毕后，打开相应转向架侧 制动缸 截断塞门。

（8）将司机室 BV 手柄在 运行 ⇔ 快速 位来回移动，缓解、制动 [MR 管风压须在（590 ± 10）kPa 以上]。

（9）确认制动、缓解时闸片状态。

（八）转向架更换

1. 准　备

将动车组移送定位至临修库转向架更换台位。

2. 更换转向架

（1）将轴箱弹簧座上的防尘盖揭开，将工艺螺栓拧入下夹板的座上。

（2）排除空气弹簧风压。

（3）分解转向架与车体间连接装置：

① 松开转向架侧的盘形制动、踏面清扫装置及空气弹簧管路的连接空气软管；

② 取下牵引电机航空插头；

③ 取下轴温传感器和速度传感器的插头；

④ 拆解牵引拉杆并在车体侧临时固定；

⑤ 卸下牵引电机风道的下座；

⑥ 卸下接地线；

⑦ 检查高度调整阀无漏油；

⑧ 卸下高度调整阀调整杆下部的固定螺母；
⑨ 卸下抗蛇行减振器；
⑩ 卸下横向减振器的转向架侧的安装螺栓；
⑪ 对于前导转向架，卸下转向架排障器；
⑫ 检查确认所有连接装置分离。
（4）操纵转向架更换装置，落下转向架，推出转向架至分解台位。
（5）操纵转向架更换装置，更换良好转向架。
（6）转向架与车体连接：
① 连接牵引杆：螺栓涂抹紧固胶，确认紧固力矩为 980 N·m，穿防松铁丝；
② 安装横向油压减振器：螺栓涂抹紧固胶，确认紧固力矩为 343 N·m（与转向架连接侧为 196 N·m）；
③ 连接空气软管接头；
④ 连接牵引电机航空插头，安装导线压紧皮带；
⑤ 安装电机风道下座；
⑥ 安装轴温传感器和速度传感器的插头及线夹；
⑦ 安装接地线；
⑧ 安装高度调整阀连杆；
⑨ 前导转向架安装转向架排障器，确认排障器状态良好；
⑩ 连接其他附属件。

3. 落成检查

（1）调整空气弹簧高度。调整高度调整阀杆及空气弹簧调整板，测定车体下部和转向架构架基准面距离（330±3）mm。
（2）测定调整轴箱弹簧衬圈空隙，A 值为 88~91 mm，同一转向架之差在 2 mm 以内。
（3）检查齿轮箱油位在 -2~0 刻度间。
（4）测定车钩连接器高度为 990~1 015 mm，钩差 20 mm 以内。
（5）测定辅助排障器距轨面为 20~40 mm。
（6）测定中心销及中心销安装部件与转向架构架安装部件的上下间隔为 48 mm 以上。
（7）测定车体枕梁及车体支撑梁安装部件与转向架构架安装部件的上下间隔，转向架两横梁间以内为 53 mm 以上；其余部分为 68 mm 以上。
（8）测定车体与车轮轮缘的上下间隔为 83 mm 以上。

（九）增压缸润滑油补充、更换

（1）关闭相应转向架侧制动缸截断塞门，排风缓解。
（2）从增压缸组件上卸下注油孔盖，清洗滤网，确认防尘胶帽无裂损变形。
（3）卸下排油口的排油堵。
（4）排净增压缸油箱中的机油。
（5）重新安装排油堵。

（6）从注油口注入力矩变压器油（TAFUNATORUKU 油 B）至油位线（红点）处，注：严禁混用不同品牌的润滑油。

（7）给油箱加油时须做到小心轻缓，防止尘埃混入，油面应在观察窗上红圆点上部。

（8）关闭并拧紧注油孔盖。

（9）注油完后，检查紧固部件无松动，各部位无漏油。

（10）打开相应转向架侧制动缸截断塞门。

（十）齿轮箱润滑油补充、更换

（1）剪断注油孔盖防松铁丝，从齿轮箱组件上卸下注油孔盖。

（2）剪断排油堵防松铁丝，卸下排油口的排油堵。

（3）排净齿轮箱油箱中的机油，将油装入容器内。

（4）检查排油堵磁铁上是否有金属微粒（碎片），如发现，彻底检查齿轮箱组件。

（5）重新安装排油堵。

（6）从注油口注入新齿轮箱油（SONIC 的 EP3 080，油量约 4 L）至最高油位线，注：严禁混用不同品牌的润滑油。

（7）给油箱加油时须做到小心轻缓，防止尘埃混入。

（8）关闭并拧紧注油孔盖。

（9）注油完后检查齿轮箱外观状态良好，各部位无漏油，紧固部件无松动，安装铁丝防松。

（十一）电压表、风压表更换

（1）关闭（2、4、6 号车）蓄电池电源接触器，关闭风截止塞门。

（2）确认电压表电压和风压表压力均显示为零后，打开面板，拆卸下电压表和风压表。

（3）安装校验过的电压表和风压表，电压表和风压表固定牢固，电压表接线紧固，无松动，风压表安装无泄漏。

（4）将到期的电压表和风压表送计量部门进行校验，校验标准是双针风压表等级是 1.5 级，风压表和电压表等级是 2.5 级。

（5）关闭（2、4、6 号车）蓄电池电源开关，打开风压表截止塞门，有风压显示。

（6）通电试验检查风管路是否泄漏，电压显示是否正常。

二、专项修

为保证铁路动车组运用检修质量，确保动车组运行安全，铁路动车组检修管理部门针对动车组在运用检修中需要定期专项维护保养的主要项目，明确了检修周期、检修保养方法及质量标准。这种检修性质的维修即称为专项修。一般在二级检修中实施。

中国国家铁路集团有限公司制定的《CRH2 型动车组专项检修作业办法》，规定了 CRH2 型动车组在运用检修中需要定期专项维护保养的主要项目：

（1）空心车轴探伤每运行 3 万千米或每月进行 1 次。

（2）滤网清洗每运行 3 万千米或每月进行 1 次，其中空调滤网、牵引电机冷却风机滤网清洗（清理）原则上每周进行 1 次。

（3）受电弓检测每 3 万千米或每月进行 1 次。

（4）电动空气压缩机润滑油更换。压缩机运转 150 h 后进行 1 次初期更换润滑油，每运行 60 万千米或每 24 个月进行 1 次定期更换润滑油。

（5）转向架齿轮箱润滑油、增压缸润滑油欠缺及变质时更换。

（6）侧门开关功能试验每次运行结束后或 48 h 内进行 1 次。

（7）转向架更换、闸片更换、坐席专修、盥洗装置专修、卫生间、小便间给水及污物箱装置专修结合一、二级检修实施。

以上专项检修、检测与保养项目结合一、二级检修作业过程同步进行，利用动车组在运用所停留时间，均衡施修，专人负责。

本章小结

本章对铁路动车组运用检修，即一级检修、二级检修、专项修的检修范围、检修工艺流程、作业程序方法、作业质量标准作了详尽的讲述；讲述了典型临修项目的检修质量标准、作业程序和方法。在教学中应理论教学与实践相结合，安排实作演练课时。

复习思考题

3.1 什么是动车组运用检修？动车运用所承担的动车组检修任务是什么？
3.2 动车组一级检修作业人员如何配备和如何分工？
3.3 画出动车组一级检修车顶作业路线图。
3.4 画出动车组一级检修车下作业路线图。
3.5 动车组一级检修接触网供电前检查内容有哪些？
3.6 动车组一级检修车顶设备检查作业时有哪些安全注意事项？
3.7 动车组一级检修驾驶室检查作业准备工作有哪些？
3.8 动车组二级检修供电前检查内容有哪些？
3.9 如何进行动车组二级检修绝缘测试作业？
3.10 简述动车组二级检修驾驶室检查作业。
3.11 什么是动车组专项修？CRH2 型动车组专修项目有哪些？

第四章 动车组车体检修

第一节 概　述

动车组车体主要由底架、侧墙、车顶、端墙、车体附件（前罩开闭装置、车下设备舱）等组成。CRH2型动车组车体外观如图4.1所示。

图4.1　CRH2动车组车体外观

我国动车组高级修程为三、四、五级修，它们是按照一定走行公里数进行的定期检修。下面以CRH2型动车组车体四级检修为例进行介绍。

CRH2型动车组车体四级检修范围见表4.1（部分部件）。

表4.1　CRH2型动车组车体四级检修范围（部分部件）

序号	检修项目		检修要求			
^	分类	检修配件名称	状态检修	分解检修	试验	
^	^	^	^	^	部件试验	整车试验
1	车体	密接式车钩		◎△	◎	◎
2	^	缓冲器		◎△	◎	◎
3	^	内风挡	◎			
4	^	外风挡	◎			
5	^	防雪风挡	◎			
6		排障板橡胶		◎△		
7		排障板		◎		
8		侧裙板		◎		
9		盖板		◎		
10		电气连接器	◎			
11		跨接连接线插头	◎			

续表

序号	检修项目		检修要求			
	分类	检修配件名称	状态检修	分解检修	试验	
					部件试验	整车试验
12		过滤网、过滤器		◎		
13		车体结构	◎			
14		客室侧门	◎			
15		侧门机构	◎			
16		外端门	◎			
17		室内门	◎			
18		车窗	◎			
19		座椅	◎			
20		车内装饰	◎			
21		地板布	◎			
22		行李架	◎			
23		垃圾箱和垃圾袋框	◎			
24		大件行李放置处	◎			
25		回风过滤网和回风格栅		◎		
26		卷帘	◎			

注："状态检修"为该件在安装位置状态下检修;"分解检修"为该件须从上级部件分解下来检修;"◎"表示该件的检修状态,状态检修中的"△"表示该件从其上级部件上分解下来,分解检修中的"△"表示该件需要自身分解修。

表 4.1 中动车组车体包括的检修零部件较多,本章拟对主要典型部件:车门部分、车窗部分、车钩及缓冲器,对作业程序方法、作业质量标准进行讲述。

第二节　动车组车门的检修

动车组车门是动车组中数量较多,使用频率较高的部件,运用中零件容易产生损伤。

动车组车门有客室侧门、外端门、室内门几种。下面以四级修为例介绍车门的检修。CRH2 型动车组四级检修是从指新造或上次五级检修起,每运行 120 万千米或每 3 年进行一次的修理。

一、客室侧门的检修

客室侧门由门板组件、排水部件、复位弹簧、隔离锁、驱动装置、气液压转换装置、压紧装置以及各种管件组成。其结构如图 4.2 所示。

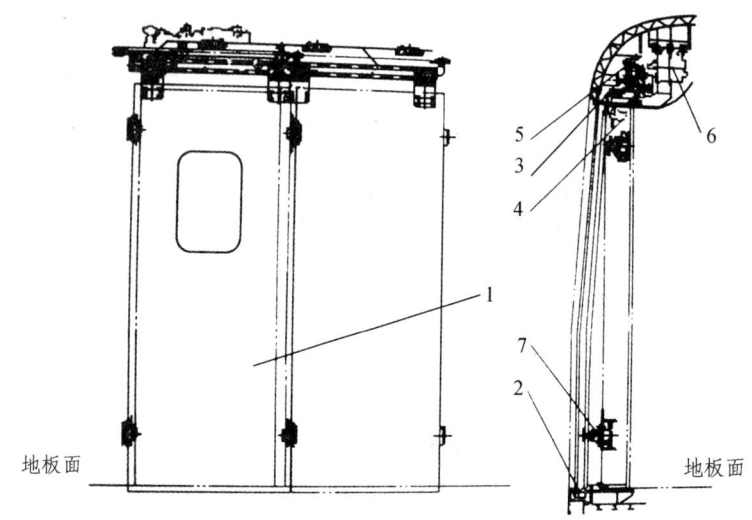

1—门板组件；2—排水部件；3—复位弹簧装置；4—隔离锁；5—驱动装置；
6—气压液压转换装置；7—压紧装置。

图 4.2　客室侧门结构

客室侧门检修过程如下：

1. 侧门板

（1）清洁门板内、外表面。检查门板外表面有无划伤、磕碰、凹陷等现象。门板外表面划伤长度超过 150 mm 时须找补油漆。内、外表面存在面积超过 50 mm × 50 mm，深度超过 3 mm 的磕碰、凹陷时须修复。检查门板内表面装饰膜完整无破损，装饰膜存在总长度超过 300 mm 划痕或破损总面积超过 0.01 m² 时修补，修补后表面颜色与母材颜色相近。

（2）门玻璃伤痕长度在 100 mm 以上或有 5 个以上尺寸超过 10 mm × 10 mm 的伤痕时需更换。玻璃更换时，周边的玻璃胶垫、密封垫换用新品。

（3）门板外表面周边的气密胶垫状态良好。存在长度超过 20 mm，深度 2 mm 以上龟裂或龟裂幅度扩展到 30 mm 以上更换新品。

（4）门板门前橡胶垫、门板前门框门碰胶垫组成、立罩护指胶条状态良好。存在长度超过 50 mm，深度 3 mm 以上龟裂或龟裂幅度扩展到 70 mm 以上或存在明显破损、老化时更换新品。

2. 侧门机构

侧门机构由驱动装置、气液压转换装置、压紧装置组成。检修过程如下：

（1）清理上、下导轨内灰尘、杂物，清除增压缸、锁紧缸表面油渍。

（2）各部位油管、风管连接良好，无泄漏。

（3）VM-19A 电磁阀、SJ-3P 电磁阀、PS-2B 压力开关、导向结构部、关门机械、动力部单元、AL-4 增压缸、锁紧缸等安装牢固，状态良好。

（4）滚轮表面、导轨无可见凹坑，导向滑轮无变形或不均匀的磨损。各滑轮轴承有动作不良、卡滞时须修理或更换。

（5）用 180 号透平油对关门机构活塞杆和 4 个锁紧缸顶出杆进行润滑，锁紧缸外部及其下方不得有液压油油渍。

（6）各配线及端子固定良好，无磨损。

（7）开关门动作良好。

3. 集控开关门

集控开关表面清洁，各部安装牢固。内部配线无破损、老化，端子压接牢固，开、闭开关动作良好。锁孔方向正确。

4. 车侧灯

车侧灯表面清洁，安装牢固。外罩破损、显示不良时更换新品。

二、内部门的检修

内部门包括电动内端门、残疾人卫生间门、卫生间门、小便间折叠门、乘务员室门、监控室门。

检修步骤如下：

（1）清洁门板内、外表面。门板表面装饰膜存在总长度超过 300 mm 划痕或破损总面积超过 100 mm × 100 mm 时须修补。通风板组件表面无损伤。

（2）护指压条组件、前挡密封胶条、前门框压条组件、前门框橡胶安装、边框压条、门后端橡胶组成、导轨组件、门锁组件、锁口板、扣手组件、把手组件等固定良好，各安装垫板、垫块、边框盖板等无损坏或移位，胶条外露表面无划痕、龟裂，各压条表面良好。

（3）密封条良好，门板关闭时无可视缝隙。

（4）限位装置配件齐全，固定可靠，作用良好。

（5）滑轮固定良好。上滑轨组成与滚轮接触的表面无破损。

（6）折叠门上滑轨变形或严重磨损影响开关门动作时须更换。门板铰链固定状态良好，转动灵活。

（7）导向槽尺寸大于 8 mm 且在门开关过程中有振动、卡滞时更换。

（8）门锁开关动作正常、灵活，锁钩与锁口配合良好，转动部位涂润滑脂。门锁作用不良时须分解检修。

（9）门机构部件的缓冲头组件固定良好，缓冲橡胶表面龟裂、破损影响功能时须更换。滚轮安装固定良好。上导轨与滚轮接触的表面无破损。

（10）齿形带和齿轮啮合状态良好，无跳齿现象。

（11）引线口护套无龟裂或损坏。

（12）电机支架、传动架和开关组件、门控器固定良好，外露表面无锈蚀、破损。开关组件、门控器功能正常。残疾人卫生间门开关面罩破损时须更换。

（13）光电开关安装牢固，作用灵敏，试验时功能良好。

（14）功能检查：

① 门扇运动平稳、顺畅，手动开关门力 ≤ 50 N。

② 门锁能有效锁闭，解锁顺畅。
③ 门锁开关锁闭、解锁动作正常、灵活。
④ 门在开门位定位可靠。

三、检修实例：CRH380B型动车组内端门三级检修作业过程

CRH380B型动车组内端门三级检修作业过程见表4.2。

表4.2　CRH380B型动车组内端门三级检修作业过程

作业步骤		作业内容及标准	工具辅料
1.准备	1.1 准备	1. 准备作业指导书。 2. 对所用设备、工装严格检查，确认状态良好。 3. 根据材料、工具清单，领取材料、工具，清点配件数量，并确认状态良好，材料不过期，工具定检标签不超期	
2.内、外端门检修	2.1 门扇清洁检查	1. 使用4 mm内六角扳手拆卸门楣下盖板安装螺栓，取下盖板，分离中间盖板上传感器插头并使用纸胶带进行防护处理。使用擦拭布清洁盖板上部、机构及滑道。使用四角钥匙打开间壁上检查门，使用擦拭布清洁导轨	擦拭布、纸胶带、4 mm内六角扳手、四角钥匙
	2.2 门机构检查	1. 检查各部件齐全，安装位置正确、牢固，功能正常。 2. 检查电缆及连接器表面无破损，固定牢固。 3. 检查同步带无松动和影响功能及安全的损伤。手动拉动门，检查皮带轮转动状态良好，滑动过程中无有规律的间歇机械摩擦声音。 4. 检查门扇（包含防火胶条、下挡胶条、玻璃）安装位置正确、牢固。门扇玻璃表面无裂纹，有单个长度大于100 mm且深度大于1 mm的划伤时更新，有单个面积大于（30×30）mm^{2}且深度大于1 mm或影响视线的蹭伤及凹点时更新。 5. 检查完毕后使用4 mm内六扳手安装门楣下盖板	头灯、擦拭布、直尺、游标卡尺
	2.3 门功能试验	1. 检查门板底部和地面导轨顶部之间的最小自由间隔10±3 mm。 2. 检查门开闭灵活，无卡滞。使用拉力计检测单扇内端门、双扇内端门、手动过道拉力不大于80 N，自动通道门拉力不大150 N，门锁闭功能正常	直尺、拉力计、自制测量间隙工装
3.完工确认	3.1 完工确认	1. 整理好工具及剩余辅助材料，清理检修工序中产生的垃圾，保持工作现场清洁。 2. 填写相关记录单	—

四、车窗的检修

检修步骤及方法如下：

（1）玻璃表面无损伤。玻璃伤痕长度在 100 mm 以上或有 8 个以上尺寸超过 10 mm × 10 mm，深度超过 1 mm 时须更换。

（2）窗周边密封胶的状态，破损或老化时须清理，重新打胶。窗组成出现漏气时须更换。

（3）侧开窗外观良好，窗框、窗骨架无变形或破损现象。窗折页状态，窗开关灵活，转动无卡滞现象。窗锁状态良好，功能完善。窗锁锁闭后无松动现象。

（4）膨胀性密封胶条外观良好，无损坏、划痕和龟裂现象。充气后如有漏气现象必须更换新品。整车做气密试验时，如侧开窗处漏气需重新检查膨胀性密封胶条或调整窗安装。供气管路、开关和排水管路固定良好，无松动或泄露。排水管路末端气阻橡胶管固定良好，破损或老化时须更换。

（5）侧开窗气阀过滤器：

① 清洗清洁过滤器外表面。

② 各部位有裂缝、缺损、腐蚀等现象时须更换新品。

③ 检修后须做漏气试验，进气、排气功能正常，压入 880 kPa 空气时，各部位不得漏气。

（6）紧急逃生窗防飞溅贴膜破损、卷边长度超过 30 mm 或气泡直径超过 10 mm 时须更换。

第三节 动车组车钩及缓冲装置的检修

动车组的车钩装置包括端部车钩装置和中间车钩装置。它们的运用工况有差别，因此它们在结构与性能上也有一定的区别，即端部车钩全部采用全自动车钩，中间车钩采用半自动车钩。缓冲装置为复式橡胶缓冲器，位于车钩后面，但端部和中间缓冲器吸振性能不同。车钩和缓冲装置可以在不架起车体的情况下拆装和检修。

下面以 CRH2 型中间车钩及中间车缓冲装置为例，按照四级修程介绍其检修工艺过程。

一、中间车钩的检修

CRH2 型动车组采用半自动车钩，中间车钩的结构如图 4.3 所示。

车钩检修的总体过程：

（1）密接式车钩整体分解为钩体、框接头、横销、钩舌、解钩杆；

（2）清除零部件表面锈蚀，外观无变形且须进行磁粉探伤检查；

（3）组装后须进行拉伸试验、气密性试验。

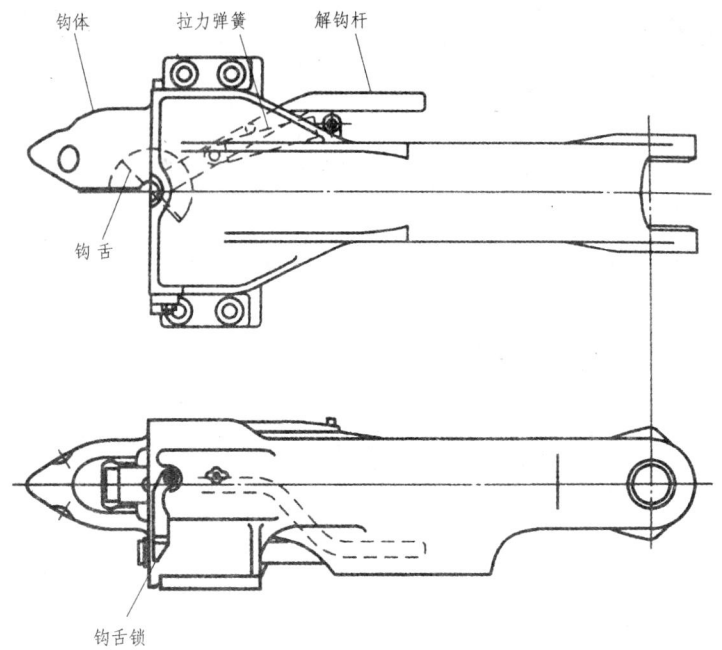

图 4.3 半自动车钩结构图

(一) 检修工艺流程

中间车钩检修工艺流程如图 4.4 所示。

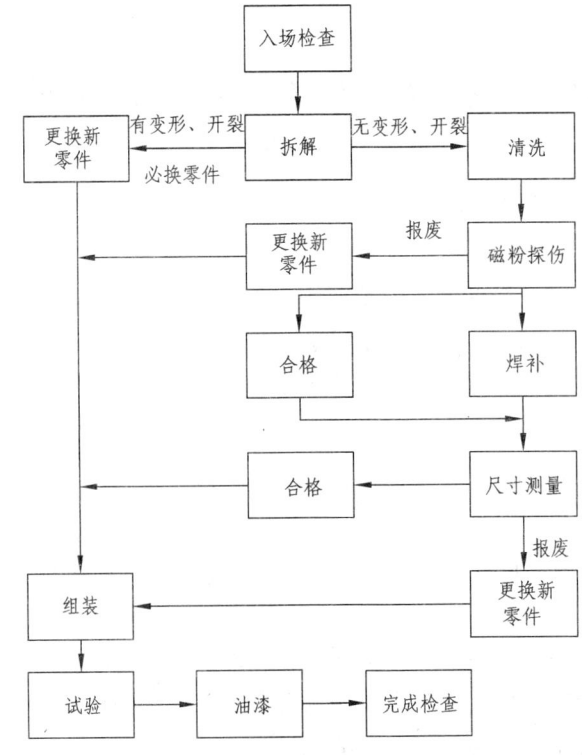

图 4.4 中间车钩检修工艺过程

第四章 动车组车体检修

1. 入场检查

进行外观检查,有无变形、开裂等异常现象。

2. 分 解

(1)记录产品的型号、编号以及制造年月。

(2)取出安装于钩体上的拉力弹簧和安装在螺栓上的开口销,拧松螺母、并用钩子将安装螺栓和拉力弹簧从钩体上拆下,如图4.5所示。

(3)拆下固定钩舌和解钩杆的开尾圆锥销,取出解钩杆和钩舌;其中解钩杆上装有一组螺栓组件(包括螺栓、螺母、弹簧垫圈、开口销)、拉力弹簧及拉力弹簧另一端的螺栓,不用再进一步进行拆解,如图4.6所示。

(4)取下安装于横销上的扁开口销,如图4.7所示。

(5)取下框接头和横销。

(6)拆下固定管夹和管座的三个螺栓、弹簧垫圈,拆下管夹和管座,如图4.8所示。

(7)用专用扳手拧松圆螺母,如图4.9所示。

(8)分离空气管、圆螺母、气阀后盖、活弯管接头、橡胶座管座、弹簧支架、压力弹簧,如图4.10所示。

注:螺栓、螺母等带螺纹的零件,其螺纹没有损坏不用更换;弹簧垫圈、扁开口销、开尾圆锥销、开口销及橡胶密封件每次拆解后都要求更换新的。

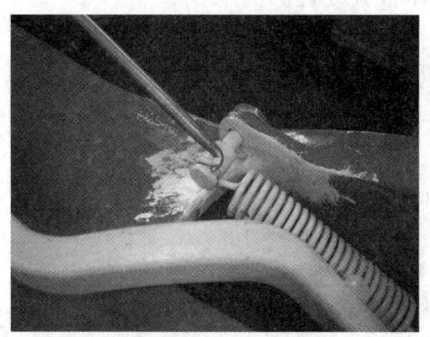

图4.5 拆下拉力弹簧等

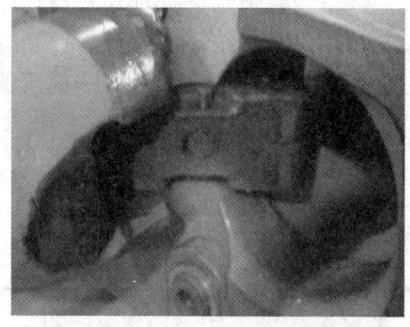

图4.6 取出解锁杆和钩舌

图4.7 取下扁开口销

图4.8 拆下管夹和管座

图 4.9　松圆螺母　　　　　　　　图 4.10　分离压力弹簧等

3. 清　洗

（1）用清洗剂清洗钩体的加工部位和其他零部件带润滑脂的部位。
（2）清洁零部件上的其他锈迹和污垢。

4. 磁粉探伤

探伤部位：钩体凸锥、尾部，横销 $\phi 59.5$ 的外圆，框接头圆孔部分，解钩杆加工部位，钩舌整体。

探伤后的处理：
（1）框接头、横销、钩舌和解钩杆出现裂纹，做报废处理。
（2）钩体出现裂纹需要进行焊补，焊补后需要重新进行探伤，确保没有裂纹存在。
（3）合格的零件探伤后用清洗剂清洗干净，并处理干燥。

5. 限度表

各零部件的实际尺寸不能超出表 4.3 中的使用限度，否则做报废处理。

表 4.3　零部件限度

项　目	名义尺寸/mm	使用限度/mm
钩体凸锥	$\phi 139.5$	$\phi 138$
钩体凹锥	$\phi 140$	$\phi 141.5$
钩舌	$\phi 70$	$\phi 69.5$
横销孔直径（框接头）	$\phi 60$	$\phi 61.5$
纵销孔直径（框接头）	$\phi 65$	$\phi 66.5$
横销	$\phi 59.5$	$\phi 58$

6. 组　装

1）解钩杆钩舌的组装
（1）在钩体钩舌腔及钩舌上涂润滑脂。
（2）在钩体凸锥、凹锥、连接面、尾部销孔，横销，解钩杆，框接头等配合部位要求使用通用极压锂基润滑脂。

（3）装入钩舌、解钩杆（解钩杆上应装有一组螺栓组件、拉力弹簧及拉力弹簧另一端的螺栓）。

（4）插入开尾圆锥销固定钩舌和解钩杆。

注：由于钩舌和解钩杆上安装开尾圆锥销的孔是配钻的，因此钩舌和解钩杆配套使用，不能互换；此时开尾圆锥销只是预组装，只有在车钩试验完成并通过后才能将其尾部分开。

（5）把拉力弹簧一端的安装螺栓安置在钩体上，并装上弹簧垫圈、螺母和开口销。

2）空气管路的组装

（1）阀体：

① 确认阀体的漏水孔在下侧，如图 4.11 所示；

② 阀体的端面要求低于钩体连接面，但不能超过 0.3 mm；

③ 内表面清洁干净并把润滑脂涂抹均匀。

（2）橡胶座的外表面、压力弹簧均匀涂润滑脂，装入到阀体内。

（3）空气管从钩体尾部方向穿过支撑座内部，并将圆螺母套到空气管上。

（4）将空气管的螺纹部分涂乐泰 575 或 567 螺纹密封胶，并与后盖进行组装。

图 4.11　检查漏水孔

后盖的拧紧力矩为 98~118 N·m；

（5）O 形圈、弹簧支架内沟槽均匀涂润滑脂，装入阀体内。

（6）密封环装到弹簧支架上，弹簧支架（装有 O 形圈）和橡胶座装入到阀体内，压上后盖，并将圆螺母拧紧；圆螺母的拧紧需要用专用扭力扳手，拧紧力矩为 294 N·m。

注：圆螺母初次拧紧 24 h 以后，需要用规定扭矩再次紧固，否则会漏气。

（7）将阀口橡胶和橡胶座的安装部位均匀喷涂润滑脂，然后压入橡胶座上；阀口橡胶压入后要旋转一周以确认安装到位。

7. 试　验

（1）测量解钩杆端部与钩体之间的距离在 25 mm 以上（连挂状态）；

（2）拉伸试验。一对检修车钩装在车钩专用试验台上进行两次连挂和解钩以后，再次连挂并作用 29 kN 以上的拉力将车钩的连接面拉开，用塞尺测量连接面 4 个角的间隙并取平均值，要求在 2.0 mm 以下。

（3）气密性试验。对该对车钩作用 29 kN 以上的拉力的同时，用螺堵先堵好其中一个车钩的空气管路；从另外一个车钩的空气管路输入 0.88 MPa 以上的压力空气，切断气源并保压 3 min，压降要求小于 0.019 MPa（注：① 气密性试验要在圆螺母再次紧固后，并且密封胶干透后方可进行；② 压缩空气刚充入气管，温度的变化会造成气压的变化，因此，需要压缩空气稳定 10 min 再开始计时测压降）。

同时注意以下两点：

① 保压的同时，对各个管路连接部位涂上漏气检测液，目测确认有无漏气；

② 试验完成后，用空气吹净检测液，拆下螺堵，清洁车钩气管口的生料带等密封材料。

（4）车钩全部检测合格以后，将装于钩舌上的开尾圆锥销尾部分开 15°～20°。

注：开尾圆锥销的上表面不能高于钩舌上表面，打入后不能有松动，并注意不要让开口销从上飞出。

8. 油　漆

除钩体凸锥、凹锥、连接面、尾部销孔，钩舌，解钩杆加工部位，横销配合圆柱面，框接头销孔等部位不能有油漆外，其他部位有油漆剥落需要修补。

注：车钩端面的阀口橡胶严禁接触油漆，否则会加速橡胶件的老化。

9. 完成检查

（1）外观无异常，状态良好。

（2）钩锁、拉力弹簧安装螺母、管夹螺栓、圆螺母、空气管螺纹处等螺纹连接处涂上防松标记。

（3）记录检修年月及更换的零部件清单。

10. 密接式车钩整体装车要求

（1）组装螺栓须正位、紧固，车钩前、后箱托架安装扭矩为 200 N·m；头车车钩托架安装扭矩为 40 N·m；中间车钩托架安装扭矩为 100 N·m；螺栓须有防松标记。

（2）横销上的销子掰开达到 600 mm。

（3）车钩组装后车钩中心高度：中间车的车钩高度为 $1\,000^{+10}_{-15}$ mm，两头车的车钩高度为（1 000±5）mm，前后两车钩的高度差在 20 mm 以内。车钩上翘量或下垂量均不应大于 5 mm。

（二）中间车钩必须更换的零件

此修程必须更换的零件见表 4.4。

表 4.4　中间车钩更换件

序号	名　称	每套数量	所属部位	图纸编号	备注
1	弹簧垫圈 12	2	拉力弹簧安装螺栓、管夹处	GB/T 7244—1987	
2	开口销 3.2×20	2	拉力弹簧安装螺栓	GB/T 91—2000	
3	开尾圆锥销	1	装在钩舌上	QYS.D28-01-03-03	
4	开口销 3.2×28	3	钩锁处	GB/T 91—2000	
5	阀口橡胶	1	气阀中	QYS.D28-01-01-04	
6	O 形圈	1	气阀中	QYS.D28-01-01-08	
7	密封环	1	气阀中	QYS.D28-03-02-05	
8	垫密片	2	活弯管接头中	QYS.D28-01-02-03	

二、中间车缓冲器检修

CRH2 型动车组中间车采用双向 W 型橡胶缓冲器，缓冲器结构如图 4.12 所示。

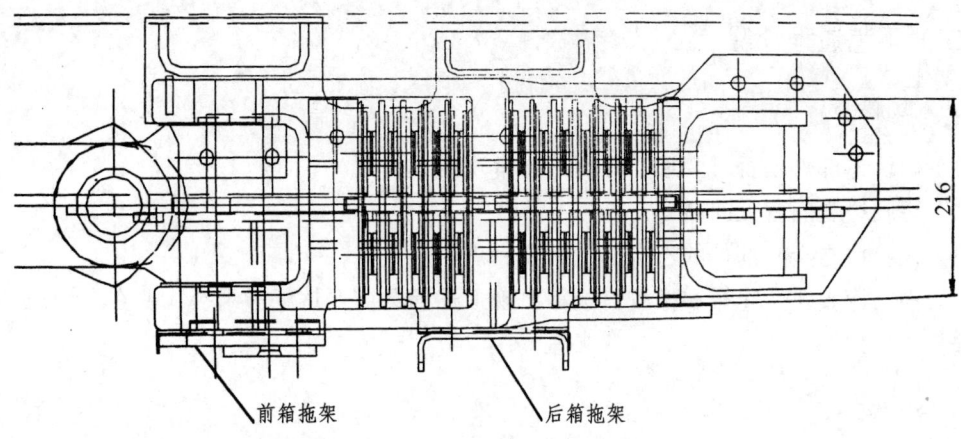

图 4.12 双向 W 型橡胶缓冲器结构

总体检修过程如下：
(1) 车钩缓冲器整体分解为横销、纵销、缓冲器框、框接头、接头托；
(2) 清除各部锈垢后，外观无变形且须进行磁粉探伤检查；
(3) 车钩缓冲器组装后不得和从板安装座内壁相抗。

(一) 工艺流程

中间缓冲器检修流程如图 4.13 所示。

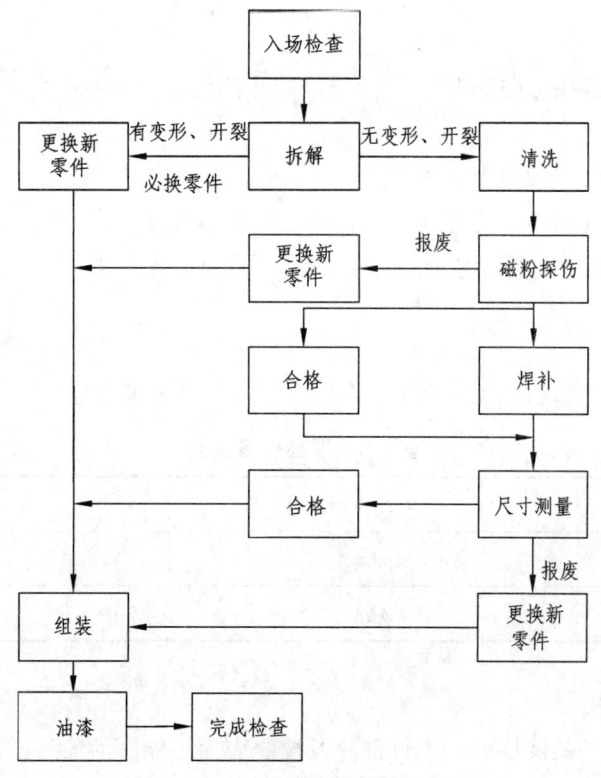

图 4.13 中间缓冲器检修流程

(二) 工艺过程介绍

1. 入场检查

（1）确认零部件是否有变形、开裂等异常现场；
（2）橡胶块之间有无间隙；
（3）橡胶块与金属部件的连接部位有无剥离。

注：如果橡胶块、托板和橡胶衬板等出现上述问题需要拆解和组装，要在专用压装试验台上进行。

2. 分　解

（1）记录缓冲器的产品编号；
（2）拆下固定纵销的内六角螺钉和弹簧垫圈。

注：拆下内六角螺钉时，防止纵销滑落，造成对人员或者零部件的损伤；螺栓、螺母等带螺纹的零件，其螺纹没有损坏则不用更换；弹簧垫圈需要更换。

3. 清　洗

（1）用清洗剂清洗纵销及缓冲器框上涂润滑脂的部分；
（2）清洁零部件上的其他锈迹和污垢。

4. 磁粉探伤

探伤部位：零件纵销 $\phi65$ 外圆、缓冲器框圆孔部位。
探伤后的处理：
（1）纵销出现裂纹，做报废处理；
（2）框出现裂纹处需要进行焊补，焊补后需要重新进行探伤，确保没有裂纹存在；
（3）合格的零件探伤后用清洗剂清洗干净，并进行干燥处理。

5. 限度表

零部件的实际尺寸超出表 4.5 中的使用限度，该零件做报废处理。

表 4.5　零部件限度表

项　目	名义尺寸/mm	使用限度/mm
纵销直径	$\phi65$	$\phi63$
框的销孔	$\phi65$	$\phi66.5$

6. 油　漆

除框的销孔、纵销的圆柱面、螺纹部分及橡胶表面不能有油漆外，其他部位有油漆破损的都需要进行修补。

7. 完成检查

(1) 外观无异常，状态良好；
(2) 记录检修年月及更换零件清单。

注：橡胶缓冲器为天然橡胶，使用过程和维护中要特别注意以下几点：
① 橡胶块（包括硫化在一起的金属板）不能接触润滑油、涂料、清洗剂等化学药品；
② 橡胶表面不能被划伤；
③ 不要放置在阳光下直射或高温（70 ℃以上）的地方。
注意：车钩缓冲器组装后不得和从板安装座内壁相抗。

(三) 中间车缓冲器必须更换的零件

中间车缓冲器更换零件明细见表4.6。

表 4.6　更换零件明细

序号	名　称	每套数量	所属部位	图纸编号	备注
1	弹簧垫圈10	1	与螺钉配合使用固定纵销	GB/T 93—1987	
2	扁开口销	1	装在横销上	QYS.D28-02-00-09	

本章小结

本章介绍了动车组车体有关车门、车窗、车钩及缓冲装置高级修的检修作业程序、方法和质量标准，附加了检修实例——CRH380B型动车组车门的检修作业过程，以增加学生的知识范围。这些部件的选取在工艺上具有典型意义。

复习思考题

4.1　试述客室侧门板的检修过程。
4.2　试述中间车钩的检修工艺流程。
4.3　试述中间车钩探伤的部位及探伤后的处理。
4.4　试述缓冲器的检修工艺流程。
4.5　简述CRH380B型动车组内端门三级检修作业过程。

第五章　动车组转向架检修

转向架是动车组中最重要的部件之一，动车组的每个车体下装有两个转向架。CRH2 型动车组采用 4M4T 编组形式，其动车（简称 M 车）和拖车（简称 T 车）分别装用了动力转向架（简称 M 转向架）和拖车转向架（简称 T 车转向架）。转向架主要由构架、轮对轴箱、牵引装置、基础制动装置、二系悬挂装置、驱动装置部分组成如图 5.1 和 5.2 所示。

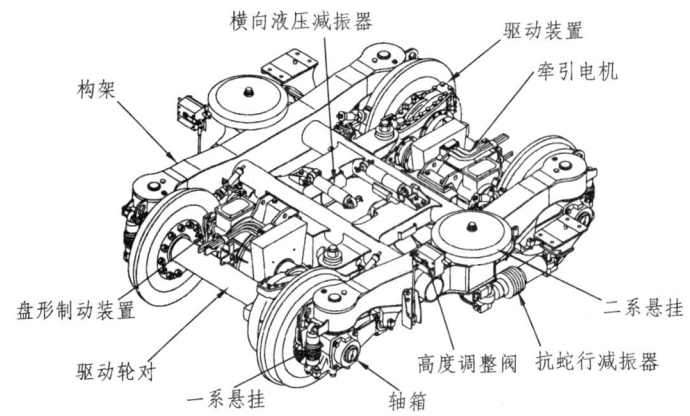

图 5.1　动力转向架外观图

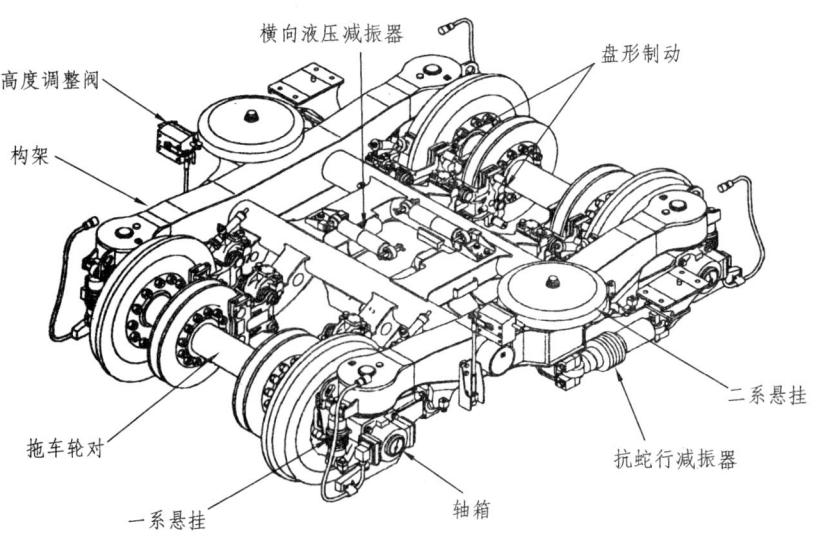

图 5.2　拖车转向架结构示意图

第一节 转向架检修工艺流程

在动车组一级和二级检修中，在编组状态下不解体对转向架各部分进行外观、安装状态及机械性能的检查，若发现有缺陷的情况下要进行维修或更换。在动车组三级和四级检修中，需要对转向架进行分解检修。

一、转向架检修工艺流程

1. CRH2型动车组转向架检修工艺流程框图

检修工艺流程如图5.3所示。

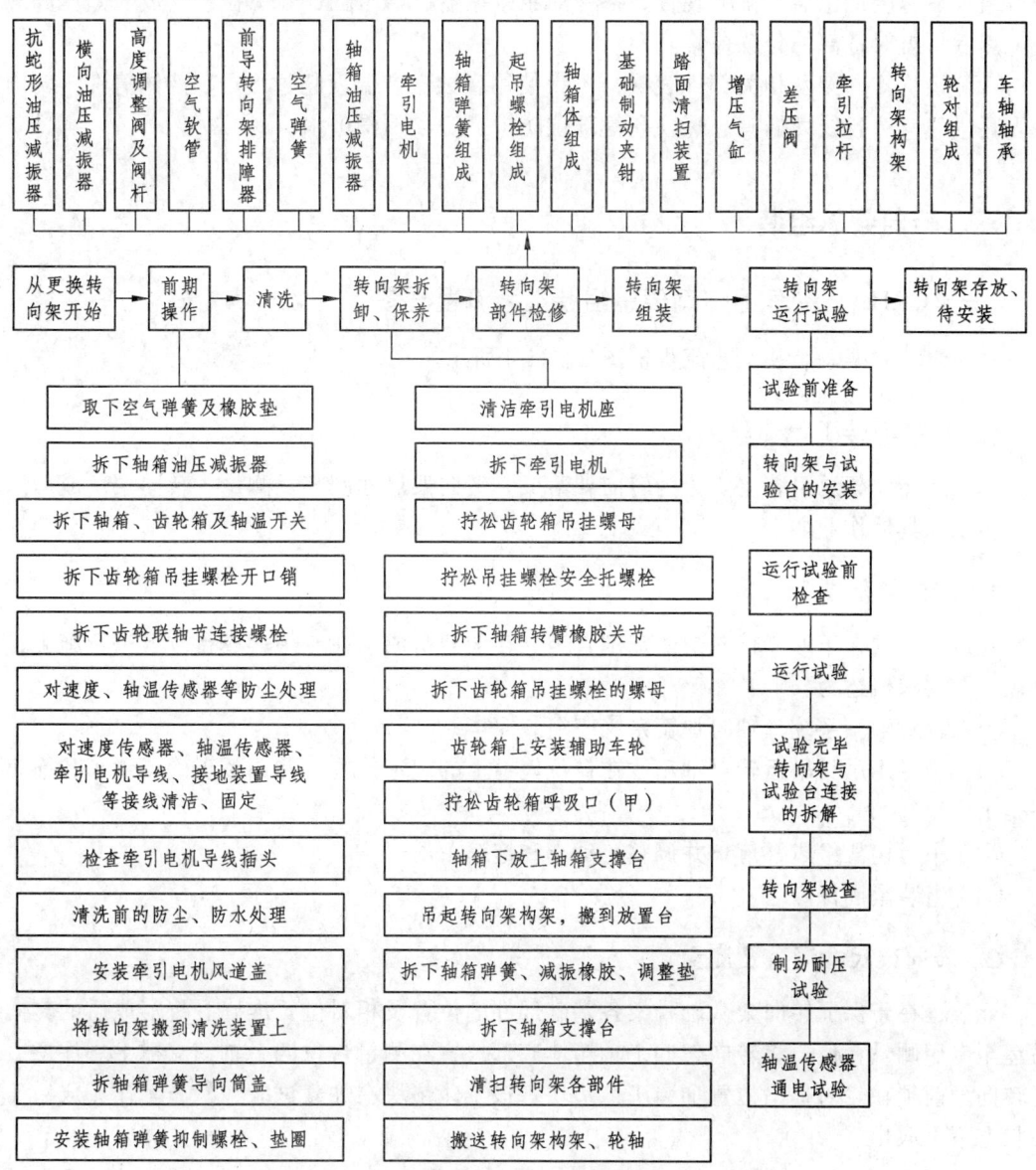

图5.3　CRH2型动车组转向架检修工艺流程框图

2. 流程说明

转向架检修主要过程为:

转向架分解→清洗→零部件检查→保养或修复→部件组装→转向架总组装→转向架试验

二、转向架分解

此过程的目的是把整体转向架分解为各零部件,然后对这些部件进行检修,使其达到规定的技术状态。分解的基本工作内容:

(1)把转向架分解为：构架、牵引电机组成、轴箱组成、轴箱弹簧组成、空气弹簧组成、轮对组成、速度传感器、排障装置、各种油压减振器、增压缸、牵引拉杆组成、差压阀等部件。然后,再对各部件分解检修。

(2)清洗转向架及相关部件表面,不得使用腐蚀性和温度超过60℃液体清洗,转向架各管路进气口、各线缆插头、螺纹孔等部位防护良好,不得进水。

三、转向架总组装

(一) CRH2型动车组转向架总组装工艺流程框图

动车组转向架总组装工艺流程框图如图5.4所示。

(二) 总组装工艺过程

动车组转向架总组装主要分为转向架落成、转向架尺寸调整及测量、转向架落成后组装三个步骤。具体作业如下:

1. 转向架落成

此过程目的在于形成转向架的基础骨架。转向架落成须在专用落成台位上进行施工,施工顺序及要求概述为:

(1)轮对轴箱系统、轴向弹簧系统应组装完毕;

(2)用专用吊具吊运轮对轴箱放在台位轨道上的规定位置,并调整正确(动车和拖车转向架);

(3)吊运构架组成,落车并调整(动车和拖车);

(4)组装紧固件。

2. 转向架尺寸调整及测量

此过程在于保证转向架基础骨架各基础部件的位置及相对位置准确。将落成后的转向架吊运至专用测量台位,将转向架四个轴箱体底部放置在测量台位四个轴箱支撑上。注意,吊运转向架前须在轮对提吊位置加装工艺垫块。该工艺垫块在加载试验、检查工作完成后(加载状态下)取出。

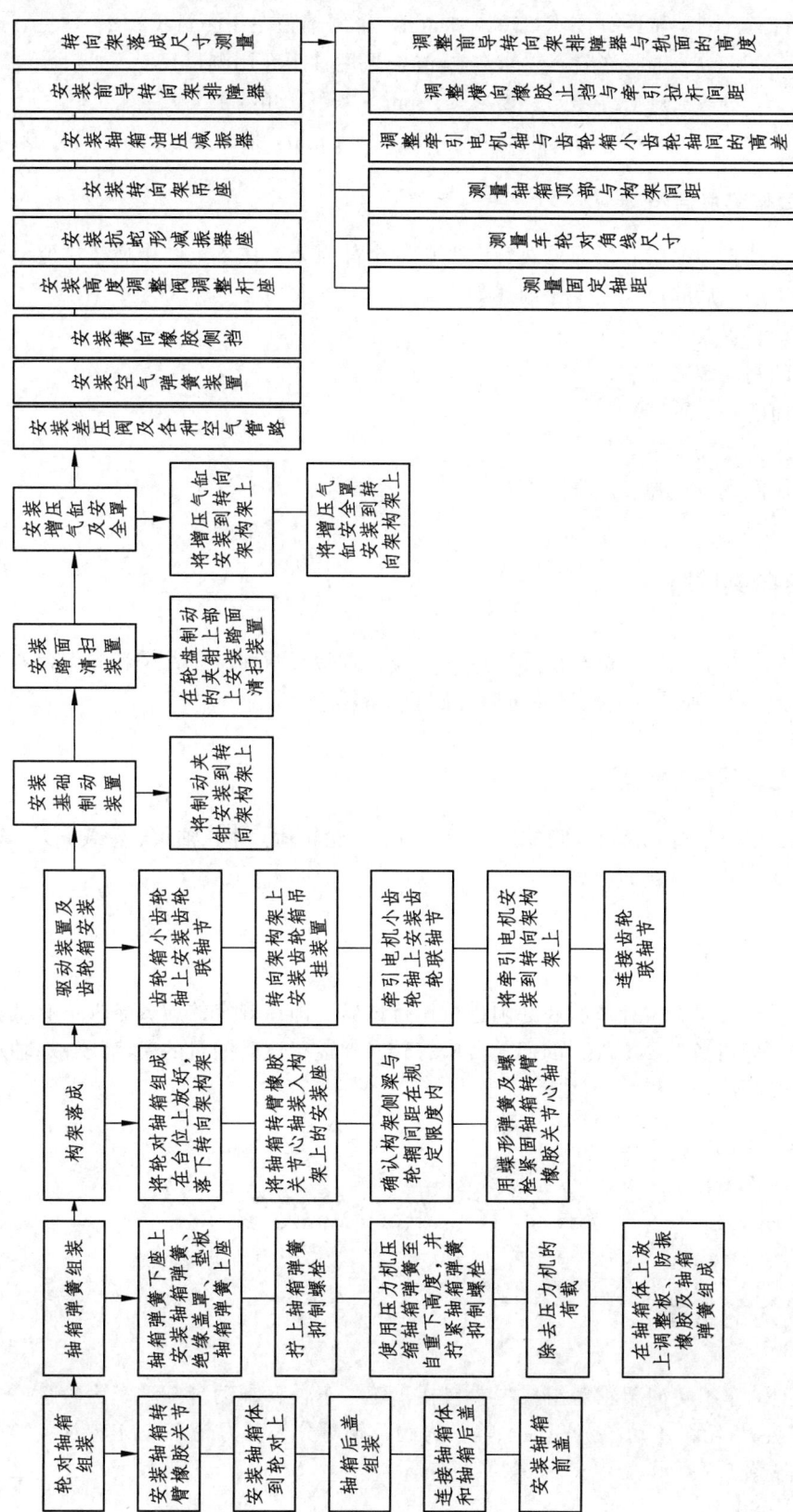

图 5.4 动车组转向架总组装工艺流程

检测项目有：（1）轴距，要求 2500±1 mm，采用轴距专用测量尺；

（2）轴距之差，要求≤1 mm，采用轴距专用测量尺；

（3）对角线之差，要求≤1 mm，采用对角线测量尺；

（4）轮对与构架距离之差，要求≤1 mm，采用 203.5 mm 尺寸专用测量尺。

3. 转向架落成后组装

转向架基础骨架形成后，即可对转向架进行全部组装。在 5.4 图中属于"驱动装置及齿轮箱安装"工序以后的过程。工序简述如下：

（1）驱动装置及齿轮箱安装；

（2）基础制动装置安装；

（3）踏面清扫装置安装；

（4）增压缸及安全罩安装；

（5）差压阀及空气弹簧的安装等。

四、转向架试验

转向架全部组装完成后落车前需要进行试验，试验有两种，一种是转向架台架试验（静态调整试验）；另一种是转向架运用试验（跑合试验）。

（一）转向架台架试验

试验在台架上进行，台架试验的主要项目有：车轮轮荷（计算轴重、轮载偏差、轴重差）、车轴平行度及构架至钢轨的距离。

（二）运用试验

转向架经过台架试验合格后还必须进行运行试验。即在规定的加载条件下有试验台轨道轮驱动车轮进行相当于 240 km 的回转实验，转向架运行试验的目的是确认轴箱轴承发热状况、齿轮箱温度计转向机振动情况。

第二节　轮对的检修

一、轮对的组成

CRH2 型动车组转向架轮对组成主要包括车轮、车轴、制动盘（动车为轮盘形式、拖车为轴盘形式）、齿轮箱（动车）及轴承等。为此，轮对分为动力轮对（M 轮对）和拖车轮对（T 轮对），如图 5.5 所示。

第五章 动车组转向架检修

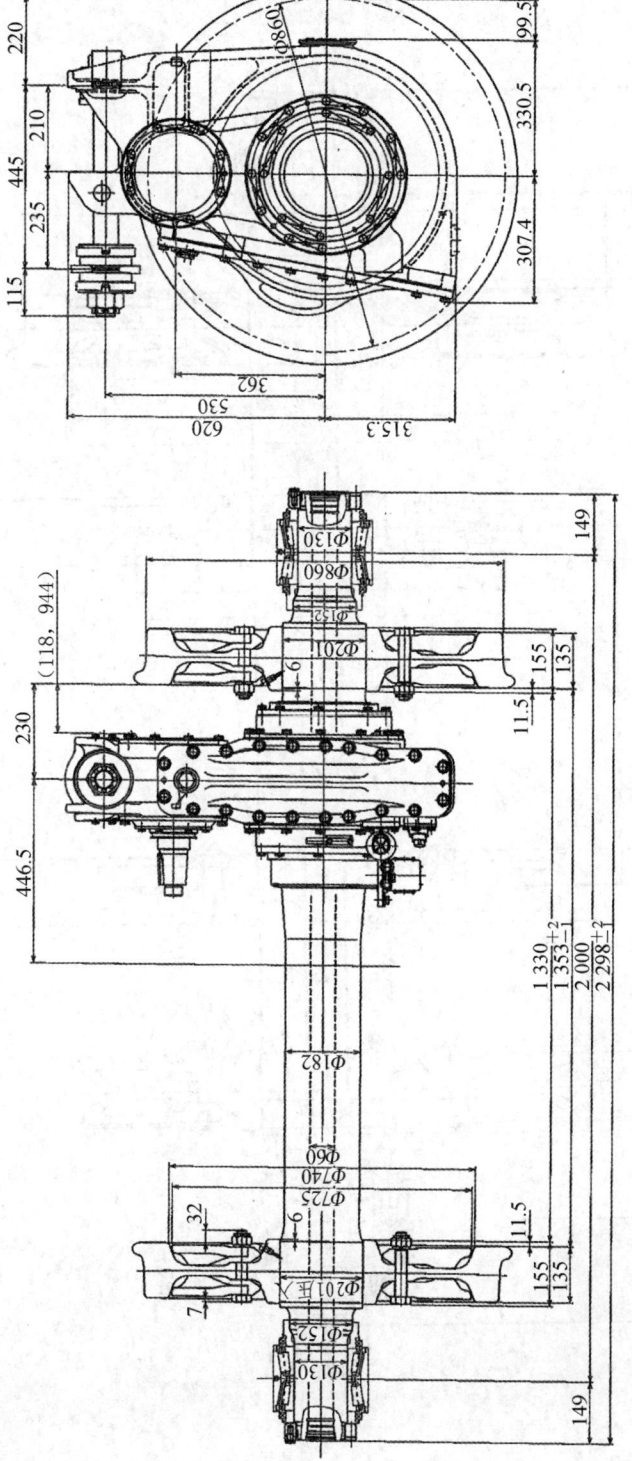

(a) 动力轮对

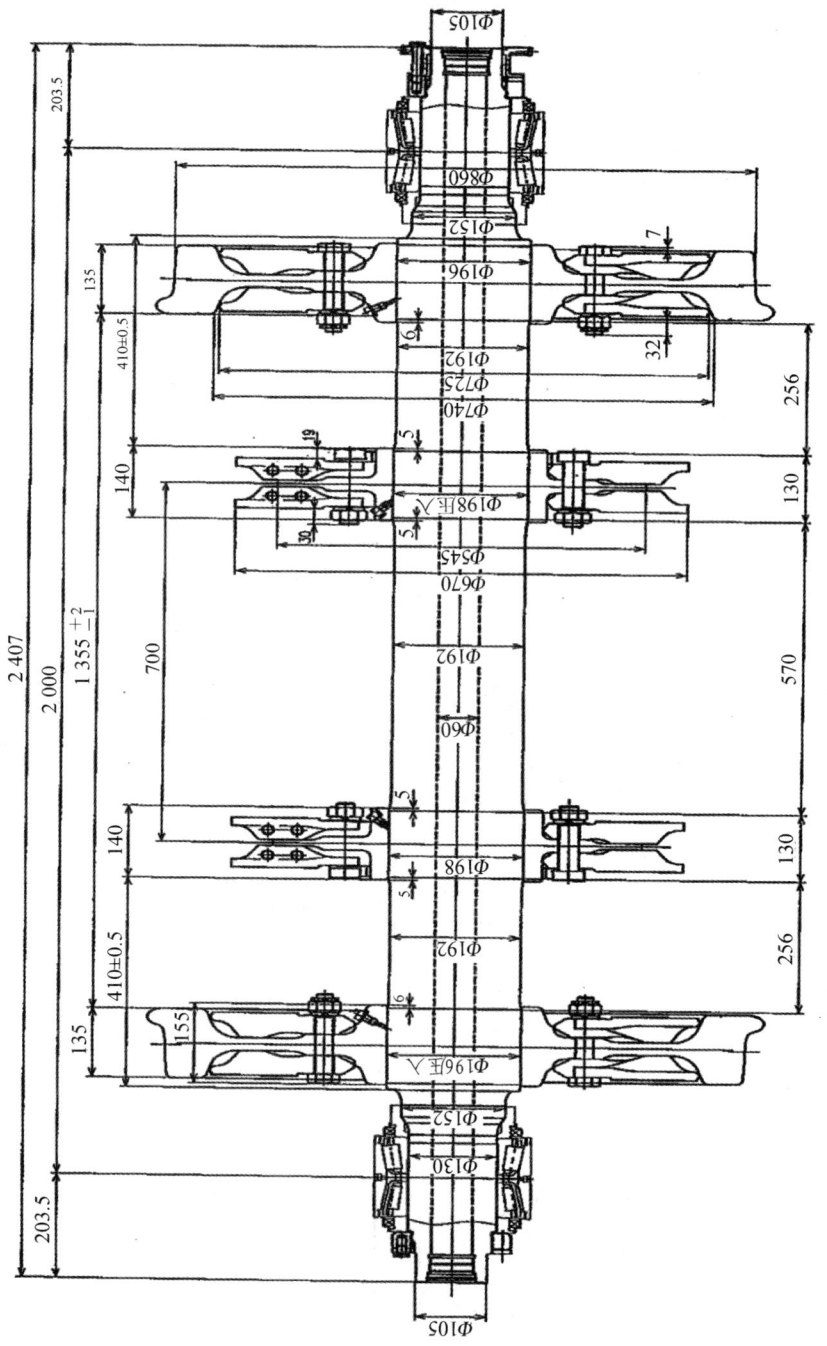

（b）非动力轮对

图 5.5 轮对结构

二、轮对的检修

通过对转向架的分解，轮对组成已分解出来。对轮对组成实施检修时一般需要将车轮进行退卸，分别对车轴、车轮、轮盘（轴盘）进行检修。

1. 车 轴

（1）清除轮对组表面锈垢及车轴轴身表面油漆，轴身擦伤深度不大于 0.1 mm，撞伤深度不大于 0.3 mm，超限时须更换车轴。车轴擦伤、撞伤未超限时，允许使用 120# 以上砂纸打磨去除毛刺、凸点，严禁使用电、风动打磨工具打磨车轴表面。车轴表面（包括车轴轮座、盘座部位）禁止焊修，同时禁止任何形式的机械加工。

（2）车轴轮座划伤深度不大于 0.15 mm 时，清除凸点、毛刺，打磨后划伤深度须小于 0.1 mm；轮座划伤深度大于 0.15 mm 时用 120# 以上砂纸打磨，打磨后划伤深度须小于 0.15 mm，划伤宽度超过 2 mm 时打磨后划伤宽度须大于其原划伤宽度的 2 倍；车轴轮座划伤深度大于 0.3 mm 时须更换车轴。

（3）车轮退卸后若车轴轮座表面存在连续黏熔时，须更换车轴。

（4）车轴轴颈或防尘板座存在表面锈蚀、毛刺、毛边、划伤等缺陷时，可用 180# 以上细砂纸蘸油打磨，打磨后允许有轻微痕迹。轴颈上在距防尘板座端面 50 mm 以外部位，存在的纵向划痕或擦伤深度不超过 0.2 mm，凹陷总面积在 10 mm^2 以内且其深度不超过 0.1 mm 时，均可清除毛刺后使用。轴颈上在距防尘板座端面 80 mm 以外部位，如存在深度均不超过 0.1 mm 的横向划痕时，可用油石和 180# 以上细砂纸打磨光滑，经探伤确认不是裂纹时可使用；轴颈上距防尘板座端面 80 mm 以内部位，不允许存在横向划痕；防尘板座上存在的纵向划痕或擦伤深度不超过 0.2 mm，凹陷总面积在 10 mm^2 以内且其深度不超过 0.1 mm，均可清除毛刺后使用。

（5）轮对组空心车轴须进行超声波探伤检查，防尘板座、轮座、齿轮座、轴盘座、轴身等部位表面不得存在超过深 1 mm、长 10 mm 的横向裂纹，裂纹超限时更换车轴。车轴探伤后向空心部位喷 5~10 mL 气化性防锈剂并及时密闭处理。

（6）车轴外露表面须进行磁粉探伤检查，车轴各部分均不允许存在横向裂纹、横向发纹和纵向裂纹，探伤前将车轴表面须将油漆清除干净，轴身表面存在纵向发纹时允许用砂纸打磨消除，打磨深度不大于 0.3 mm，车轴各圆弧部位不得存在裂纹和发纹。

2. 车轮、轮盘

（1）车轮的退卸和压装均采用注油方式，油压推荐值为 110~140 MPa。

① 当轮盘因磨耗、裂纹等原因报废时，其匹配的原车轮相应报废。

② 车轮内孔表面存在划伤使用 120# 以上砂纸打磨去除凸点，毛刺后使用。

（2）轮对组装时，轮毂孔与轮座、盘毂孔与盘座须在相同环境下同温 8 h 后进行测量、选配和组装。

（3）车轮、制动盘与车轴配合过盈量 $I = D \times E$（D 为车轴配合处直径，E 为过盈量比），其过盈量比见表 5.1。

（4）轮对组装前，轮座、盘座表面及轮毂孔、盘毂孔内径面须洁净，在车轴轮（盘）座装配面前端和轮毂口 60 mm 处均匀涂抹专用润滑油。

表 5.1 过盈量比   单位：mm

压装部件	过盈量比 标准值（10^{-3}）	最小值（10^{-3}）	最大值（10^{-3}）
车轮	1.4	1.0	1.5
制动盘（T）	1.2	1.0	1.4

（5）组装车轮、制动盘时，车轴纵向中心线与压力机活塞中心线须保持一致，车轴纵向中心线与轮毂、盘毂内侧平面相垂直。

（6）轮对组装压力按照轮（盘）毂孔直径计算，其压装力按表 5.2 执行。

表 5.2 直径每 100 mm 的压入力   单位：kN

轴的种类	整体轧制车轮	带轴盘盘体
拖车轮对	395 以下	345 以下
动力轮对	440 以下	—

（7）车轮（制动盘）压装时压入速度为 100～200 mm/min，注油压入过程中压力不能有急剧变化，其压装曲线仅供参考。

（8）车轮（制动盘）压装后放置 2 h 以上后按表 5.3 所示的检压力进行检压试验，检压时车轮（盘）无位移，检压前后轮对内侧距无变化。

表 5.3 直径每 100 mm 的检压力   单位：kN

轴的种类	整体轧制车轮	带轴盘盘体
拖车轮对	295 以下	245 以下
动力轮对	345 以下	—

3. 制动盘

（1）制动盘外观检查状态良好，无贯穿裂纹，轮盘、轴盘裂纹沿半径方向长度不超过 70 mm，超限更换。

（2）轴制动盘各连接螺栓无松动，止转垫片无丢失、折损。

（3）制动盘磨耗限度见表 5.4，超限更换。

表 5.4 制动盘磨耗量（单侧）

类别	设计尺寸/mm	四级修程限度/mm	最低磨耗限度/mm
动车轮盘	21	≥19	18
拖车轮盘	15	≥11	9
拖车轴盘	16	≥13	11

（4）制动盘表面局部凹陷深度不超过 1 mm，制动盘偏磨最高点和最低点之差不大于 1.5 mm，超限时允许加工修整盘面。

（5）T 车轴制动盘为分体盘结构，更换新盘时按照原有的组装相位用 569 N·m 的扭矩安装，最终组装相位根据动平衡试验结果调整安装，正常检修时原则上不分解。

（6）单个车轮及轮盘需做静平衡，根据两者静平衡数值合理选配后组装。

4. 轮对组装要求

（1）车轮踏面及轮缘须按 LMA 型踏面外形进行踏面镟修，镟修时须将车轮踏面及轮缘的裂纹、缺损、剥离、擦伤、局部凹下等缺陷加工消除，镟修后车轮直径不得低于 815 mm；车轮踏面及轮缘加工后表面粗糙度 R_a 应不大于 12.5 μm；轮对组镟修后还应满足下列要求：同一轮对车轮直径差不大于 0.5 mm；同一个转向架车轮直径差不大于 3 mm；同一辆车车轮直径差不大于 3 mm；同一车辆单元间车轮直径差不大于 40 mm。

（2）轮对组检修后，车轮内侧面端面跳动不超过 0.6 mm；踏面径向跳动不超过 0.3 mm；轮缘厚度不小于 30 mm；轮对内侧距任三点测量均须在 $1\,353^{+2}_{-1}$ mm 范围内。

（3）轮对组均须进行动平衡试验，残余动不平衡允许量不超过 50 g·m，超限时退轮调整相位或换轮（盘）调整。

（4）轮对组检修合格后须按《附件 O：CRH2A 型动车组轮对组装轴端标记刻打规定》刻打检修标记，并在轴身表面、车轮轮辋两侧面及轮毂表面喷涂油漆。

第三节 轴箱装置检修

CRH2 型动车组采用转臂式轴箱定位装置。轴箱装置主要由速度传感器、轴承温度传感器、轴箱体、轴箱压盖、前盖、后盖、轴承单元等组成。

图 5.6 所示为一系轴箱悬挂及轴箱装置。

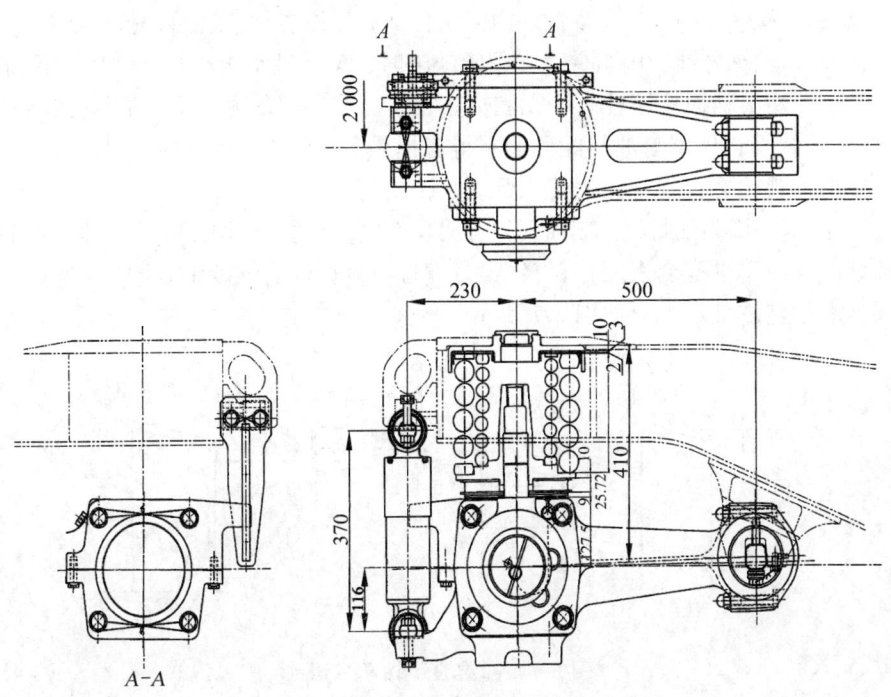

图 5.6 一系轴箱悬挂及轴箱装置

将轴箱装置分解为速度传感器、轴承温度传感器、轴箱体、前盖、后盖、轴承单元等，然后进行检修，具体检修过程如下：

一、轴箱体

（1）表面清除锈污后进行外观检查，非加工面不得存在明显损伤，若轴箱体螺纹孔内有毛刺、污垢时须清除。

（2）轴箱体内孔加工面纵向擦伤或划痕深度不超过 0.5 mm 时允许将边缘棱角消除后使用，局部锈蚀（磨耗）深度不得超过 0.2 mm，超限时更换，内筒表面有锈垢需清除，但允许留有除锈后的痕迹。

（3）压盖与节点接触表面不得存在明显损伤，油漆脱落时找补，其定位销存在损伤时更换。

二、轴箱前盖

轴箱前盖与轴箱体装配面不得有电蚀，前盖表面外观目视检查不得存在裂纹和破损，表面伤痕深度不超过 5 mm 时消除锐棱后使用，超限时更换。

三、轴箱后盖

轴箱后盖与轴箱体装配面不得有电蚀，金属迷宫槽部位不得有凹陷、变形，有锈蚀、毛刺、尖角、锐棱时须消除。

四、轴承单元

（1）表面清洗后外观检查，轴承外圈外表面不得存在剥离、电蚀、裂纹等缺陷，表面锈蚀及划伤时使用细砂纸打磨处理。

（2）轴承分解检修，挡油环、外圈、内圈组件、后挡圈各件清洗后进行外观检查，油封及防磨垫圈须更换；轴承外圈、内组件存在超限缺陷时，整套轴承报废，挡油环、后挡圈除外。

① 外圈、内圈滚动面及滚柱表面无剥离、裂纹、破裂、黏附，无严重的擦伤、压痕、锈蚀麻点、变色等缺陷；外圈与油封配合处不得有损伤。

② 保持架外观状态良好，无磨损、开裂、击伤等缺陷。

③ 挡油环、后挡圈与油封配合表面不得有明显伤痕，有锈迹时用 280# 以上细砂纸打磨消除。

④ 轴承内圈与车轴配合表面存在轻微划痕时用 280# 以上细砂纸打磨去除。

⑤ 圆锥滚子整体轴承术语如图 5.7 所示。

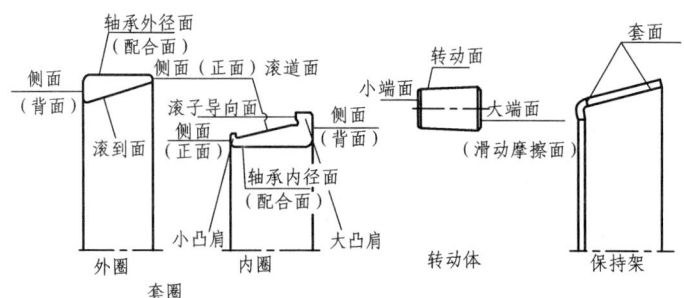

图 5.7 圆锥滚子轴承术语

⑥ 轴承外观判定标准按照表 5.5 内容执行。表中带符号"×"的缺陷轴承不能再使用，带符号"⊙"的缺陷轴承表示修复后可以再次使用，但缺陷严重者不能再使用。

表 5.5 圆锥轴承外观判定标准

缺陷名称	套圈（轴承内、外圈） 滚道面	套圈 滚子导向面、保持架导向面	套圈 配合面、轴承内径面及外径面	套圈 其他	转动体（滚子） 转动面	转动体 端面的滑动摩擦面	转动体 其他	保持架 套面及导向面	保持架 其他
麻 点	⊙				⊙				
表面剥落	×				×				
缺 口	×	×	×	⊙	×	×	⊙		
裂纹、龟裂	×	×	×	×	×	×	×	×	×
划 伤	⊙	⊙	⊙	⊙	⊙	⊙	⊙	⊙	⊙
黏 附	×	⊙	⊙	⊙	×	×	×	⊙	
压痕、划痕	⊙	⊙	⊙	⊙	⊙	⊙	⊙	—	
磨 耗		⊙	⊙	⊙	⊙	⊙	⊙	⊙	
摩 擦	⊙								
蠕 变			⊙	⊙					
变 色	⊙	⊙	⊙	⊙	⊙	⊙	⊙	⊙	⊙
锈 蚀	⊙	⊙	⊙	⊙	⊙	⊙	⊙	⊙	⊙
电蚀、梨皮	⊙				⊙				
蹭伤、擦伤	⊙	⊙							
发热胶着	×	×	×	×	×	×	×	×	×

⑦ 轴承外圈、内圈制造日期、制造编号须一致，严禁混装；挡油环、后挡圈及油封可互换使用。

⑧ 轴承组装前须按表 5.6 要求进行检测、选配，并按规定涂写标记。

表 5.6 轴承组装前检测项目　　　　　　　　　　　　　单位：mm

序号	检测项目	质量要求（新造）	质量要求（检修）
1	轴承内圈内径尺寸	$\phi 130_{-0.025}^{0}$	$\phi 130_{-0.0031}^{+0.006}$
2	轴承外圈外径尺寸	$\phi 230_{-0.070}^{0}$	$\phi 230_{-0.078}^{+0.008}$
3	后挡圈内径	$\phi 152_{-0.040}^{0}$	$\phi 152_{-0.050}^{+0.010}$
4	后挡圈外径	$\phi 170_{-0.063}^{0}$	$\phi 170_{-0.063}^{0}$
5	挡油环内径	$\phi 130_{-0.035}^{0}$	$\phi 130_{-0.044}^{+0.009}$
6	挡油环外径	$\phi 170_{-0.063}^{0}$	$\phi 170_{-0.063}^{0}$
7	内圈与轴颈配合过盈量	0.043～0.093	0.043～0.093
8	后挡圈与车轴过盈量	0.100～0.165	0.100～0.165
9	挡油环与车轴过盈量	0.043～0.108	0.043～0.108
10	轴颈外径尺寸	$\phi 130_{+0.043}^{+0.068}$	$\phi 130_{+0.043}^{+0.068}$
11	防尘板座外径尺寸	$\phi 152_{+0.100}^{+0.125}$	$\phi 152_{+0.100}^{+0.125}$

注：表中第 5 项挡油环表面有磷化层（约 3～10 μm），表中数据为磷化前尺寸要求，因磷化层影响检测，该尺寸仅供参考。

⑨ 轴承内注入润滑脂（Shell Nerita 2 858）（240±20）g,其中两列内圈注脂量均为（50±5）g，外圈中央位置注脂量（140±5）g，油封部位涂抹 2~5 g 的油脂。

（3）轴承压装前，车轴轴肩 R 及与后挡圈配合处应涂抹防锈剂，轴颈前部约 1/3 处涂二硫化钼润滑剂；轴承压装时应记录压装过程最大压力值，过程压装力和最大止推力须满足表 5.7 要求（建议采用有打印压力曲线功能的压装设备压装轴承）。

表 5.7 轴承的压装力和最大止推力　　　　单位：kN

项　目	质量要求
压装力	80~220
最大止推力	350

（4）轴承压装后轴承轴向间隙为 0.15~0.62 mm。

（5）安装轴端螺母 M120×4，其安装扭矩为 1 960~2 940 N·m；安装轴端压板，其铰制孔 M12 安装螺栓扭力为 49 N·m。

（6）手动转动轴承，转动灵活无卡阻等异常现象。

五、轴箱组装

轮对轴箱组成的组装要求如下：

（1）外观及涂装检查。

检查各部件是否有磕碰伤、加工面是否存在砂眼等；前盖与轴箱体等异种金属结合面须涂装铬酸锌特种树脂底漆（Zinclight KD-黄色），轴箱体和压盖等件配合安装面涂装防锈涂料 PRIMIGHT S-100（暗绿色）。

（2）轴承、轴箱等件的清洁和测量。

① 用白布蘸酒精清洗轴箱体内孔上的防锈油脂，清理轴箱体螺孔内的油脂；接着用细砂纸（180#）对轴箱体内壁（与轴承装配面处）进行打磨，清除表面多余防锈涂料；然后使用干磨砂纸片进行抛光，消除砂纸打磨痕迹，最后用细白布擦拭干净；并用细圆锉去除轴箱体排油口内存在的油漆。用内径千分表（范围：0~2）测量轴箱体内孔尺寸 $\phi 230^{+0.044}_{+0.015}$ mm，测量轴箱体内孔两个截面，每个截面十字交叉测量两组数据，取平均值记录，如图 5.8 所示。

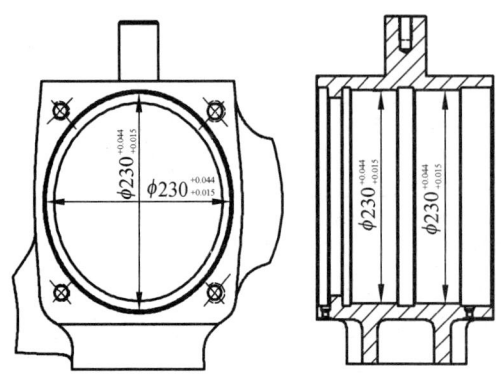

图 5.8 轴箱体内孔尺寸测量

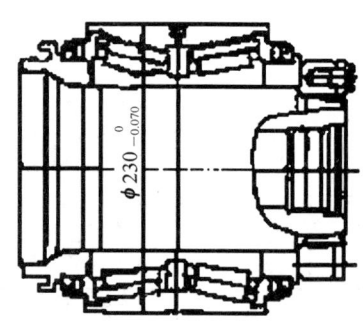

图 5.9 轴承外径尺寸测量

② 用毛刷蘸信纳水或白布蘸酒精清洗轴端齿轮（T车）、轴承等表面油脂，并用白布将其擦拭干净，用外径千分尺（范围：225~250）测量轴承外径尺寸 $\phi 230_{-0.070}^{0}$ mm，测量方式同上（见图 5.9），最后用油刷在轴承圆周面上均匀涂抹一薄层润滑脂（Shell Nerita 2858）。

③ 对于装有 LKJ2000 传感器的轴端（T1、T4车），需要先将轴端压板拆下，记录轴号并用毛刷蘸信纳水或白布蘸酒精将轴端压板内孔清洗干净，然后再将轴端压板组装到原位，紧固螺栓 M12（扭矩为 49.0 N·m），安装前在螺栓螺纹 1/2 圆周部位涂抹螺纹防卡剂（Molykote 1000）。

（3）后盖预组装。

组装前确认成对加工的上下两半后盖配合标记是否一致，无误后将后盖安装在车轴防尘板座处，然后安装舌形垫圈和螺栓 M12×40 并预紧固，将 4 个弹簧垫圈和 M20×55 螺栓分别穿在后盖螺孔内。

（4）轴箱体吊装、后盖组装。

① 用软吊带吊装已压装定位节点的轴箱体，用天车微调将轴箱体慢慢套在轴承端部，然后缓慢地沿轴向推动轴箱体，可用橡胶锤敲击轴箱体外端面直至安装到位。安装过程中，应避免对轴承及轮轴的冲击和损伤。

② 交叉紧固后盖，扭矩为 196 N·m，再紧固后盖 1、2 之间的连接螺栓 M12×40，扭矩为 42 N·m，紧固后用水泵钳折曲舌形垫圈，并用铁丝对螺栓 M20×55 进行防松。

（5）轴箱体前盖组装。

M 车和 T 车轴端无传感器的使用一般前盖，T 车还有 3 种分别对应于 AG37 传感器、AG43 传感器和 LKJ2000 传感器的前盖，组装时不要混装。

（6）速度传感器组装。

T 车有 AG37 速度传感器、AG43 速度传感器和 LKJ2000 速度传感器等三种传感器，组装时不要混装。具体装用位置如表 5.8 所示。速度传感器安装时应测量并调整速度传感器和测速齿轮之间的间隙，满足 AG37（D）型间隙值（1.0±0.3）mm、AG43（E）型间隙值（0.8±0.3）mm。

表 5.8 速度传感器具体装用位置

车型	1 位	2 位	3 位	4 位	5 位	6 位	7 位	8 位
T1	LKJ2000	AG37（D）		AG43（E）		AG43（E）	LKJ2000	AG37（D）
T2		AG37（D）		AG37（D）		AG37（D）		AG37（D）
T3		AG37（D）		AG37（D）		AG37（D）		AG37（D）
T4	LKJ2000	AG37（D）		AG43（E）		AG43（E）	LKJ2000	AG37（D）

（7）轴箱体底面螺栓安装。

除 T1 车 1、2 位，T4 车 7、8 位外，其余轴箱体底面均须安装止转垫圈和特殊螺栓（M20×25）并紧固，扭矩为 175 N·m，紧固后用钢錾和铁锤进行垫圈折曲，并做防松标记。

（8）动车轮对需要向齿轮箱内加一部分润滑油，松开齿轮箱注油口螺堵后，使用加油小桶向内注入铁路 SONIC EP3080 型润滑油约 3.5 L。加油完毕后重新安装螺堵。

（9）轴箱组装后，装配面上仍然外露的涂铬酸锌特种树脂底漆（Zinclight KD-黄色）部位、防锈涂料 PRIMIGHT S-100（暗绿色）部位、防松铁丝及其相连的螺栓、垫圈表面须用面漆进行找补处理。

（10）轴箱组成组装完成后，办理交检、交验手续后方可进行转向架落成组装。

第四节　转向架构架、空气弹簧装置的检修

一、转向架构架

1. 转向架构架基本结构

CRH2 动车组转向架构架分为动车构架和拖车构架两种。构架为焊接钢结构，主体框架呈 H 形，由两侧梁和横梁构成。构架主要由侧梁、横梁、纵向连接梁、空气弹簧支撑梁及其他焊接附件组成。

2. 构架的检修

（1）构架组成表面存在划伤、磕碰伤深度小于等于钢板厚度的 10% 缺陷时，须对缺陷部位进行打磨消除、圆滑过渡；缺陷深度大于钢板厚度的 10% 时须焊修。

（2）构架组成检修时，须对构架组成表面各外露可视焊缝进行外观状态检查，存在裂纹等缺陷时须焊修。构架主体及各安装座之间的焊缝裂纹长度不超过 20 mm、深度不超过 3 mm 时打磨消除后焊修，焊修后表面打磨圆滑并探伤检查。构架各梁腐蚀、磨损深度超过该处原设计厚度的 10% 时焊修，焊缝须打磨并进行磁粉探伤；腐蚀、磨损深度超过该处原设计厚度的 20% 且面积超过 400 mm² 时需更换。

（3）构架横梁与侧梁、电机吊座、齿轮箱吊座、制动吊座的连接焊缝进行磁粉探伤检查，有裂纹时须焊修，焊修后表面打磨圆滑并探伤检查。具体探伤部位如图 5.10 和图 5.11 所示。

（4）构架空气室各组焊部件焊修后须对空气室进行 600 kPa 气压及 900 kPa 水压试验，保压 10 min 不得泄漏。

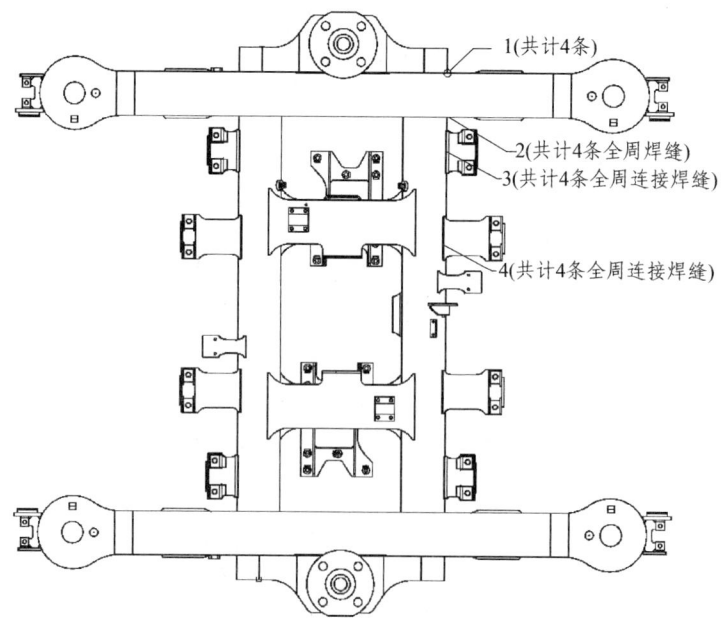

图 5.10　拖车构架组成探伤示意图

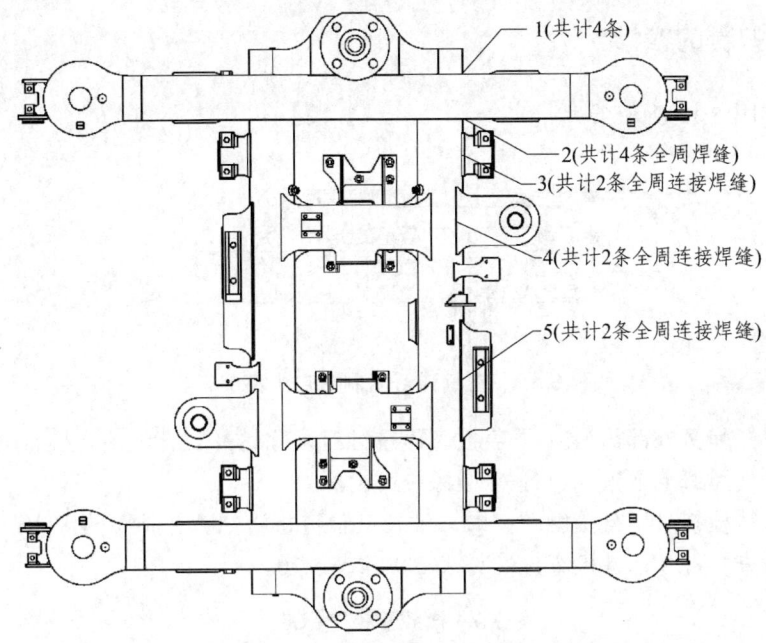

图 5.11 动车构架组成探伤示意图

（5）构架组成横梁与侧梁间焊缝有缺陷焊修后要检查构架尺寸，按表 3.1、表 3.2 所记录的尺寸进行检查记录。

（6）构架组成及安装各部件上外露的螺纹孔须进行外观检查，电机吊座、定位臂、制动安装座、差压阀安装座等关键部位的螺孔存在缺扣、乱丝等缺陷时焊修。

（7）制动夹钳状态修。夹钳本体无漏油，有裂纹时允许打磨修整（最大打磨深度 3 mm），修磨后进行磁粉探伤检查；支持销波纹管安装部位破损长度大于 10 mm 时、其他部位橡胶波纹管有破损时更换；制动闸片剩余厚度动车小于 7 mm、拖车小于 7 mm 时更换。

（8）踏面清扫装置状态修。研磨子安装卡簧状态良好，橡胶波纹管破损时更换，研磨子剩余厚度小于 13 mm 时更换。过滤器堵塞影响正常使用时更换。

（9）清理附加空气室及螺堵内杂物,螺纹存在缺扣、乱丝等缺陷时焊修。

（10）构架表面及零部件组装部位油漆不良时须找补油漆，对探伤部位须刷涂底、面漆。

（11）温度传感器导通状态良好，500 V 兆欧表测量其对地绝缘电阻值须在 0.1 MΩ 以上。

（12）各部件安装螺栓防松铁丝断裂或止动垫片破损时更换，进行扭矩检查；防松铁丝、止动垫片状态良好时，只涂打防松标记。

（13）各管路安装管夹无松动、脱落，组装的各管路无抗磨，油压管路及液压管接头无漏油，不符合要求的管路进行调修或更换。

（14）各配线固定用结扎带绑扎良好，外露密封防水剂脱落、缺损时修复。

（15）温度传感器螺旋软管出现局部破损、断裂等缺陷时，允许用绝缘防水材料处理，三处以上破损断裂时更换。

（16）清理端子箱内部，更换端子箱盖内侧橡胶板。

（17）抗蛇行减振器托架（转向架侧）、横向减振器托架状态修。磕碰伤及锐棱部位打磨消除棱角，圆滑过渡；磕碰伤深度超过板厚 10% 时进行焊修处理，焊修后须探伤检查。

二、空气弹簧的检修

空气弹簧如图 5.12 所示。

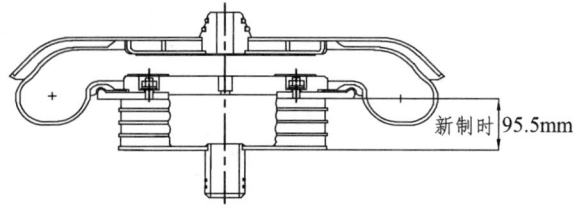

图 5.12 空气弹簧新制时自由高度

（1）清除空气弹簧外部污垢，上下盖板表面锈蚀时须除锈并找补油漆。
（2）更换空气弹簧上下进气口处 O 形橡胶密封圈。
（3）空气弹簧检修时不得接触酸、碱、油及其他有机溶剂，并须距热源 1 m 以上。
（4）外观检查，各零部件检查标准见表 5.9 和表 5.10。

表 5.9 橡胶囊检查标准

序号	名称	故障说明	检查标准	备 注
1	脱层	橡胶（特别是外层橡胶）和帘线之间剥离。使用初期容易发生 1 mm 厚度橡胶的凸起，成为拳状，如果继续使用，可能导致破裂	① 露出帘线的更换；② 脱层超过 30 mm × 20 mm 的更换	脱层
2	裂纹（鳞片状）	胶囊（特别是外层橡胶）沿着上盖及橡胶座接触部附近圆周方向的鳞片状伤痕。初期呈细微伤痕的分散状态，之后变为连续的剥离状态	① 露出帘线的更换；② 裂纹深度超过 1.5 mm 时更换，与裂纹长度无关	鳞片状裂纹
3	裂纹（竖向）	胶囊（特别是外层橡胶）产生的竖向剥离状裂纹。多数发生在橡胶囊厚度不均的位置及外层橡胶的重叠部	① 露出帘线的更换；② 裂纹深度超过 1.5 mm 时更换；③ 裂纹长度超过 50 mm 的更换	底板裂纹
4	磨耗	胶囊外层橡胶与橡胶座、上盖的摩擦耗损	露出帘线的更换	
5	外伤	外层橡胶因异物打击、摩擦或其他原因产生的伤痕	① 露出帘线的更换；② 裂纹深度超过 1.5 mm 时更换；③ 裂纹长度超过 50 mm 的更换	
6	空气泄漏	在运用中产生空气泄漏	更换。组装后发现空气泄漏应分解并更换相关零部件	

表 5.10　上盖板、橡胶座、橡胶堆检查标准

序号	名称	故障说明	检查标准
1	脱胶	与金属件黏着面剥离	① 脱胶长度超过 100 mm 时更换，与脱胶深度无关； ② 脱胶未超限时，对脱胶部位黏结处理
2	磨耗	与橡胶囊接触部位磨损	磨耗深度超过 1.5 mm 时更换
3	龟裂	表面发生龟裂裂纹	① 龟裂深度超过 5 mm 时更换； ② 龟裂长度超过 50 mm 且深度超过 3 mm 时更换

（5）检查空气弹簧胶囊内表面，检查标准见表 5.9 和表 5.10。

（6）气密性试验：空气弹簧保持在工作高度 200 mm，在常温下充气至 500 kPa，保压 10 min，气压下降值不大于 10 kPa 或浸入水中无连续气泡出现。

（7）空气弹簧保持工作高度 200 mm，充气至 735 kPa 的压力，保持 3 min，确认空气弹簧各组成零部件无异常。

（8）在无负荷不充气的状态下进行测量空气弹簧橡胶堆的高度，橡胶堆高度减小超过 10% 时须更换橡胶堆（新制时 95.5 mm）。

本章小结

本章结合现场介绍了动车组转向架高级修的检修工艺过程。第一节概要地介绍了转向架检修工艺流程，并主要介绍了转向架分解、组装及试验检查的内容；第二节主要介绍了轮对的检修工艺过程；第三节介绍了轴箱装置的检修工艺过程；第四节讲述了构架及空气弹簧的检修工艺过程。本章学习应具有转向架结构的知识基础，通过理论教学与实践操作相结合的教学模式方式会取得更好的学习效果。

复习思考题

5.1　简述动车组转向架的检修工艺流程。

5.2　试述转向架分解的工作内容。

5.3　试述转向架总组装的过程。

5.4　试述转向架试验的种类及各类试验的项目。

5.5　简述动车组轮对车轴的检修过程。

5.6　简述动车组制动盘的检修过程。

5.7　简述动车组轮对的组装要求。

5.8　简述动车组轴箱轴承的检修过程。

5.9　简述动车组轴箱的组装过程。

5.10　简述转向架构架、空气弹簧装置的检修过程。

第六章 三相异步电机检修

电机是电能与机械能相互转化的一种转换装置。动车组所用电机的类型和数目较多，在这些电机中，三相异步电机的应用最为广泛，如牵引电机。牵引电机是动车组最为重要和典型的电机。电机在运用中可能会发生故障，如何正确判断其故障发生的原因，并找到合理的处理方法；如何对电机进行维护、保养和检修，这些都是对于从事动车电机检修人员必须掌握的内容。

本章主要介绍以下内容：三相异步电机常见的主要故障、原因及其处理方法；三相异步电机的解体与装配的工艺过程；CRH2动车组牵引电动机三级、四级检修的内容、工艺、要求及试验。

第一节 三相异步电机的主要故障

三相异步电机故障通常可分为电气故障和机械故障两个方面，比较常见的故障有：

一、电机缺相运行

（1）表象特征：缺（断）相运行。三相异步电动机在运行过程中，断一相电源线或断一相绕组就会形成缺相运行。如果轴上负载没有改变，则电动机处于严重过载状态，定子电流将达到额定值的1.5倍甚至更高，时间稍长电动机就会被烧毁。

缺相运行，其绕组特征是很明显的，拆开电机端盖，会看到电机绕组端部的1/3或2/3的极相组烧黑或变为深棕色，而其中的一相或两相绕组完好或微变色。

（2）原因：主要是线路和电机引线连接有浮接现象，引起接触电阻大，使连接处逐步氧化而造成断相。

（3）处理方法：重绕电机绕组。

二、匝间短路

（1）表象特征：绕组中相邻两条导线之间的绝缘损坏后，使两导体相碰，即为绕组短路。发生在两相绕组之间的绕组短路称为相间短路。发生在同一相绕组中的绕组短路称为匝间短路。无论是匝间短路或相间短路，都会使得某一相或两相电流增加，引起局部发热，使绝缘老化，缩短电动机的使用寿命，甚至损坏电动机。

在线圈的端部，就能够清楚地看到线圈的几匝或整个线圈，甚至一个极相组烧焦，烧焦部分呈裸铜线，其他均完好。一般情况下保护电器动作，起保护作用。

（2）原因：主要是嵌线质量不高或机械磨损，造成本相绕组中导线绝缘损伤，引起匝间短路。

（3）检查。

① 排除法。当发生上述故障时，首先要检查电动机电源电缆对地绝缘和相间绝缘情况是否完好，如电缆对地绝缘或相间绝缘为零，要及时更换电缆；或检查电动机。

② 直流电阻测试法。将电源电缆摘掉，对电动机的绕组间进行直流电阻测试，若发现绕组间的直流电阻不平衡，即可判断电动机的绕组短路。此时需要重新缠绕电机的绕组或更换绕组。

③ 观察法。打开电机发现绕组有烧坏变黑，可闻到浓浓的焦糊味。

（4）处理方法：可局部修理的，换一个线圈或一组线圈即可。不宜局部修理的，重新缠绕全部绕组。

三、相间短路

（1）表象特征：在短路处发生了爆断，并熔断了很多导线，附近会有很多熔化的铜屑，其他处均完好无损。

（2）原因：主要是端部相间绝缘、双层线圈层间绝缘没有垫妥，在电机受热或受潮时，绝缘性能下降，击穿形成相间短路。也有线圈组间连接套管处理不妥，绝缘材料选用不当等原因。

（3）处理方法：重新缠绕电机绕组，并注意相间绝缘要垫妥，选用合适的绝缘材料。

四、电机接地

（1）表象特征：用兆欧表测试电机绕组与地之间绝缘电阻小于 1 MΩ 以下。

（2）原因：主要是嵌线质量不高，造成槽口绝缘破损；高温或受潮引起绝缘性能降低；电机长时间过载运行；有害气体、粉尘的腐蚀；定子、转子摩擦引起绝缘灼伤；引出线绝缘损坏与机壳相碰；过电压击穿。

（3）检查。

① 观察法。目测绕组端部及线槽内绝缘，观察有无损伤和焦黑的痕迹。

② 兆欧表测试法。通过用兆欧表的 500 V 挡测量每组的绝缘电阻，若读数值很小或为零，则表示该项绕组接地。

③ 同样，通过兆欧表测试法测试电缆故障。

（4）处理方法：从嵌线质量、绝缘材料选用上提高要求。

五、过　载

（1）表象特征：三相绕组全部焦黑。

（2）原因：主要是电机端部电压太低；接线不符合要求，Y、△接不分；机械方面，不注意电机的使用条件和要求；电机本身定、转子间气隙过大，鼠笼式转子铝条断裂，重绕时线圈数据与原设计相差太大等都是造成过载的原因。

（3）处理方法：重绕电机绕组后，再查找原因，并进行针对性处理。

六、电动机轴承过热

（1）表征现象：用温度计法测得滚动轴承温度大于 95 ℃。

（2）原因：轴承润滑脂过多或过少或有杂质；润滑脂装载量不符要求；轴承与轴颈或端盖配合不当（过紧或过松）。

（3）处理方法：调整相关因素。

七、电动机运行中振动过大

主要原因及处理方法：

（1）转子不平衡（如配重螺丝脱落）。应校正，使重心在转子中心轴上。

（2）转轴弯曲。应更换。

（3）安装底座固定不稳，地脚螺丝松动。应重新固定。

（4）笼型转子导条或绕线转子绕组断裂，使负载电流时大时小，产生振动。对铜导条转子作焊补或更换，铸铝转子应更换。

第二节　三相异步电机的解体与组装

一、三相异步电动机的解体

1. 解体前的准备

（1）切断电源，拆开电机与电源连接线，同时做好与电源线相对应的标记，以免恢复时相序搞错。

（2）备齐拆卸工具，特别是拉具、套筒等专用工具。

（3）熟悉电机的结构特点。

（4）测量并记录齿轮与轴台间的距离。

（5）标记电源线在接线盒中的相序、电机的出轴方向及引出线在机座上的出口方向。

2. 解体步骤

（1）卸齿轮。

（2）旋下前后端盖紧固的螺钉，并拆下前轴承外盖。

（3）抽出转子。
（4）卸下前端盖，最后拆卸前后轴承及轴承内盖。

3. 主要部件的解体方法

（1）轴承的拆卸。

① 用拉具进行拆卸。拆卸时拉具钩爪一定要抓牢轴承内圈，以免损坏轴承，如图6.1所示。

② 用铜棒拆卸。将铜棒对准轴承内圈，用锤子敲打铜棒，如图6.2所示。用此方法时要注意轮流敲打轴承内圈的相对两侧，不可敲打一边，用力也不要过猛，直到把轴承敲出为止。

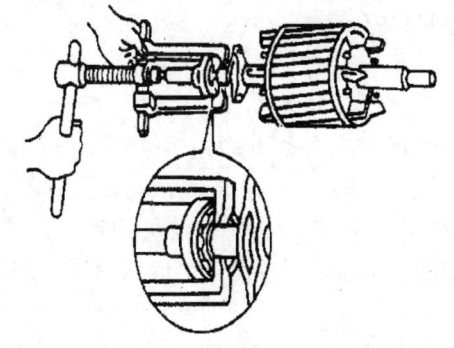

图6.1 用拉具拆卸轴承

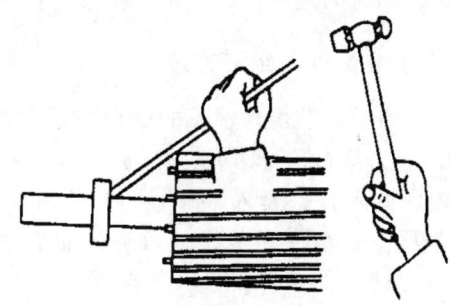

图6.2 敲打拆卸轴承

在拆卸端盖内孔轴承时，可采用如图6.3所示的方法，将端盖止口面向上平稳放置，在轴承外圈的下面垫上木板，但不能顶住轴承，然后用一根直径略小于轴承外沿的铜棒或其他金属管抵住轴承外圈，从上往下用锤子敲打，使轴承从下方脱出。

③ 铁板架住拆卸。用两块厚钢板架住轴承内圈，铁板的两端用可靠支撑物架起，使转子悬空，如图6.4所示，然后在轴上端面垫上厚木板并用锤子敲打，使轴承脱出。

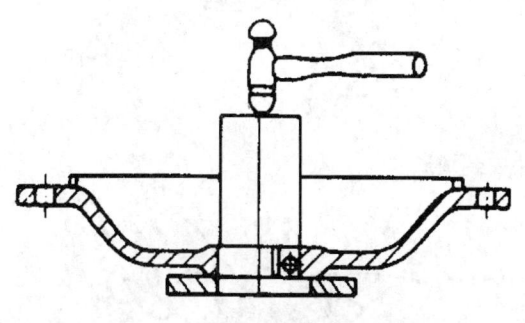

图6.3 拆卸端盖内孔轴承

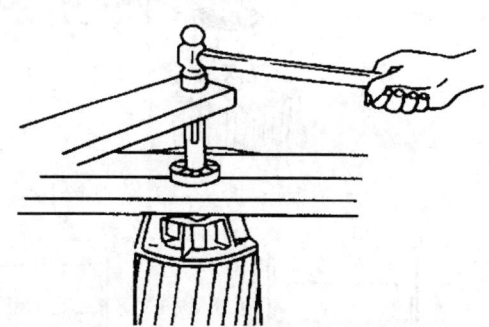

图6.4 铁板架住拆卸轴承

（2）抽出转子。在抽出转子之前，应在转子下面气隙和绕组端部垫上厚纸板，以免抽出转子时碰伤铁芯和绕组。对于小型电机的转子可直接用手取出，一手握住转轴，把转子拉出一些，随后另一手托住转子铁芯逐渐往外移。在拆卸较大的电机时，可两个人一起操作，每人抬住转轴的一端，渐渐地把转子往外移。对于大型的电机必须用起重设备吊出。

二、三相异步电机的组装

1. 组装前的准备

先备齐装配工具,将可洗的各零件用汽油冲洗,并用棉布擦拭干净,再彻底清扫定子、转子内部表面的尘垢。接着检查槽楔、绑扎带等是否松动,有无高出定子铁芯内表面的地方,并做好相应处理。

2. 组装步骤

按拆卸时的逆顺序进行,并注意将各部件按拆卸时所做的标记复位。

3. 主要部件的组装方法

(1)轴承的装配。轴承的装配方法分冷套法和热套法。冷套法是先将轴颈部分擦拭干净,把经过清洗好的轴承套在轴上,用一段钢管,其内颈略大于轴颈直径,外颈又略小于轴承内圈的外径,套入轴颈,再用手锤敲打钢管端头,将轴承敲进。也可用硬质木棒或金属棒顶住轴承内圈敲打,为避免轴承歪扭,应在轴承内圈的圆周上均匀敲打,使轴承平衡地行进,如图 6.5 所示。

热套法是将轴承放入 80~100 ℃ 变压器油中 30~40 min 后,趁热取出迅速套入轴颈中,如图 6.6 所示。

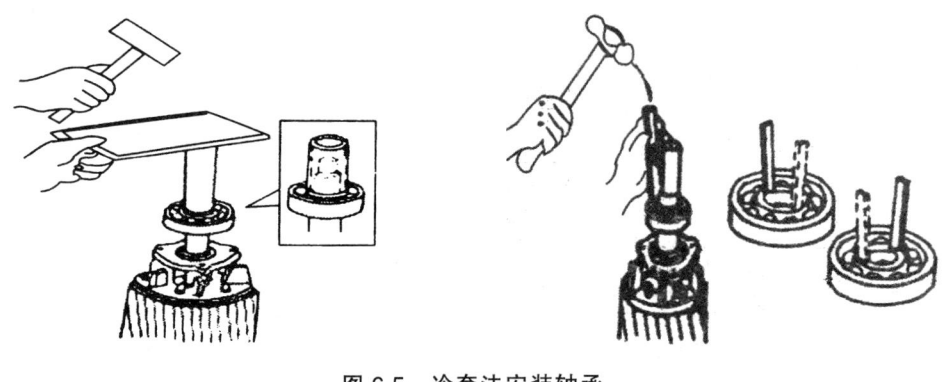

图 6.5 冷套法安装轴承

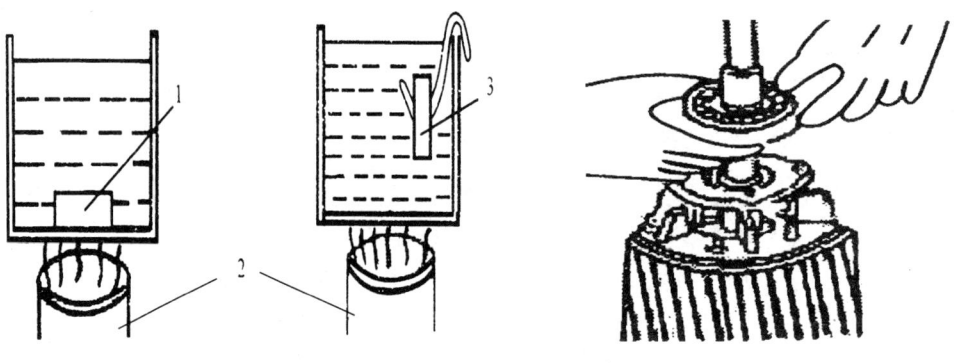

(a)用油加热轴承　　　　　　(b)热套轴承

图 6.6 热套法安装轴承

注意：安装轴承时，标号必须向外，以便下次更换时查对轴承型号。另外，在安装好的轴承中要按其总容量的 1/3~2/3 容积加注润滑油，转速高的按小值加注，转速低的按大值加注。如轴承磨损严重，外圈与内圈间隙过大，造成轴承过度松动，转子下垂并摩擦铁芯，轴承滚动体破碎或滚动体与滚槽有斑痕出现，保持架有斑痕或被磨坏等，都应进行更换新轴承。更换的轴承应与损坏的轴承型号相符。

（2）后端盖的装配。将轴伸端朝下垂直放置，在其端面上垫上木板，后端盖套在后轴承上，用木锤敲打，如图 6.7 所示。把后端盖敲进去后，装轴承外盖。紧固内外轴承盖的螺栓时注意要对称地逐步拧紧，不能先拧紧一个，再拧紧另一个。

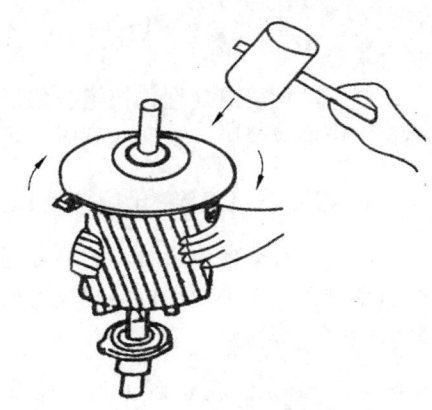

图 6.7　后端盖的装配

（3）前端盖的装配。将前轴承内盖与前轴承按规定加够润滑油后，一起套入转轴，然后在前内轴承盖的螺孔与前端盖对应的两个对称孔中穿入铜丝拉住内盖，待前端盖固定就位后，再从铜丝上穿入前外轴承盖，拉紧对齐。接着给未穿铜丝的孔中先拧进螺栓，带上丝扣后，抽出铜丝，最后给这两个螺孔拧入螺栓，依次对称逐步拧紧。也可用一个比轴承盖螺栓更长的无头螺丝（吊紧螺丝），先拧进前内轴承盖，再将前端盖和前外轴承盖相应的孔套在这个无头长螺丝上，使内外轴承盖和端盖的对应孔始终拉紧对齐。待端盖到位后，先拧紧其余两个轴承盖螺栓，再用第三个轴承盖螺栓换下开始时用以定位的无头长螺丝（吊紧螺丝）。

第三节　三相异步电机的检修

一、三相异步电机常规检修的内容

（1）检查电机各部件有无机械损伤，若有则作相应修复或更换。

（2）对拆开的电机进行清理，清除所有油泥、污垢。清理中，注意观察绕组绝缘状况。若油漆为暗褐或深棕色，说明绝缘已老化，对这种绝缘要特别注意不要碰撞使它脱落。若发现有脱落应进行局部绝缘修复和刷漆。

（3）拆下轴承，浸在菜油或汽油中彻底清洗后，再用干净汽油清洗一遍。检查清洗后的轴承是否转动灵活，有无振动。根据检查结果，确定对润滑油脂或轴承是否进行更换。

（4）检查定子绕组是否存在故障。使用兆欧表测绕组绝缘电阻，绝缘电阻的大小可判断出绕组受潮程度或短路情况。若有，要进行相应处理。

（5）检查定、转子铁芯有无磨损和变形，若观察到有磨损痕迹或发亮点，说明可能存在定、转子铁芯相擦。可使用锉刀或刮刀将亮点刮低。

（6）对电机进行装配、安装，测试空载电流大小及对称性，最后带负载运行。

二、电机绕组的浸漆

电机制造和检修过程中,绕组要进行严格的绝缘处理,以提高绕组机械、电气及其他防护性能。浸漆处理是解体绕组重新组装的关键工序。

(一)浸漆处理的目的

绕组进行浸漆处理,使绝缘漆浸透到绝缘材料内部及导线之间。线圈与铁芯槽壁之间,并在表面形成漆膜,从而达到以下目的:

1. 提高电机绝缘的耐潮性和化学稳定性

潮气和水分使绝缘材料的绝缘强度下降。经过浸漆处理,绝缘漆将纤维材料的毛细管及缝隙填满,并在表面形成一层光滑的漆膜,使潮气和水分不易侵入,灰尘和腐蚀性气体也不能与绕组直接接触。

2. 改善电机绝缘的电气性能

经过浸漆处理后,绕组匝间与绝缘层之间以及绝缘材料内部的空隙均被绝缘漆填满。再经过烘干,形成绝缘性能较好的漆膜。

3. 增加电机绕组的导热能力

未浸漆前绕组中存在着大量的空隙,充满着空气,而空气的热导率只有 $0.025\ W/(m \cdot K)$,导热性很差,影响绕组热量的散出。浸漆处理后,绝缘漆填充绕组的空隙,把空气挤跑,而绝缘漆的导热率为 $0.3\ W/(m \cdot K)$,这就使导热能力大为提高。

4. 提高电机绝缘的耐热性能

浸漆处理后,在绕组表面形成一层漆膜,减少了空气的接触,使氧化过程缓慢,耐热性能得到提高。

5. 加强绕组的机械强度

绝缘漆把绕组各导线黏结成一个坚实的整体,加强了绕组的机械强度。

(二)浸漆工艺与浸清漆

1. 浸漆工艺

(1)普通浸漆。利用毛细作用和浸渍剂微小的静压力使浸渍剂充满绕组空间的工艺方法,称为普通浸漆。这种工艺方法直接将工件浸没在浸渍剂中进行浸漆,很难避免绕组存在没有浸到的小空间,所以只适合于低负荷绕组的浸渍,在机车牵引电机制造检修中基本不采用。

(2)真空压力浸漆。利用真空度对绕组进行彻底干燥,排除内部残留气体。使浸渍过程减小阻力,再通过增大压力强迫浸渍剂充满绕组空间的工艺方法,称为真空压力浸漆。真空和压力是两个过程,每个过程对浸透性都是非常有利的,经过真空压力浸漆后的绕组,各方面性能都有了明显的改善,一次真空压力浸漆的质量已经超过了两次普通浸漆的效果。真空压力浸漆被广泛应用在电机制造业。

2. 对浸渍剂的要求

为了实现浸漆的目的，绝缘浸渍漆必须具备下列性能：

（1）具有良好的浸透性。浸透性是浸渍剂的一个重要参数，它直接影响了工艺的效果，虽然我们已经采取了改进外部环境的办法提高整个系统的浸透性，但对于浸渍剂的浸透性还是有严格的要求。

（2）具有良好的电气绝缘性能。一般要求浸渍漆在 20 ℃ 时的击穿强度不低于 30 kV/mm。

（3）能很好地黏合在组合材料上。浸渍剂必须与各种材料都有良好的结合强度，把必要零件牢固地黏结在一起，实现结构的一体化。

（4）固化时收缩要小。普通有溶剂浸渍漆由于含有大量有机溶剂，固化时溶剂挥发体积收缩较大，固化后留下的空隙较多，使绕组的防潮能力、导热能力、机械强度和电气强度都不是很高，只适用于小容量电机的浸漆。

（5）运用中机械和电气性能稳定。运用中各方面性能稳定是工艺的最终目标。早些时候曾有人尝试用浸渍化合物（主要成分是沥青，通过再处理和添加物提高滴点）作为浸渍剂，但由于其机械强度受温度影响较大，运用中不稳定，最终被淘汰。

（6）化学性能稳定。这里有两方面的含义：一是浸渍剂易于存储；另一个指的是浸渍剂固化后化学性能稳定。

在大容量电机上，常用的浸渍剂均为无溶剂型，主要有环氧树脂、聚二苯醚等。

（三）真空压力浸漆的工艺过程

真空压力浸漆设备如图 6.8 所示。

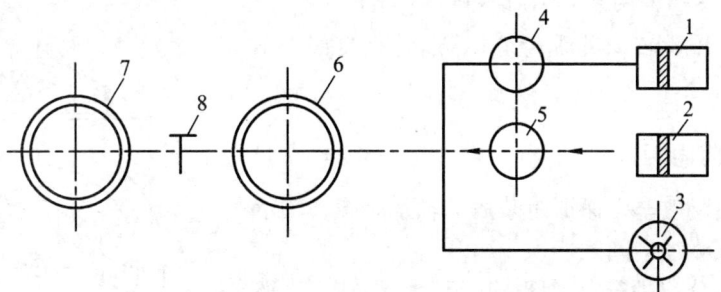

1—真空泵；2—空气压缩机；3—鼓风机；4—冷凝器；5—空气过滤器；
6—浸漆罐；7—储漆罐；8—阀门。

图 6.8 真空压力浸漆管道示意图

（1）预烘。将工件吊入烘干炉，升温至 110～120 ℃，保温 2 h。

（2）入罐。将预烘好的工件吊入漆罐中，密封罐口。

（3）抽真空。开动真空泵，抽出浸漆罐中的空气。剩余压力 0.099～0.1 MPa。

（4）输漆。利用浸漆罐内的真空度，将浸渍漆输入浸漆罐内，漆液面应高于工件浸渍部位，保压 15 min。

（5）排压。开通气阀，破真空。

（6）加压。开动空气压缩机，将过滤的干燥空气打入浸漆罐内。当气压升至 0.5～0.6 MPa 时保压 15 min。

（7）排漆。开排漆阀，利用浸漆罐的余压，将漆压回储漆罐内。

（8）排气。开动鼓风机，将浸漆罐内的挥发物抽出。

（9）开罐。待工件余漆滴干后（从排完漆开始 30 min 左右），撤除浸漆罐的密封。

（10）加热固化。将滴干后的工件吊入烘炉，关好炉门。升温操作中，先低温预热 3 h，温度为 80~100 °C；逐步升高到 120~130 °C，烘焙 10 h 左右（以绝缘电阻稳定为准）。

（11）出炉。为了更好地达到浸漆的目的，牵引电机一般要进行两次浸漆，第一次主要是使浸渍漆渗入到匝间绝缘层内，一般要求浸渍漆黏度较低，浸渍时间可稍长，使之浸透。第二次浸漆目的在于形成漆膜和填充绕组、铁芯、绝缘之间的缝隙，浸渍漆黏度略大，浸渍时间稍短。绕组经过第一次浸漆后，以后的浸漆对匝间几乎没有作用。所以电机在大修中如果不解体绕组，再进行一次压力浸漆即可（只需恢复漆膜，填充缝隙）。

三、电机机械部分的检修

电机的机械部分，如电机轴和轴承等，也是电机的关键部件，机械部分的损伤，同样会影响电机的正常工作。牵引电动机轴承严重烧损时，运用中会使轴承固死，造成机械故障，影响运输。下面主要介绍轴承的检修。

（一）轴承检查

1. 外观检查

仔细检查轴承滚柱及内、外圈，不许有裂纹、剥离、凹坑及过热变色现象，保持架不许有折损、裂纹、飞边，铆钉损坏应不超过总数的 1/3，否则应更换轴承。轴承转动灵活，无卡滞，作用良好，不允许有异声、阻力。

2. 预测径向间隙

为了提高生产效率，保证组装后的轴承间隙，轴承在检修中要求预测径向间隙。

测量采用千分表进行。如图 6.9 所示，将轴承 3 放在平台 4 上，内圈用紧固螺栓 1 固定在平台与压板 2 之间，千分表 5 放在轴承外圈的中心面上，调整百分表使其压缩到适当的刻度。测量时，先将轴承推向离开百分表的位置上，然后再推向千分表，两次读数之差，即为轴承自由径向间隙。

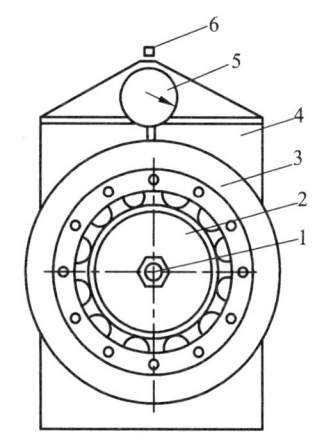

1—紧固螺栓；2—压板；3—轴承；4—平台；
5—千分表；6—千分表调整螺钉。

图 6.9 检查轴承自由状态径向间隙

（二）轴承的修复

1. 轴承的修复

轴承自由径向间隙过小，允许将轴承内圈外径在磨床上加工后选配。轴承外圈与端盖轴承孔的配合间隙应符合要求，若与规定值不符，可镀铬或磨床加工修复。保持架铆钉断裂或松动不超过总数 1/3 时，可更换铆钉或加固后使用。

2. 更换轴承

轴承发生不能修复的损伤时要成套更换，并分别在内、外圈上标明安装日期，下次中修时外圈要转动 90°～120°。更换轴承内圈必须检查轴承内圈与轴径的配合尺寸，选配过盈量应符合技术要求。轴承拆装时，严禁直接锤击，应采用加热的办法，注意加热温度不要超过 120 ℃。检查内圈与轴的接触情况可采用测量接触电阻的方法，一般要求接触电阻值不大于统计平均值的 3 倍。测量接触电阻使用接触电阻检测仪。

四、CRH2 型动车组牵引电机检修

以动车组牵引电机四级检修为例。牵引电机需要分解检修。

1. 检修工艺流程

检修工艺流程如图 6.10 所示。

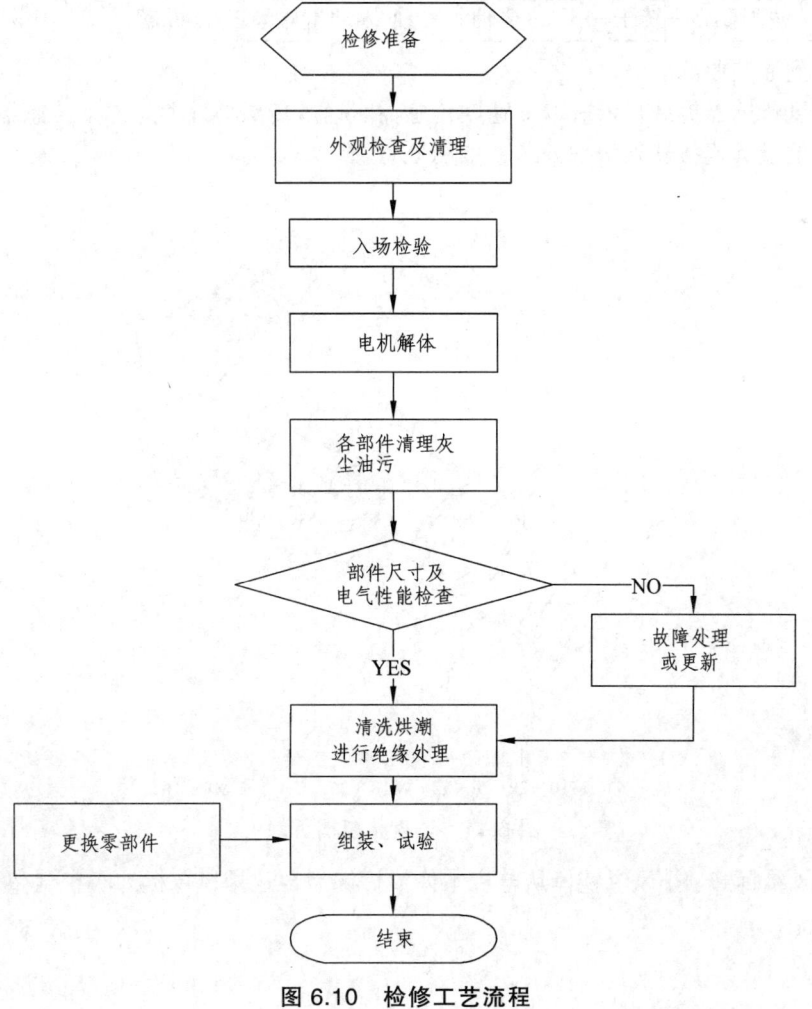

图 6.10　检修工艺流程

2. 牵引电机解体前检查

（1）清洁电机前电机外观检查。在对牵引电机实施检修之前，须对其进行检查并记录其原始状态，将有关情况记录在相应的表格上，并拍摄照片，特别是故障点。清理前检查项点：进风口、出风口、轴伸端、速度传感器及其连接器、电动机转动是否灵活、记录电机编号、定子铁芯、端盖、转轴编号。

（2）清洁电机后电机检查要点。检查记录电机外部各紧固螺栓；检查电机悬挂及机座表面焊接部位；检查电连接器及其电缆；检查电机速度传感器；检查轴承转动的声音；记录电机对地绝缘电阻；记录电机轴承对地绝缘电阻；记录电机定子线圈冷态绝缘电阻；记录电机定子绕组的介质损耗（按照出厂试验测量各电压的介质损耗）；记录电机空转时的振动值；记录电机转子堵转时的电机定子三相电流；记录速度传感器波形及其相位差、电压幅值；记录电机空载电流。

3. 解体牵引电机

该牵引电机在进行解体前须将引电机放置在水平的台面上或地面上。解体时，按顺序：速度传感器→排风罩→转子→传动端轴承→非传动端轴承进行拆解。解体中须对各部件编号，必须做到原装原配。

（1）速度传感器拆卸。依次取下速度传感器、速度传感器外盖、速度传感器座。将取下的转速传感器及其连接器须防护处理，如图6.11所示。

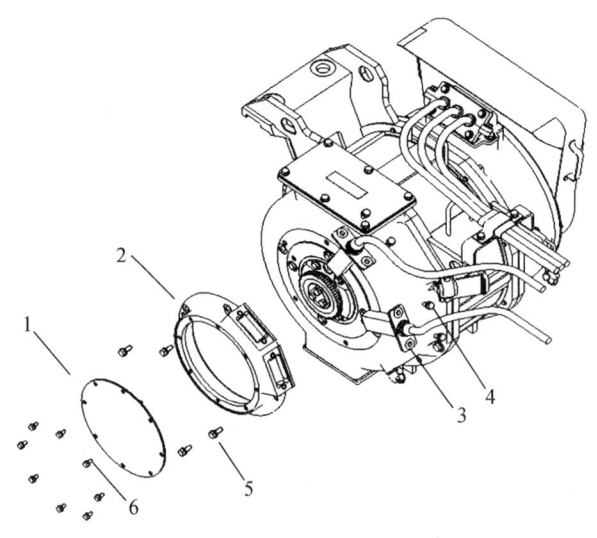

1—速度传感器外盖；2—速度传感器座；3—速度传感器；
4—螺栓M10×20；5—螺栓M10×25；6—螺栓M8×16。

图6.11 速度传感器拆卸

（2）排风罩拆卸。排风罩整体从电机本体上拆卸后再从排风罩拆卸小密封垫、大密封垫，如图6.12所示。

第六章 三相异步电机检修

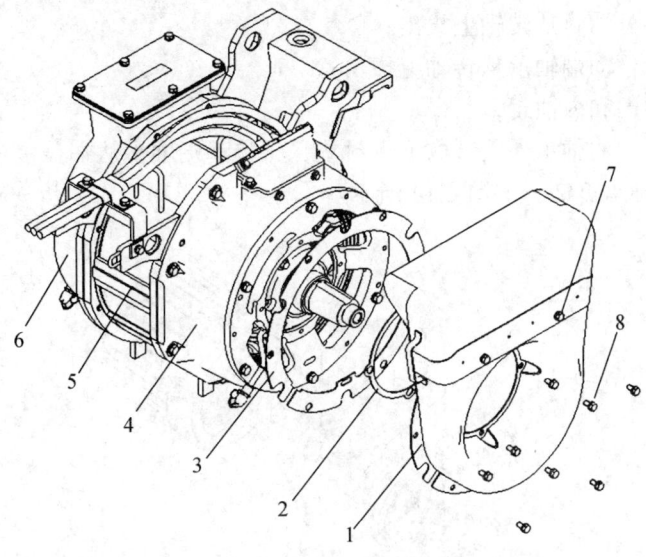

1—排风罩；2—小密封垫；3—大密封垫；4—传动端铝端盖；5—定子；
6—非传动端铝端盖；7—螺栓 M10×105；8—螺栓 M10×25。

图 6.12 排风罩拆卸

（3）转子拆卸。

① 拆卸下非传动端轴承座与非传动端盖间的安装螺栓 M10×45；

② 在转子吊起时，拆卸下传动端端盖的安装螺栓 M12×35；

③ 在非传动端的轴承座的 2 处螺孔中安装 2 个导向螺杆；

④ 将转子从定子中取出。

（4）传动端轴承拆卸（见图 6.13）。

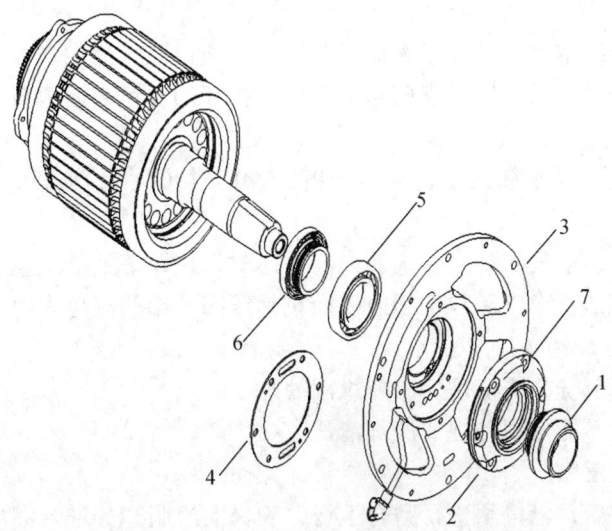

1—外油封；2—轴承外盖；3—端盖；4—密封垫；
5—轴承；6—内油封；7—螺栓 M10×35。

图 6.13 传动端轴承拆卸

① 利用工装将外油封从转轴上拔出；
② 将端盖连同传动端轴承从转轴上拔出；
③ 拔出轴承内圈和内油封；
④ 拆卸下端盖上的轴承外盖，取下密封垫，将传动端轴承从端盖中拔出。
（5）非传动端轴承拆卸，如图6.14所示。

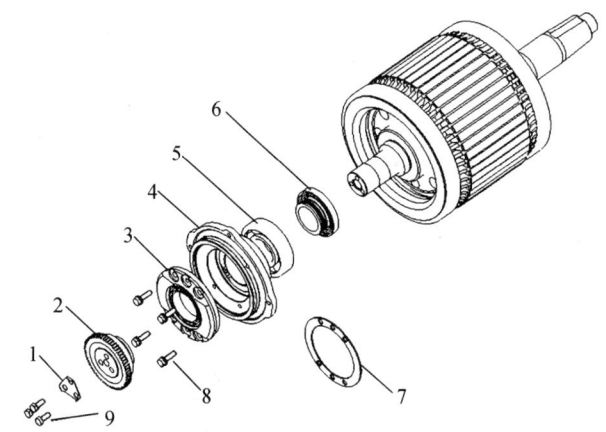

1—止动垫片；2—测速齿盘；3—轴承外盖；4—轴承座；5—轴承；
6—内油封；7—密封垫；8—螺栓M10×35；9—螺栓M10×25。

图6.14 非传动端轴承拆卸

① 拆卸下止动垫片，取下测速齿盘；
② 将轴承座与轴承一同从转子轴上拔出；
③ 拆卸下轴承外盖，将轴承从轴承座中取出。

4. 牵引电机检修

（1）用干燥的压缩空气吹扫转子表面以及铁芯的通风孔等处的灰尘。
（2）转子清洁干净以后，转子表面包括端环、护环的红色表面漆若有脱落，须进行表面漆修补。
（3）须对转子进行动平衡试验，动不平衡量MB-5120-A型为1.3 g，YJ92A和HS34531-06RB型为1 g。
（4）用干燥的压缩空气吹扫定子表面以及铁芯的通风孔等处的灰尘。
（5）定子内部清洁干净以后，定子内表面包括线圈端部的红色表面漆若有脱落，须进行表面漆修补。
（6）定子如采用清洗方式清理，需要烘潮处理。
（7）两侧铝端盖不能使用碱性清洗剂清洗。
（8）更换轴承润滑脂。
（9）充填润滑脂后，电机须进行磨合运行，确保润滑脂充分进入润滑系统的各部位。
（10）清洁速度传感器及测速齿盘。
（11）进风网板和排风罩拆卸后，用干燥的压缩空气吹扫灰尘。
（12）须更换排风罩密封垫。

5. 牵引电机组装

牵引电机在解体后重新组装时，按顺序：非传动端轴承→传动端轴承→转子→速度传感器→排风罩进行。重新组装时须确认各个部件的受损、损耗程度，并确认各个部件上的尘埃已经去除，并按照各部件编号，必须做到原装原配。

装配过程应注意合理控制各紧固件的紧固力矩。

（1）非传动端轴承装配。

① 按照规定润滑脂在轴承座、轴承、轴承外盖填充油脂。将轴承压进轴承座内。
② 装上密封垫圈，装好轴承外盖，注意需要更换新的密封垫圈。
③ 将组装了轴承的轴承座装入转轴。
④ 将测速齿盘装入轴端，装好止动垫片，注意需要更换新的止动垫片。

（2）传动端轴承装配。

① 将内油封和轴承内圈套在转轴上。
② 按照规定润滑脂在端盖、轴承、轴承外盖填充油脂。将轴承压进端盖。
③ 装上密封垫，装好轴承外盖，注意需要更换新的密封垫。
④ 将组装了轴承的端盖装入转轴。
⑤ 将外油封套在转子轴上。

（3）转子装配。

① 将转子平稳装入定子内。
② 拧紧螺栓。
③ 转子装配完毕后，用手转动转子，确认转子转动灵活、无停滞、异常声响。

（4）速度传感器组装。

① 在非传动端铝端盖端面装上速度传感器座。
② 装上速度传感器和传感器外盖。

（5）排风罩安装。

① 装上密封垫，注意需要更换新的密封垫。
② 最后在电机传动端装上排风罩。

第四节　三相异步电机的试验

三相异步电机在组装过程中，为了保证组装的正确性，在组装过程中安排了许多检查、测量、试验环节，通过对一些参数的控制，确保电机的检修质量。

CRH2动车组的牵引电机拆卸重新组装后必须进行试验检查，以确认电机是否正常。电机组装到车辆上后，要按照该类型电机的技术要求，做一次严格的试验来评定该电机的检修装配质量及其技术性能。试验项目见表6.1。

（1）冷态直流电阻测量。测量定子绕组的直流电阻，确认每相绕组的直流电阻值折算到115 °C 时，MB-5120-A 型在 0.132 ~ 0.160 Ω 范围内，YJ92A 和 HS34531-06RB 型在 0.1314 ~

0.1606 Ω 范围内。

（2）绕组对地绝缘测量。用 1 000 V 兆欧表测量定子绕组与定子框架间的绝缘电阻，热态下大于 1 MΩ，冷态下大于 3 MΩ。

（3）轴承对地绝缘测量。用 500 V 兆欧表测量定子框架与转子轴间的绝缘电阻，冷态下大于 5 MΩ。

表 6.1 试验检查项目

序号	入厂试验项目	出厂试验项目
1	冷态直流电阻测量	冷态直流电阻测量
2	绕组对地绝缘测量	堵转试验
3	轴承对地绝缘测量	磨合试验
4	堵转试验	转速传感器输出波形测量
5	磨合试验	空载试验
6	转速传感器输出波形测量	轴承温升试验（MB-5120-A）
7	空载试验	绕组对地绝缘测量
8		匝间绝缘试验
9		绝缘耐压试验
10		介质损耗试验
11		转子固有频率
12	外观结构检查	外观结构检查

（4）堵转试验。在定子绕组加以能产生额定电流 106 A 的工频电压，确认定子绕组电压，MB-5120-A 型在 145.5～177.9 V 范围内，YJ92A 和 HS34531-06RB 型在 141.6～173.0 V 范围内。

（5）磨合试验。电机在通风（风量：20 m³/min）状况下加以工频电压，确认电机转速接近同步转速 1 500 r/min，确认从电机轴伸端方向看电机以逆时针方向旋转，运行 15 min。在达不到同步速度时，调整电压，使其达到近同步速度。

（6）转速传感器输出波形测量。该试验在磨合试验过程中进行。速度传感器输入电压 DC 12 V，确认速度传感器的 A 相、B 相的相位差在 90°±40° 的范围内，电压 V_h 大于 8 V。

（7）空载试验。电机在通风（风量：20 m³/min）状况下加以代用定额的工频电压 880 V，测量电机电流，MB-5120-A 型在 40.2～49.2 A 范围内，YJ92A 和 HS34531-06RB 型为 42.0～51.4 A。

（8）MB-5120-A 型电机须做轴承温升试验。电机在通风（风量：20 m³/min）状况下电机由变频电源供电，以转速 1 500 r/min 运行 15 min，提高转速至 4 140 r/min 运行 15 min，提高转速至最高使用转速 6 120 r/min，运行 30 min。试验过程中，监视、记录两端轴承的温度，确认轴承的温升不超过温升限制 55 ℃，温度不超过 95 ℃。

（9）匝间绝缘试验。定子匝间绝缘试验采用脉冲耐压的方法。定子每相绕组应能承受幅值为 4 300 V 的脉冲电压，历时 3 s 而不发生匝间击穿。

（10）绝缘耐压试验。在定子绕组与定子框架间加以工频交流电压 4 000 V，历时 1 min，确认无异常。

（11）介质损耗试验。按照出厂试验的介质损耗试验要求，测量记录定子绕组在各电压下的介质损耗，确认 1 000 V 下的 $\tan\delta$ 小于 5%，$\tan\delta$ 大于 10% 重新浸漆，$\tan\delta$ 位于 5%～10% 间时定子进行烘焙去潮。

（12）测量转子的固有振动频率，确认固有振动频率大于 1 320 Hz。

（13）外观结构检查。各部件的安装应与图纸要求相符；电线、轴、机加工面等不得有损伤、生锈等；铭牌的记载事项不得有错误；电机表面漆状态良好；结构、尺寸、材料、完工状态无异常。

（14）电机重新组装后，对油漆脱落的地方进行油漆修补。

本章小结

本章介绍了三相异步电机的常见主要故障、原因及其处理方法；讲述了三相异步电动机解体及组装的工艺过程；重点讲解了三相异步电机浸漆、机械部分检修等基本内容；并具体介绍了 CRH2 动车组牵引电动机四级修的检修工艺过程；讲述了牵引电机试验的基本知识。

复习思考题

6.1 三相异步牵引电机主要常见故障有哪些？
6.2 试述三相异步电动机匝间短路的主要原因及处理方法。
6.3 试述异步电动机接地故障的主要原因及处理方法。
6.4 如何用拉具分解三相牵引电动机的轴承？
6.5 三相异步牵引电动机常规检修的内容有哪些？
6.6 电机在制造和检修过程中，进行浸漆处理的目的是什么？
6.7 电机轴承在检修前应做哪些检查？
6.8 试述 CRH2 型动车组牵引电机四级检修的工艺流程。
6.9 动车组牵引电机组装后需要做哪些试验项目？

第七章 动车组电气装置检修

动车组牵引传动系统主要由受电弓、牵引变压器、牵引变流器及牵引电机等组成。受电弓通过接触网接入单相 25 kV 的高压交流电，传送给牵引变压器，降压成 1 500 V 的单向交流电，然后牵引电动机产生转矩驱动轮对，产生机车牵引力。本章主要讲授动车组有关高压电器及牵引变压器、牵引变流器的检修工艺。

第一节 受电弓检修

受电弓是电力机车、电动车辆从接触网接触导线上受取电流的一种受流装置。DSA250 单臂受电弓升弓装置安装在底架上，通过钢丝绳作用于下臂。下臂、上臂和弓头由较轻的铝合金材料构成，如图 7.1 所示。

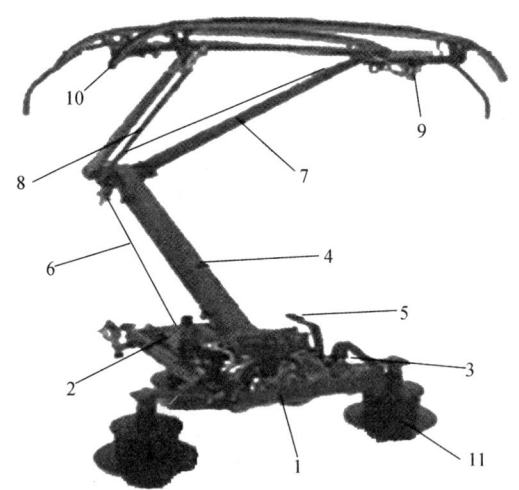

1—底架；2—阻尼器；3—升弓装置；4—下臂；5—弓装配；6—下导杆；
7—上臂；8—上导杆；9—弓头；10—滑板。

图 7.1 DSA250 单臂受电弓总成

本节内容主要讲授受电弓维护和高级修中四级修的内容。

一、DSA250 单臂受电弓的维护

（一）DSA250 单臂受电弓的检查

使用前，在降弓位置检查钢丝绳的松紧程度，两侧张紧程度应一致。清理阀板上的过滤

器，拧开滤清器的外罩，清理尘埃和水。

（1）间隔4周的维修内容：

目测整个受电弓。若存在损坏的绝缘子，破损的软连接线，损坏的滑动轴承和变形的部件都应更换。若磨耗部件超过其磨损极限，也应当及时更换。清洁车顶与受电弓之间的绝缘管，可用中性清洁剂，不得使用带油棉纱。每天用干棉纱擦拭，防止灰尘吸附，导致一次短路。

（2）间隔6个月的维修内容：

整个受电弓性能检测，目测软连接线，用卡尺测量滑板厚度，若磨损到限则应更换。

（3）间隔1年的维修内容：

紧固件的检测，尤其是整个弓头弹性系统的零部件。如果需要拧紧螺母，应注意保证相应的扭矩。

（二）DSA250单臂受电弓的润滑

润滑滚动轴承是为了提高其使用寿命。在最初安装时，两年一次的维修期或常规维修时油杯应注意密封以防尘土和水。滑动轴承可自动润滑，保养方便。

（三）DSA250单臂受电弓的清理

阀板上的过滤器应1~2周清理一次。

（四）DSA250单臂受电弓滑板的更换

出现下列情况时，必须更换滑板：

（1）炭条磨耗后高度小于5 mm，滑板总高度≤22 mm；

（2）由于产生电弧，发生变形或缺陷；

（3）滑板碎裂或出现一定深度的凹槽。

如果仅需更换一个滑板，新滑板与另一个旧滑板的高度差应不超过3 mm。

特别注意：安装滑板压缩空气进气接口时，套紧螺母的拧紧力矩不大于3 N·m，用手旋入或小型扭力扳手即可。

（五）调试更换阻尼器

阻尼器在安装受电弓前必须经过调试。如果受电弓实际动作特性与额定值之间有较大差别，有必要检查阻尼器的安装情况。磨损、动作不灵活、漏油时，须更换阻尼器。如图7.2所示。

具体操作如下：先把阻尼器拉伸、压缩5次，长座为54 mm，落弓位置的安装长度为(480 ± 1.5) mm。

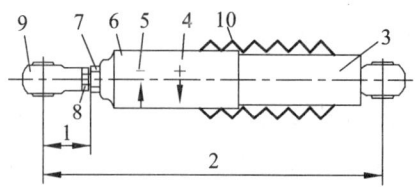

1—长座;2—长度;3—阻尼器;4—右;5—左;6—防坐盖;
7—锁紧螺母(气缸);8—锁紧螺母(接头)。

图 7.2　阻尼器

(六) 检查升弓装置

建议每 4~6 周在落弓位置检查一次钢丝绳的松紧。如钢丝绳已松,则需要把钢丝绳拉紧,但两螺母拧紧量要相同,避免升弓装置松弛(在落弓位置),如图 7.3 所示。

1—弓装配;2—升弓装置;3—钢丝绳;4—销轴;5—主通气管;6—线导向。

图 7.3　装有升弓装置的底架

(七) DSA250 受电弓辅助用油脂

受电弓辅助用油脂见表 7.1。

表 7.1　受电弓辅助用油脂

名　称	用　途
螺纹润滑剂	用于螺铰连接处,用于改善摩擦
导电接触脂	用于所有受流表面,如滑板安装座表面,软连线接线端子表面
螺纹密封胶	用于所有管螺纹及阀门接头的密封
壳牌润滑脂	用于下臂内轴承,下导杆杆端轴承和升弓装置销轴的润滑

二、DSA250 单臂受电弓的检修

动车组高级修程中受电弓须解体检修,以四级检修为例叙述如下:

总体要求：分解、清洁受电弓，更换全部安装紧固件。检修过程如下：

（一）滑板检查

当滑板出现下列情况之一时须更换：
（1）滑板碳条剩余高度不足 6 mm，滑板总厚度≤23 mm；
（2）滑板断裂；
（3）裂缝导致滑板漏气，受电弓无法正常升起（ADD 紧急降弓装置作用）；
（4）纵向贯穿性裂纹；
（5）接头或接缝处漏气；
（6）边缘掉块和有裂缝者沿宽度方向超过 1/3；
（7）铝托架严重烧损（面积接近 1/2）；
（8）滑板受冲撞后扭曲变形导致漏气。
（9）滑板更换时两个滑板高度差不得大于 3 mm。

（二）阀板检查

（1）安装牢固，目测和听觉检查阀板的气密性良好，压力表指示压缩空气接通。受电弓从最高位降到最低位时，减压阀排气正常。
（2）清洁过滤器。
（3）压力表须校验合格。

（三）受电弓检查

（1）紧固螺丝、连接螺栓及弓头组装上的弹簧不得有松动现象。
（2）用温水或温水加中性洗涤用品对绝缘子擦拭干净，勿用尖利物品刮刺或在硅橡胶表面用力摩擦。
（3）阻尼器磨损、动作不灵活、漏油时须更换。
（4）弓头支架等零件无变形、脱落、裂纹等现象。
（5）轴承及升弓装置销轴保持润滑，转动灵活，状态良好。
（6）底架橡胶堆无老化、变形，安装水平。
（7）升弓装置气囊无裂纹、破损现象。
（8）钢丝绳无断股，在降弓位置两侧钢丝绳的张紧程度须一致。
（9）各部软连接线无破损，连接螺母紧固，接触良好。
（10）PU-4 气管、橡胶气管安装良好，无破损、漏气。
（11）部件达到表 7.2 磨损极限尺寸时须更换。

表 7.2　各部件磨耗极限尺寸

序号	名称	图纸尺寸/mm	极限尺寸/mm
1	滑板（碳条高度）	22+1	5
2	滑动轴承（直径）	$\phi 30.02$	$\phi 30.2$
3	弓头管轴（直径）	$\phi 300-0.15$	$\phi 29.5$
4	三种软连接线	—	出现破损
5	钢丝绳	—	有一股断裂
6	升弓装置	—	出现裂缝发生泄漏

（四）受电弓试验

（1）静态压力试验。至少在距离绝缘子下表面 900、1 200、1 600、2 000 mm 高度下，测试其静态压力。向下运动时，力的最大值不超过 95 N，向上运动时，力的最小值不小于 65 N。通过调节车内阀板上的调压阀（DM3）调节接触压力，调节压力前应先松开防松螺母，顺时针旋转调节螺母，气压会减小，接触压力也会减小。逆时针旋转调节螺母时，接触压力会增加。

（2）升降弓时间试验。调定后的时间应满足：升弓时间不大于 5.4 s，且不允许受电弓有任何回跳；降弓时间不大于 4.5 s，且不允许有引起损坏的冲击。实际测量值与规定值有偏差时，应重新调整升弓、降弓节流阀。

（3）气密性。断开控制阀板与气囊驱动装置相连管路，将受电弓进气口与 3 L 的储气缸相连，通以 400 kPa 的压缩空气，关闭进气，10 min 后，气压下降应不大于 20 kPa。

（4）自动降弓装置（ADD）特性。在更换滑板时，检验自动降弓装置（ADD）性能。将受电弓升起（0.4~0.5）m，打开试验阀，受电弓应迅速降下。

第二节　真空断路器的检修

25 kV 电网高压首先由受电弓引入动车组，然后经过故障隔离开关接入到高压机器箱，高压机器箱内有避雷器、真空断路器 VCB、接地端子。真空断路器 VCB 是动车组的总开关，起到接通与断开 25 kV 电网进入车内通路的作用，同时还是动车组的电气总保护。

真空断路器 VCB 结构如图 7.4 所示。

真空断路器检修过程有入检、拆卸、洗净、吹净、零件检修、组装、测试、试验等工序。

图 7.4　真空断路器的结构

一、作业流程

真空断路器 VCB 检修作业流程如图 7.5 所示。

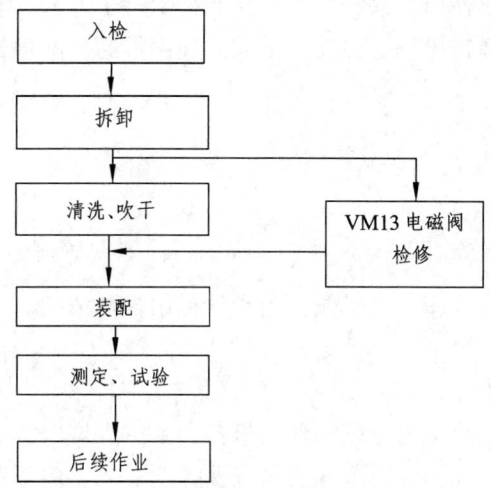

图 7.5 真空断路器检修流程图

二、作业顺序

1. 入检作业

（1）取下外罩。使用工具：棘爪扳手、十字螺丝刀。取下正面罩，取下断路器罩。
（2）压力空气清洗。使用机器：吹净装置。
（3）检查各部分外观。使用工具：棘爪扳手。
（4）无损伤，变形，松动。

2. 拆卸作业

使用工具：棘爪扳手，双头扳手，锤子，扳手。
（1）拆卸断路器。将闭合手柄闭合，取出支架部的可动支持器和真空阀的可动轴连接器销子，把绝缘管和支架部断开。将闭合手柄闭合、拔出销子，防止意外断开，先要将木楔塞进中间支架部后方可进行。在操作装置侧拔出绝缘操作杆和连接销子，在绝缘管部侧，拆下端子，按顺序旋松阀安装螺丝和端盖，断开绝缘管侧和支架部分、拆卸导轨和弹簧。
（2）拆卸绝缘管部分。拆下端盘，拔出真空阀，按集流环台、安装用金属件、集流环、压缩弹簧、轴承的顺序拆卸。从支持绝缘子处拆下支架。
（3）拆卸中间支架部分。从中间支架上拆下绝缘操作杆，再拆下压缩弹簧。按控制杆、可动支架、连杆、操作杆的顺序拆下各销子。
（4）拆卸操作机构部分。拔出减振器及平衡弹簧的销子，拆下辅助开关，分离连线，从空气室里拆出配管，从箱体上拆下操作机构部分，从空气室里拆出增压阀，拆下电磁阀。

（5）分解操作机构部分。从操作支架上拆下配管，再拆下闭合气缸、闭合活塞、压缩弹簧。从闭合气缸上拆下安装板、导杆组合、缓冲垫、挡板。从操作支架上拆下断开部分，再拆卸断开部配管、O形环、断开部活塞、压缩弹簧。拔出销子，拆卸快速断开弹簧。拆下支承环、垫圈、复位弹簧、滚柱组合联杆。从操作支架上拆下连杆、复位弹簧。增压阀应按上阀、杆、盖子、O形环、弹簧导杆、弹簧、下阀的顺序拆卸。减振器按盖子、活塞、气缸的顺序拆卸。

3. 清洗、吹净作业

使用工具：刷子、吸尘器。

（1）清扫主体。

（2）部件的清洗，进行吹净。真空阀、绝缘管部用棉丝清扫。

4. 零件检验工作

（1）真空阀。测量真空阀的真空度。使用机器：真空度试验机。

（2）绝缘管，支持绝缘子。绝缘管内无水分及异物混入，内部及外部无损伤，绝缘子无裂痕、损坏、变色。

（3）支架。确认压缩阀弹簧上无裂痕和折损等，确认可动支持器无卷边。

（4）连杆部分。轻轻转动各销子，确认无松动，各滑动部分涂上薄薄的润滑脂。

（5）辅助开关。触头无磨损和损坏，断路、闭路状态下，固定触头的消除量要稳定。

（6）缓冲器。活塞、气缸无伤痕。活塞、气缸上涂上润滑脂。

（7）闭合气缸。活塞、气缸无裂纹，压缩弹簧无裂纹。活塞、气缸上涂上润滑脂。

（8）增压阀。连杆、气缸无裂纹。气缸和连杆涂上薄薄的润滑脂。

（9）主体箱。进一步上紧箱子内部及外部的安装螺栓。航空插头的针销应无折弯。主体箱内外的配线不应有伤痕。

5. 组装作业

（1）断路部支架各滑动部及各销子上涂润滑脂。操作杆和连杆上安装上销子，在控制杆、可动支持部上安装销子，将组装完毕的断路部放置在支架上插入销子，在支架上安装压缩弹簧；在操作杆，绝缘操作杆上插入销子，将支架部用螺栓紧固到支持绝缘子上，在支架部的可动支撑内部涂上油，放入封闭引导弹簧。

（2）断路部分（绝缘管）。紧固集流环后，用压缩弹簧固定到集流环台上，再将集流环台安装到绝缘管上。将真空管装到绝缘管上，放入调节板，用螺栓紧固盖子，再安装真空阀，将组装好的绝缘管用螺栓紧固到支架上。安装时不可弄错MTR侧和输入侧，在绝缘管MTR侧，输入侧安装端子。

（3）操作装置部分（断开部）。在断开部气缸上安装压缩弹簧、活塞、配管。

（4）操作装置部分（增压阀）。在阀体上安装下阀、压缩弹簧、缓冲垫、导杆、O形环盖。

（5）操作装置部分（缓冲器）。在缓冲器气缸上装活塞、盖子。

(6)操作装置(闭合气缸)。安装垫板、缓冲垫、导杆、安装板。

(7)操作装置部(各连杆组装)。在支架连杆上安装垫圈、复位弹簧、销子。

(8)操作装置部分(支架)。在旋转轴组合滑动部分涂润滑脂,加固支架的各个安装螺栓,安装复位弹簧,在支架上装闭合气缸组合,在支架上装断开部分,在闭合气缸上装压缩弹簧、活塞,然后安装闭合配管,将弹簧装到支架上,在控制杆上装入销子。

(9)操作装置部分。在主体空气室安装放大阀,安装电磁阀,安装减振器。将组装好的操作装置部分装到主体箱子里,在减振器活塞和控制杆上插入销子。将闭合配管用螺栓紧固到增压阀上,将断开部配管用螺栓紧固在空气室,进行辅助开关的接线连接。

6. 测定、试验

(1)绝缘电阻测试。使用机器 500 V,1 000 V 兆欧表。高压—大地间用 1 000 V 兆欧表测试 0.5 MΩ 以上;极间输入用 1 000 V 兆欧表测试,0.5 MΩ 以上;极间 MT 用 1 000 V 兆欧表测试,0.5 MΩ 以上;低压—大地间用 500 V 兆欧表测试,0.3 MΩ 以上。

(2)绝缘耐压测试。使用机器:耐压试验机。高压—大地间 AC 50 kV 耐压 1 min。极间输入 AC 50 kV 耐压 1 min;极间 MT AC 50 kV 耐压 1 min;低压—大地间 AC 1 kV 耐压 1 min。

(3)确认漏气。使用工具:刷子、肥皂水。使用机器:真空断路器试验设备。加压 880 kPa,1 min 内降低 10 kPa 以下。

(4)开闭动作试验。使用机器:真空断路器试验机。气压 880 kPa,电压 60 V 工作;气压 780 kPa,电压 100 V 工作;气压 630 kPa,电压 100 V 工作。

(5)开闭性能试验。使用机器:计算器、真空断路器试验机。在气压 780 kPa,电压 100 V 闭合,时间在 0.15 s 以下;在气压 780 kPa,电压 100 V 断开,时间在 0.08 s 以下。

(6)加热器的发热确认。

7. 后续作业

安装盖子。使用工具:棘爪扳手、十字螺丝刀。

第三节 牵引变压器的检修

一、牵引变压器的主要结构及技术规格

CRH2 型动车组设 2 台牵引变压器(ATM9 型),分别布置在 2 号和 6 号车下。牵引变压器采用壳式结构,车体下吊挂,有循环强迫风冷方式。牵引变压器设置一个原边绕组(25 kV,3 060 kV·A),两个牵引绕组(1 500 V,2×1 285 kV·A)和一个辅助绕组(400 V,490 kV·A)。

牵引变压器额定电流参数:一次绕组:122 A;二次绕组:857×2 A;三次绕组:1 225 A。

牵引变压器绝缘等级,试验电压:一次绕组感应电耐压 42 kV×10 min;一次绕组耐雷冲击电压全波 150 kV,截波 170 kV。温度上升限度:绕组 125 K(电阻法);油 80 K(温度计法)。

在网压变化范围内,牵引变压器输出电压、电流及功率满足列车牵引和再生制动要求。

牵引变压器结构如图 7.6 所示。

图 7.6　牵引变压器

二、牵引变压器检修

（一）检修方式

在 CRH2 型动车组高级修中，检修方式有以下几种方式：

（1）"状态检修"为该件在安装位置状态下检修；有的需要从基础上整体拆下，进行不解体检修。

（2）"分解检修"为该件须从上级部件分解下来，并且进行自身解体检修。

本节所述变压器检修属于四级修中的状态检修，但要把变压器从车体上分解下来。

（二）检修工艺流程

1. 检修工艺流程图

牵引变压器检修工艺流程如图 7.7 所示。

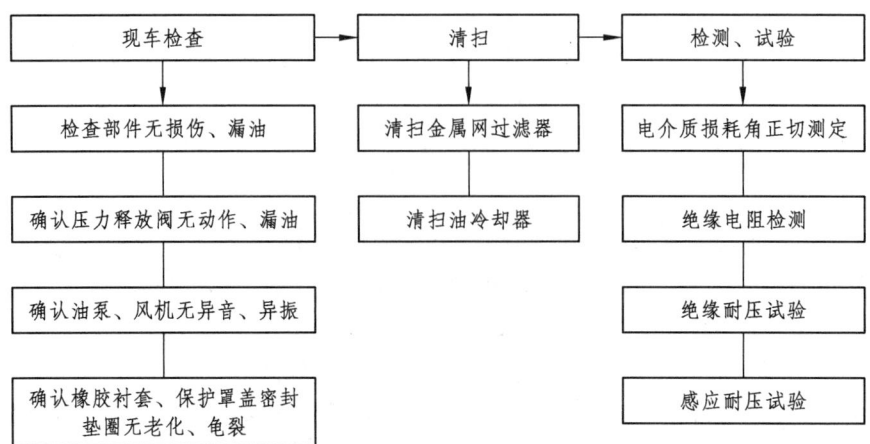

图 7.7　牵引变压器检修工艺流程

该装置的检修主要以清扫为主，若发现紧固件松动，应立即紧固，若发现元器件异常，则必须更换。该装置专业化程度较高，一旦出现故障或需要大修时，应立即送往专业制造厂。

2. 一般注意事项

为防范安全事件发生，检查前必须对相关项目进行安全确认。对通电部位进行检查时，必须切断电路，接地并将残余电荷放尽。

（三）作业过程

作业过程包括检查和试验项目、金属网过滤器的清扫方法、油冷却器的清扫、主要零部件更换周期、主要故障处理。

1. 检查和试验项目

（1）外观检查（现车检查）。确认有无部件的损伤、漏油。若发现异常，应立即修理损伤和漏油部位。

（2）确认压力释放阀有无动作的痕迹、有无漏油，有动作时应调查动作原因并处理。

（3）在油泵、送风机转动的状态下，确认有无异常声音、异常振动，当有异音或振动时，可用听音棒查找发生源，并与其他变压器比较。若出现异音或振动，可考虑是由紧固件松动、轴承损伤等因素引起，需进行处理。

（4）电动送风机的金属过滤网及调风栅的尘埃附着状况及清扫。2～3次月检应清扫一次。此外，温度继电器动作时也应清扫。

（5）检查冷却器的滤孔堵塞及清扫。以冷却器入风口前面面积的10%～20%为基准。每次月检时均需通过冷却器的清扫（检查）窗来检查滤孔的堵塞情况。大修时必须实施清扫。此外，温度继电器动作时也应清扫。

（6）橡胶绝缘套管、保护罩盖垫片等无老化和龟裂，否则应更换。

（7）感应电正接测定。

用反向西林电桥测定。1次侧-2次侧/3次侧/大地间；2次侧-1次侧/3次侧/大地间；3次侧-1次侧/2次侧/大地间。同时记录油温。

若超过1%时则须注意，但更重要的是要积聚数据并观察其推移。结合绝缘阻抗进行研究。当怀疑绝缘劣化时，则需进行油分析等的详细调查。

（8）绝缘阻抗测定。

主电电路以1 000 V兆欧表、辅助转机及继电器电路以500V兆欧表进行测定。须满足以下要求：1次侧-大地间绝缘阻抗>25 MΩ；2次侧~大地间绝缘阻抗>0.5MΩ；3次侧~大地间绝缘阻抗>0.3 MΩ；1次侧-2次侧间绝缘阻抗>25 MΩ；1次侧-3次侧间绝缘阻抗>25 MΩ；2次侧-3次侧间绝缘阻抗>0.5 MΩ；辅助电机、继电器电路-大地间>0.3 MΩ。同时记录油温、湿度。

检查绝缘套管、端子板、端子台、配线有无污损、打火。当怀疑变压器内部有异常时，须进行油分析等的详细调查分析。

（9）绝缘耐压试验。

绝缘耐压试验应满足以下要求：1次侧-2次侧/3次侧/大地间：2 500 V×1 min；2次侧-大地间：5 400×1 min；3次侧-大地间：2 900×1 min；泵电路-大地间：1 000×1 min。

绝缘不得破坏。如果绝缘遭到破坏，则必须调换变压器。同时，应调查原因、制定对策。

（10）感应电耐压试验。

将1次绕组接地侧（V）端子接地后从2次绕组外加电压，使1次绕组牵引侧端感应出如下的电压：

150 Hz的场合为38 kV×7 min或者42 kV×3 min；

200 Hz的场合为38 kV×5 min或者42 kV×2.5 min。

绝缘不得破坏。如果绝缘遭到破坏，则必须调换变压器。同时，应调查原因、制定对策。

（11）绝缘油耐压试验和油分析。

耐压试验按照JISC 2101进行；水分测定按照JISK 0068进行。其他分析则根据另行制定的方法进行。绝缘破坏电压须在30(kV/2.5 min)以上。水分含有量须在60ppm（1ppm=0.0001%）以下。

发现异常时，需要详细分析确认。

2. 金属网过滤器的清扫方法

冷却风从电动送风机的吸入侧吸入，但为了减少该部分进入冷却装置内尘埃渗透量从而降低油冷却器的使用效率，特设置了单按操作即可卸下的金属网过滤器。主要步骤如下：

（1）拆下电动送风机侧面盖板；

（2）用尼龙刷或真空吸尘器清扫过滤器。

3. 油冷却器的清扫

主要步骤：

（1）拆下清扫窗，检查冷却片部位堵塞情况；

（2）用尼龙刷或真空吸尘器清扫过滤器清除尘埃；

（3）从冷却器出口方向反向吹入压缩空气。

4. 主要零部件更换周期

温度继电器：10年。

油流继电器：10年。

电动油泵：仅轴承10年，当有异音发生时更换。

各类阀门：根据检查结果决定。

5. 变压器常见故障分析及处理

（1）温度继电器动作。温度达到135 ℃，入口被切断。原因：过载；油冷却器堵塞；送风机故障；温度继电器自身故障。

（2）油流继电器动作。循环油量大致减少到 120 L/min 以下，入口被切断。原因：油泵故障；漏油引起空气进入；油温低；油流继电器自身故障。

（3）释放阀动作。变压器内部油压达到 0.1 MPa 以上，喷出油或分解气体。原因：内部异常过热；内部放电；吸气孔堵塞；外部短路冲击。

三、检修实例：CRH380B 型动车组牵引变压器三级检修作业过程

检修过程见表 7.3。

表 7.3　CRH380B 型动车组牵引变压器三级检修作业过程

作业步骤	作业内容及标准	工具辅料
1. 准备	1. 准备作业指导书。 2. 对所用设备、工装严格检查，确认状态良好。 3. 根据材料、工具清单，领取材料、工具，清点配件数量，并确认状态良好，材料不过期，工具定检标签不超期	
2. 变压器外观清洁及检修	1. 使用湿润擦拭布清洁变压器可触及的表面，要求变压器可触及的表面须清洁，无浮尘、污物、漏油。检查可视各零部件状态良好。 2. 外观检查牵引变压器表面油漆状态良好，设备外观磕碰伤及涂装油漆脱落时修复，接地可靠，紧固部件无松动，无严重机械损伤。 检查变压器安装状态良好，机械部件无严重机械损伤、变形，各紧固件安装牢固，防松标记清晰、无错位。 外观检查变压器本体无漏油、破损。 注意：牵引变压器本体为图中方框内部分，接地连接有黄绿接地线和裸铜接地线两种，均需要检查。 3. 检查接地线连接状态良好，要求无断股，整根断线不超过 10% 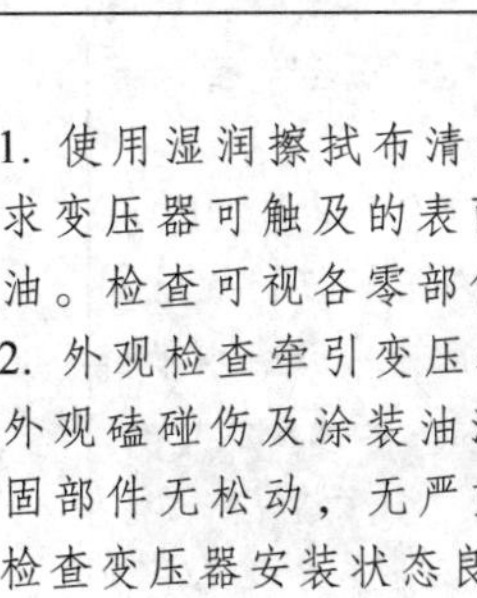 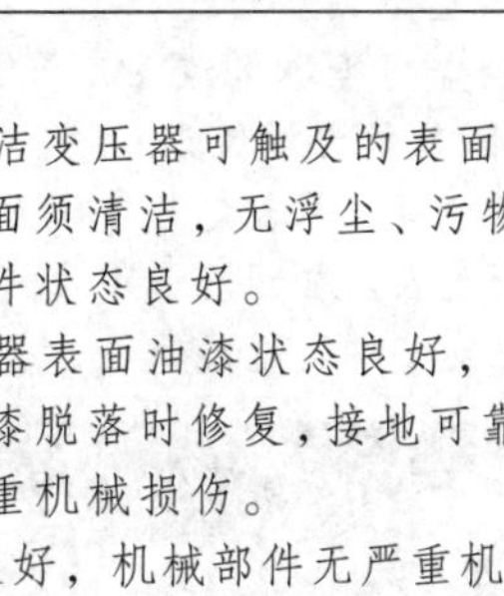	擦拭布

续表

作业步骤		作业内容及标准	工具辅料	
3. 变压器电气连接检修	3.1 变压器T形接头及电流互感器检修	1. 使用擦拭布清洁T形接头，检查T形接头清洁，无破损、裂纹，接地线无断股，地线紧固件紧固状态良好，无锈蚀。连接牢固，电缆无老化、过热变色及机械损伤，电缆线号、设备标识齐全清晰。 2. 检查电流互感器安装状态良好，无破损及腐蚀。检查变压器电流互感器上抗磨层完整无丢失。M6螺栓力矩值为 6.5 N·m。 检查电流互感器电气接线无老化、龟裂、脆裂、过热变色及机械损伤，带保护的电缆防护状态良好，固定牢固，电缆线号、设备标识齐全清晰	擦拭布	
	3.2 变压器原边回流插头和二次侧输出插头检修	1. 使用擦拭布清洁变压器原边回流插头和二次侧输出插头。 2. 拆卸插头夹具：改造后新增线缆固定夹具，检修时需拆卸夹具M10紧固件，检查夹具状态良好。 拆卸插头：使用6 mm内六角旋具和棘轮扳手拆卸插头两侧紧固螺栓，将原边回流插头和二次侧输出插头（包括：=10-T01-X1.1/1.2/2.1/2.2/3.1/3.2/4.1/4.2 及 XE）从变压器端插座上拔出，拔出时用双手握持插头两侧，拔出方向应垂直于变压器端插座。		

续表

作业步骤	作业内容及标准	工具辅料
3. 变压器电气连接检修	3.2 变压器原边回流插头和二次侧输出插头检修	

作业内容及标准（续）：

注意：拆卸螺栓时应逐渐增加力度直至螺栓松动，不可骤然用力，防止插座处丝套损坏，拆卸插头时也同理逐渐增加力度。

3. 将插头金属外壳从塑料外壳上拆下，用擦拭布清洁连接器金属外壳和非金属外壳内外表面、接线口、灰色密封圈、端子压接排及变压器端设备插座。

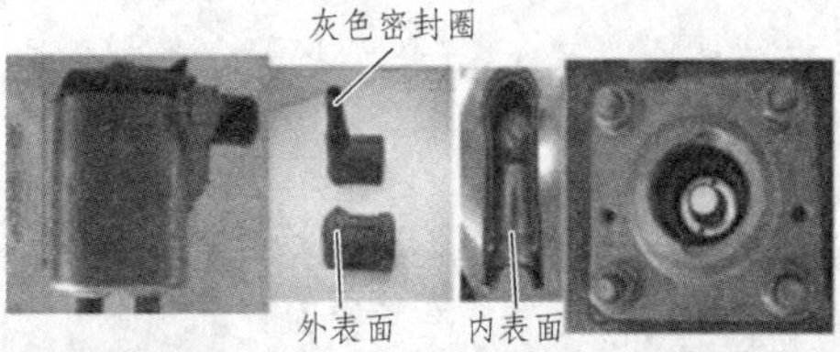

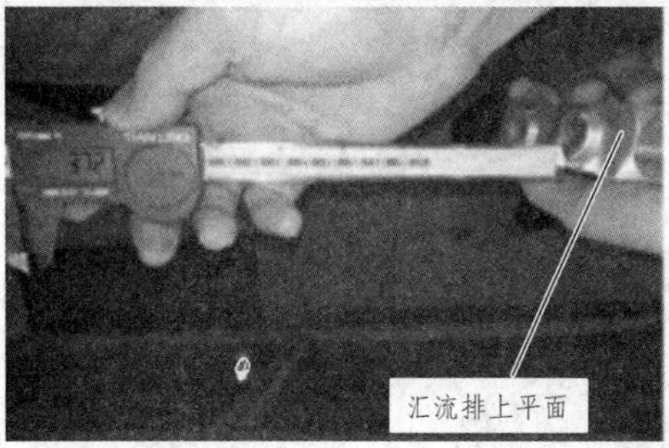

4. 检查金属及非金属外壳（内、外表面）无破损、裂纹，连接导体无损坏、电蚀，电缆连接紧固，非金属外壳对接处密封圈、无破损、变形，更新插头O形圈；使用擦拭布清洁插座，检查插座状态良好，安装牢固，无损坏、漏油，密封圈无破损。基座无裂纹，连接螺纹孔状态良好。检查压接端子上部外露部分与非金属外壳不接触。

5. 恢复连接插头。
将插头内端子安装到非金属外壳上，将灰色密封圈插入非金属外壳槽中，将金属外壳安装到非金属外壳上，用手按图中箭头方向压紧金属外壳，使金属外壳与非金属外壳边楞之间缝隙<2 mm，两个非金属外壳之间缝隙<3 mm。

工具辅料：擦拭布、6 mm内六角旋具、棘轮扳手、插头O形圈、游标卡尺、塞尺、M10弹垫、15 N·m力矩扳手

续表

作业步骤		作业内容及标准	工具辅料	
3. 变压器电气连接检修	3.2 变压器原边回流插头和二次侧输出插头检修	注意：密封圈应嵌入非金属外壳槽内，不可外翻出槽外，不可有褶皱。安装完成后检查确认插头外壳（包括金属外壳和非金属外壳外露部分）无裂纹、破损。 6. 安装连接插头。 根据设备点标签恢复插头。用双手握持插头，将插头垂直插入变压器，插头金属外壳与变压器插座之间缝隙应≤2 mm。使用6 mm内六角旋具和棘轮扳手旋紧连接器两侧螺栓。 插头安装螺栓紧固后施加力矩，并涂打防松标记。M8螺栓力矩值为15 N·m。安装完成后检查确认插头外壳（包括金属外壳和非金属外壳外露部分）无裂纹、破损。该螺栓不可再次拆卸超过两次，若超过两次需更换新紧固件。 注意： （1）在旋紧螺栓过程中螺栓应处于自由状态（即旋转过程顺畅不受力），防止插座处丝套损坏。 （2）插座紧固时，棘轮扳手不得与插座外壳相磕碰。 7. 安装线缆固定夹具，M10紧固件力矩为15 N·m，弹垫为必换件		

续表

作业步骤		作业内容及标准	工具辅料
3. 变压器电气连接检修	3.3 变压器连接线缆检修	1. 检查变压器原边回流和二次侧输出电气接线连接牢固，状态良好。连接线缆无老化、龟裂、脆裂、过热变色及机械损伤，带保护的电缆防护状态良好，固定牢固，电缆线号、设备标识齐全清晰。检查连接器出口处大线绝缘皮无抗磨，线缆固定架、线槽无严重机械损伤，紧固件无松动。线缆检查应沿着线缆走向检查，直到进入车体端不可见，冷却系统方向检查直至变压器冷却风机接线盒。 注意：西门子变压器冷却风机接线盒为=10-E01-X20，ABB 变压器冷却风机接线盒为=10-T01-X7。 2. 检查变压器冷却风机接线盒安装牢固，无裂纹及贯穿性损伤。	

续表

作业步骤	作业内容及标准	工具辅料
4. 变压器冷却系统附件检修	4.1 温度传感器、油流继电器检修 大同ABB变压器 西门子变压器 1. 去除原传感器上方腻子，检查温度传感器、油流继电器外观状态良好，安装状态良好，螺栓紧固无松动，防松标记清晰、无错位，有破损、裂纹、等异常时更换。检查电气连接线缆无老化、龟裂、脆裂、过热变色及机械损伤，带保护的电缆防护状态良好，固定牢固，电缆线号、设备标识齐全清晰。 2. 检查结束后重新涂打腻子，要求外观成型饱满，密封处边缘无缝隙	腻子、平滑剂
	4.2 油泵检修 油泵 1. 检查油泵外观状态良好，无漏油、破损、裂纹，安装牢固。油泵接地线连接牢固，地线无破损，连接牢固。 2. 使用14 mm开口扳手、14 mm套筒和棘轮扳手拆卸油泵接线盒盖。检查电气连接牢固，电缆无老化、过热变色及机械损伤，内部线号齐全清晰，电气连接正确（正确电气连接线号为U相接340722.02，V相接340723.02，W相接340724.02）。检查结束后恢复接线盒盖，紧固即可，重新涂打防松标记。 3. 检查油泵外部电气接线连接无老化、龟裂、脆裂、过热变色及机械损伤，带保护的电缆防护状态良好，固定牢固，电缆线号、设备标识齐全清晰	棘轮扳手、14 mm开口扳手、14 mm套筒、乐泰清洗剂7063、防松标记笔

作业步骤	作业内容及标准	工具辅料
5. 瓦斯继电器检修	1. 检查瓦斯继电器外观状态、安装状态良好，无破损及腐蚀，瓦斯继电器无泄漏，连接管路无泄漏接头无破损。 2. 检查瓦斯继电器电气接线无老化、龟裂、脆裂、过热变色及机械损伤，带保护的电缆防护状态良好，固定牢固，电缆线号、设备标识齐全清晰	
6. 完工确认	1. 整理好工具及剩余辅助材料，清理检修工序中产生的垃圾，保持工作现场清洁。 2. 填写相关记录单	

第四节　牵引变流器检修

牵引变流器是电动车组牵引传动系统最重要的部件。牵引时，它从牵引变压器牵引绕组输出处接收单相工频交流电，经脉冲整流装置整流成直流电，通过中间直流电路稳压后，最后由逆变装置逆变成频率可变、电压可变的三相交流电输出，驱动交流异步电机工作。而制动时，它以与牵引过程完全相反的路线将来自工作在发电机工况的牵引电机产生的再生制动电能输送回牵引变压器，最后返回到电网上去。

本章重点探讨 CRH2 动车组牵引变流装置的检修工艺。

一、CRH2 动车组牵引变流装置的主要结构和主要技术规格

1. 主要结构

CRH2 动车组牵引变流装置由三点式脉冲整流器、中间直流电路、三点式逆变器、真空交流接触器等主电路设备以及无触点控制装置、控制电源等控制设备组成，上述设备安装在

1个箱体内，箱框采用铝合金结构，以减小牵引变流器重量。

牵引变压器牵引绕组输出的 AC 1 500 V、50 Hz 单相交流电源，输入牵引变流装置的三点式脉冲整流器以 PWM 斩波方式进行整流，控制中间直流电压牵引时 2 600~3 000 V 内，再生制动时稳定在 3 000 V，三点式逆变器采用异步调制、5 脉冲、3 脉冲和单脉冲相结合进行控制。牵引变流器输出电压、频率可调的三相交流电驱动 4 台并联的牵引电机。

CRH2 动车组采用的牵引变流器型号为 MAP-304-A25V141，其外形如图 7.8 所示。箱体中央位置配置脉冲整流器功率模块（2 台）和逆变器功率模块（3 台）。牵引变流器靠列车侧面配置两台电动鼓风机（主送风机），向功率模块冷却器送风。箱体内部集中设置真空接触器、继电器单元和无触点控制装置等。

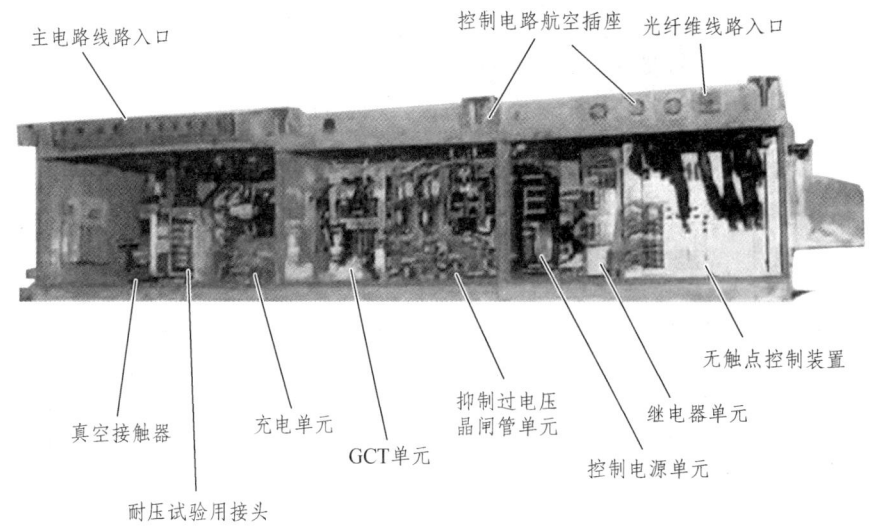

图 7.8 CRH2 牵引变流器实物图

2. 主要技术参数

（1）型号：MAP-304-A25V141 系列。

（2）方式：变频器部分：单相电压 3 级 PWM 变流器；逆变器部分：三相电压 3 级 PWM 逆变器。

（3）额定参数：①输入 1 285 kV·A（单相交流 1 500 V/857 A/50 Hz）；②中间直流电路 1 296 kW（直流 3 000 V/432 A）；③输出：1 475 kV·A（三相交流 2 300 V/424 A/0～220 Hz）300 kW 牵引电机×4 台并联连接。

（4）开关频率：变频器：1 250 Hz；逆变器：500～1 000 Hz。

（5）冷却方式：液体沸腾冷却强制通风方式。

（6）主要构成部分：

① 功率单元；

② 过压控制可控硅单元；

③ 充电单元；

④ 真空交流接触器；

⑤ 电阻单元；

⑥ 交流变压器单元；
⑦ 无触点控制装置；
⑧ 控制电源；
⑨ 电动送风机。

（7）控制电源、辅助电源 DC 110 V；三相交流 400 V、50 Hz。

二、动车组牵引变流器检修

（一）检修工艺流程

检修工艺流程如图 7.9 所示。

该装置的检修主要以清扫检查为主，一旦发现紧固件松动应立即紧固，发现元器件异常必须马上更换。但该装置属于专业化程度较高的高科技设备，一旦出现故障或需要大修时，通常送到专业制造工厂进行集中检修。

对于一般变流装置的检修应重点对以下几方面进行检查：

（1）清洁通风区域及散热片。大功率半导体元件在工作时会发热，为了保护元件，通常这些元件安装在散热片上，而散热片通过通风冷却。如果散热片上灰尘堆积过多，或者通风风道内有异物，都会影响元件散热性能。因此应经常对通风区域及散热片进行清洁去除散热片内的灰尘和碎屑。在散热片间必须没有阻挡空气流进入的阻塞物。

（2）检查半导体元件的安装。为了使元件与散热片接触良好，在安装过程中，通常对用于固定半导体元件的螺栓或螺母的紧固有扭力要求。在检修中，应使用扭力扳手对螺栓或螺母的安装扭力进行复测，防止列车在运行时因为振动而使半导体元件与散热片接触不良或脱落。

（3）清洁控制板。控制板通常为印刷线路板，在检修中应小心清洁。在清洁检修中，检修人员应采取防静电措施，保证线路板上元件因受静电影响而损坏。同时，如控制板上有接线端，应对接线端进行清洁。必要时进行打磨，以保证与电缆、控制线接触良好。

（4）检查电缆：检查电缆外层是否有老化，破损情况。应清洁，打磨线缆连接端。

（二）CRH2 动车组牵引变流装置检查项目

主要由装置整体（箱体）、功率单元（IGBT）、送风机、真空接触器、继电器单元、无接点控制装置和其他构成部分等组成。其具体检查保养项目如下：

1. 检查保养

1）装置整体

① 外观检查。有否外伤和外罩损伤，以及安装状态是否良好，应无异常。如有损伤的要修理。

② 有无密封垫的损伤、劣化（检查面罩、底罩主送风机排气口），并应有弹力性。永久变形应在 3 mm 以下。对损伤及永久变形严重的要进行更换。

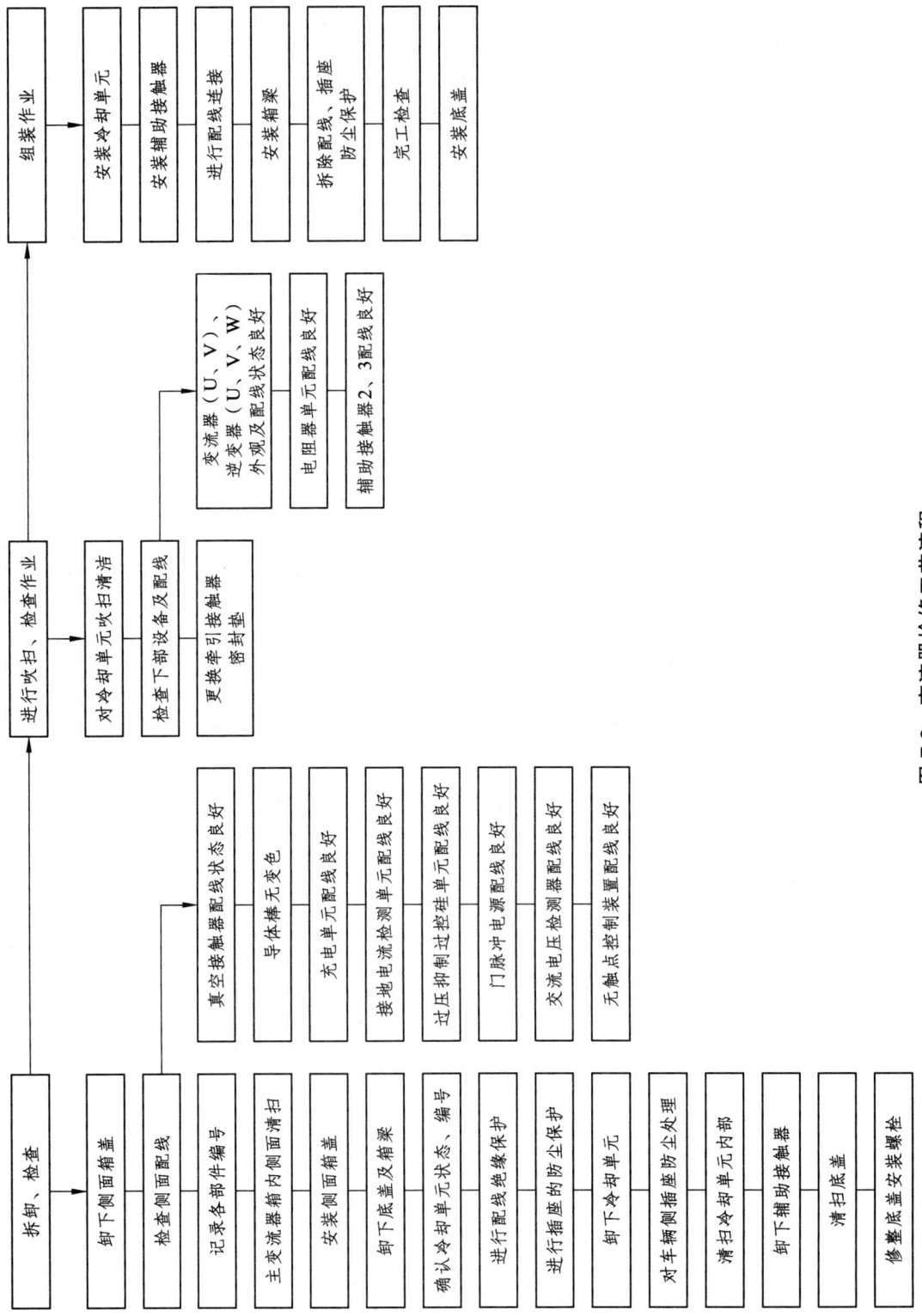

图 7.9 变流器检修工艺流程

③ 通电部。有无松动、加热痕迹，应无异常。如有松动，需加强紧固。对有加热痕迹等、有异常的要修理、更换。

④ 有无导体杆的损伤、绝缘处理部的劣化，固定状态是否良好，应无异常。如有松动，要固定。有异常的要更换。

⑤ 有无电线的损伤、劣化，固定状态是否良好，应无异常。如有松动，要固定。有异常的要更换。

⑥ 有无接头部的松动、焊锡部、压接接头的损伤、劣化，应无异常。如有松动，需加强紧固和修理。有异常的要更换。

⑦ 有无光缆的损伤，应无异常。损伤严重的要更换。

⑧ 光缆的衰减量检查：衰减量应在 3 dB 以下，否则需更换。

⑨ 装置内污损检查，应无污损。有污损时应吹气清扫。

⑩ 有无内藏机器（单元）的损伤、变色，应无异常。如有异常，需修理、更换。

2）功率单元

① 滤波电容。连接接头部的松动、外壳鼓起，应无异常。外壳鼓起（单侧）应满足以下标准：脉冲整流器：10 mm 以下；逆变器：7 mm 以下；加强紧固（6.5~7.5 N·m），外壳鼓起严重的要更换。

② 本体安装部的密封垫有无损伤、劣化，并应有弹力性。永久变形应在 3 mn 以下。损伤及永久变形严重的要更换。

③ 冷却器。检查凝缩部的孔眼堵塞、污损情况，对孔眼堵塞、污染程度进行记录。通过吹气清扫消除孔眼堵塞。若孔眼堵塞、污垢等通过清扫不能完全去除时，需更换。注：功率单元的温度上升感应在动作时，必须进行清扫。

④ 门极驱动。检查印刷基板表面、光连接器的污损，应无污损。通过吸引清扫。

⑤ 主电路导体杆。绝缘处理部有无损伤、劣化，以及固定状态是否良好，应无异常。若绝缘处理部损伤及劣化严重时，需更换。应加强紧固（通过规定的紧固扭矩）。

注：上述②~⑤项，通常在通过主变换装置主框架来拆卸功率单元状态时实施。

3）送风机（主送风机和辅助送风机）

① 外观检查。有无紧固部的松动、损伤、变形，应无异常。应加强紧固。根据必要进行分解检查。

② 有无异常振动、异常噪声，应无异常。根据必要进行分解检查。

③ 有无防振橡胶的龟裂、破碎，检查其劣化，应无龟裂、破碎。硬度应无异常。出现异常时，需更换（推荐更换周期：每 2 次大修）。

④ 叶片车等的清扫，应无污损。送风机全体的吹气清扫、叶片车用布擦拭清扫。

⑤ 轴承。应无异常。如发现异常，需更换（在不超过 6 年的范围内，更换周期可以延长）。

4）真空接触器

① 紧固部的松动。应无异常，同时加强紧固（通过规定的紧固扭矩）。

② 污损检查。应无异常，可用布擦拭清扫。

③ 有无通电部的变色、生锈，应无异常，否则更换。

5）继电器单元（平型继电器）

① 外观检查。应无异常、污损。可吹气清扫。如有异常，需更换。

② 紧固部的松动。应无异常。发现松动时，应加强紧固（通过规定的紧固扭矩）。

③ 接点的多余行程的确认。多余行程应满足：新品时≥0.7；限界值≤0.2。如有异常，需更换平型继电器。

④ 线圈的性能。电阻值：100Ω（±5%）；动作电压：14.4V以下；释放电压：2.4V以上。如有异常，需更换平型继电器。

6）无接点控制装置

① 印刷基板表面、连接的连接器的污损。应无污损。可吸引清扫。

② 连接器的表面及连接器的连接部（触头等）弯曲等异常。应无异常。如有异常，应在和厂家商量的基础上，进行处置。

③ 部件、锡焊应无劣化、损伤。发现部件过热、腐蚀时，在和厂家商量的基础上，进行处置。焊锡的地方（特别是发热部件）有劣化倾向时，实施补修锡焊。

④ 连接的连接器、印刷基板的使用连接的连接器，绝对不要过多触摸。对通常印刷基板不进行抽出插入。如果抽出插入时，必须检查连接的连接器的污损（指纹或其他）后，抽出插入2~3次。

⑤ 记录用蓄电池电压测定应在3V以上。若在3V以下时，需更换。

7）其他的部分检修

① 热交换器有否变形、腐蚀。应无异常。如有异常，应在和厂家商量的基础上，进行处置。

② 热交换器的孔眼堵塞检查应无异常的孔眼堵塞。可吹气清扫。

③ 空气过滤器的孔眼堵塞检查。每次月检要清扫（推荐更换周期：每次大修）。应无异常的孔眼堵塞。最初的3年间每隔6个月要检查过滤器的污损、装置内部的污损。

④ 电磁接触器（充电单元内）应无异常。如有异常，应更换。

⑤ 过压抑制可控硅单元内、门极基板有无变色、劣化、损伤，应无异常。如有异常，应更换。

⑥ 门极用电源有无变色、劣化、损伤，应无异常。如有异常，应更换。

2. 部件更换

使用过程中需要及时更换主要易损部件，具体更换部件和更换周期见表7.4。

表7.4 主要易损部件更换一览表

序号	使用部位	更换部件	更换周期	备注
1	检查面罩底罩	密封垫A	每2次大修	有损伤的或永久变形严重的
2	主送风机排气口	密封垫B	每2次大修	
3	主送风机	防振橡胶	每2次大修	厂家推荐更换周期：每次大修
4		轴承	每2次大修	在不超过6年的范围内，更换周期可以延长
5	辅助送风机	防振橡胶	每2次大修	厂家推荐更换周期：每次大修
6		轴承	每2次大修	在不超过6年的范围内，更换周期可以延长
7	无接点控制装置	印刷基板	推荐10年	根据电解电容的寿命
8		AVR（DC电源）	9年	根据电解电容的寿命
9		蓄电池	6年	在3V以下更换（详细根据无接点控制装置情况）
10	功率单元	密封垫C	（每2次大修）	有损伤的或永久变形严重的
11		门极基板	推荐10年	根据电解电容的寿命
12		密封剂		功率单元拆卸时
13	空气过滤器	空气过滤器	每次大修	

本章小结

动车组所用电气装置数量大、种类繁多，其性能直接影响动车组运行的可靠性。

本章选择具有代表性的动车组电气装置受电弓、真空断路器、牵引变压器和牵引变流器，详细地讲解了其检修工艺。希望学生通过掌握这些典型部件的检修知识与技能，对其他电气部件检修能力的掌握能起到触类旁通作用。

对于受电弓检修，主要叙述其运用维护知识与高级修的四级修程内容，重点应掌握四级修程的检修技术要求、检修作业程序与方法。

对于真空断路器 VCB，主要从高级修作业过程的角度讲述工艺过程，应重点掌握技术要求、作业程序和方法。

牵引变压器和牵引变流器主要讲解高级修，尤其是状态检修，应重点掌握检修的质量标准和作业过程。本章还介绍了 CRH380B 型动车组牵引变压器的检修实例，以拓展学生的知识范围。

复习思考题

7.1 试述 DSA250 单臂受电弓检查内容。
7.2 受电弓维护时，试述 DSA250 单臂受电弓滑板的更换要求。
7.3 DSA250 单臂受电弓四级检修受电弓的检修内容是什么？
7.4 试述真空断路器检修作业流程。
7.5 真空断路器检修作业包含哪些内容？
7.6 试述牵引变压器检修工艺流程。
7.7 牵引变压器检修项目有哪些？
7.8 试述牵引变压器常见故障的处理方法。
7.9 试述牵引变流器检修工艺流程。
7.10 牵引变流器检修项目有哪些？

第八章　动车组空调换气系统检修

一般动车组空调换气系统由三部分组成：空调装置、换气装置和通风系统。

空调装置的作用是调节车内空气的温度、湿度、流速等；换气装置的作用是保证车内空气出陈进新，使车内空气新鲜；通风系统为空气进入和流出车内提供通道，起到合理分布的作用。

本章主要讲解动车组空调装置的检修。空调装置由空调机组、空调显示设定器组成。

CRH2 型动车组每车下设两台空调机组和一台换气装置。空调机组的控制由内置的变频控制装置完成，变频控制装置通过比较空调显示控制器设定的温度和车内检测温度值，对空调机组的压缩机、室内送风机进行控制，实现制冷或加热。

本章主要对空调装置的保养与检修内容进行详细介绍。主要内容包括：动车组空调装置的主要故障、原因及其处理方法；以 CRH2 型动车组为例，讲授其检修工艺过程和工艺方法。

图 8.1 所示为 CRH2 型动车组头车空调系统结构，图 8.2 所示为空调装置的空调机组示意图。

对于司机室空调，CRH2 型动车组司机室空调系统为单独分体式结构，与客室空调装置互不影响，因此本书在此不作详细介绍。

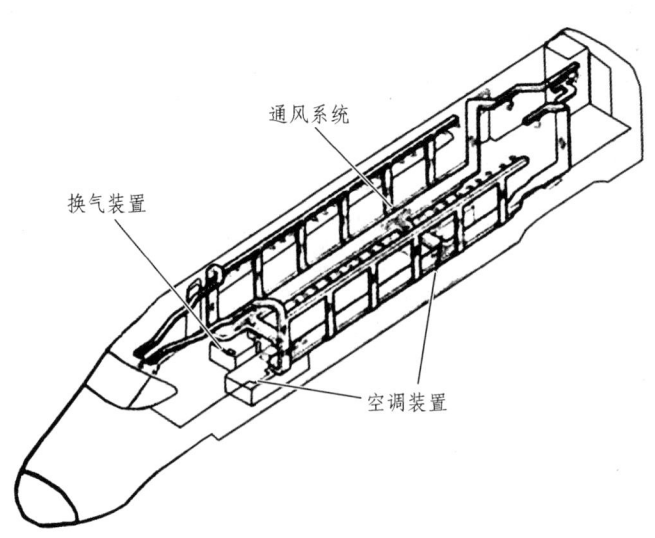

图 8.1　CRH2 型动车组头车空调系统结构

第八章　动车组空调换气系统检修

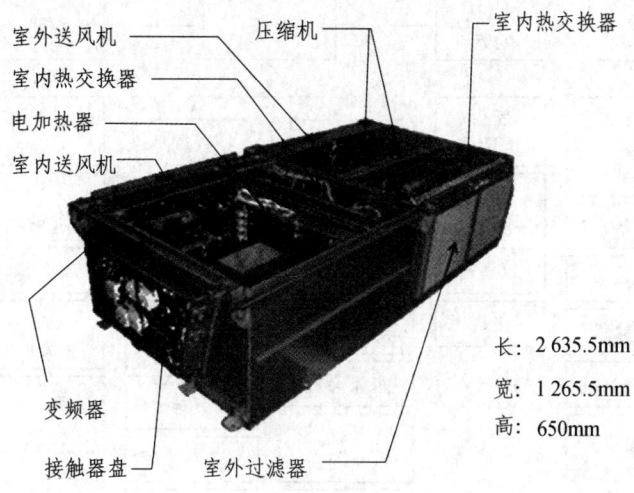

图 8.2　CRH2 动车组空调机组

第一节　空调装置的检修过程

一、空调装置修程介绍

CRH2 型动车组的检修工作执行计划预防修制度，共分为五个级别，其中一级级别最低（每次运行结束后），也最频繁；五级最高。空调装置与动车组的检修工作是同步进行的。

1. 空调装置一、二级运用检修

空调装置在一、二级运用检修中一般都为外观检查，对空调装置各个组成部分的工作状态进行人工判断，主要检查有无松动、过热、烧损等故障。

其中动车、拖车空调及换气装置滤网检查为经常性项目。对动车、拖车空调及换气装置滤网每 3 天检查一次，要求过滤网清洁不堵塞，如有轻微堵塞，可用吸尘器进行处理。如堵塞严重，则必须更换滤网。过滤网在装拆时，必须先断开空调机组用电源后方可实施。作业当中要注意不要损伤电线、配管等。

2. 空调机组三、四、五级检修

空调机组在运行了较长时间后，检修范围也相应扩大、深度也加深，主要对空调机组的核心部件（压缩机、送风机等）进行解体检修，以保证空调机组在日常工作中的正常运行。

二、空调机组检修工艺流程

1. 空调机组定期检修工艺流程

空调装置检修主流程包括：作业前检查、分解、吹扫清洗、修理、组装和试验。其中修理流程主要是对蒸发风机和冷凝风机检修分解修理，而整个空调系统的主要部件压缩机一旦出现损坏，通常直接更换，也可进行分解检修。其详细检修流程如图 8.3 所示。

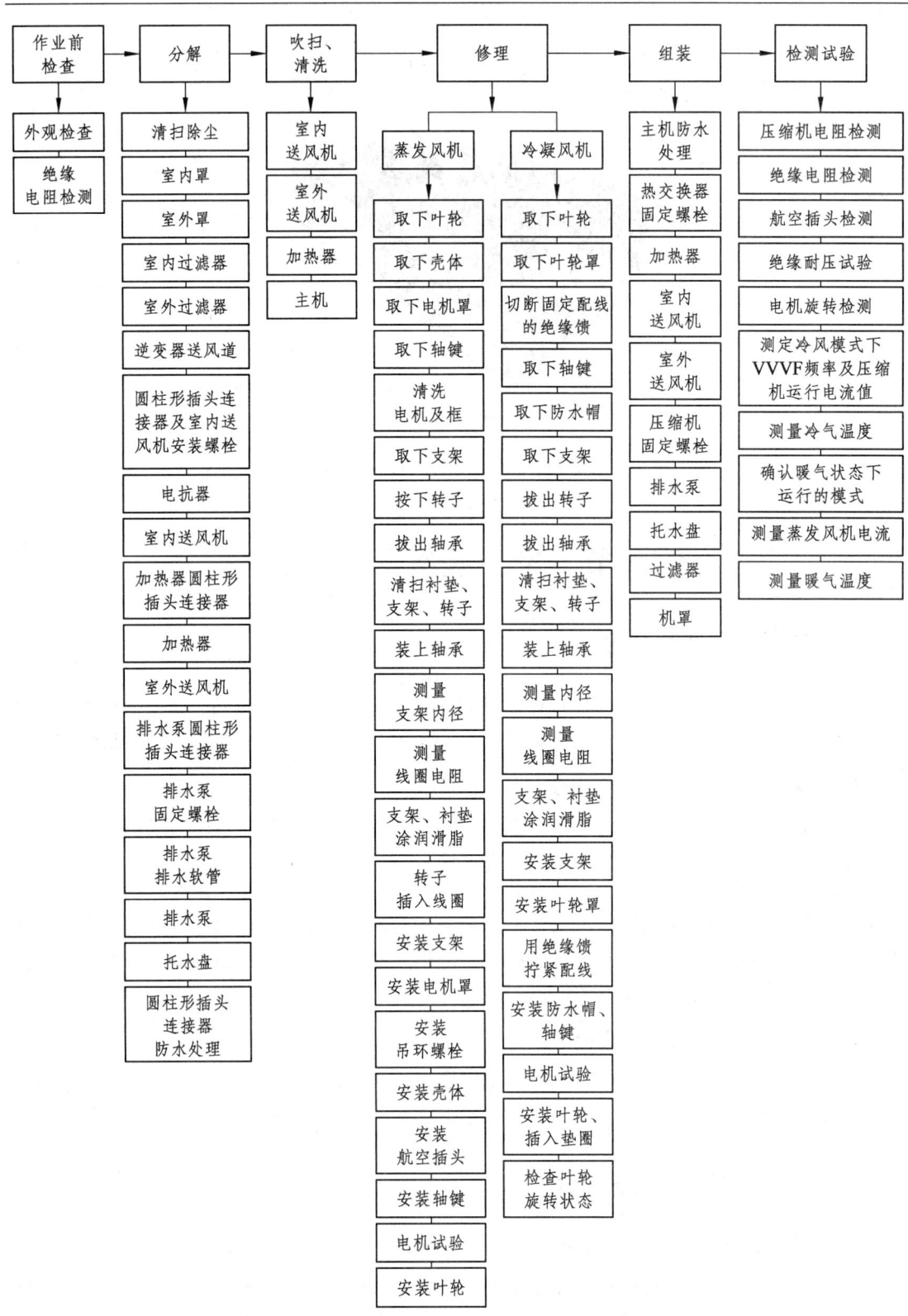

图 8.3 空调装置定期检修工艺流程

2. 空调装置压缩机的检修说明

压缩机是蒸气压缩式制冷装置中的一个重要部分，是推动制冷剂在制冷系统中不断循环的动力，起着压缩和输送制冷剂蒸气的作用。它由电动机驱动进行工作。压缩机工作的好坏直接影响到制冷循环的完成程度。因此，制冷压缩机常称为蒸气压缩式制冷装置的主机。

压缩机检修的要点（车载空调系统压缩机）：

（1）定期对压缩机的外观进行检查，要求外表面无损伤、无泄漏，各紧固件紧固、无松动。检查压缩机的电器连接，要求连接紧固、无松动。检查压缩机的三相电流、功率及其绝缘性能。检查压缩机的油位，是否在要求的范围内，如不是则需补油。用专用的检漏设备检查压缩机吸排气口与管路的连接处，要求无泄漏。

（2）如压缩机电机有热保护装置，则需要定期对热保护装置进行检测。

（3）在每次动车组的大修时（大约运行 1 200 000 km），需更换压缩机底架上橡胶坐垫。

（4）空调装置采用型号为 ZHV083FZA 的全密封型涡旋压缩机（2级）。一般情况下，发现压缩机损坏时，可更换压缩机，也可对其进行维修。更换压缩机时，必须确保压缩机区域附近管路没有制冷剂。更换完毕后，检查压缩机区域的气密性（用氮气检测）。充氮保压检查合格后，需对压缩机区域进行抽空，防止空气或氮气进入制冷系统回路。

三、空调机组的主要故障判断及处理

（一）空调机组正常工作特点

（1）当闭合制冷工况转换开关启动机组，通风机、冷凝机运转后，压缩机应延时启动，并且各台压缩机的启动时间应相互错开。各电动机在启动时应没有异常的振动及摩擦声响。压缩机的启动应平稳，无剧烈振动，没有敲击声或拉锯声。机组工作后应运转平稳，无特别噪声。

（2）机组启动一定时间后，客室各出风口应有冷风吹出，室内温度均匀下降。

（3）机组在"强冷"（双机组工作）时，回风口和出风口温差在 8~10 ℃ 是正常的。

（4）机组工作电流的大小对反映压缩机组工作状态有重要的参考价值，对于具体车型应具体分析。

（5）空调温控情况良好，外温在 36 ℃ 左右时，客室内温度能控制在 22~27 ℃。

（6）通风系统良好，各空气滤网清洁，无堵塞现象，出风口或回风口无水滴出。

空调装置出现故障不能正常工作时，其直觉反应是冷气不足、没有冷气、突然停机、机组开不动、听到碰撞声、强烈振动等一些表面现象，这些现象只能说明空调装置发生了故障或是一种故障的预兆，并不一定能立即判断出其故障发生在哪里，是什么故障，只有经过详细检查和分析，才能找出发生故障的部位，并排除故障。

（二）故障的一般判断方法

空调装置的故障检查要靠人的一些感觉来获得第一手资料，如人的视觉、听觉、触觉以至嗅觉，然后把这些感觉综合起来，经思维分析，有时还需要用仪表作进一步测试检查，最后才能判断故障。运用看（压力表、温度计读数）、听（运转声音）、摸（冷热程度）、嗅（气味异常），可以判别出哪些情况正常，哪些情况不正常。

（三）故障的分析判断思路

空调装置由电气系统、制冷系统、通风系统、新风预热系统等组成。当空调装置发生故障时，从其表面反映出的故障现象，可以大致判别出其故障发生在哪一个系统。从一般规律看，其判别如下：

（1）空调机组突然停机或开不动或压缩机不启动，这多数是电气系统中的故障，也可能是制冷系统或通风系统引起的故障，由于此故障是从电气控制系统中反映出来的，应从电气控制系统入手检查。

（2）空调装置无冷气、冷气不足或电机拖不动，这是与制冷系统有关的问题，应从制冷系统入手检查。

（3）空调机组有碰撞声或强烈振动声，这是从运动件中发出的声音，可能在通风系统，也可能在制冷系统中，应从这两个系统入手检查。

四、空调装置主要故障的判断处理

（一）空调机组不工作

这类故障一般发生在供电线路与控制线路上。

1. 电源部分

（1）电源无电：用电压表测量空调机组电气控制柜电力系统输入端子的三相电压，如无电压，应检查并接通电源。

（2）电源缺相：电源缺相时，三相电机变为两相运行，电机将严重过载。此时应注意车下分线盒内各相线的连接是否松动造成缺相。

（3）电源电压过低：当电源电压低于额定值的15%（187 V），欠压继电器动作，控制电路无电，则无法工作。调整输入电源。

（4）电源电压过高：当输入相电压超过253 V，过压继电器动作，切断控制线路，控制回路则无法工作。调整输入电源。

2. 电气控制电路部分

（1）控制电路的电源线路断路：测量与检查电源线路供电电压，找出断路部位并修复。

（2）接插件接触不良：测量接插件两端接线端子，若不导通，重新接插，再次测量确认接触良好。

（二）压缩机不启动

开机后通风机、冷凝风机运转，而压缩机不运转且电机发生"嗡嗡"的电磁噪声。这是压缩机不启动或电机作极慢速度的运转，时间稍长一点，过载保护器就会动作而切断电源。这类故障主要出在压缩机内。

1．电源及电器部分

缺相运行，即电机三相线路断了一相，电机作两相运行。这时电流很大，噪声很大，随后保护器件动作。检查修复电源及有关电气器件。

2．压缩机部分

（1）压缩机机械部分故障。压缩机内部机械部分故障造成压缩机损坏。需更换压缩机。

（2）压缩机电气部分故障。压缩机电机绕组匝间短路或绝缘层严重老化，电机运转慢，电流极大，并发出"嗡嗡"噪声，不久保护器件动作，使压缩机停机。需更换压缩机。

（三）出风口无风

如果可以肯定是通风机没有运转，先检查通风机主电源回路是否通电，通风机接触器主触点是否闭合，热继电器是否动作，空气开关是否跳闸断开；再通过输送至通风机的三相电源线，检查通风机电机绕组绝缘情况，以判别电机是否烧损。

如果以上检查没有问题，应检查控制回路。如工况转换开关，通风机接触器线圈回路，以及其有关的电器、接线等（其他各电机电器不动作故障，都可以此类推），一般可以很快找出故障点。

风量小的原因可能是通风机电源相序不对，造成反转，或者是蒸发器滤网堵塞、蒸发器翅片间脏堵造成通风不畅，结霜、结冰堵塞。

（四）空调机组在运行中突然发生故障停机

如果这类故障发生在制冷系统中，将造成制冷系统运行不正常，行车中无法处理，必须运行到终点站，再更换压缩机。

也可能是由于各种其他原因，引起各种电气保护器件动作，切断电源。制冷系统部分故障主要特征是吸气压力低于压力继电器整定值或排气压力高于压力整定值，引起高压或低压保护开关起跳，使压缩机停机。

（1）系统漏泄后制冷剂量不足。吸气压力过低，毛细管中流动声大（气体流动），吸气管不结露。检查补漏并补充制冷剂。

（2）过滤器阻塞（也许局部产生冰堵，部分毛细管不通）不畅通。吸气压力过低，毛细管中流动声大（气体流动），吸气管不结露，过滤器外部发凉。拆下检修或更换。如果怀疑冰堵，可停一会机组，再开后观察效果。如有部分缓解，应更换干燥剂。

(3）制冷剂过量。这种情况往往发生在刚刚对系统充氟后出现。部分管路的容积被液体占据，排气压力过高，吸气管和泵壳结露，超载运行，引起热保护器动作。放掉部分制冷剂到规定量（吸气管结露）为止。

(4）制冷系统吸入空气。部分冷凝管被空气占据，排气压力高，排气温度特高，吸气压力也高，泵壳很热，造成保护电器动作。停机排空气。

(5）冷凝器外部结垢，通风不畅，风量很小，进出风温差大，冷凝压力超高且外表发热。用刷子、翅片梳清理或高压空气、高压水冲刷干净。

（五）压缩机故障灯亮且机组不工作

压缩机故障灯亮，表明压缩机控制回路的保护环节中的压力继电器或温度继电器动作。通常是压力继电器动作，因冷凝温度超限、外温很高，超过压力保护动作值而动作。

如果是压力继电器高压动作，即压缩机排气压力高，其主要原因是：

(1）制冷剂过多或系统混入空气；

(2）冷凝机组发生故障，一般是由于冷凝器排风量不足或冷凝器的散热片表面积灰太厚，从而使冷凝器的散热效率显著降低；

(3）周围环境气温过高（高于 40 ℃）。

压缩机故障灯亮，表明压缩机控制回路的保护环节中的压力继电器或温度继电器动作。通常是压力继电器动作，由于冷凝温度超限、外温很高，超过压力保护动作值而动作。

如压力继电器低压动作，即压缩机吸气压力低，其主要原因是：

① 由于系统内制冷剂泄漏，造成系统中循环的制冷剂量不足，电流明显偏低。

② 干燥过滤器或毛细管堵塞（更换压缩机时，操作工艺不当易出现这种情况，而且越是反复焊修的机组越容易出现这种故障)，使制冷剂流量下降。应根据机组检修档案资料，及时检修干燥过滤器。

③ 蒸发器热交换严重不良，蒸发器或过滤网脏堵严重。蒸发器常见故障一般有：蒸发器表面污脏堵塞、盘管破裂和泄漏、翅片严重变形、分液器堵塞等。

（六）机组制冷效果差

(1）系统内制冷剂泄漏，机组工作电流显示偏低。国产空调机组制冷剂泄漏是较常见的故障，不容忽视。泄漏点常发生在压缩机接线栏周围、压力继电器接头、各管路焊接处等。

(2）各空气滤尘网污脏堵塞，主要是蒸发器太脏及回风滤网堵塞，造成热交换不良。及时清理干净，拿下滤网清洗。用刷子、翅片梳清理蒸发器，用压缩空气或碱性清洗剂浸一会儿后，再用高压水冲洗，拿下滤网清洗，保证换热效果。

(3）蒸发器结冰，主要原因是蒸发器脏堵非常严重，热交换效果极差。关闭制冷系统，打开通风机化冰，并解决通风不畅问题（临时处理时可用翅片梳刮蒸发器）。

(4）单机组运行时，压缩机组发生故障。可使用另一组制冷系统，到终点再处理故障机组。

（5）温度控制器整定温度偏高或有故障。应调整或更换温控器。可采用手动控制。

（6）制冷剂充注量过多，蒸发温度高，吸气压力高，吸气管及泵壳结露很多，严重者有轻度湿冲程。应放出一部分制冷剂。

（7）系统中混入不凝气体（空气）或水分造成局部冰堵，排气压力高，泵壳温度高，压缩机运行电流高。应停机放空气及更换干燥剂。

（8）冷凝器表面脏堵而风量小，散热效果很差，排气压力和排气温度高，输液管温度也高，单位制冷量下降。应用刷子、翅片梳清理或高压空气、高压水冲干净。

（9）压缩机部分故障：如运动件和固定件摩擦、碰撞，排气量下降，制冷能力下降。吸气压力上升，排气压力下降，压缩比提不高等故障，只能更换压缩机。

（七）机组振动且运转噪声大

空调机组在动行时，会产生不可避免的、有规律的运动噪声，声音比较低沉，并有节奏，这是正常噪声。若发出异常的刺耳的噪声就是有故障。若不及时发现和处理，将会损坏机件，应予以重视。

（1）制冷剂充注过多，经常引起回液，液体对阀片的冲击，使压缩机抖动，吸气压力高，吸气管及泵壳结露。应放掉一部分制冷剂。

（2）管路安排不当，因压缩机振动而引起共振。应施行减振措施，固定部分管路。

（3）电机过载引起较大的电磁噪声。应减轻电机负荷。

（4）轴承磨损严重，造成电机扫膛，发出较大的异音。必须更换。

（5）由于机组箱内设备基座安装不良，减振装置或紧固部件松动，造成通风机叶片碰壳，电机轴承不能安全使用。应处理故障处。

（八）出风口或回风口漏水

（1）机组排水孔堵塞，排水不畅。应疏通排水通道。

（2）机组安装不良，防雨密封和排水道密封不严。应增加排水能力，列车运行中不便处理，可先减少风量，入库后再彻底处理。

（3）外界空气湿度很大，冷凝水随风带出。应减少风量，入库后处理。

（4）机组底部焊接不良，有漏缝。应拆下机组进行维修，处理后重新规范安装。

（九）空调机组有异常气味

空调机组的异常气味有可能是制冷系统泄漏时散发出的气味，如制冷剂和冷冻机油的气味。应补漏并添加制冷剂。电气系统部分主要是绝缘体发出的气味。

（1）线圈过热：电磁线圈过热，使绝缘层老化，有烧焦气味，严重时可看到冒烟，应更换电动机或老化的电气配件及导线。

（2）导线过热：导线通过电流过大而过热，使绝缘层老化，有橡胶气味，断电后用手摸导线，感到烫的导线显然是电流过大。应先找出造成电流过大的原因并处理，如需要再更换载流量大的导线。

（3）插头与插座过热：插头与插座接触不良，发生火花而过热，使绝缘部分焦化，散发出焦味。应修复或更换插座。

从以上判断方法中不难看出，引起故障的电气原因占了较大比例，而真正的压缩机本身故障比例并不大，因此有必要对电气故障检查和分析方法进行归纳总结如下：

电气故障一类是有明显的外表特征并容易被发现的，例如电机的绕组过热、冒烟，甚至发生焦臭味或火花等，在排除这类故障时，一方面需更换损坏了的电机，另一方面还必须找出造成上述故障的原因。

另一类故障是没有外表特征的，例如在控制电路中由于元件调整不当、动作失灵或零件损坏及导线断开等原因引起的故障，这类故障在空调机组电路中经常碰到，由于没有外表的特征，常需要用较多的时间去寻找故障的原因，需运用各类测量仪表和工具才能找出故障点，方能进行调整和修复。因此，找出故障点是空调机组电气设备检修工作中的一个重要步骤。

五、电气设备故障的一般检查和分析方法

1. 检修前的调查研究

（1）看：看电气元件有无变色、烧毁、松脱、裂损、断线及其他情况。

（2）听：听电机和电器元件在正常运行时的声音和发生故障时的声音差异，有助于寻找出故障部位。

（3）摸：摸电机和电磁线圈外部不导电部分的温度。发生故障时，温度会显著上升，可切断电源用手去摸一摸，用螺丝刀拧一拧导线连接螺钉看是否松动。

（4）嗅：电机和电磁线圈等发生故障时，绝缘体会发出异常气味。可根据气味来判别是否有故障。

2. 检查分析故障范围

根据电气控制线路检查分析故障范围。

3. 确定故障发生的范围

从故障现象发生，按线路工作原理进行分析，便可判断故障发生的可能范围，以便进一步分析，找出故障发生的确切部位。

4. 进行外表检查

在判断了故障可能发生的范围后，在此范围内对有关电气元件进行外表检查，常能发现故障的确切部位。例如：接线脱落、触头接触不良或未焊牢、弹簧断裂或脱落以及线圈烧坏等，都能明显地表明故障点。

5. 试验控制电路的动作顺序

经外表检查未发现故障点时，可进一步检查电气元件动作情况，如操作开关等，查看线路中各继电器、接触器相关触头是否按规定顺序动作；若不符合规定者，则说明与此电器有关的电路存在问题，再在此电路中进行逐项检查和分析，一般便可发现故障。

工作中必须注意人身及设备的安全。要遵守安全操作规程，不得随意触动带电部分，要尽可能切断电动机主电路电源，只在控制电路带电的情况下进行检查。为了避免故障扩大，应预先充分估计到局部线路动作后可能发生的其他问题。

6. 利用仪表器材来检查

（1）利用万用表的电阻挡检测电气元件；用万用表的电压、电流挡来检测线路的电压、电流值是否正常，三相是否平衡，能有效地找出故障原因。

（2）有时也可用试电笔来检查线路故障。

（3）可以用完好的电气元件替换可疑的电气元件的方法找出故障元件。

（4）可采用局部输入信号的方法，来查找机组控制线路中的故障点。

总之，检查分析电气故障的一般顺序和方法，应按不同的故障情况灵活掌握，力求迅速有效地找出故障点，判明故障原因，及时排除故障。在实际工作中，每次排除故障后，应及时总结经验，并做好维修记录。记录的内容可包括：机组的编号、故障发生的日期、故障的现象、故障的部位、损坏的电器、故障原因、修复措施及修复后运行情况等，作为档案，以备日后维修时参考，并通过对历次故障的分析和总结，采取有效措施，防止类似事故的再次发生。

第二节　空调机组的维护

空调机组的维护与检查项目涉及多个部件，时间间隔也不相同，有的需要清扫，有的需要更换，因此必须制定出一个详细的保养标准，以确保维护与检查工作能落到实处，收到好的效果，如表 8.1 所示作的具体规定。

表 8.1　CRH2 动车组空调机组的保养标准一览表

项　目	1年	2年	3年	4年	5年	6年	7年	8年	9年	10年	11年	12年
回风用空气过滤网	\multicolumn{12}{c}{夏季每 1 个月，冬季每 2 个月更换（根据过滤网的污损程度决定更换周期）}
室外过滤网	\multicolumn{12}{c}{夏季每 1 个月，冬季不更换。（根据过滤网的污损程度决定更换周期）}
热交换器的清扫	○	○	○	○	○	○	○	○	○	○	○	◎
配管检查			△			△			△			

续表

项 目	1年	2年	3年	4年	5年	6年	7年	8年	9年	10年	11年	12年
送风机运行异常声音的检查	△	△	△	△	△	△	△	△	△	△	△	◎
送风机清扫，轴承更换			◎			◎			◎			◎
绝缘电阻的检查	△	△	△	△	△	△	△	△	△	△	△	◎
接触器类（接点粗糙度，端子螺丝）			△			△			◎			◎
圆柱形插头接触检查			△			△			△			◎
保护装置的动作检查			△			△			△			◎
橡胶类			△			△			△			◎
压缩机防振用橡胶			△			△			△			◎
盖罩密封垫			△			◎			△			◎
螺丝松动（压缩机，散热片安装螺丝，端子螺丝等）			△			△			△			◎
排水盘、过滤网检查盖罩的安装螺栓，室外过滤网安装螺栓的更换						◎						◎
检查是否漏气	△	△	△	△	△	△	△	△	△	△	△	◎
隔热材有无剥落			△			△			△			◎
排水盘清扫	○	○	○	○	○	○	○	○	○	○	○	◎
排水泵	△	△	◎	△	△	◎	△	△	◎	△	△	◎
修补涂层（压缩机，送风机）			△			△			△			◎
机组单元表面的清扫			○			○			○			◎
制冷循环的毛细管、干燥机												◎

注：○：无论状况如何都要实施；△：进行检查有异常的话要修理或是更换；◎：更换；空白表示没有任何东西。

一、回风及室外过滤网的更换方法

1. 回风过滤网的更换方法

准备好安装有新品过滤材料的循环过滤网框，采用循环使用方式。更换下来的脏过滤网（见图8.4）需要分解更换过滤元件。首先松开安装盖罩的螺栓（M10），卸下排水盘过滤网检查盖罩；然后从中央过滤网上卸下，卸下过滤网上面的框，取下压紧框，如图8.5所示，更换过滤材料，最后组装则是按照相反的顺序进行，组装完毕后入配件库保管备用。

室内过滤器拆卸时应注意拆卸时必须在关闭电源后实施。作业时须注意不要损伤电线、配管等；过滤器分成三部分，中间部分没有阻挡，拆卸时从中间的过滤器开始按顺序取下。

图 8.4 过滤网

图 8.5 取下压紧框

2. 室外过滤网的更换方法

卸下各过滤网的固定 M8 螺栓(各 2 个),更换过滤材料。更换车厢内过滤网的过滤材料。更换方法与回风过滤网的相同。

二、室内、外热交换器及室内排水系统的清洁

1. 室外热交换器的清洁

室外热交换器的散热片上如果有积尘、异物,会使热交换率下降,增高冷凝回路的高压侧压力,需要水洗或用吹气机清除。

2. 室内热交换器的清洁

室内热交换器被污浊后,会成为室内送风机的通风障碍,由此减小风量,造成制冷能力不足或延长制暖的生效时间,应视积尘状况按照一定的周期,进行水洗或用吹风机清除。使用蒸汽清洗等加压清洗方式时,应使用塑料膜保护直流电抗器、电加热器、排水泵连接器,避免接触到水,同时注意不要使室内送风机室进水。清洗时室内送风机室内的积水通过拧开排水孔的螺丝排出。

3. 室内排水系统的清洁

排水系统内如果被垃圾等异物堵塞,排水管内的水会从室内热交换器溢出,弄湿室内过滤器,或者引起排水管内的水腐败发臭,发出难闻的气味。排水管内是否有堵塞,排水泵吸入口的金属网上是否有垃圾或泥土,每年需要检查一次,并清洗。此外,排水泵每 3 年需要更换一次。

4. 修补涂层

空调单元的室内、外送风机,压缩机等经过长年使用,部分地方会产生锈迹。为了延长使用寿命,在(1 次/年)检查时,如有锈蚀,在清除表面锈蚀后,必须进行补漆。

三、电气回路

1. 绝缘检查（1次/年）

分别用主电路 1 000 V、控制电路 500 V 的兆欧表测量。测量结果必须符合以下要求：

① 通电部（主）—通电部（控制）：5 MΩ 以上

② 通电部（主）—非通电部：5 MΩ 以上

③ 通电部（控制）—非通电部：2 MΩ 以上

检查修理时注意必须与变频器电路切断。

2. 松动检查（1次/3年）

检查各电气部件的端子部位和配线用连接插头有无松动。

四、空调变频装置的维护检查要点

1. 维护检查时的注意事项

① 务必在切断控制电源、主电路电源后再检查变频装置。

② 变频装置内使用了大容量的电容器，即使电源切断后，该电容器的电荷也不会立即释放。因此，至少需经过 15 min 后，或进行强制放电（将 10 Ω 400 W 以上的电阻与电容器的 P12-N10、P10-N10 号接线分别连接）后，用电表等检测，确认已经放电后，方可进行检查作业。

③ 变频装置内的印刷电路板上装有旋钮，预先已经设置好，切勿随意操作。

④ 临时拆下各种连接器、继电器类等时，注意不要忘了插回。插入时要确实可靠，避免接触不良。检测时被拆下、被短接之处，不要忘记复原。

⑤ 检查开始或结束时，务必清点工具数量，切勿遗忘在装置中。螺栓、螺母类也须同样加以注意。

2. 绝缘电阻及绝缘强度试验

空调变频装置因使用 IPM 二极管等半导体元件和 MOS IC 等的集成电路，原则上不进行绝缘电阻及绝缘强度试验。在测量车厢的绝缘电阻时，因为本装置内置于空调机中，须将空调装置的连接器 CN1、CN2 拔下后再进行测量。

3. 印刷电路板使用注意事项

如果对微电脑内的印刷电路板操作不当，可能会造成 IC 集成电路遭静电破坏。因此进行相关检修操作时必须格外注意。

五、空调显示设定器的维护与检修

1. 维护检查时的注意事项

检查装置内部时，为了防止触电、灼伤等事故发生，务必关掉所有相关电源，并确认装置没有发热、电容器等的通电部分已放电，然后再实施检查。

2. 绝缘电阻、耐压试验

绝缘电阻、耐电压试验是一种破坏试验，如果频繁实施会影响产品的寿命。因此，除了异常时或定期检查时，请勿实施该试验。

（1）试验要领。通常，试验时应打开车体的接地开关，给接地开关两端间施加试验电压。

（2）绝缘电阻试验（DC 500 V 兆欧表）判断标准。空调显示设定器单件：在 5 MΩ 以上为"良"。

（3）耐电压试验判断标准。控制电路（DC 100 V 和大地间）：在 AC 1 500 V 以下、60 Hz 时，1 min 内无异常。

（4）试验禁止范围。禁止直接将试验电压施加到空调显示设定器的弱电电路（变频器、监视装置传输接口）。

3. 温度输出确认要领

（1）确认时，停止空调装置的运行，选择温度变化小的时间段实施确认。在将要确认的温度传感器的附近放置温度计，测量温度传感器附近的温度。

（2）判断标准。温度会因用于比较时使用的温度计不同而不同，但作为标准，在 ±2.0 ℃ 以内为正常。另外，让热源接近温度检测端的感温部（手握感温部等），如果电阻值下降则为正常。

（3）如果电阻确认时发现温度检测不正常，需将温度检测端更换为正常品。

第三节 制冷压缩机的检修

制冷压缩机是蒸气压缩式制冷装置的一个重要部件，起着压缩和输送制冷剂蒸气的作用，它是推动制冷剂在制冷系统中不断循环的动力。因此，制冷压缩机被称为蒸气压缩式制冷装置的主机，它对于空调装置的性能好坏具有决定性的作用。

一、制冷压缩机概述

CRH2 型动车组压缩机形式为全封闭型涡旋压缩机（2 极），型号为 ZHV083FZA。目前，每个压缩机的使用寿命为超过 40 000 工作小时无大修，基本满足了空调装置长时间稳定工作的要求。但是，在实际使用过程中，压缩机还是会出现这样或那样的故障，例如，压缩机不启动、压缩机能启动运转但不能正常运行以及压缩机出现异常噪声等故障，所以为了保证压缩机良好工作状态，就必须在一定时间间隔内对压缩机进行一定的检查修理项目。如图 8.6 所示为涡旋式制冷压缩机结构总图。

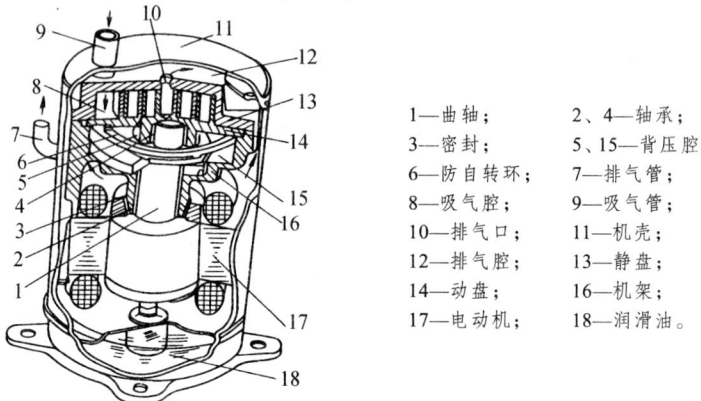

1—曲轴;	2、4—轴承;
3—密封;	5、15—背压腔;
6—防自转环;	7—排气管;
8—吸气腔;	9—吸气管;
10—排气口;	11—机壳;
12—排气腔;	13—静盘;
14—动盘;	16—机架;
17—电动机;	18—润滑油。

图 8.6 涡旋式制冷压缩机结构总图

涡旋式制冷压缩机的特点：

（1）相邻两室的压差小，气体的泄漏量少；

（2）由于吸气、压缩、排气过程是同时连续地进行，压力上升速度较慢，因此转矩变化幅度小、振动小；

（3）无吸、排气阀，效率高，可靠性高，噪声低；

（4）涡线体型线加工精度非常高，必须采用专用的精密加工设备；

（5）密封要求高，密封机构复杂。

二、制冷压缩机单元大修修程（见表 8.2）

虽然压缩机的使用寿命很长，但在长时间使用后仍然需要进行换修，被替换下来的部件则要视情况而决定下一步的检修项目及内容，有些部件则需要解体检修以恢复其基本性能，由于 CRH2 型动车组压缩机类型为全封闭型涡旋压缩机，只有将压缩机外壳剖开才能进行检修，故在大修时机组制冷量达到设计要求的 90% 以上，制冷压缩机不作分解，只对下列发生故障的部件进行检修：

（1）风机叶轮破损或锈蚀严重者更换新品，并作动平衡试验。

（2）更换所有密封、减振等橡胶制品。

（3）各电器配线老化、破损者更换新品。

（4）按检修规程中大修标准需进行检修的电机。

如果在大修时机组制冷量达不到设计要求的 90% 以上或未达到大修公里但制冷压缩机损坏时，制冷压缩机则必须进行分解检修。但是，不到万不得已时，制冷压缩机一般不要解体检修。

表 8.2 压缩机单元大修情况一览表

代码	项目名称	修程	内容描述	检修间隔/万千米
7.2.02	压缩机单元	大修	清理,换零部件	180
7.2.02.01	冷凝器风机	卸掉、替换	换电机	120
7.2.02.01.01	冷凝器电机	卸掉、替换	卸掉现有的,更换新的	
7.2.02.02	压缩机	卸掉、替换	卸掉现有的,更换新的	
7.2.02.03	冷凝器	清理	用吸尘器清理表面	12
7.2.02.04	液体回收器			
7.2.02.04.01	安全阀	检查	检查功能	12
7.2.02.04.01	安全阀	卸掉、替换	卸掉现有的,更换新的	180
7.2.02.05	高/低压开关	检查	检查开	12
7.2.02.05	高/低压开关	卸掉、替换	卸掉现有的,更换新的	180
7.2.02.06	电磁阀	卸掉、替换	卸掉现有的,更换新的	180
7.2.02.06.01	电磁阀线圈			
7.2.02.07	过滤干燥器			
7.2.02.07.01	干燥过滤器芯	卸掉、替换	卸掉现有的,更换新的	180
7.2.02.08	观察玻璃指示	检查	目视检查指示器	12
7.2.02.08	观察玻璃指示	卸掉、替换	卸掉现有的,更换新的	180
7.2.02.09	加液阀	卸掉、替换	卸掉现有的,更换新的	180
7.2.02.10	冷凝器电扇电压开关	检查	检查开关	12
7.2.02.10	冷凝器电扇电压开关	卸掉、替换	卸掉现有的,更换新的	180
7.2.02.11	球阀	卸掉、替换	卸掉现有的,更换新的	180
7.2.02.12	压缩机减振器	卸掉、替换	卸掉现有的,更换新的	180
7.2.02.13	截止阀	卸掉、替换	卸掉现有的,更换新的	180

三、制冷压缩机解体检修

1. 制冷压缩机故障的判断

当制冷装置出现故障不能判断是压缩机电机故障还是制冷压缩机本身故障时,应首先进行电气故障的检查,如电机绕组断线检查、绕组短路检查以及绕组接地检查,以确定故障发生的根本原因。

当压缩机电机经过以上检查后未发现问题时,一般可以接通电源,启动压缩机测试其吸、排气性能（见图 8.7），进一步确认压缩机故障范围及问题所在。方法是先将压缩机内制冷剂吸出，切断压缩机外壳的吸、排气管，然后接通压缩机电源让其工作，即可以堵住它的排气管测试排气压力，也可以堵住它的吸气管测试压缩机吸力。

对于吸、排气性能不良的压缩机必须剖壳检修使其恢复工作水平；对于吸、排气性能良好的压缩机，在剖壳检修时可以省略对一些部件的检修工作。

图 8.7 检查压缩机吸、排气性能

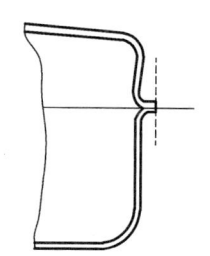
（a）翻边对接式压缩机壳

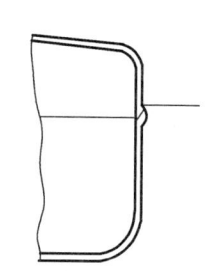
（b）套接式压缩机壳

图 8.8 全封闭压缩机机壳接口的形式

2. 剖壳的准备工作和切割方法

首先，用另一台压缩机制冷剂抽出，割断压缩机壳体上的吸、排气管，将压缩机内润滑油排出并计量润滑油油量。

其次，将压缩机固定在专用拆装台上，用锉刀把原封口处电焊焊点锉平，然后移至车床上将壳体接合处切开或用手锯将其锯开，在切开或剖开部位做好标记以避免焊接时错位。全封闭压缩机机壳接口的形式有两种（见图 8.8）：翻边对接式压缩机外壳可用角向磨光机磨掉原来的焊接部分，但不可过多地把翻边对接处磨掉；套接式压缩机可在其套接部位进行切割，只需将外层切开即可。

另外，在切割时不仅要严格控制切割深度（一般为 3~5 mm），防止切割过深造成内部良好部件的人为损坏，而且要避免因切割而产生的铁屑进入压缩机壳体内部，增加清洗的难度和工作量。

3. 部件的分解与清洗

壳体切割分成上下两部分后，应小心缓慢地将壳体和压缩机、电机进行分离。分离后先用清洁的压缩空气分别对壳体和压缩机、电机进行吹扫，清除表面剩余铁屑及其他杂物。

如果在剖壳前已确定电机工作正常，电机可以不用完全解体，只作必要的检查后就可等待与修复的压缩机进行组装。

压缩机在分解前应作外观检查并作必要的测量工作，以便检修及组装工作的进行。压缩机在分解时对拆检组装环境清洁度要求：落尘量不大于 80 mg/m^2，温度 16~30 °C，湿度小于 60%。

分解时利用各种工具将压缩机的动、静盘，曲轴、轴承，密封件等逐一分离，然后根据不同部件的材料特性，选用有机溶剂或其他清洗液彻底清洗，除去内部所有污垢。部件清洗后用清洁的压缩空气进行吹扫，等待检查、检验。

4. 压缩机检修

(1) 曲轴与轴承故障。

曲轴是压缩机的重要部件，在工作中旋转运动带动动盘转动产生吸气、压缩、排气等工作过程。长时间工作后，由于曲轴与轴承本身缺陷、使用不当或润滑出现问题，造成曲轴与轴承配合关系被破坏，导致曲轴或轴承一方甚至双方损坏的后果，使压缩机无法正常工作。

当曲轴与轴承经过清洗后，首先进行外观检查，以查看其损坏的程度，是否有修复的价值。如果外表无严重损坏，可以对曲轴探伤检查，曲轴不允许有裂纹；曲轴表面轻微拉伤或麻点可用细砂纸打磨消除，并用千分尺测量曲轴外径尺寸，不得小于规定尺寸限度；若条件许可，轴承可以直接更换新品。

(2) 动、静盘相互位置发生变化。

涡旋压缩机的动盘和静盘的涡线呈渐开线形状，安装时使两者中心线距离一个回转半径 e，相位差 $180°$。这样，两盘啮合时，与端板配合形成一系列月牙形柱体工作容积，在这个封闭空间内，则一直处于压缩过程。因而可以认为吸气和排气过程都是连续的。但在使用过程中，由于各种原因造成动、静盘相互位置发生变化，无法连续完成吸气、压缩、排气等工作过程，使压缩机无法正常工作。

如果发生了上述故障，应重新调整动盘和静盘的相位差、重新定位，防止再次发生动、静盘相互位置发生变化，使之符合规定要求。

(3) 动、静盘自身损坏。

由于长时间工作后引起的疲劳变形、磨损、断裂以及材质问题，导致动、静盘自身损坏，发生这种情况后，必须进行部件更换。在部件更换时要考虑动、静盘两者间的配合状况，应仔细测量两者的外形尺寸，以确定动、静盘两者间的配合间隙是否合适，配合间隙太小可能造成局部接触摩擦；配合间隙太小可能造成压缩力太弱影响制冷效果。

(4) 吸气腔或排气腔不畅通。

压缩机外侧空间与吸气口相通，始终处于吸气状态，内侧空间与排气口相通，始终处于排气状态，只有吸气腔或排气腔保持畅通，才能使制冷剂顺利通过压缩机并得到足够的压缩力。如果由于某种原因吸气腔或排气腔不畅通，那么制冷剂就无法顺利通过压缩机，吸气受阻排气不畅将使压缩机无法正常工作，因此，应检查压缩机吸气腔或排气腔畅通情况，如发现异常情况，采取相应措施予以解决。

5. 压缩机电动机检修

如果是压缩机电动机发生故障，首先将电动机与压缩机进行分离，二者分离前应做出明显的对应标志以利于以后组装。然后在拆装台上测量定子和转子之间的间隙再进行分离，根据外观情况或利用仪表判定是定子还是转子故障。

当绕组损坏情况比较轻微时，可局部进行处理而不必大范围拆卸，根据具体情况予以修复，修复后应进行绝缘检测，不得低于规定要求；当绕组损坏情况比较严重时，必须全部解体重新绕制。压缩机电动机修理工作与一般交流电机相似，整个修理过程及工艺要求可参照一般交流电机修理的参考资料。只是应注意一点，全封闭制冷压缩机电动机线圈应选用空调与制冷设备专用耐氟漆包线来绕制；绝缘材料禁用黄蜡管、聚氯乙烯塑料管和普通绝缘胶布等。

四、压缩机修复后的性能试验

经过剖壳修理的制冷压缩机,不论是因为压缩机还是电动机发生故障,修理结束后,外壳重新焊接封闭前必须进行机能试验,检查压缩机各项性能指标是否符合要求,避免焊接后出现返工情况。试验装置如图 8.9 所示。

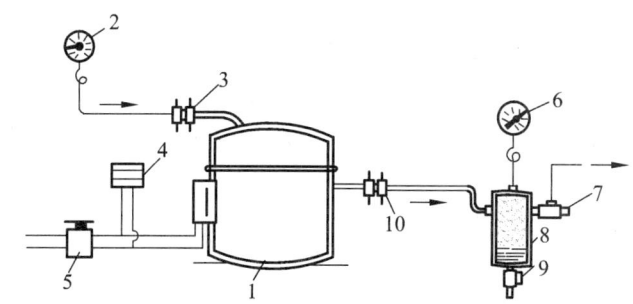

1—压缩机;2—真空表;3—吸气截止阀;4—电压表;5—调压器;6—压力表;
7—排气阀;8—储气罐;9—放油阀;10—排气截止阀。

图 8.9 压缩机性能试验装置

1. 空载试验

试验前应按规定要求加注适量冷冻机油,并连接好电路和管路。空载试验时压缩机的吸气、排气口均不接其他管路及测试仪表,压缩机通电后测量启动电流、空载电流,同时观察压缩机的工作状态,有无异常声响、过大振动等现象。

2. 负载试验

经空载试验后没有问题的压缩机可进行负载试验。试验时将排气阀 7 关闭、吸气口打开(不接测试压力表)。压缩机通电工作后,由于排气阀 7 关闭储气罐内压力逐渐升高并稳定在 0.9 MPa 左右,测量压缩机工作电流与铭牌上的额定电流相比较,前者应小些;此时停机,观察压力表读数变化,当压力降至 0.3 MPa 左右且停机至少 3 min,再次启动压缩机(高压端有负载情况下),测量压缩机工作电流应与空载电流数值相近。

3. 排气部分气密性试验

为保证压缩机正常工作时的密封性,必须进行排气部分气密性试验。在压缩机吸气口不接测试压力表情况下通电,当储气罐内压力达到 1.5 MPa 时停机,关闭吸气截止阀,用毛刷蘸上冷冻机油涂刷各接触表面、接头处,检查压缩机本身是否漏泄,一般以各处无气泡产生作为合格标志。

4. 负荷抽空试验

为保证压缩机正常工作时的吸气性能良好,必须进行负荷抽空试验。在压缩机吸气侧接上真空表,调节排气阀,使排气侧储气罐内压力稳定在 1.0 MPa,吸气侧真空度不低于 0.05 MPa。

5. 绝缘电阻试验

用 500 V 兆欧表测量，绝缘电阻不低于 2 MΩ。

五、压缩机的封焊注意事项及过程

压缩机在封焊前应检查下述各点安装情况：电动机引出线内插头是否已插牢；固定压缩机机体的减振弹簧调整至使机体的中轴线处于垂直状态，在启动、运转停机时机体都不会与壳体发生碰撞。

压缩机壳体封焊时如有条件最好采用气体保护焊。采用交流电弧焊时，可在壳体内充入低压氮气；采用气焊时，应将壳体下部浸入水中以降低温度。壳体封焊后，为检验密封效果，应在壳体内充注 1.5 MPa 压力的氮气，并用肥皂水涂刷在焊口表面进行检漏，合格后再用水浸法检漏，以确保密封效果。

通过上述检漏合格后，对压缩机进行抽真空干燥。至此，压缩机剖壳检修工作全部完成。

总之，压缩机剖开壳体进行检修是一项非常精细的检修任务，必须充分重视、严格按照工艺规程去做，否则可能得到的结果会事与愿违，这点一定不能忽视。

第四节 热交换器、送风机、电加热器的检修

热交换器、送风机、电加热器等部件是空调机组的重要组成部分，分别安装在车体内或车下单元内，担当着不同的工作任务，在检修中也有着不同的要求。

一、热交换器的检修

热交换器分为室内热交换器、室外热交换器两种。室内热交换器用于通过制冷剂与室内空气进行热交换，使室内空气的热量被制冷剂吸收，使温度下降；室外热交换器用室外送风机送入的室外空气对高温高压的制冷气体进行冷却，使其形成常温（约 50 ℃）的高压制冷液。

（一）室内热交换器检修

室内热交换器也称为蒸发器，制冷剂液体在较低温度下蒸发（沸腾）而转变为蒸气，利用制冷剂的蒸发潜热，吸收被冷却介质的热量而使被冷却介质的温度降低。所以，蒸发器是制冷系统中产生和输出冷量的设备。如图 8.10 所示为直接蒸发式室内热交换器示意图。CRH2 动车组空调装置室内热交换器形式为交错排列的翅片管，散热片采用铝合金，冷却管采用内面带沟槽的铜管。车厢内热交换器主要故障有表面脏污、翅片倒伏以及铜管破损。

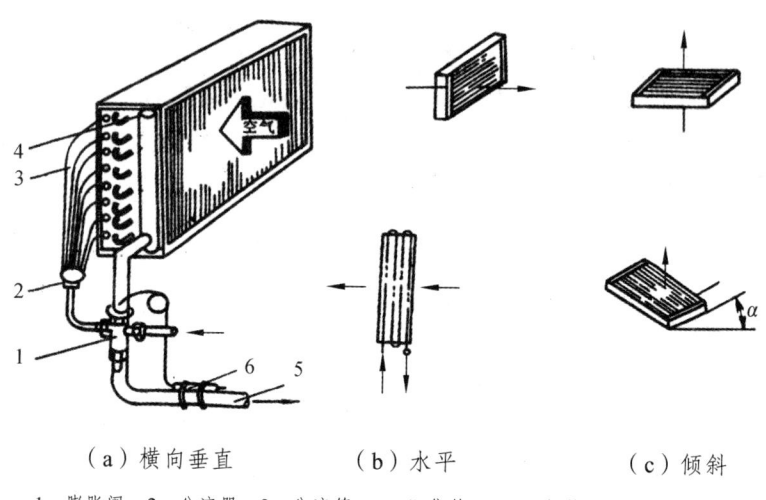

(a) 横向垂直　　　　(b) 水平　　　　(c) 倾斜

1—膨胀阀；2—分液器；3—分液管；4—汇集管；4—回气管；6—感温包。

图 8.10　直接蒸发式室内热交换器示意图

1. 车厢内热交换器表面脏污

车厢内热交换器附着污物后，车厢内送风机的通风阻力增大、风量减少，造成制冷能力不足或制暖时温度上升变慢，所以应根据尘埃的附着情况，定期对车厢内热交换器进行水洗或用吸尘器清扫。使用蒸气等压力清洗时，防止直流电抗器、电热器、排水泵连接用的连接器进水，用塑料布等将其盖上。

（1）1次/年用吸尘器清扫热交换器表面。打开排水盘、过滤网检查盖罩（参照过滤网的更换），卸下回风过滤网。散热片缝隙间的污物、尘埃用吸尘器吸尘。

（2）1次/3年用温水（中性洗涤剂）清洗热交换器表面。打开车厢内上面的盖罩，卸下车厢内送风机、电抗器、电热器、排水泵。用塑料布将连接器，逆变器冷却风道上罩上塑料布，防止进水。特别是在污垢严重时，使用溶入中性洗涤剂的温水，用软毛刷轻轻地擦洗（为避免散热片损伤，绝对不能使用铁刷子）。最后打开排水孔，将排水盘里及车厢内送风机室中积水排出。组装顺序与拆装顺序相反。

2. 车厢内热交换器翅片倒伏

由于热交换器翅片间的间距是固定的以利于空气流通，如果出现翅片倒伏现象，则使热交换器的流通阻力加大、散热面积减少，因此可采用锯条等片状工具在不损伤翅片的前提下，将倒伏翅片依次恢复原来位置。

3. 车厢内热交换器铜管破损

当热交换器铜管破损后，系统内的制冷剂会不断从破损处漏泄，使系统内的制冷剂总量逐渐减少，冷却效果越来越差。所以，一旦发现热交换器铜管破损后，应在最短时间内，拆下热交换器，利用工具将破损铜管进出口堵死或者干脆将破损铜管抽出更换。经过修复的热交换器需在密封试验台上进行密封试验，合格后才可以装车使用。

（二）室外热交换器检修

室外热交换器，也称作冷凝器，是制冷机的主要热交换设备。其作用是使从压缩机出来的高温高压制冷剂蒸气在其中向冷却介质——水或空气——放热，冷却、冷凝成低温高压的过冷液体。其常见的基本结构形式有上进下出式室外热交换器和横进横出式室外热交换器（见图 8.11、图 8.12），CRH2 动车组空调装置室外热交换器类型为交错排列、翅片管，散热片用铝合金，冷却管用内面带沟槽的铜管；与室内热交换器基本相同。室外热交换器主要故障与室内热交换器相似，但由于它的安装位置处于室外车下，表面及翅片间更加容易被污染，因此必须 1 次/年用压缩空气吹或用温水（中性洗涤剂）进行洗净，以确保空气顺利通过。

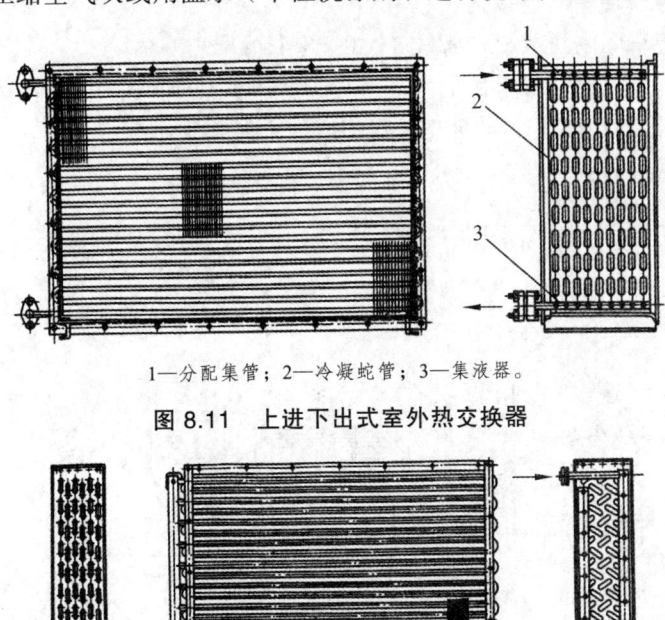

1—分配集管；2—冷凝蛇管；3—集液器。

图 8.11 上进下出式室外热交换器

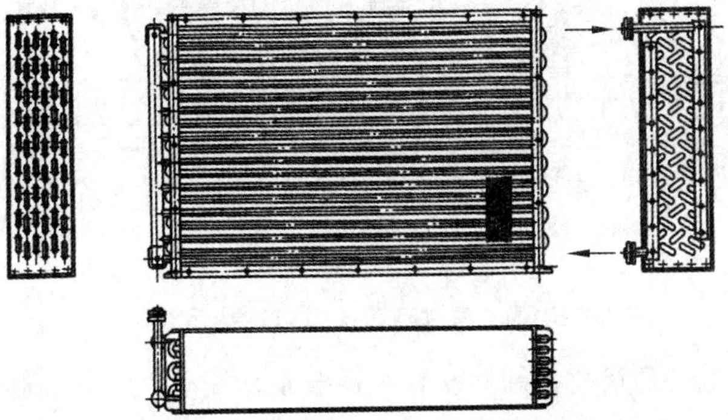

图 8.12 横进横出式室外热交换器

具体检修清理过程为：卸下室外过滤网，散热片的缝隙之间用压缩空气向运转时空气流向相反的方向吹气，将污物、尘埃吹走，在附着灰尘较多的一侧则用吸尘器吸尘。特别是污物较严重时，使用溶有中性洗涤剂的温水，用软毛刷轻轻地擦洗（为避免散热片的损伤，绝对不能使用铁刷子）。

二、送风机检修

（一）室内电动送风机检修

室内电动送风机形式：电动机直接连接、离心式，型号为 BFD—28GTA06，额定功率为

1.5 kW，转速约 1 885 r/min。它的作用是将经过处理的空气输送和分配到客室并获得合理的气流组织，同时还将客室内污浊的空气排出室外，使室内的空气参数满足设计的要求。室内电动送风机的主要故障有送风量不足、运转振动、噪声大、轴承损坏等。

1. 车厢内送风机拆卸步骤

车厢内送风机排风道，连接着逆变器的冷却风道。按以下的步骤把车厢内送风机卸下：
① 松开 DC 电抗器上的 4 个安装螺栓，卸下 DC 电抗器；
② 卸下连接车厢内送风机排风道和逆变器冷却管的 4 个 M6 螺栓；
③ 卸下连接导线端头的连接器；
④ 松开安装着车厢内送风机的螺栓（M8×8 个）；
⑤ 在车厢内送风机电动机上部的吊环螺栓（M10）上挂上吊钩，将其吊起。吊起时，送风机避免接触逆变器冷却风道，向逆变器侧相反的方向移动吊起；
⑥ 松开电热器上的安装螺栓（M8×6 个），卸下电热器。

2. 室内送风机的解体（见图 8.13）

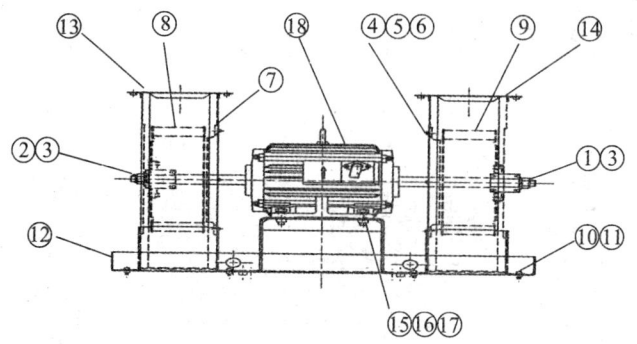

①—固定螺帽；②、③—垫圈；④、⑤、⑥—外壳装配；⑦—外壳；⑧、⑨—叶片；⑩—螺丝；⑪、⑯—垫圈；⑫—安装支架；⑬、⑭—出风口；⑮—电机安装螺栓；⑰—弹簧垫圈；⑱—电动机。

图 8.13 室内电动送风机结构示意图

从车体上将室内电动送风机拆卸后，移至拆装工作台上固定好。卸下叶片的固定螺帽①及垫圈②、③，拔出叶片⑧、⑨。注意请不要在叶片侧面上加外力，这会造成叶片变形；叶片⑧、⑨，转子轴具有各自的方向性，卸下时要标上记号，以利于安装。卸下外壳安装螺丝⑩及垫圈⑪，在拆卸外壳时要注意不要弄伤转子轴和送风机底座。卸下电机安装螺栓⑮，垫圈⑯、弹簧垫圈⑰、把电机放置于平坦的台子上。卸下键，并卸下支架安装螺栓，在支架不发生倾斜的情况下卸下支架。最后，确认转子轴相对于电机的左右位置，做好标记后将转子轴拔出放置在干净无尘地方。

3. 室内送风机的部件清洗

车厢内送风机的清扫，特别是叶片内侧部上有尘埃附着的情况下，用软毛刷拭擦。此时，注意不要使叶片变形，也不要弄伤涂装表面。叶片的内侧有尘埃附着，会引起风量减少和送风机振动产生噪声，并且破坏叶轮平衡，从而振动加大，造成轴承的寿命缩短。送风机解体后应根据部件的不同特点,采用不同的方式清洗。不宜用油清洗的部件可用压力为 350 kPa 的清洁压缩空气吹扫至干净无灰尘;可用油清洗的部件用汽油、棉丝擦拭,要求清洁度达到 Ⅲ 级标准。同时,清洗车厢内送风机室时要防止进水。清洗时,松开排水孔 A 螺栓,使排水盘及车厢内送风机室积水完全排出。

4. 室内送风机的部件检修

(1) 外观检查。检查送风机叶片有无变形、裂纹及与壳体的刮碰痕迹,如有裂纹最好更换新品;检查送风机叶片与转子轴接合处键槽、键的状况,不允许键槽、键有破损和松旷情况;转子轴不得弯曲;其他部件外观良好,无变形、裂纹、变色、锈蚀等现象。

(2) 转子轴探伤检查。转子轴是重要运动部件,在工作中受到各种力和力矩作用,有可能产生内在裂纹,因此,在检修过程中必须对转子轴进行电磁探伤检查,以确认转子轴是否有潜在裂纹。

(3) 测量转子轴轴伸径向跳动量。测量在专用平台上进行,将转子轴两端用 V 形铁支撑起来,用专用百分表架将百分表触头靠向转子轴轴伸中点,用手转动转子轴转一圈,观察百分表读数变化,其中指针最大摆动幅度就是转子轴轴伸径向跳动量,该数值应在工艺要求范围内。

(4) 送风机电动机轴承的更换。送风机电动机轴承应进行 1 次/年检查轴承有无异常声音,运转时有异常声音、振动发生的情况下,要在修理工厂更换轴承。轴承采用密闭式,能够不注油长时间运行。当有异常声音,异常气味,振动过大等异常时要更换轴承。更换轴承时,用锤子强行敲打,或是强行卸下时,会发生轴弯曲等事故,应避免此类事故的发生。

① 拆卸方法。通过推顶器来拆卸,如图 8.14 所示。用轴承的内圈顶住转子,然后平稳地推动轴端,把轴承卸下来。最好使用专用拆卸工具,在使用市面出售的拔下(拆卸)工具时,要仔细地阅读其说明之后再实施。

② 安装方法。把轴承装到轴上时,要仔细将装配部位擦净,除去凸起和伤处后再进行安装。在轴承的内圈上和轴的装配面上涂上润滑油,垂直地套入,用

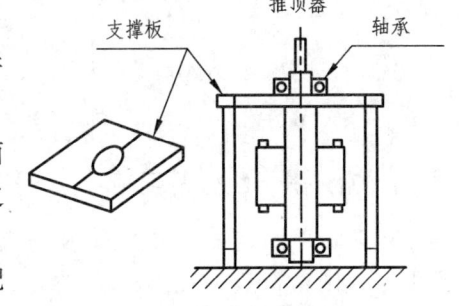

图 8.14 轴承拆卸

适当的管材顶住轴承的内圈用推顶器平稳地压进去。在没有推顶器的时候,可用管子轻轻敲打、小心平稳地进去。此时,注意不要撬轴承或把管子顶在轴承外圈部分。

5. 室内送风机的组装与试验

室内送风机的组装顺序与拆卸顺序相反,在组装时一定要按照工艺规定去做,不能有任何简化组装现象。另外,在组装完毕后,为确保室内送风机的性能达到设计要求,必须进行性能试验,特别是如果在检修中更换叶轮后应做动平衡试验以确保安全。经试验测试合格后方能装车使用。

(二) 室外电动送风机检修

室外电动送风机有 2 台,形式为电动机直接连接、轴流型,型号为 FP51G-01,风量约

150 m³/min，额定功率为 1.5 kW，转速约 1 720 r/min（4 极）。

1. 室外送风机拆卸步骤（见图 8.15）

打开室外盖罩，取下室外送风机的连接器，卸下室外送风机安装螺栓（M10×4 个），卸下室外送风机。

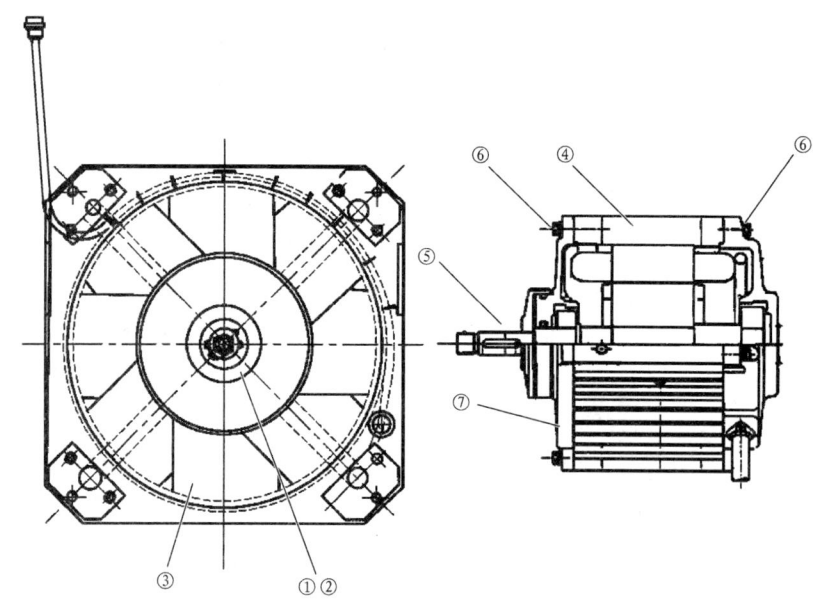

①—U 形螺帽；②—垫圈；③—叶片；④—电机；⑤—键；⑥—螺栓；⑦—支架。

图 8.15 室外电动送风机结构示意图

2. 室外送风机分解要领

卸下叶片固定 U 形螺帽①及垫圈②，拔出叶片③，注意：拔出叶片时要相对轴垂直拔出，否则会造成轴变形；将电机④放置在平坦的台子上。卸下键⑤。卸下支架安装螺栓⑥，取下支架⑦，拔出转子轴⑧放置到没有尘埃的干净地方。注意在拔出时请不要接触到定子上。

组装是用于分解相反的程序来进行的。

3. 室外送风机检修标准（见表 8.3）

表 8.3 室外送风机检修标准

部件名	基 准	检查方法及处置
室外送风机	1 次/年 轴承有无异常声音的调查	旋转时若有异常的声音、振动，在修理工厂进行更换轴承
	1 次/3 年 清扫	室外送风机要进行清扫
	1 次/3 年 轴承的更换	轴承为每 3 年更换新品（轴承更换方法参照室内送风机轴承更换）

4. 室外送风机（车厢内送风机、压缩机）表面涂漆工艺

（1）表面处理。由于室外送风机（车厢内送风机、压缩机）长期在车下工作，原有的表面油漆可能会产生脱落现象，因此，在定期检修时（1次/3年），需要对它们重新进行表面涂漆处理。对于表面的锈蚀产物可以使用 40# ~ 80# 砂纸以及刮刀等工具予以除去，但不要伤及本体部分；对表面有油脂类污物可用有机溶剂（二甲苯等）去除；对表面灰尘、水分可用干净的棉布或压缩空气予以去除；把修补涂装面修净之后再进行干燥，在金属面露出的部分先涂一次底漆，再涂面漆。

（2）油漆配合比例及涂漆工艺。可用毛刷或喷枪进行涂漆，油漆配合比例视情况而定。

（3）油漆干燥时间。底漆完全干燥大约需要 6 h，面漆完全干燥大约需要 12 h。

5. 室外送风机维护注意事项

（1）室外送风机连接器的接点检查。取下室外送风机连接用连接器的管脚后，在安装时应确认管脚上是否有划槽，如果发现划槽，则需要更换新品；同时在组装时观察连接器插头是否有松动不牢现象，如有松动则需要更换新品。

（2）封口剂的涂抹。电动机托座（铝合金制）的接口，叶轮和转轴之间及轴封处必须涂上密封材料后才能进行组装。不涂抹密封材料，电动机的防水性能无法得到保证，所以必须涂抹。

三、电加热器检修

空调机组的供热系统主要有两个作用：对送入车内的空气进行预热和对车内空气进行补偿加热作用。空气预热器有温水空气预热器和电热空气预热器两种。CRH2 型动车组的供热系统采用电加热器方式。电加热器采用了内藏于空调装置的小型、轻量的供热方式，利用与输送冷气时相同的通道供热。客室空调机组供热能力额定功率：24 kW/台（8/8/8 kW 3 挡），元件为带散热片的护套型加热器。CRH2 型动车组与其他车型不一样，在车厢内的侧壁上没有安装电加热器，也没有安装其他辅助采暖装置，因此它不适用于环境温度低于零下 40 °C 的地区使用。如图 8.16 所示为电热空气预热器示意图。

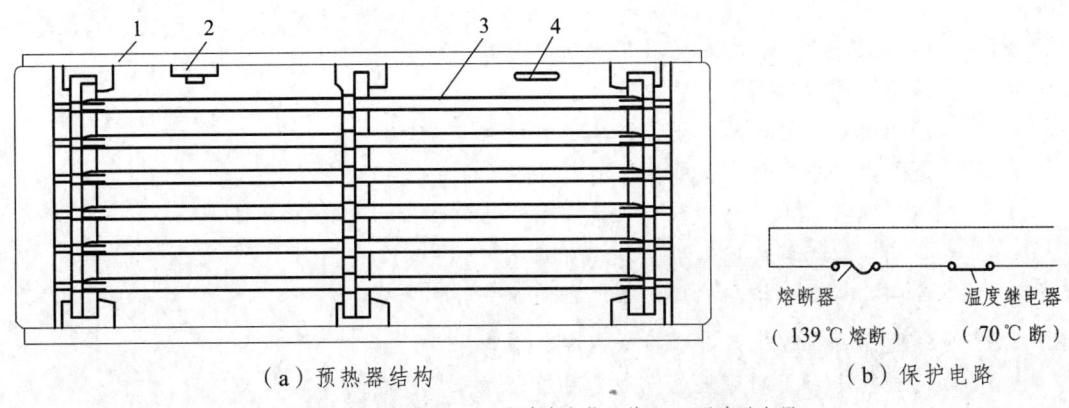

(a) 预热器结构　　　　　　　　(b) 保护电路

1—框架；2—熔断器；3—绕片式电热元件；4—温度继电器。

图 8.16　电热空气预热器示意图

暖气输送时，从回风道吸入空气，与外界的新鲜空气混合，通过安装在空调装置回风口的过滤网，由电热器加热，然后通过与冷气输送时相同的通道送暖。司机室空调装置的供热能力分为3挡，功率为 1~2 kW。

1. 吹扫及外观检查

电加热器在检修过程中首先要用压缩空气将外表的灰尘、污物吹掉，然后进行外观检查，检查内容包括：散热片是否变形、倒伏；护套是否完整、变色；接线柱及接线是否松动；熔断器是否损坏等，如果出现上述问题，必须进行修复或更换。

2. 绝缘测试

用 500 V 兆欧表测试电加热器的对地绝缘情况，冷态绝缘电阻值应不低于 2 MΩ。如果冷态绝缘电阻值达不到规定要求，可采取烘干处理以提高绝缘电阻值。

3. 通电试验

测试电加热器对地绝缘情况合格后，应进行通电试验，以确认电加热器在各挡位下都能正常工作且发出相应的功率。

本章小结

本章主要介绍了动车组空调换气系统中空调装置的检修内容。介绍了空调装置常见故障的分析与处理知识，并讲解了处理空调系统故障的一般方法；介绍了空调装置的检修工艺流程；讲解了空调装置维护与保养知识；讲解了空调装置中主要部件压缩机、热交换器、送风机和电加热器的检修过程与方法。

复习思考题

8.1 空调装置一、二级运用检修中的内容有哪些？
8.2 空调装置的故障判断方法有哪些？
8.3 当压缩机不启动时属于压缩机本身的故障有哪些？
8.4 空调机组发出异常气味的原因有哪些？
8.5 为何要进行室内热交换器的清洁工作？如何进行？
8.6 全封闭涡旋式制冷压缩机的特点有哪些？
8.7 全封闭制冷压缩机剖壳的准备工作和切割方法是什么？
8.8 全封闭制冷压缩机电动机检修内容有哪些？
8.9 如何进行全封闭制冷压缩机剖壳后排气部分气密性试验？
8.10 如何进行车厢内热交换器铜管破损修理？
8.11 如何进行室内送风机的部件清洗？
8.12 室外送风机维护时的注意内容有哪些？

第九章　动车组制动系统检修

动车组制动系统是动车组的重要组成部分之一。

本章主要内容：空气压缩机的检修工艺过程和试验方法。制动机阀件及基础制动装置的检修工艺过程和工艺方法。

CRH2制动系统采用复合制动模式，即再生制动+电气指令式空气制动。电气指令式空气制动采用微机控制的直通式电空制动。CRH2制动系统由制动控制系统、基础制动系统及空气供给系统三大部分组成。如图9.1所示，图中表示了各部件的逻辑关系。

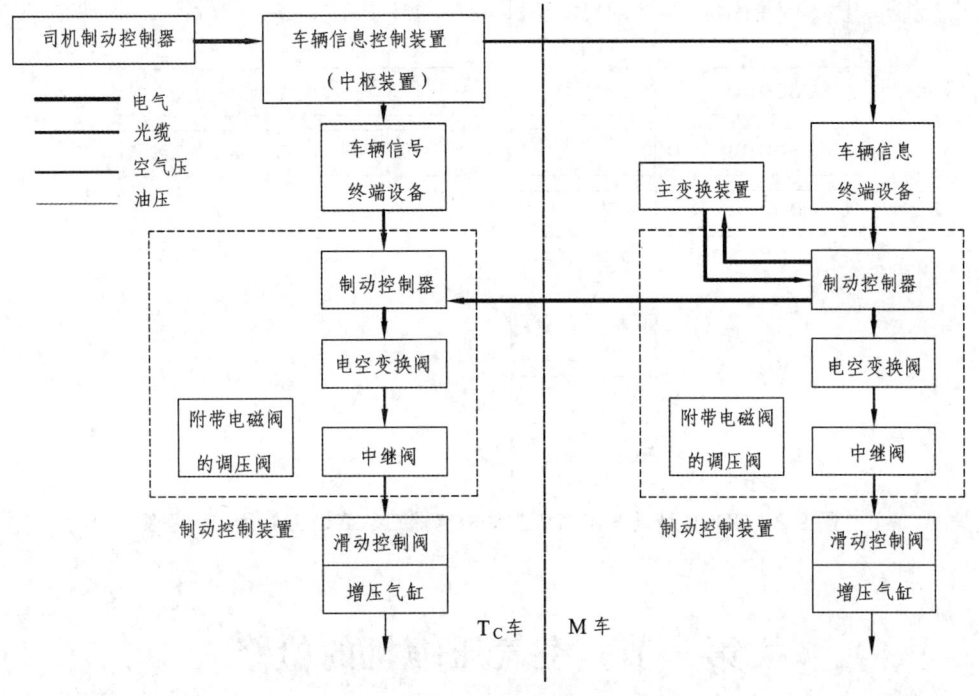

图 9.1　制动原理图

修程介绍：CRH2型动车组制动装置各部件也同动车组检修工作是同步进行的，采用一至五级五个修程级别。制动装置各部件在一、二级检修时，由于运行时间间隔较短，多采用检查和测试的方法。表9.1为动车组制动系统一、二级检修范围。

表 9.1 动车组制动系统部件一、二级检修范围

检修项目	检修要求	一级	二级
夹钳装置	检查	◎	◎
增压缸	检查	◎	◎
BP 管、MR 管、油路管	检查		◎
空气压缩机及附属装置	检查		◎
常用制动	试验	◎	◎
综合制动	测试		◎

制动装置各部件在三、四、五级检修时由于运行时间间隔较长，采用全面解体方式对制动装置各部件进行深程度、大范围的检修，以保证这些部件能够在较长时间内正常工作不发生事故。以 CRH2 型动车组司机制动控制器在三、四、五级检修时的工艺流程为例，予以介绍，如图 9.2 所示。

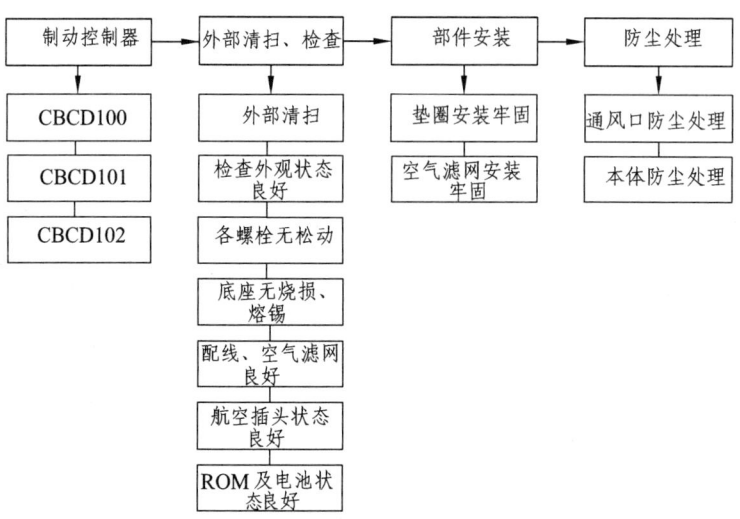

图 9.2 CRH2 型动车组司机制动控制器三、四、五级检修流程图

第一节 空气压缩机的检修

空气压缩机是用来产生压缩空气的机械设备。在动车组上，压缩空气除了供给制动机使用以外，还要供给自动控制、风动装置以及动车组车厢门开闭等使用。CRH2 型动车组使用的是 T_c2000B 型电动空气压缩机，该空气压缩机电动机的电源由传感器控制。电动空气压缩机及除湿装置分别吊装在专用吊架上。安装在 3、5、7 号车上。下面是该型电动空气压缩机的基本参数：

方式：往复式　　　　　排气压力：880 kPa　　　　气缸形式：直列四缸
排气量：1 754 m³/min　　容积效率：70% 以上　　　电源：三相 AC 400 V

该电动空气压缩机的结构是用法兰盘拼合压缩机与电动机作为整体结构，且用内装的联轴节来传递动力。压缩机和电动机以凹窝方式装配，无须定心工作。联轴节的轴线方向装配面插进调隙用的填隙片。

如图 9.3 所示为 CRH1 型动车组的电动空气压缩机示意图，它与 CRH2 型动车组的电动空气压缩机主要区别是前者空压机是三个气缸，后者是四个气缸。

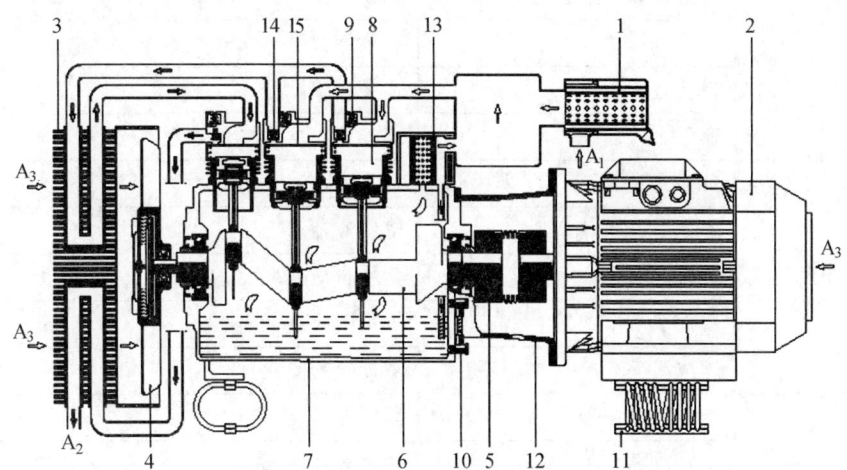

1—空气过滤器；2—电机；3—冷却器；4—风扇轮＋黏液耦合；5—真空管接头；6—曲柄；
7—曲轴箱；8—气缸；9—安全阀；10—油标尺管；11—弹簧件；12—中轮圆；
13—集油器；14—输出阀；15—吸入阀；A_1—进气；
A_2—出气；A_3—冷却气。

图 9.3 CRH1 型动车组电动空气压缩机机构示意图

一、空气压缩机的故障诊断及信息和处理意见

表 9.2 列出了空气压缩机的主要故障诊断及信息和处理意见。

表 9.2 空气压缩机的故障诊断及信息

异常及故障现象	原　因	处　理
压缩机不运转	电动机故障	参照电动机使用说明书（1181-3S16851-17）
	外部机器故障	检查、调整、保养外部机器
容积效率不良	各连接部泄漏	更换密封垫、加固连接部
	吸入滤油器孔被堵塞	清扫过滤器芯片
	板阀破损	更换板阀
	阀门部通路上有积尘	清扫阀部通道及更换润滑油
	活塞环磨损	更换活塞环
	气缸磨损	更换气缸

续表

异常及故障现象	原因	处理
油耗过多	各连接部泄漏	更换密封垫、加固连接部
	活塞环、油环磨损	更换活塞环、油环
	活塞磨损	更换活塞
	气缸磨损	更换气缸
	供油过多	适量供油
	油压上升过多	连接阀、阀弹簧的调整和更换
油压低下	供油量过少	适量供油
	滤油器孔被堵塞	清扫滤油器
	齿轮泵磨损	更换齿轮泵
	欧氏联轴节故障	更换欧氏联轴节
	溢流阀磨损、阀弹簧不良	溢流阀的更换
有异常音	各连接部松弛	紧固各连接部
	联轴节异常	更换橡胶联轴节
	轴承异常	更换轴承
	各部间隙异常变大	更换异常磨损部
中间冷却器安全阀喷气	高压阀异常	更换板阀
	阀密封垫泄漏	更换阀密封垫
	排出压力异常高压	确认配管的清扫，调压器，主储气器安全阀的动作
润滑油的急激劣化	压缩机异常过热	中间冷却器的外部清扫
	外部垃圾侵入	清扫吸入滤油器

二、空压机解体和清洗

在本节内容中重点介绍 CRH2 型动车组空气压缩机的检修过程，空压机电动机检修在其他章节介绍。

1. 检修前的分离过程

空气压缩机组在检修前由动车车底整体拆下，经压缩空气吹扫后将空气压缩机、电动机及联轴节进行分离，分别送到不同的专修班组进行检修。

2. 主要设备与工具

空气压缩机检修需要的设备有空气压缩机试验台、风阀试验台、油泵试验台、散热器试验台、气缸套珩磨机等；需要的工具有各种通用扳手、各种专用拆卸工具、加热器、吊具以及各种测量仪表、量具等。

3. 解体前的外观检查

外观检查内容包括机体各部是否有裂纹、破损、渗油现象；手动盘转曲轴检查转动是否灵活；各部分零部件是否齐全。

4. 解 体

将空压机安装在专用检修台座上，拆下放油堵放尽润滑油。按照空压机检修流程（见图9.4），首先拆下安全阀、连接管、空气滤尘器和消声器。进一步拆下气缸盖罩取出风阀、中间冷却器；然后将空压机翻转180°，拆下油底壳，取出油面记（油尺）、滤油网等件。

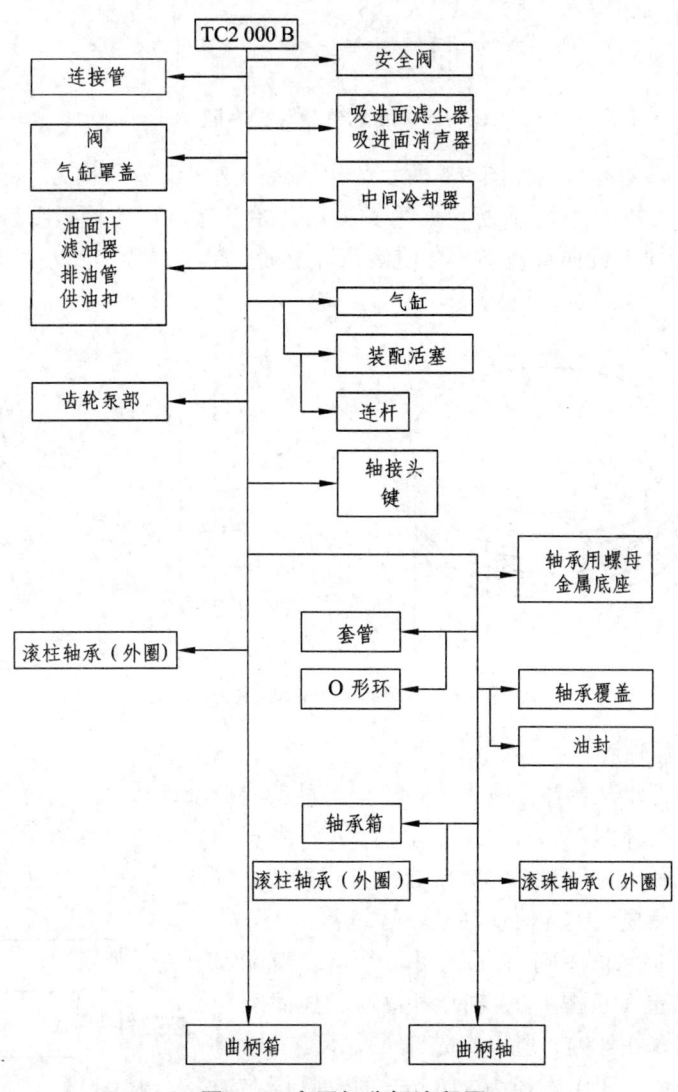

图 9.4 空压机分解流程图

1）活塞、连杆组分解过程

盘动曲轴至合适位置（活塞至上止点处），松开1、4位（2、3位）气缸连杆螺钉，取下连杆瓦盖、瓦，用铜棒轻击连杆大头，依次将活塞组从气缸内取出，进一步将活塞组分解。

分解时应注意下述过程：

（1）分解下来的连杆组各个部件（包括连杆瓦盖、瓦、连杆螺钉）应按原配组装在一起，不得混装。

（2）拔出活塞销（见图 9.5）。拆掉活塞销两侧定位卡簧后用铜棒垂直抵住活塞销，用木锤轻轻敲击将其取下。

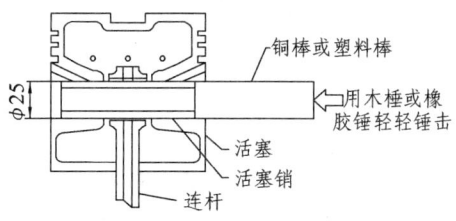

图 9.5　活塞销分解程序图

（3）气环、油环的取出。如图 9.6 所示，用压板一边沿活塞圆周方向撬动一边将活塞环向上移动而取出。取环应从距活塞顶面第一道环开始依次取出。而且要注意不能用强力，如用强力将活塞环向上或向下撬动，会使活塞环折断；也可以用专用活塞环卡钳取出气环、油环。

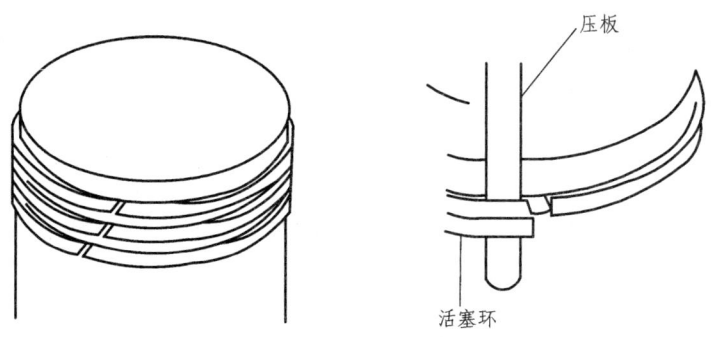

图 9.6　活塞环、油环的取出图

2）曲轴组分解过程

将活塞组、连杆组从机体上拆下后，下一步就要将曲轴组从机体上拆下。而拆卸曲轴组的关键是曲轴组与机体两端各有一个滚动轴承的顺利取出。其中滚动轴承内圈以过盈配合的方式安装在曲轴轴颈上，外圈以过渡配合的方式安装在机体上，因此在作业过程中必须借助一些专用工具才能完成。拆卸时应注意下述过程：

（1）轴承外圈的拆卸。由于轴承箱用 4 个 M10 双端螺栓被固定于曲柄箱上（机体上），轴承外圈与机体间配合不是特别紧，且位置在外侧，所以应先卸下轴承箱、轴承外圈，如图 9.7 所示。即用直径为 110 mm 的工具压在轴承外圈上，施加一定的力将轴承外圈从轴承箱上拆下。

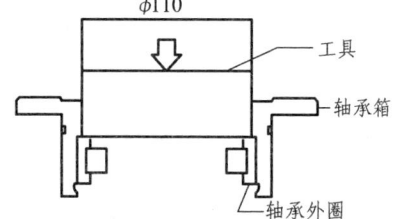

图 9.7　轴承箱、轴承外圈拆卸图

（2）曲轴、轴承内圈的拆卸（见图 9.8）。将轴承箱、轴承外圈拆卸后，下一步就准备卸下曲轴、轴承内圈。由于轴承内圈以过盈配合的方式安装在曲轴轴颈上，所以在拆卸时可利用专用拔除器才能完成，拆卸前可以对轴承内圈进行预热处理。

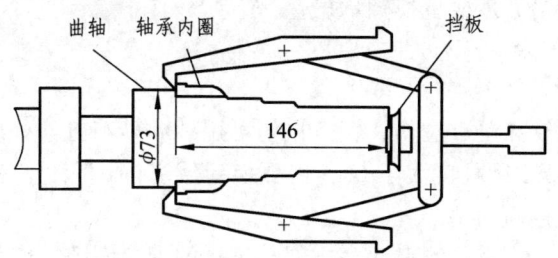

图9.8 曲轴、轴承内圈拆卸图

（3）油封的拆卸（见图9.9）。借助直径为94 mm的工具压在油封上，施加一定的力将油封从轴承盖上拆下。

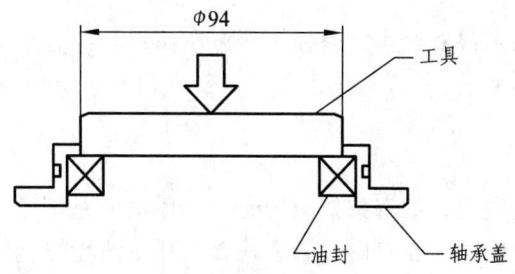

图9.9 油封拆卸图

5. 清　洗

用清洗剂或其他溶液将各零部件按照清洗要求进行清洗，并用压缩空气吹扫干净；活塞、连杆组件内外表面用绸布擦拭干净。

三、主要部件检查修理

1. 气缸体

外观检查气缸体，有裂纹者必须更换；工作表面上如有线性瑕疵或锈蚀应用圆柱形油石打磨光滑。用内径千分尺测量气缸直径（至少测量三个部位）以确定气缸磨耗情况，气缸圆度和圆柱度不得大于0.15，超限可镗磨修复；高、低压气缸直径最大处不可超过上限，否则应更换。内表面不得有裂纹、严重拉伤，麻点和凹坑深度不超过0.05、长度不超过20。

2. 曲　轴

探伤检查曲轴主轴颈和连杆轴颈，要求表面和过渡圆弧处不得有裂纹，否则应更换。用外径千分尺测量主轴颈和连杆轴颈直径（至少测量三个部位），轴颈圆度和圆柱度不得大于0.08、拉伤深度不超过0.10，轻微拉伤可用00#砂布打磨处理。

联轴器端键槽应良好无变形，键与键槽配合应良好，如键槽尺寸扩大可堆焊修复；轴头锥面与联轴器孔接触面积应保持在75%以上；检查曲轴后端轴承内圈与曲轴配合状态，如松脱时，允许在轴颈上镀铬处理或更换轴承。

3. 活 塞

活塞表面不得有裂纹和严重拉伤，轻微拉伤可用00#砂布打磨处理；按照规定位置测量活塞外径尺寸，做好记录，圆柱度大于0.15需更换新活塞；测量活塞销孔径尺寸，做好记录，圆柱度大于0.04，需更换新活塞。

将活塞装入气缸内，用塞尺测量活塞裙部与气缸的配合间隙，应为0.32～0.50，否则需更换新活塞。

注意：更换新活塞时应考虑新旧活塞重量不可相差过多。

4. 活塞销

活塞销做探伤检查，不得有裂纹，表面无严重拉伤；测量活塞销径尺寸，检查它与活塞销孔间的过盈量是否满足要求。

5. 活塞环

检查气环、油环工作表面，如有拉伤、偏磨以及环发生翘曲时应更换；用环规或在气缸内检查气环、油环的闭口间隙，在自由状态下检查气环、油环的开口间隙，用塞尺测量活塞环在环槽内的侧向间隙，以上各间隙都应符合工艺要求。

另外，活塞环在定期检修时最好全部更换，以保证其能够安全工作到下一次定期检修。

6. 连杆组

连杆、瓦盖及螺栓经探伤检查不得有裂纹，螺栓及连杆体丝扣应良好；测量连杆小端衬套孔尺寸，圆度和圆柱度不得大于0.06，否则需更换，更换衬套时与孔的过盈量应满足工艺要求；测量连杆螺栓长度，不得大于工艺要求的上限，否则需更换。

检查轴瓦工作表面状态，应无剥离、碾片、拉伤等缺陷，合金层厚度不小于规定值。安装时应检查轴瓦内外表面与孔、轴颈间的接触面积，前者不小于80%、后者不小于90%。

7. 风 阀

将风阀进行分解并用柴油清洗干净；检查阀片、阀座，不得有变形、严重磨损，阀片与阀座间接触良好转动灵活，经研磨后两者间应密贴；检查弹簧，不得有变形、裂断、节距不均，自由高度应满足要求。检修后的风阀，应用洁净的煤油进行漏泄试验，保持1 min无漏泄现象。

8. 油 泵

将油泵进行分解、清洗干净并用压缩空气吹扫干净；探伤检查齿轮轴，不得有裂纹，齿面不得有剥离；测量检查，齿轮轴与衬套孔的径向间隙应为0.016～0.100，油泵与泵体径向间隙应为0.06～0.20。油泵组装好后应转动灵活。油温在10～30 ℃时进行性能试验，应运转正常、无漏泄，油压满足150～390 kPa的要求。

9. 安全阀

将安全阀进行分解、清洗干净并用压缩空气吹扫干净。检查阀座及阀口是否密贴，如有伤痕应研磨消除；检查弹簧不得有变形、裂断、节距不均，否则需更换新品。

检修后组装完毕应进行性能试验，开启压力 390 kPa，开启顺利，压力下降安全阀关闭时不许有漏泄现象，最后打好铅封备用。

四、组　装

按与拆装相反的流程进行组装。具体的组装方法在这里不再详细介绍，以下几点说明了组装时的要点：

（1）将滚柱轴承放入油温为 120 ℃ 油内加热，然后以热压方式安装在曲柄轴上。

（2）给轴承箱压装滚柱轴承外圈，在轴承盖上压入油封。压入时注意不要损伤油封的橡胶材料。

（3）将曲轴装入曲轴箱上，如图 9.10 所示。

（4）安装好曲轴的联轴器，两者用键连接。键与曲轴上的键槽有 0.01 ~ 0.02 mm 的过盈量。键与联轴器上的键槽可用手试着来确认松紧度是否合适。在装入联轴器前要在轴上涂覆一层薄薄的二硫化钼润滑剂。

（5）确认连杆瓦与曲轴的接触状态。用 250 kgf·cm 紧固力矩将连杆紧固在曲轴上，并以匀速旋转来确认。组装时要使连杆杆身与连杆大头瓦盖的标记一致。

（6）在活塞上安装气环、油环。利用专用工具由下至上逐次安装各道活塞环，以气环、油环在活塞环槽内能无阻滞的活动来确认组装质量，并使上标记面朝上来组装，如图 9.11 所示。

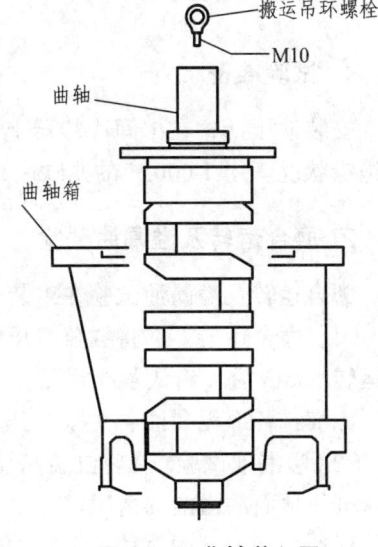

图 9.10　曲轴装入图

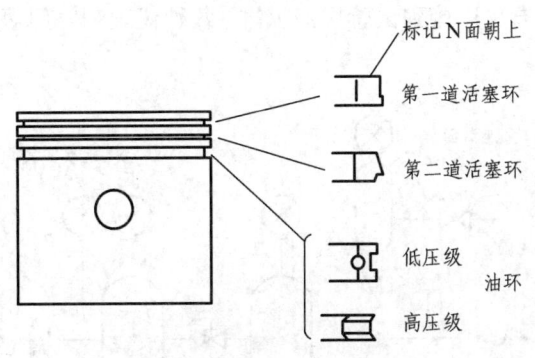

图 9.11　气环、油环安装图

（7）各种螺栓（上述没有特别注明的部分）按表 9.3 所示的紧固力矩紧固。

表 9.3 螺栓紧固力矩

尺寸	紧固力矩 N·m /（kgf·cm）
M5	2.94（30）
M6	4.90（50）
M8	12.25（125）
M10	25.48（260）
M12	42.14（430）
M16	98.0（1 000）
M20	196.0（2 000）

五、空压机试验

1. 试验准备

安装油压计；在中间冷却器上安装压力计；加润滑油至油位计的 MAX 线；确认电动机的绝缘状况。用 1 000 V 的兆欧表，绝缘电阻要在 5 MΩ 以上（运转之前）。

2. 磨合运转及溢漏油试验

磨合运转及溢漏油试验在组装过程中，安装气缸盖之前测定。

（1）磨合运转。在将缸盖从压缩机组件拆除的状态下，低速运转（100～200 r/min），连续运转 5 min 后，确认各部状况。

标准：各部无漏油、油压上升、无异音、无异常升温。

（2）溢漏油试验。在将缸盖从压缩机组件拆除的状态下，按照额定速度连续运转 30 min，确认缸体顶面的溢漏油情况。

标准：30 min 内缸体上没有油珠滴下。

3. 性能试验

按图 9.12 所示连接方法连接到试验用的风缸、各种仪表和塞门等装置后再进行以下试验项目。

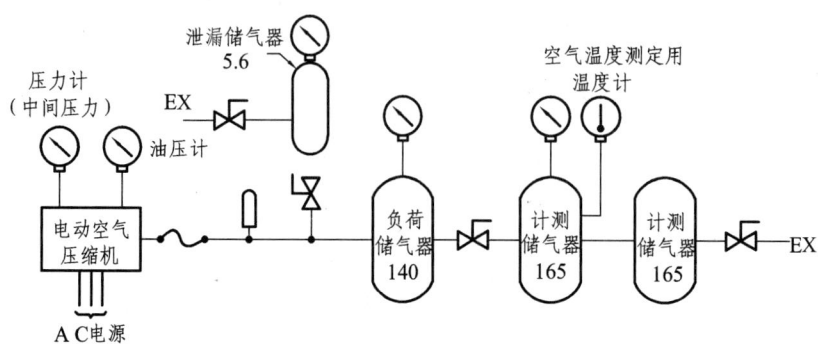

图 9.12 试验连接图

（1）负荷温度上升试验。

连续运转 30 min 运转后的热机状态下电动机旋转速度要在 $1\,420^{+70}_{0}$ r/min 的范围内；各部温度上升值要在表 9.4 中的值以下。

表 9.4 各部温度上升值

部 位		温度上升值/K
空气压缩机	低压缸体	100
	高压缸体	150
	低压缸盖	150
	高压缸盖	200
	轴承	60
	油温	80
电动机	轴承（温度计法）	70
	定子线圈（电阻法）	180

（2）油压试验。

下列条件下，即负荷压力：885 kPa、电动机外加电压：AC 400 V（50 Hz）、30 min 连续运转，每 10 min 测定一次油压。

标准：油压范围为 145~390 kPa。

（3）风阀的泄漏试验。

① 负荷储气器的压力上升到 900 kPa 以上并停止，确认泄漏储气器的压力在 885 kPa 以上。
② 泄漏储气器的压力下降到 885 kPa 时开始，确认在额定时间内泄漏储气器的压力下降。

标准：1 min 内 75 kPa 以下。

③ 负荷压力 885 kPa 以下，运转、停止连续操作 3 次、确认停止时的中间冷却器内压力的衰减。

标准：1 min 内无压力上升。

（4）启动试验。

条件：启动时的负荷压力：0 kPa；

外加电压：AC 360 V（50 Hz）；

启动方式：直接启动；

标准：在上述条件下启动，各部无异常情况下，达到运转状态。

（5）重复启动试验。

条件：启动时的负荷压力：0 kPa；

外加电压：AC 360 V（50 Hz）；

启动方式：直接启动。

在上述条件下，以 2 min 为间隔共进行 5 次重复启动。但再启动时的负荷压力，要减小至符合上述条件时才可再启动。

标准：各部无异常情况下，达到运转状态。

（6）失速试验。

在额定状态下运转，将外加电压慢慢地下降，测定电动机失速时的电压。

负荷压力要维持在额定压力。

标准：不足 360 V。

① 以从试验装置高电压侧能测定的最低电压无法失速时，停止运转，负荷储气器的压力为 0 kPa。

② 将外加电压转换为低电压侧，以从低电压侧能测定的最高电压再启动。

③ 使负荷储气器的压力上升至额定压力，重新开始试验。

4. 试验结束后作业内容

（1）排净润滑油、并要清洗曲轴箱、油底壳的内部；

（2）将在泄漏试验中涂的压缩机油擦拭干净（装置要充分凉透）；

（3）卸下油压计、压力计，在油压计、压力计上拧入管塞、安全阀；

（4）在排出口设置保护盖（塑料盖）；

（5）确认各部分均如图纸要求组装无误。

六、空气压缩机润滑油更换作业办法

1. 检修保养周期

（1）定期更换润滑油。每运行 60 万公里或每 24 个月必须更换润滑油（更换润滑油基准见表 9.5）。

（2）初期更换润滑油。初期使用新压缩机时，各部存在初期摩擦，润滑油会出现早期劣化，因此必须进行初期更换，应在压缩机开始运转 150 h 后实施。

2. 更换、补充润滑油

（1）要求：首先卸下位于曲轴箱正面的给油盖，然后通过位于同一面的油面计确认油位，同时给油。给油量以油面计 MAX 线为标准，初期给油量约为 4.5 L。若需达到油面计 MAX～MIN 线，需要约 2.5 L。

（2）更换润滑油要点：

① 油面高度不能超过油面计 MAX 线。

② 不能混用不同品牌的润滑油。

③ 更换润滑油时，应从曲轴箱正面的排油管排出剩余的润滑油，并清洗曲轴箱、清扫滤油器，然后加入新的润滑油。

④ 润滑油应使用黏着等级 ISO VG100 压缩机专用油。指定润滑油为 Mobil 生产的 Rarus827 润滑油。

⑤ 运用期间，对混入润滑油并堆积在储油器内底部的冷凝水需适时排放。排放时，可拧

松曲轴箱的排放管，此时应注意润滑油也会随着冷凝水一起排放（应监控油面计考虑适当补油）。

3. 注意事项

（1）确认吸入式滤尘器盖等的挂钩及各部安装零件是否存在松弛。

（2）维护作业须在压缩机停止后约2h后进行。否则有可能接触高温部，导致烫伤。进行维护作业时，要在稳定的场所进行作业，避免部件掉落导致受伤产生故障。

（3）取下吸入式滤尘器过滤器时，要使用防尘眼镜、防尘口罩。因为粉尘等物质有可能进入眼睛、嘴等，造成人身伤害。

（4）润滑油必须使用规定的润滑油或与此同等的润滑油并定期更换。润滑油劣化、润滑不良有可能因电动机电流过大而引起烧损及发热，最终导致火灾。

（5）压缩机停止后，约2h以后才可打开排油口，防止润滑油温度过高导致烫伤。

（6）更换密封垫或剥下密封垫时，需要使用锐利的刀具，注意要避免划伤。

表 9.5 更换润滑油基准

项　　目	换油基准	备　　注
黏　度	新油的±15%	
总酸值	1.0 mg KOH/g	
水　分	0.1 容积%	
不溶解量（树脂量）	0.1 重量%	

第二节　制动机阀件检修

CRH2型动车组制动机主要阀件有司机制动控制器、EPLA电空变换阀、FD-1型中继阀等部件。

一、司机制动控制器的检修

司机制动控制器用于操纵动车组制动和缓解作用。

1. 检修主要设备与工具

设备与工具为司机制动控制器试验台、通用扳手、专用扳手、毛刷、钳子、500 V兆欧表等。

2. 解体前检查

松开外罩，用毛刷清扫各部灰尘，外观检查各触指、凸轮磨损程度，触指开距、超程、外罩及转轴等。

3. 解体检修

1）检查项目及保养要领（见表 9.6）

表 9.6 检查项目及保养要领

部 位	检查保养事项	月检	重检	全检	备 注
外观	外观有无异常的确认	○	○	○	
连接器	确认连接器是否紧密地连接在一起,紧固螺栓如有松弛的,要紧固		○	○	
轴承	正常的手柄操作阻力的确认	○	○	○	
	交换				每8年
插销部	正常的手柄操作阻力的确认	○	○	○	
	在手柄位置对正常的操作阻力进行确认	○	○	○	
	如滚轮及插销凸轮的滚轮接触部表面干燥的情况下,可薄薄地涂抹一层黄油		○		
凸轮开关	在手柄位置对正常的操作阻力进行确认	○	○	○	
	接点间隙的确认		○		接点间隙=（5±1）mm
	接点的磨损状态的确认		○	○	
凸轮	凸轮表面的阶段磨损情况的确认		○	○	限度：0.2 mm
各弹簧	确认有无弹力减弱、锈、伤损			○	
钥匙机构	有异常声音、干涩感时,交换部件			○	
其他部件	有异常磨损时,交换			○	
螺栓类	如有松弛,要紧固		○	○	
橡胶部件	每次分解时交换	—	—	—	

2）解体检修注意事项

（1）内部不能有垃圾及灰尘等进入；
（2）注意凸轮开关接点部不要有毁损；
（3）球轴承（轴承）是两面密封式,所以不需要加油；
（4）球轴承（轴承）不能用有机溶剂清洗,只要用干净的布擦拭即可；
（5）分解作业时受损伤的球轴承（轴承）不得再使用；
（6）凸轮轴的表面不要涂抹油类等物。

3）解体检修过程

拆除定位机构,并用汽油对其进行清洗,检查棘轮及杠杆,应无过量磨耗和变形,检查弹簧,应无锈蚀、断裂、拉力正常；用专用工具拆除手柄座螺丝,取下手柄座并检查手柄座的配合状态,其间隙不大于 0.2。

用扳手拆除上下端螺丝,解体转轴凸轮及触指。检查凸轮圆鼓,应无拉伤,磨耗不大于 0.2,如有轻微拉伤可用细砂布消除;检查绝缘件,应无灼伤,如有灼伤,需用旧锯条铲除灼伤的碳化物清除碳粉,并对修复部位涂快干绝缘胶处理;用 500 V 兆欧表测量处理后的圆鼓对轴的绝缘,绝缘电阻不小于 5 MΩ;检查凸轮与轴的配合状态,应无松动。

拆下静触指上各接线及静触指组固定螺丝,取下静触指组。检查触指状态,触指厚度不小于原形的 2/3,且无严重烧损和变形,如有轻微烧损可用小锉刀锉修烧痕以消除铜瘤;检查胶木座及导电片,应无断裂;用酒精擦拭插座内部、用丙酮擦拭各线号并按相应的检修工艺检修插头座、端子排、线束。

4. 组装调整

首先组装动、静触头。组装时,各转动机械磨耗处涂 3#锂基脂;组装凸轮和转轴安装触指,并调整各静触指与对应动触头的接触状态,用扳手紧固上下座的螺丝。

其次组装定位机构。组装棘轮,紧固好穿销及定位螺丝,挂好定位弹簧。这时应进行调整和测量工作:检测触指开距、超程及接触线长,要求是触指开距大于 2.5、触指超程 1~3、接触线长不小于 3;测量触指压力应在 2~4 N 内;调整好后在圆鼓工作面涂适量工业凡士林。

最后安装手柄座、插座及连线,要求各静触指接线正确、牢固。

5. 检查与试验

操纵手柄,观察定位机构棘轮的作用状态,要求手柄操纵灵活、各位置正确、不过位,操纵作用力不大于 30 N,自复位良好;操纵手柄,观察各触指接触状态,要求触头接触良好、电路导通良好,能按闭合表顺序闭合;绝缘检查,用 500 V 兆欧表测量触指、凸轮之间及对地绝缘,绝缘电阻不小于 5 MΩ。

二、EPLA 电空转换阀检修

电空转换阀的作用是将送来的压缩空气调整到与制动指令相对应的空气压力,并作为指令压力送给中继阀,控制向中继阀供给、排气的工作空气压力,它能够连续且无级地控制空气压力变化。本阀以电磁铁部和供气、排气部来构成。电流通到电磁铁线圈,就产生吸引力放开供气阀,供给压力空气。同时,压力空气返回到电空转换阀的膜板室,当膜板室内空气压力与电磁阀的吸引力达到平衡状态时会关闭供气阀。为此,能以流通到线圈的电流值来控制电磁阀吸引力之大小,即可以任意设定空气压力值。如图 9.13 所示为电空转换阀(EP 阀)示意图。

1. 分解、组装

必须定期进行拆卸检查,金属零件要用干净汽油洗净,橡胶零件要用肥皂水或用水洗涤干净,然后用干燥的压缩空气吹扫,充分干燥后,选择不会直接暴晒在太阳的地方保存(或直接更换新品);此时,应检验各零件有无损伤或缺陷,膜板、垫圈等必须定期更换;检查弹簧状态,如有异常情况,更换新品。

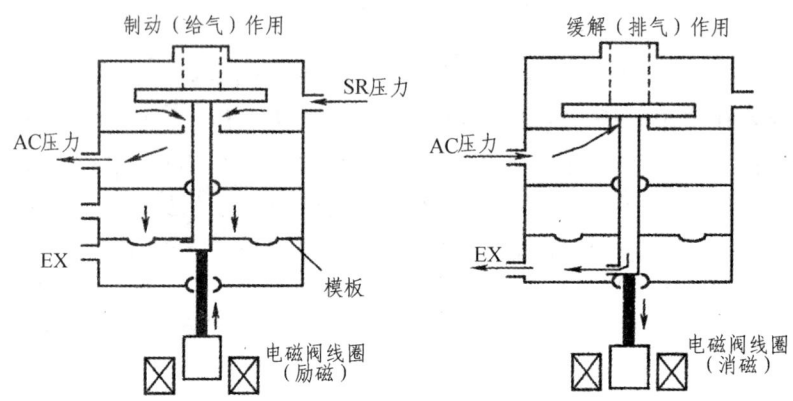

图 9.13 电空转换阀（EP 阀）示意图

2. 组装、调整

组装应按照分解的相反顺序进行。必须在重新装配时，给摩擦部、滑动部及橡胶零件涂敷利马科斯 No.2，或涂敷与它等同的润滑脂。

另外，需要对必要步骤进行调整。

? 排气升程调整：在柱塞上端和承受弹簧部位之间插进填隙片，使柱塞移到松弛位置后，测量升程 A。选择适当厚度的填隙片，而满足于升程 A 的规格值。

规格：$A = 0.70 \pm 0.05$

? 供气升程调整：向上推圆筒形线圈柱塞直到碰上止挡、测定 LIFT B。LIFT B 选择垫片的厚度满足规格。

规格：$B = 0.6 \sim 0.8$ mm

3. 检测、试验

组装后应进行下列检测：① 绝缘电阻检测，应不低于规定电阻值，如达不到规定电阻值可进行烘干等措施提高电阻值；② 绝缘耐压检测，用专用耐压检测仪检查绝缘部分有无损伤、击穿等现象；③ 泄漏检测，检查进、排风口有无泄漏。试验内容包括容量试验和动作试验（启动试验、电空特性试验等），以验证电空转换阀是否符合运用要求。

三、FD-1 中继阀检修

中继阀（见图 9.14）设在制动控制装置内，由给排阀杆、给排阀、复位弹簧等构成。它将电空转换阀输出的空气压力和紧急电磁阀输出的紧急制动压力作为控制压力，向增压缸提供与此控制压力相应的增压缸空气压力。（当车辆设备发生故障时，经由紧急电磁阀的压缩空气作为指令压力送到中继阀，此时中继阀与常用制动一样，将具有相应压力的压缩空气送到增压缸。）

第九章 动车组制动系统检修

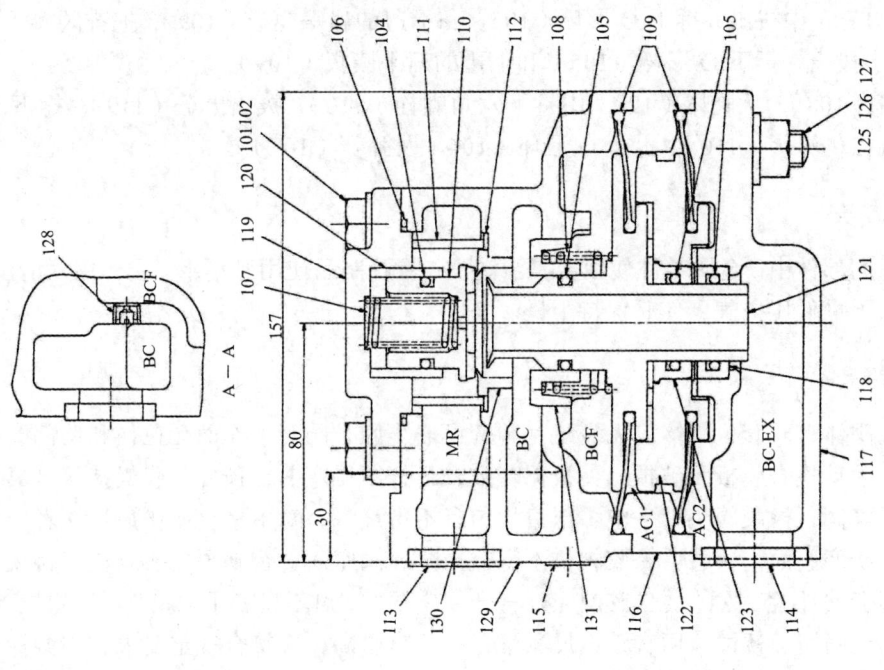

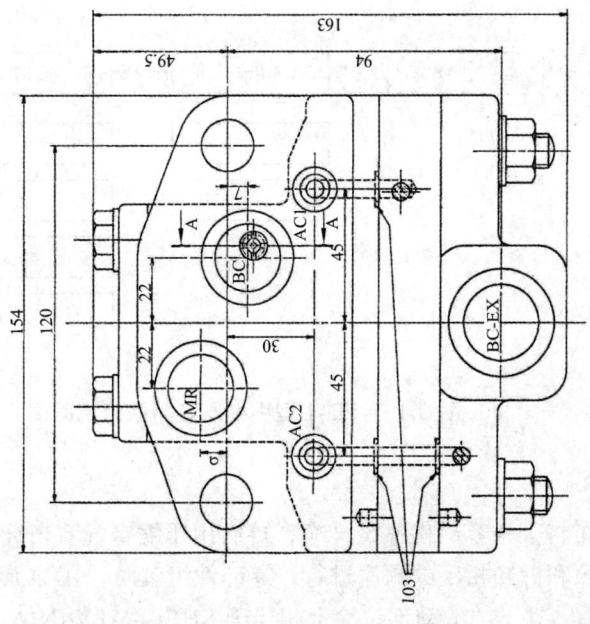

图 9.14 FD-1 中继阀结构

1. FD-1 型中继阀分解

将环形垫圈（113，115）拆下，松动 M12 螺母（126），拆下底盖（117）；把活塞（122）从给排阀棒（121）中拔出，拆下 O 形环（105）和下边的扁平膜板（109）；把排阀棒（121）从阀体（129）拔出，拆下 O 形环（105）和上边的扁平膜板（109）。

拆下弹簧（108），从阀体（129）中拆下六角螺栓（110），拔出上盖（119），拆下 O 形环（106）；拔出供给阀（110），拆下 O 形环（104）及弹簧（107）。

2. 清洗方法

在拆下来的部件中，金属零件使用金属清洗油，橡胶制品使用肥皂水，或者用水清洗后，向零件上吹入干燥低压空气，使其保持干燥。

3. 检　修

目视检查阀体、阀套，阀体应无裂纹、阀套镶嵌牢固、阀套工作面无拉伤和局部磨损等现象；目测、手动检查膜板无破损、夹板无变形，顶杆不得弯曲，顶杆与膜板挂接可靠；目视检查供、排气阀，橡胶阀垫应平整、压痕均匀且不得过深，对不平整或压痕过深者应用细砂纸在平面上研磨胶面，研磨后橡胶阀垫不得低于金属阀座面，否则须更换胶垫。目视、手动各柱塞及阀套 O 形密封圈，要求胶圈完好符合规定要求，对不良者予以换新。目测检查供、排气阀弹簧，无断裂、锈蚀，用直角钢尺测量各弹簧自由高，应符合规定要求；用游标卡尺测量各阀与套的配合间隙，应符合该修程的尺寸限度范围。如图 9.15 所示为 FD-1 型中继阀定期检修流程图。

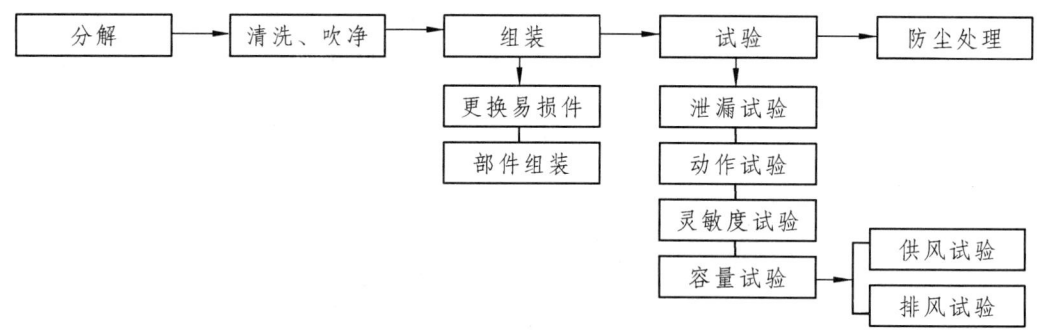

图 9.15　FD-1 型中继阀定期检修流程图

4. 组装方法

组装前用绸布将合格零部件擦拭干净，再次用压缩空气吹扫纤维毛和浮尘。

组装时，按照和拆卸相反的顺序进行，零部件组装时，在 O 形环（104，105）和给排阀棒（121）供给阀（110）的滑动部位涂上相当于 SHELL ALVANIA No.2 的油脂，所涂润滑脂应适量。

组装过程中应注意：

（1）供、排气阀组装时，挡圈必须全部镶入槽内，并手感检查供气阀、排气阀在阀套内各角度位置上应无卡滞现象。

（2）主活塞膜板组装后箭头方向应与阀座安装面平行且向上，否则运行中可能造成膜板脱落。

5. 试　验

组装后在制动机综合试验台进行试验，各项性能指标符合要求。

第三节　基础制动装置检修

基础制动装置位于转向架上，由带防滑阀的增压气缸及油压盘式制动装置等组成。利用它们使车轮和钢轨之间产生制动力并通过卡钳的安装点把制动力传送给转向架。

一、增压缸检修

增压气缸是为了使基础制动机构（卡钳）力求小型化，将空气压力转换为一定倍率的较高的油压，最终的制动力由高油压产生。

1. 拆卸（见图 9.16）

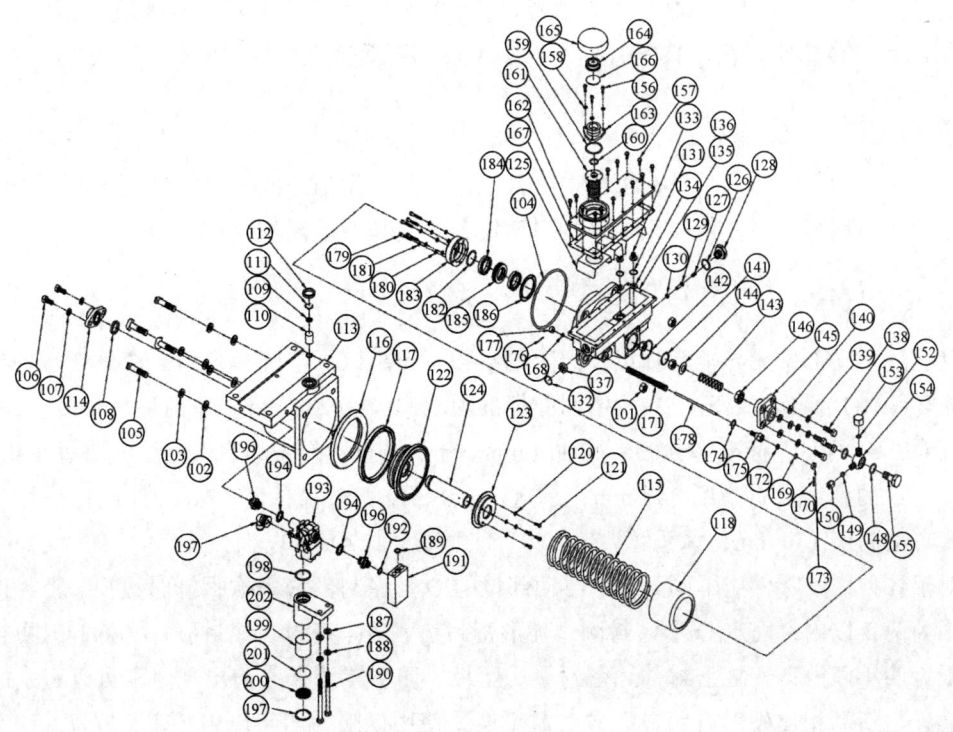

图 9.16　增压缸拆卸图

（1）先将油槽盖（162）的16根带弹簧垫圈的十字槽盘头螺钉M6（157）旋松，拆下油槽盖组件（159～166），取出防波板之后（125），将油槽横放，让残油排出。

（2）松开M12六角螺栓（190），拆开压力控制阀组件（187～202），拆除挡圈（197）、多孔板（200）、金属网（201）、滤尘器芯片（199）；松开4根T形螺栓（105）上的六角螺母（101），拆下油压缸组件（135）。

注意：拆除螺栓时，要注意释放弹簧的作用可能会造成油压缸体弹出的危险。

（3）从空气缸体组件（113）中取出释放弹簧（115）和活塞组件（120～124）；用竹片取出气缸密封件（116），抽出向轨圈（117）；拆下固定挡圈（111），取出滤尘板（109）和过滤器（110）。

（4）抽出开口销（170），拆下行程指示杆（178）和行程指示杆弹簧（171）。拆下固定挡圈（169），取出防尘密封（172）和向轨（175）。

（5）在为清除残油而先行拆下的油槽盖组件上，拆下油槽防护罩（165），松开进油口盖（164）。松开3根内六角圆柱头螺钉（156），拆除进油口（163）和滤油器组件（161）。拆下盖形螺母（153），松开钢管接头螺栓（155），拆除嵌入式接头组件（148～155）。

（6）松开四根六角头螺栓M12（138），拆除油压盖组件（141～146）；拆下挡圈（141），取出弹簧座（144）、弹簧（143）、止回阀（146）；松开供给阀盖（128），取出弹簧（127）、供给阀（129）。

（7）拆下挡圈（131）、取出滤油器组件（133）（有2处）；松开四根内六角圆柱头螺钉M6（179），拆除密封件压环（183）、NY型密封件（184）、密封件压环圈（185）。从密封件压环（183）处拆除O形密封圈（182）；拆下挡圈（132），拆除检油观察窗组件（137）。

2. 清 洗

金属零件为了清除灰尘，油垢用白汽油洗净，然后用洁净的压缩空气喷涂使其干燥；非金属零件和金属零件一样用白汽油等加以清洗，不要长时间浸泡在液体中。

3. 检修过程

确认各滑动部位无异常磨损以及严重的缺损。超出以下范围标准的，请更换新备品。密封件压环（183）与活塞杆（124）的间隙标准为0.225～0.284 mm、密封件压环圈（185）与活塞杆（124）的间隙标准为0.055～0.114 mm。分别检查各弹簧的自由高度并进行承重测试，图号为115的弹簧自由高度348 mm，承重（490±49）N，高度197 mm以上；图号为171的弹簧自由高度170 mm，承重（9.8±2.0）N，高度122 mm以上。

对于各种橡胶零件应不同处理，滑动部位的O形密封圈应每次拆卸时更换、密封件的使用期限为两年以内；固定O形密封圈、环形密封垫、防尘密封、油封应每次拆卸时更换，使用期限为四年以内；气缸密封件、密封垫、膜板、防护罩、排气筒出现肉眼可以识别的缺损和裂痕、与新品相比硬度有明显差异时需更换，使用期限为四年以内（表9.7为滑动部位的间隙范围）。

第九章　动车组制动系统检修

表 9.7　滑动部位的间隙范围

部位	零件名	范围/mm	标准/mm	备注
增压缸	密封件压环（183）与活塞杆（124）的间隙	密封件压环内径 42.2 以下 活塞杆外径 41.85 以上	0.225~0.284	
	密封件压环圈（185）与活塞杆（124）的间隙	密封件压环内径 42.2 以下 活塞杆外径 41.85 以上	0.055~0.114	
	衬套（136）与供给阀（129）的间隙	0.069	0.025~0.069	

4. 检查内容和保养要领（见表 9.8）

表 9.8　检查内容和保养要领

	检查内容	A	B	C	D	备注
1	压力检查	○	○	○	○	
2	拆卸检查			○	○	

周期：A——隔日检查；C——重要部位检查；B——每月检查；D——全面检查。

5. 组装（见图 9.17）

和拆卸时相反的顺序，需注意以下几点：

（1）注意 O 形密封圈不要被咬伤或扭曲。

（2）为避免密封件 U 180（116）背面空气滞留，插入竹片将空气挤出。

（3）密封件压环（183）是插入临时活塞杆（124）进行组装，组装后确认其对活塞杆没有过大的阻碍。

（4）注意不要让润滑脂进入通气口处的过滤器（110）的通路。

（5）润滑油涂抹部位：

① FFM-L 润滑油。空气缸体（113）内壁、密封件（116）外层。

② DYNAMAX 2 号润滑油。活塞杆（124）外层、检油观察窗组件（137）外层、密封件压环（183）的 O 形密封圈（182）、指示杆（178）外层、防尘密封组件（172）、主体连接部 O 形密封圈（104）。

③ 纯矿物有机变速机油（B/Daphne torque oil）。NY 型密封件（184）、供给阀（129）外层、其他油压缸内的 O 形密封圈类。

注意：不要让油附着在密封垫（186）及其安装面上。

（6）扭矩加固。

① M6 内六角圆柱头螺钉（156、179）、M6 十字槽盘头螺钉（157）　　6.3 N·m

② M12 六角螺栓（106、138、190）　　43.1 N·m

③ M16 六角螺母（101）　　79.4 N·m

④ 行程指示杆向轨（175）　　20.6 N·m

⑤ 供给阀盖（128）、钢管接头螺栓（155）　　101 N·m

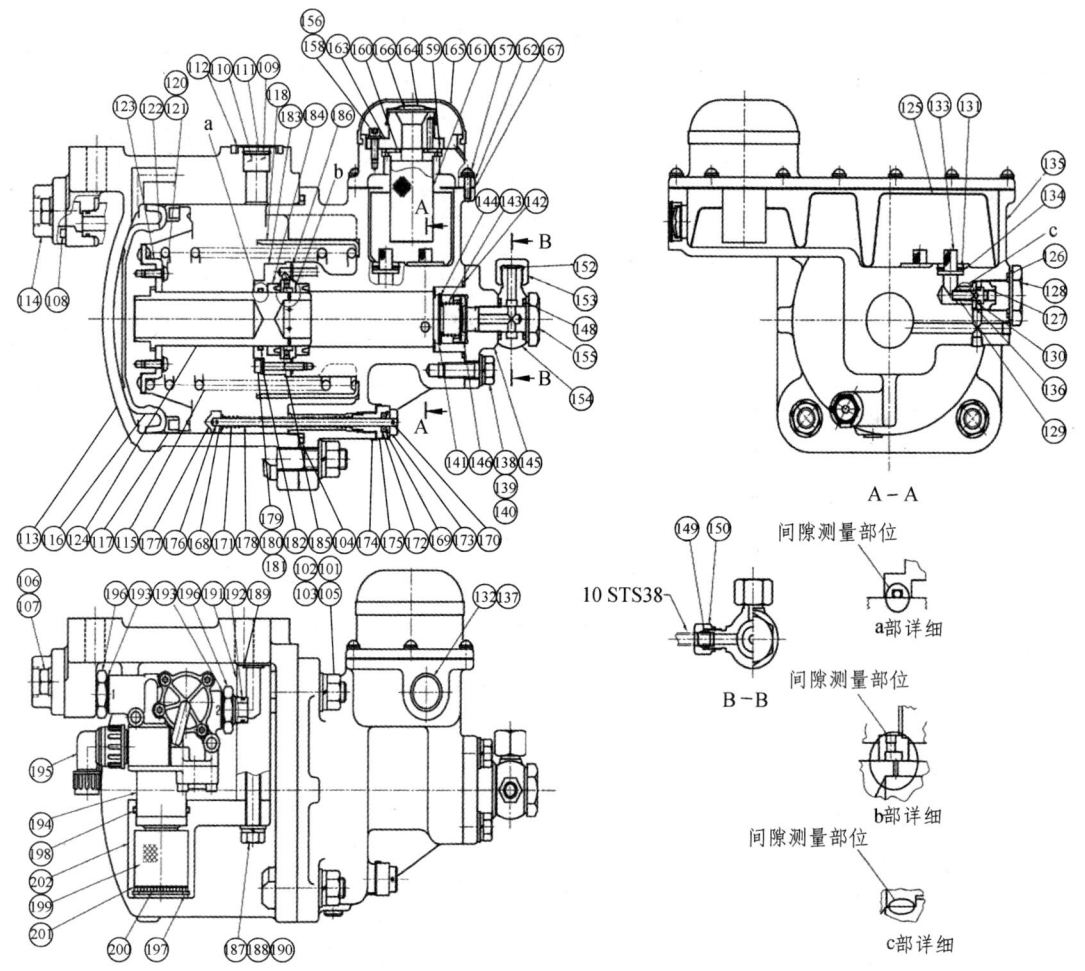

图 9.17 增压缸组装图

6. 测 试

组装结束后,安装在增压缸自动试验装置上,按照指定的检测标准,测试其性能应符合要求。

7. 增压缸油补充、更换作业办法

(1) 增压缸油外观检查:

① 通过油位表上的标志检查增压缸油位,如油位低于油位表下线位置时进行补充更换。

② 检查增压缸油质,若发现变质、乳化、混有杂质时进行更换。

③ 检查增压缸油位表、行程杆、注油孔、排油堵等各部位状态良好,紧固部件无松动。外观无变形、损伤、漏油。

(2) 更换润滑油步骤:

① 从增压缸组件上卸下注油孔盖,清洗滤网,确认防尘胶帽无裂损变形,卸下排油口的排油堵。

② 排净增压缸油箱中的机油,重新安装排油堵;从注油口注入力矩变压器油 (TAFUNATORUKU 油 B) 至油位线 (红点) 处。

③ 给油箱加油时须做到小心轻缓，防止尘埃混入，结束后关闭并拧紧注油孔盖。
（3）检查确认：
注油完了，检查确认油量符合规定。增压缸外观状态良好，紧固部件无松动，各部位无漏油。

二、盘式制动装置检修

1. 盘式制动装置简介

盘式制动装置由夹钳装置、制动盘、制动闸片三部分组成。

现在的动车组普遍使用夹钳式装置。该装置制动夹钳、支架和剪刀形的夹紧制动盘的本体组成，支架和本体之间用销轴联结。

制动盘结构形式（见图9.18）。动车组中的拖车一般采用轴盘式盘形制动装置（每轴三个制动盘），而动车采用轮盘式制动装置，因动车的车轴上要安装驱动装置，没有安装制动盘的位置。

闸片的形状均呈月牙形或扇形，也有对称分成两半的，其好处是容易拆卸，特别适用于闸片与轨面空间很小的条件。

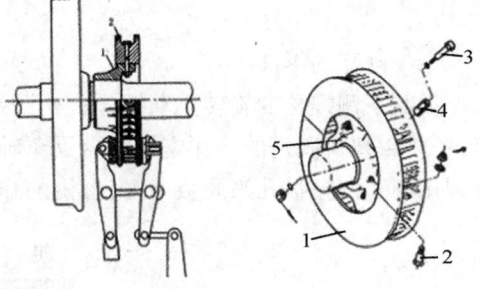

图 9.18 制动盘

2. 盘式制动装置一、二级检修标准（见表9.9）

（1）闸片剩余厚度不小于 7 mm。
（2）制动夹钳装置配件齐全，定位销轴定位良好，液压制动缸及管系无漏泄，制动夹钳主体无异状。
（3）制动盘盘座无松动，螺栓紧固，配件齐全良好；制动盘裂纹、热裂纹不过限；制动盘无显著偏磨、变形、紧固螺栓无松动；制动盘热裂纹半径方向长度在 70 mm 以下。

表 9.9 盘式制动装置一、二级检修标准

项 目	原形/mm	一级修程/mm	二级修程/mm	备 注
制动盘磨耗（单侧）	19	≥18	≥18	
动车、拖车轴盘	14	≥9	≥9	
拖车轮盘	16	≥11	≥11	
制动盘表面凹槽		≤1	≤1	
制动盘偏磨最高点和最低点		≤1.5	≤1.5	
闸片厚度 动车 拖车	10.5 19.2	≥4.5 ≥5.2	≥4.5 ≥5.2	同缸两闸片到限同时更换
制动盘摩擦面裂纹		≤127	≤70	沿半径方向

3. CRH2型动车组闸片更换作业方法

（1）安全注意事项。
进行闸片更换作业时，须充分注意闸片的跌落。若与身体部分碰触则有可能给身体造成

损伤,另外也会造成闸片的损伤;闸片的更换务必遵照正确的方法实施。

(2)闸片的使用限度(见表 9.10、图 9.19)。

表 9.10 闸片的使用限度

项目	有效磨耗余量/mm	残留尺寸/mm
动车轮盘	6	4.5
拖车轮盘	14	5.2
拖车轴盘	14	5.2

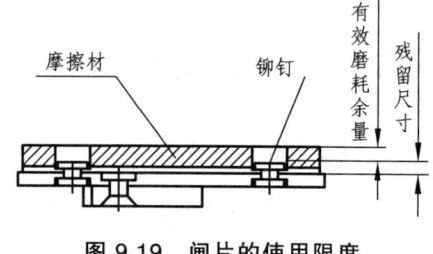

图 9.19 闸片的使用限度

(3)闸瓦的拆卸。

切断下侧螺栓的旋转止动钢丝;松开螺栓,卸下螺栓及平垫圈(此时,须注意闸瓦的跌落);将由弹簧固定的闸瓦座子组合反车轴侧方向旋转,脱拔闸瓦(当闸瓦紧固较难脱拔时,可利用闸瓦的拉拔孔来脱拔);气缸侧的作业同样进行(见图 9.20)。

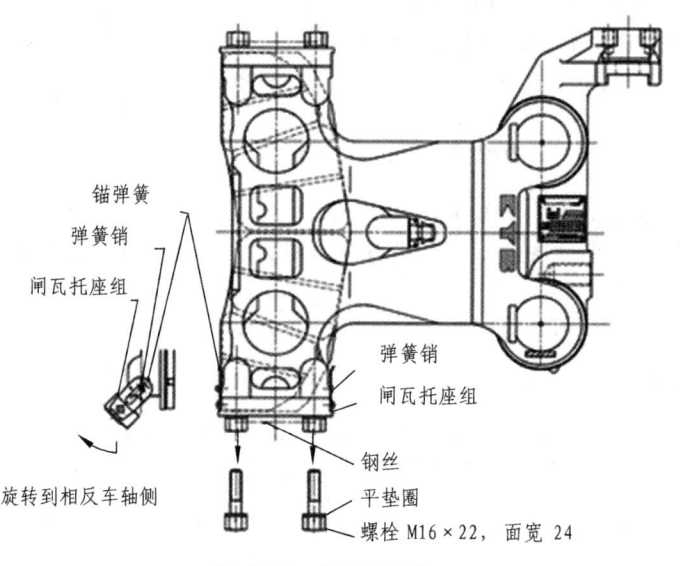

图 9.20 闸瓦的拆卸

(4)自动间隙调整装置的复位作业。

复位作业中须充分注意,不可使手指等身体部位被闸片及夹具等夹住。闸片复位的量为闸片支持部接触至本体为止。要充分注意不可将闸片复位过量,若闸片复位过量,则有可能损伤闸片及本体,从而给制动性能造成故障。

在更换闸片之前,须将有一定余量的闸片磨耗量行程的间隙调整装置及活塞如图 9.21 所示那样复位至初始状态。以闸片卸下的状态,在气缸反向侧的锁紧装置腕部和车轮之间如图 9.21 所示那样装入夹具并使其向箭头方向动作,使间隙调整装置及油压气缸复位至初始位置。

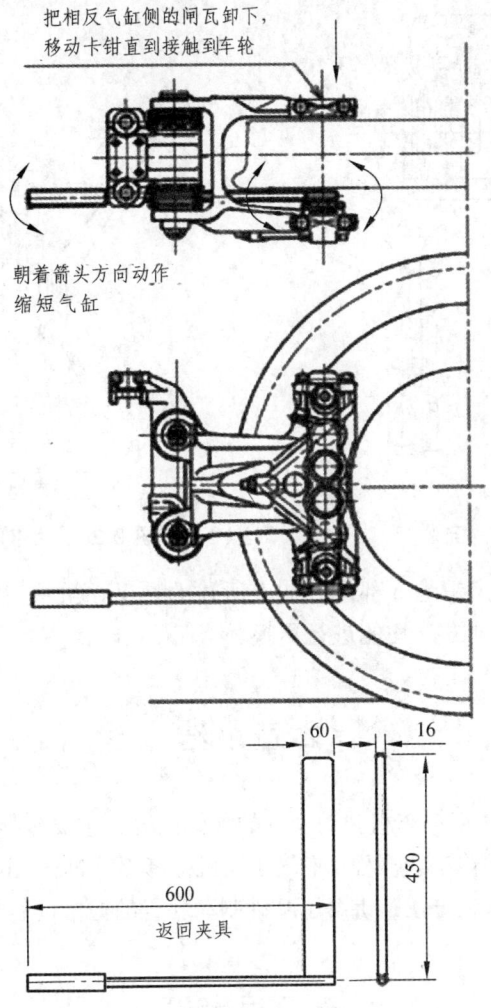

图 9.21　自动间隙调整装置的复位作业

（5）新闸片的安装。

安装闸片时，须在确认闸片支持牢固地插入固定销槽部的同时来进行安装。若未插好而强行紧固安装螺栓，则有可能造成闸片安装部位变形和引发闸片在行驶中脱落。

在气缸侧、反向气缸侧均安装新闸片的场合，须首先安装反向气缸侧的闸片；确认间隙调整装置及活塞已处于复位状态。在反向气缸侧安装时，须将闸片从本体下方沿闸片支持槽来插入直至触及上侧的闸片托座为止。

旋转闸片托座（外、下），使其回复至水平位置后，用固定螺栓和平垫圈将闸片旋紧，旋紧力矩为 63.7~78.5 N·m。螺栓相互间用铁丝固定以防其转动（见图 9.22）。接着，设定气缸侧闸片时，从反向气缸侧压住本体使支持销的上部滑移。反向气缸侧也同样，从下方将闸片插入气缸侧闸片支持槽直至触及上侧闸片托座为止。旋转闸片托座（内、下），使其回复至水平位置后，用固定螺栓和平垫圈将闸片旋紧，螺栓相互间用铁丝固定以防其转动。闸片支持的头部须插入固定销的槽 b 部位（见图 9.23）。

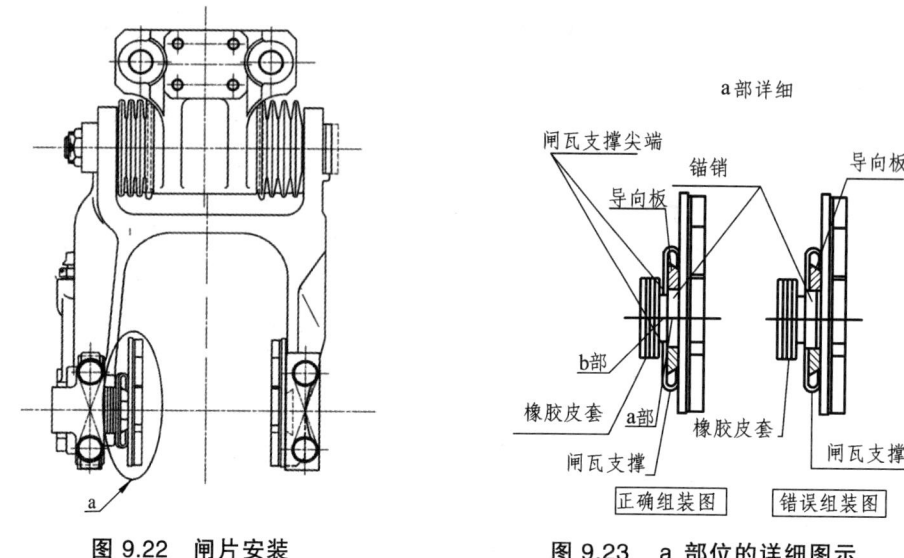

图 9.22 闸片安装　　　　图 9.23 a 部位的详细图示

注意：不可安装在固定销的 a 部位。如上所述的顺序，虽然建议按反向气缸侧、气缸侧的顺序来进行，但任何一种方法均能进行更换。

本章小结

本章主要讲解了 CRH2 型动车组制动系统的检修内容，主要包括：介绍了制动系统一、二级检修的范围和高级修的检修工艺流程；空气压缩机检修工艺过程、试验与维护保养知识；介绍了制动机主要阀件的检修工艺方法；讲解了基础制动装置的检修过程及基本技术要求等内容。

复习思考题

9.1　试述 CRH2 型动车组制动系统各部件的一、二级检修范围。
9.2　CRH2 型动车组空气压缩机润滑油压过低的原因有哪些？
9.3　CRH2 型动车组空气压缩机活塞、连杆组分解过程？
9.4　CRH2 型动车组空气压缩机曲轴检查修理过程？
9.5　CRH2 型动车组空气压缩机润滑油更换、补充要点？
9.6　CRH2 型动车组司机制动控制器解体检修注意事项？
9.7　CRH2 型动车组司机制动控制器检查与试验内容？
9.8　EPLA 电空转换阀检修后的检测、试验内容？
9.9　FD-1 型中继阀组装方法及组装过程中应注意事项？
9.10　增压缸检查内容和保养要领有哪些？
9.11　增压缸油更换润滑油步骤有哪些？
9.12　盘式制动装置一、二级检修标准是什么？
9.13　如何进行闸瓦自动间隙调整装置的复位作业？

第十章　动车组落成与调试

CRH2 型动车组四级检修是从指新造或上次五级检修起，每运行 120 万千米或每 3 年进行一次的修理，保证车辆的运行可靠性。

CRH2 型动车组四级检修过程包括：静态通电试验鉴定、动调试验鉴定、外皮清洗、解编（含排水）、架车、转向架检修、车辆设备（车顶、车下、车端、车内）分解与检修、车辆设备组装、油漆及标记、整车落车、称重、保压、编组、静调试验、动调试验、试运行等。车体与转向架构架外表面不脱漆，可根据实际状态修补油漆。

本章以动车组四级检修为例。介绍上述检修过程中静态通电试验鉴定、动调试验鉴定；整车落车；静调试验、动调试验、试运行等内容。

第一节　动车组检修前的试验鉴定

在动车组进行检修前需要进行试验鉴定，目的在于确定动车组的技术状态，制订检修方案，核定检修费用。使检修更具有针对性，是保证检修质量和提高检修效率的重要的基础性工作。

试验鉴定主要包括两方面：静态通电试验鉴定、动调试验鉴定。

一、静态通电试验鉴定

1. 通电前的试验

通电前的试验项目及程序、标准见表 10.1。

表 10.1　通电前试验项目

序号	检修项目	作业程序及质量标准	备注
1	通电前检查	1. 速度传感器、牵引变流器、制动控制装置、ATP 和 LKJ 等设备连接器的状态。 2. 车间连接线的状态和电气连接器的状态。 3. 制动控制装置和牵引变流器的光纤状态。 4. 记录高压设备箱 VCB 的动作次数。 5. 配电盘开关、空调显示设定器、断路器、继电器、二极管、电阻、接触器、故障灯、电磁阀、电压表、短路开关、车端连接器、分并连接器、空气管开闭器、司机室空调电源箱等状态良好。 6. 控制继电器盘、总配电盘、监控终端、监控中央连接器以及电路板状态良好。 7. 监控系统显示屏功能正常、乘客信息系统显示屏状态良好。 8. 截断塞门的侧排气功能正常，试验完毕后塞门把手处于正常位。	

续表

序号	检修项目	作业程序及质量标准	备注
1	通电前检查	9. 制动控制装置漏气确认试验：主要考察车下制动设备在工作时是否存在漏气现象，用听觉确认或肥皂水测试。 10. 侧压气缸漏气（侧拉门）：通过手动、数次让侧加压气缸动作，各装置无漏气或漏油。 11. 汽笛试验（1、8车）。 12. 空气管开闭器试验。 13. 联挂连接器漏气确认。 14. 车侧门试验。 15. 司机室折页门气密（1、8车）。 16. 车长室侧窗气密（7号车）。 17. 司机室双针压力表计量期符合要求	
2	通电前的测定	1. 电阻测定 （1）速度传感器测定 ① T系车制动用SKG电阻测定：在制动控制装置（BCU）CN3（黄色）测定各轴速度传感器电阻值约为60 Ω。 ② M系车制动用SS电阻测定：在制动控制装置CN3（黄色）测定各轴速度传感器电阻约为70 kΩ，40 kW。 ③ M系车CI用PG电阻测定：在牵引变流器（CI）CN2（红色）测定传感器电阻约为70 kΩ。 ④ Tc车ATP用SKG电阻测定：在ATP装置CN1测定传感器电阻约为60 Ω、32 Ω、28 Ω。 （2）光纤衰减测定 本车光纤衰减最大3 dB，相邻车最大8 dB，相隔1车最大16 dB。 （3）受电弓拉力测定 测量基准高度（2 500 mm以下）下使受电弓静止时的受电弓的压力（70±5）N。 （4）接地继电器电阻 2-6车701B~接地对地电阻约为65 Ω。 （5）保温电路测定 | 电路	线编号	单位Ω	T1$_C$-1号	M2-2号	M1-3号	T2-4号	T1K-5号	M2-6号	M1S-7号	T2$_C$-8号
---	---	---	---	---	---	---	---	---	---	---
保温1	254~接地	计算值	68.12	31.57	68.12	31.57	68.12	31.57	68.12	68.12
		测定值								
保温2	255~接地	计算值	22.22	100	17.24	100	11.36	50	16.53	
		测定值									 （6）ATP电路测定 在ATP装置CN9上测定1~2、5~6电阻约为11 Ω，CN10上测定1~3约为1.6 Ω。 2. 压力开关的确定 （1）总风缸MR不足检测用压力开关的测定（S39乙A）（1、8车），确认压力开关的开关值为 开710 kPa以下, 关（590±10）kPa （2）救援用MR不足检测用压力开关的测定（S39乙A）（1、8车），确认压力开关的开关值为 开460 kPa以下, 关（340±10）kPa （3）分割合并用MR不足检测用压力开关的测定（S39乙A）（1车），确认压力开关的开关值为 开（340±10）kPa, 关约230 kPa 3. 压力调整的确定 （1）连接器切换开关用减压阀（1、8车）值为（290±10）kPa。 （2）司机室折页气密减压阀（1、8车）值为（100±10）kPa。 （3）乘务员室（车长室）侧窗气密减压阀（7号车）值为（100±10）kPa。 （4）车轮踏面清扫控制用减压阀（B10调压阀）	

2. 高压通电试验

试验项目及程序、标准见表10.2。

表10.2 高压通电试验项目

序号	检修项目	作业程序及质量标准	备注
1	高压通电	1. 升起受电弓，闭合 VCB ，确认网压显示正常。 2. 各车空调（包括司机室空调），换气装置工作正常，空调无故障，运行率可达到最大。 3. 各车照明灯具无异常。 4. 各车车厢内、车厢外显示器显示正常。 5. 各车厢内火灾按钮、紧急按钮作用良好。 6. 1、3、5、7号车厕所内及7号车多功能室内紧急蜂鸣器开关及蜂鸣器作用良好。 7. 各风机工作正常，无异音。 8. 车内压力释放阀功能正常。 9. 辅助电源装置正常工作，无故障	
2	主空压机	1. 确认主空压机工作中，监视器显示正常，启停压力正常。 2. 压缩机同步确认 （1）操作 BV 手柄使全列总风压力降低至空压机启动。 （2）确认3、5、7号车空压机同步动作良好。 （3）确认 EIL 安全阀动作值符合喷气为880 kPa以上，喷止为930~950 kPa，并且压力差对于30 kPa	
3	分并试验	1. 进行头罩锁开/闭试验，确认头罩锁动作良好。 2. 进行强制开关罩试验，确认头罩动作良好。 3. 进行强制空气管开/关试验，确认空气管动作良好。 4. 各传感器指示正确良好。 5. 头罩关闭后操作联挂准备，头罩打开并锁住，监视器显示联挂准备就绪（黄色）。 6. 试验过程中管路无漏气	两端均需进行
4	辅助制动	1. 闭合司机室 辅助制动 NFB。 2. BV 手柄分别置于3、5、7和快速挡时确认各车制动压力分别为（190±80）kPa、（270±90）kPa、（340±100）kPa、（500±130）kPa	两端均需进行
5	耐雪制动	1. 闭合司机室 耐雪制动 SW，监视器制动信息画面中显示 耐雪	两端均需进行
6	远程操作	在主控端司机室操作： 1. 远程进行受电弓上升/降下操作，确认受电弓动作良好。 2. 远程进行 VCB 合/断操作，确认 VCB 动作良好。 3. 远程进行压缩机切除/复位操作，确认压缩机启停动作良好。 4. 远程进行M车切除/复位操作，确认M车动作正常	两端均需进行
7	扩展供电	1. 三次电源扩展 （1）远程操作切除2/6号车 VCB，进行 ACK2 合操作，监视器确认 ACK2 显示动作，三次电源扩展正常。 （2）确认后进行 ACK2 断操作进行复位。 2. BKK扩展（三相AC 400 V扩展） （1）断开1/8号车辅助电源装置控制 NFB，确认监视器中进行故障报警。 （2）在供电分类画面中操作 BKK 合，确认三相AC 400 V电源扩展正常。 （3）确认后进行BKK复位操作，恢复1/8号车的辅助电源装置控制NFB	两端均需进行

续表

序号	检修项目	作业程序及质量标准	备注
8	车上检查试验	1. 进入监视器检修画面，按照屏幕提示进行逐项车上检查试验。 2. 确认牵引变流器试验结果正常。 3. 确认空气压缩机工作试验结果正常。 4. 确认常用和快速制动试验结果正常。 5. 确认辅助制动试验结果正常。 6. 确认辅助电源无电试验结果正常。 7. 确认辅助电源通电试验结果正常。 8. 确认车门开关试验结果正常	两端均需进行
9	给水、卫生系统	1. 给水试验 （1）给水系统上水动作。 （2）洗面台自动感应洗手器、皂液器、干手器的动作确认。 （3）水箱缺水保护功能试验。 ① 当水箱水位低于水箱容量的25%时，司机室监视器 25% 报警。 ② 当水箱水位达到0%时，系统自动切断水泵电源，水泵停止工作，司机室监视器 0% 报警。 （4）温水器性能试验。 （5）电开水炉性能试验。 2. 卫生系统试验 （1）便器动作试验。 （2）洗手器动作确认。 （3）便器电加热确认	

二、动调试验鉴定

试验项目及程序、标准见表10.3。

表10.3 动调试验项目

序号	检修项目	作业程序及质量标准	备注
1	动调	1. 动调试验确认牵引、制动系统作用良好。 2. 各速度表显示良好。 3. 确认P1、P4挡时的各电机电流值正常。 4. 确认牵引时监视器行驶状态画面各M车显示绿色，制动时各M车显示黄色。 5. 确认速度升至（5±1）km/h关车门安全亮灯，降至（4±1）km/h时关车门安全灭灯。 6. 关车门安全亮灯时操作开门，全列门打不开。 7. 速度达到30 km/h时，全列门压紧。 8. 牵引备份：拔掉1/8号车中央装置光纤，分别牵引1、2、3挡，在另一司机室确认电机电流均为P2挡电流值。 9. 电制动切除SW置于 ON ，牵引至30 km/h后进行B5挡制动，确认各M车制动压力不降低，无再生制动产生。 10. 电制动切除SW置于正常位，牵引至30 km/h再次进行B5制动，确认M车制动压力降低，再生制动有效	两端均需进行

第二节　车辆落成及编组

在车辆设备组装完成后,要进行车辆落成、编组、油漆、标记等工作。

一、车辆落成

按下述过程进行:

(1) 车体落成时,调整空气弹簧上进气口与车体的锥孔的位置,安装牵引拉杆、横向减振器、抗蛇行减振器座和抗蛇行减振器。

(2) 电气及空气管路连接。车辆落车后,连接转向架与车体间的各电气及空气管路连接(温度传感器线缆、牵引电机线缆、速度传感器线缆、电控阀及空气管路等)。

(3) 车辆落成后,调整车钩高度,在空气弹簧下支撑面安装调整垫,调整垫可在 0~6 mm 范围内选配,当车轮磨耗后,调整垫最大厚度为 30 mm。

(4) 车辆落成时,在空气弹簧无气的状态下测量构架横梁上空气弹簧的测量基准(洋冲眼)与空气弹簧上盖之上平面高度差应为 (293±5) mm。

(5) 车辆在空气弹簧充气状态下应符合:

① 用 900 kPa 压力空气给空气弹簧充气,调整高度控制阀的调节杆长度,使空气弹簧上支撑面与构架横梁堵板上的空气弹簧的高度满足 $(330+t)^{+6}_{-5}$ mm (t 为调整垫板厚度),同一转向架两侧之差不得大于 3 mm,同一转向架空气弹簧高度差不大于 8 mm。

② 横向间隙调整:车辆落成后,检查构架上横向缓冲挡与中心牵引销两侧面的横向间隙,应满足单侧 20^{+2}_{0} mm 的要求,可通过调整垫进行调整。

③ 空气弹簧充气保压试验,保压 10 min 高度差变化不大于 3 mm。合格后,在调节杆上部杆身处与标志杆上涂 10 mm 宽的白色油漆带。

④ 车辆落成后,同一轮对两轮的轮重差应不大于 4%。

⑤ 车钩中心高度为 1 000 mm,中间车的车钩高度为 $1\,000^{+10}_{-15}$ mm,两头车的车钩高度为 (1 000±5) mm,前后两车钩的高度差在 20 mm 以内。车钩上翘量或下垂量均不应大于 5 mm。

⑥ 空车时测量定位转臂上弹簧安装面与构架基准面的高度为 88^{+3}_{0} mm,同一转向架该尺寸之差不大于 2 mm。

⑦ 中心销安装零部件与转向架构架安装零部件的间距不小于 48 mm。

⑧ 车体底架安装零部件与转向架安装零部件的间距:转向架横梁内不小于 53 mm;转向架横梁外不小于 68 mm。

⑨ 车体底架安装零部件与轮辋顶面的间距不小于 83 mm。

⑩ 车体底架安装零部件与弹簧帽上面的间距不小于 120 mm。

⑪ 车底(转向架除外)与轨面的高度不小于 180 mm。

⑫ 前头排障装置排障橡胶距轨面高度 (40±5) mm。

⑬ 转向架排障装置排障橡胶距轨面高度 5~10 mm。

⑭ Balise 天线下表面至轨面的高度（仅 T1/T4）230_{-21}^{0} mm。
⑮ Balise 天线距车体纵向中心的偏移量（仅 T1/T4）± 5 mm。
⑯ STM 天线上表面至轨面的高度（仅 T1/T4）140_{-5}^{0} mm。
⑰ STM 天线距车体纵向中心的偏移量（仅 T1/T4）750_{-5}^{+5} mm。
⑱ TMIS 天线上表面至轨面的高度（仅 T1/T4）715_{-10}^{0} mm。
⑲ TMIS 天线距车体纵向中心的偏移量（仅 T1/T4）± 5 mm。
⑳ 过分相位置检测天线上表面至轨面的高度（仅 T2/M3）120_{-5}^{0} mm。

二、车辆编组

车辆编组方式仍按原动车组的顺序进行编组，即 T1-M1-M2-T2-T3-M3-M4-T4。

三、油漆及标记

1. 油　漆

车体与转向架构架外表面不脱漆，磕伤、划伤、起皮、龟裂时修补油漆。

2. 标　记

（1）部件检修标记。

对空气弹簧组成、减振器、牵引电机、差压阀（DP-5 型）、高度调整阀、增压缸、高压隔离开关、接地保护开关、制动控制装置、空调装置、辅助电动空气压缩机、电动空气压缩机、密接式车钩、缓冲器等下车实行分解检修的重要部件的新造标记须保留，且在部件的显著位置上标志检修标记，标记内容须包括检修单位和检修时间。检修标记允许使用铆接标牌、油漆标记、钢印刻打等形式；标记须整洁、美观，字体清晰，且保证动车组在一个大修期内不脱落。

（2）车辆定检标记。

每辆车在检修完成后须在车端部定检标记框内粘贴相应的检修标记。检修标记内容：检修级别、检修年月、检修单位。标记的表格线、字体为黑色，使用 PVC 不干胶，底板为白色。中文采用黑体 SimHei 字体，数字采用 Helvefica，颜色为黑色。例如，四方股份于 2008 年 6 月份完成四级检修，则标记为"四级""2008.06""四厂"，详见图 10.1。

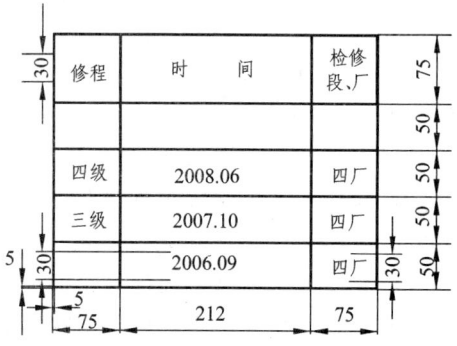

图 10.1　车辆定检标记

（3）各配电盘、控制面板、设备、配线等配件或部位上的标记须完整、字体清晰。

（4）腰带以下标记要重新标记。

第三节　动车组调试试验

新造、检修总组装后的动车组，在正式投入运用之前应进行调试试验。检查组装后的动车组是否满足技术要求，并通过试验，调整动车组各项参数，以确保动车组组装正确、动作可靠、运行安全，并获得规定的性能。

调试试验分静态调试和动态调试。静态调试在静调线上进行，静调线上面有接触网，线面有地沟，还有登车顶的梯子，检查作业方便。动态调试在厂内试车线上进行。

下面按试验工艺顺序进行介绍。

一、绝缘耐压试验

在动车组调试试验前须做有关绝缘、耐压性试验，以保证后序试验顺利进行。

1. 绝缘检测

KE206—KE206 连接良好，KE206～JB（高层地板）连接良好；救援用连接器 CN1·2—TACN、大型端子台、驾驶室 GS 盘之间连接良好。绝缘试验 KE206—大地 0.1 MΩ 以上。

绝缘测定标准：

① 配电盘 GS 最低值　　　　　　　0.2 MΩ 以上
② 接地线（2 500 A）—大地　　　　0.2 MΩ 以上
③ 三次线间（704～754）　　　　　0.2 MΩ 以上
④ 主电路—大地　　　　　　　　　0.2 MΩ 以上
⑤ 三次电路—大地　　　　　　　　0.1 MΩ 以上
⑥ DC 100 V 电路—大地　　　　　 0.1 MΩ 以上
⑦ AC 100 V 电路—大地　　　　　 0.1 MΩ 以上
⑧ 主电路—三次电路　　　　　　　0.2 MΩ 以上
⑨ 主电路—DC 100 V 电路　　　　 0.2 MΩ 以上
⑩ 主电路—AC 100 V 电路　　　　 0.2 MΩ 以上
⑪ 三次电路—DC 100 V 电路　　　 0.1 MΩ 以上
⑫ 三次电路—AC 100 V 电路　　　 0.1 MΩ 以上
⑬ DC 100 V 电路—AC 100 V 电路　0.1 MΩ 以上

2. 耐压试验

安装 KE 短路器、每次电路都要多加 1 min 下一次的交流电压（适用频率）、使它承受这种电压。

① 主电路　　　　　　　　　　　　3 500 V

② 三次电路　　　　　　　　　　　1 000 V
③ AC 100 V 电路　　　　　　　　 1 000 V
④ DC 100 V 电路（灯电路除外）　1 000 V

3. 特高压耐压试验（特高压回路—大地间）

使用设备：特高压耐压试验器，1 000 V 兆欧表。

（1）耐压前的绝缘测定：利用 1 000 V 级绝缘电阻计测定受电弓导体与保护接地开关接地线之间的绝缘值不低于 25 MΩ（1 000 MΩ 新造和三级修标准）。

（2）特高耐压：特高压回路施加 42 kV/7 min 高压，特高压回路无击穿、闪络现象。

（3）耐压后的绝缘测定：特高压回路放电后再次进行绝缘测定，绝缘值不低于 25 MΩ。

二、调试试验

调试试验包括静调试验和动调试验，以下 1～48 项为静调试验，49 项为动调试验。

1. 通电前的检查

（1）转向架。

① 连接接地电刷箱和双重绝缘端子盘之间的连接线；

② 连接牵引电机和车体侧高压 MM（牵引电机）连接器；

③ 确认连接器状态。

（2）两车间的连接线。

① 确认 EJC 电气连接器的接合面的状态；

② 确认 IT-CN 连接器的连接线的连接状态；

③ 确认二次、三次、低压、接地电路连接线的连接状态。

（3）蓄电池箱。

在蓄电池插入状态下，连线。

（4）牵引变流器、牵引变压器和 APU。

牵引变流器、牵引变压器和 APU 耐压后的布线连接结束。

（5）空气压缩机。

确认空气压缩机润滑油量。

（6）各配电盘。

① 配电盘推拉式开关全部处于"推入"状态；

② 配电盘 NFB 全部处于"OFF"状态。

（7）各机器整体。

① 各 CN 应切实连接；

② 车端断路器应处于"联结"位置。

（8）车顶。

① 车端端墙部应安装的警示牌；

② 指定的两车间应连接连接线。
（9）司机台。
① 关闭分并总塞门；
② 分并切换连接器置于"分割"一侧；
③ 救援切换开关处于"正常"位置；
④ 监控终端装置和显示控制装置正确设置；
⑤ 分并、贯穿、ATP、LKJ 等线路校对。

2. 通电前的测定

（1）主电路绝缘测定，在服务配电盘测量 501C 对地绝缘强度。
（2）速度传感器电阻测定，T 车 SKG 电阻约 60 Ω，M 车 PG 电阻约 70 kΩ。
（3）天线、保温电路、接地继电器电阻测定。
（4）受电弓升降弓压力和速度测定。
（5）蓄电池操作。
① 蓄电池电源 102 线电源和欠压试验；
② 蓄电池接触器动作确认；
③ 辅助空气压缩机启停和调压试验。
（6）VCB 关断以及保护试验。
① 保护接地开关试验；
② 开锁磁铁连锁功能。
（7）受电弓操作电路、检查动作、动作条件、连锁确认。
（8）APU 空挡条件下的启动试验。
（9）ACK2 和 BKK 的电源感应。
（10）在外电插座加三次外电试验。
（11）验证变压器的变压比的电源电路试验。
在受电弓和车体加压 AC 220 V，测量 1501—1502 为 13.2 V。

3. 加压功能试验

加压功能，在接触网加压的情况下验证车辆的性能。
（1）当车辆加压后，受电弓上升、闭合 VCB、测量三次电压、网压表显示网压。
（2）辅助电源。
① 开关整备、APU 启动，测量 771、781、791 电压；
② 辅助变压器 NFB 设为 ON，测量 705，755，251 电压；
③ 启动送风机，风方向（排气）正常、无异常声音、异常振动；
④ ARf，辅助整流器 JNFB 为 ON，测量 101 线电压；
⑤ ACV1，辅助电源装置交流电源 1ON，测量 202 线电压；
⑥ ACV2，辅助电源装置交流电源 2ON，测量 302 线电压；
⑦ MTr 油流，APU 启动后，测量运行用配电盘 778 线的电流；
⑧ 充电，辅助电源接触器 JON，ARFK ON；

⑨ 保护动作，辅助整流器 J[OFF]，OFF。
(3) 主电动空气压缩机。
① 压缩机启动，旋转方向正确，无异常声音和异常振动，漏油，漏气；
② 瞬间停电检测，3 次电源启/停，使 CMV（空压机卸载阀）启动，减轻压缩机负荷。
(4) BMK，开关整备，BMK 动作，送风机启动，送风器切断试验。
(5) 电源感应，验证 BKK 动作。
(6) 非正常启动。
通过非常启动的方式使小型压缩机启动、受电弓上升、VCB·ACK1 动作、APU 启动、Bat K1 闭合。

4. 司机台指令线

(1) 前进后退、牵引指令、UBR、电制动、快速制动、紧急复位、紧急解除、ATC 制动、恒速、辅助制动等控制指令线的确认。
(2) 车内压力释放阀的动作确认。
(3) 应急处理开关的确认。

5. 控　制

(1) 通过对无触点装置状态确认，司机指令、CI 备份、空操作以及保护电路试验确认 CI 功能。
(2) BCU 后援、踏面清扫、CDR 功能确认。

6. ATP

通过电源线、指令线、ATP 轴滑行、加压完成对 ATP 功能确认。

7. LKJ

通过电源线、SKVRR 完成对 LKJ 确认。

8. 自动过分相检测

方向指令、VCB 指令、牵引运行指令、故障信号等确认自动过分相装置功能。

9. 监视器

(1) 在司机画面确认车辆信息、出库信息、远程控制切除、切除状态、光传输状态、制动信息、牵引变流器（编）、牵引变流器（车）、累计电力、空转/滑行、电源电压、供电分类等信息。
(2) 在列车员画面确认列车员信息、空调信息、车门信息、车次核对、设定标准温度以及联解、广播、灯、车内显示设定、空调运行模式等信息。
(3) 在记录画面里确认试运行记录、序号设定、填写/删除记录数据信息。
(4) 操作空挡、压缩机运行和断开、受电弓升降、EGS 合断、开关门、紧急和火灾报警、紧急制动、风机故障、CI 故障、VCB、过电流、辅助空压机、MTr 油泵、APU 输入供排气装置、接地、Bat 接触器 1、Bat 接触器 2、制动不足、制动不缓解、轴温、抱死，在监视器上有相应显示。

10. 空 调

（1）通过冷却风扇、供排气送风机确认换气装置功能。

（2）通过制冷制暖切换、室内送风、强制制冷、强制暖房、显示设定器、自动制冷、自动制暖、温度显示、减半运行等项目确认空调性能。

11. 关 门

关门试验包括连锁调整、连续开关试验、速度调整、关门指示灯、塞拉门动作、关车门安全、预告蜂鸣器、残疾人厕所自动门等项目。

12. 车下辅助回路

车下辅助回路包括保温、BVTR、压缩机周期、轴温、外气温传感器等项目。

13. 乘客室辅助回路

乘客室辅助回路包括广播、灯电路、插座、乘务员室风扇、空气清洁器、显示器等项目。

14. 司机室辅助回路

司机室辅助回路包括灯电路、司机室空调、列车无线等。

15. 应急灯切换

应急灯切换包含应急灯切换和停放。

16. 测 量

主要是测量辅助电源装置和辅助整流器的输出参数。

17. 分 并

分并主要包括强制动作、传感器动作、调整、贯通、Bat 集控、压缩机同期、应急灯切换、加热器控制、停放、联解切换、广播、联挂解联等项目。

18. 救 援

救援分为回送用和救援用等项目。

19. 贯通线

通过操作牵引、主控、制动等项目在后位 T 确认贯通线。

20. 启 动

主要确认电机电流、转向和 CI 的保护电路。

21. 制动准备

制动准备包括旋塞位置、水箱和安装软管项目。

22. 带侧孔截断塞门的作用确认

23. 压力表测定

测定 BC、MR、ACM 压力表。

24. 运行状况中的漏气试验

确认总风管、控制风管等漏气情况。

25. 空气压缩机的实验

空气压缩机的实验包括 F3A 安全阀测定、E1L 安全阀测定、制动控制装置内调压器开关测定以及空气压缩机动作确认。

26. 气压开关确认

气压开关确认包括气压开关确认和气压开关测定。

27. 压力调整的确定

压力调整的确定包括乘务员室折页门、气密减压阀、车轮踏面清扫用、控制用减压阀、乘务员室（车长室）侧窗气密减压阀。

28. 刮雨器试验

刮雨器试验包括刮雨器动作和冲洗水动作。

29. 汽笛试验

汽笛试验包括 AW9S，AW8 鸣笛动作试验。

30. 侧门试验

侧门试验包括两侧塞拉门塞门动作、乘务员折页门气密、车长室侧窗气密。

31. 空气管开闭器试验

空气管开闭器试验包括连接器切换开关用减压阀、联挂连接器漏气确认、确认气压 SW 等项目。

32. 给水试验

给水试验包括水泵动作、污物箱液位显示、水泵预热、自动洗面器、小便器动作、小便器清洗动作、洗手器动作、大便器动作、故障动作、座便座加热器启动、加压停放、电开水炉等项目。

33. 空压机充气试验

空压机充气试验包括辅助压缩机和主空压机充气试验。

34. 制动试验测定准备

制动试验测定准备包括测定准备 1、测定准备 2、BCU、车轮直径设定、耐雪设定、滑动设定等项目。

35. BCU 参数设定

略。

36. 测定要领

测定要领包括阶段测定要领、速度变化测定 B1/B4 制动要领、速度变化测定 B7 制动要领、速度变化测定非常制动要领、电空演算测定、速度输入设定等。

37. BC 测定（空车）

BC 测定（空车）包括空车阶段、空车 B1 挡、空车 B4 挡、空车 B7 挡、空车非常挡、空车电空运算 B7 制动、空车电空运算 B7 挡、耐雪制动测定。

38. BC 测定（定员）

BC 测定（定员）包括定员 BC 阶段、定员 B1 挡、定员 B4 挡、定员 B7 挡、定员非常挡、定员电空运算 B7。

39. BC 测定（实际车辆）

BC 测定（实际车辆）包括实际车辆 BC 测定。

40. 紧急制动试验

紧急制动试验主要是指速度在 160 km/h 以上紧急制动时 BC 压力测定。

41. 空气弹簧补偿试验

空气弹簧补偿试验包括空气弹簧漏气补偿和空气弹簧满车极限补偿。

42. 辅助制动试验

辅助制动试验速度设置为 0 km/h 时，各挡的 BC 压力值测定。

43. 速度检测试验

速度检测试验包括关门安全检知和 70 km/h 速度继电器检知动作的确认。

44. 滑行动作试验

滑行动作试验包括防滑阀自我动作试验、滑行动作试验和抱死动作试验。

45. 司机室动作试验

司机室动作试验包括踏面清扫及闸瓦动作、最小制动动作、最大制动动作、非常制动动作等项目。

46. 救援试验

救援试验包括 BP 漏气试验、常用最大制动、BP/BC 测定等项目。

47. 实验结束整备

实验结束时卸下软管、设备等的恢复和排水。

48. 编组试验项目

编组试验项目包括通电前的检查、通电前的测定、蓄电池操作、加压功能、电源感应、紧急解除、控制、制动、过分相探测、监视器、空调、关门、辅助电路、应急灯切换、启动等项目。

49. 动调试验

动调试验主要包括常用制动试验、牵引试验、电制动试验等。

牵引与电制动时的电流值是主要项目，如 P1 牵引时电流值为 336~360 A，P1 牵引限流值 704~774 A；B5 制动时，制动限流值为 500~600 A；监视器显示、牵引备份、恒速、广播装置等功能正常。

三、LKJ 系统调试试验

LKJ 系统设备安装后的调试按《列车运行监控记录装置（LKJ）技术规范》要求执行。

第四节　动车组试运行

动车组静、动试验合格后，应进行动车组试运转，以验证试验时整定的各项参数及动车组各项性能是否达标合格，保证动车组正式使用时的可靠性。试运转条件应基本符合实际运用时的条件。试运转里程应按有关规定执行。

一、启动试验

设定制动手柄为 7 级、空挡开关为平常状态，换向器为"前进"牵引运行为"1 挡"时，打开启动试验开关。K 接通 MM 电流约 340 A（参考值）直流电压约 2 600 V（参考值）。

设定制动手柄为 7 级、空挡开关为平常状态，换向器为"后退"牵引运行为"1 挡"时，打开启动试验开关。K 接通 MM 电流约 340 A（参考值）直流电压约 2 600 V（参考值）。

二、牵引性能试验

选取 3~4 公里平直道（隧道区段外）为试验段。从停车状态设定为牵引 10 挡，以该状态加速到最高速度附近。确认下列项目为良好（通过监视器装置确认）。

（1）平坦状态下的启动加速度约为 0.406 m/s^2（1.46 km/h/s）。

（2）启动时的 MM 电流在各 CI 装置为 700~750 A（随着速度的上升，MM 电流将减少。记录在速度 5~30 km/h 附近的电流平均值）。

（3）无 CI 故障/保护动作。

（4）没有颠簸振动等异常情况，平稳加速。

（5）电机、主电路、转向架没有异常噪声、异常振动。

（6）通过监视器装置确认是否有空转（频繁发生空转时，重新试验）。

三、常用制动性能试验

选取 3~4 km 平直道（隧道区段外）为试验段，整列车进入平直道后以 200 km/h 的速度实施常用制动，直至停车。从最高速度附近设定为制动 7 级，以该状态减速直到停车为止。确认下列项目为良好（通过监视器装置确认）。

（1）在各速度范围的减速度如下（计算并记录减速度）。

200 km/h→0 km/h，平均约 0.595 m/s^2；

118 km/h→0 km/h，平均约 0.640 m/s^2；

70 km/h→0 km/h，平均约 0.747 m/s^2。

（2）再生制动动作，MM 电流输出，电流和电压反馈值与设定值相当。另外，BC 压变小。

① MM 电流约 680 A，速度 70 km/h（参考值）。

② 直流电压约 3 000 V（参考值）。

（3）无制动装置故障/异常的情况。另外，无 CI 故障/保护动作。

（4）电机、主电路、转向架没有异常噪声、异常振动。

（5）通过监视器装置确认是否有滑行（频繁发生滑行时，重新试验）。

四、常用制动性能试验（电气制动切断）

选取 3~4 km 平直道（隧道区段外）为试验段，整列车进入平直道后以 200 km/h 的速度实施常用制动，直至停车。设定电气制动切断开关为 ON，从最高速度附近设定为制动 7 级，以该状态减速到停车为止。确认下列项目为良好（通过监视器装置确认）。

（1）在各速度范围的减速度如下（计算并记录减速度）。

200 km/h→0 km/h，平均约 0.596 m/s^2；

118 km/h→0 km/h，平均约 0.640 m/s^2；

70 km/h→0 km/h，平均约 0.747 m/s^2。

（2）只有空气制动动作，再生制动不动作。

（3）无制动装置故障/异常的情况。

（4）转向架没有异常噪声、异常振动。

(5)通过监视器装置确认是否有滑行(频繁发生滑行时,重新试验)。

五、快速制动性能试验

选取 3~4 km 平直道(隧道区段外)为试验段,整列车进入平直道后以 200 km/h 及 160 km/h 的速度实施快速制动,直至停车。从最高速度附近设定为快速制动,以该状态减速到停车为止。确认下列项目为良好(通过监视器装置确认。)。

(1)在各速度范围的减速度如下(计算并记录减速度。)。
200 km/h→0 km/h,平均约 0.895 m/s^2;
118 km/h→0 km/h,平均约 0.961 m/s^2;
70 km/h→0 km/h,平均约 1.122 m/s^2。
(2)制动距离如下。
制动初速度为 200 km/h 时制动距离≤2 000 m;
制动初速度为 160 km/h 时制动距离≤1 400 m。
(3)再生制动动作,MM 电流输出,电流和电压反馈值与设定值相当。另外,BC 压变小。
① MM 电流约 680 A,速度 70 km/h(参考值)。
② 直流电压约 3 000 V(参考值)。
(4)无制动装置故障/异常的情况。另外,无 CI 故障/保护动作。
(5)电机、主电路、转向架没有异常噪声、异常振动。
(6)通过监视器装置确认是否有滑行(频繁发生滑行时,重新试验)。

六、定速运行试验

在速度 200 km/h 以及 40 km/h 时实施定速运行,速度基本上保持一定(在牵引运行 2 挡以上操作定速开关。通过监视器画面确认 CI 动作。)。

七、自动过分相装置功能试验

(1)升前弓以 60 km/h 速度往返通过分相区,确认自动过分相功能正常。
(2)升后弓以 60 km/h 速度往返通过分相区,确认自动过分相功能正常。

八、耐雪制动试验

运行速度 120 km/h,设定耐雪制动为 ON,进行 B1 制动,耐雪制动无效,降速至 110 km/h,制动手柄置于运行位后,再将手柄置于 B5 制动 2 s,然后实行 B1 制动,此时耐雪制动动作[观察 M 车的制动 BC 压:(60±20)kPa]。

九、速度表试验

运行中 ATP 装置速度表与监视器装置的速度显示没有差别（定速控制走行时的速度表的显示差在 2 km/h 以内）。

十、摘挂连挂试验

1. 连 挂

根据通常的连挂程序将试验编组与其他编组进行连挂。确认连挂动作没有异常。
摘挂连挂试验所使用的其他编组应已完成本大纲所规定的单编组的试运行。

2. 连挂静态试验

在静态状态下确认如下功能是否正常。在 1 号车和 16 号车确认如下功能。
（1）监控装置传送状态。监控装置的传送状态画面上确认传送状态是否良好。
（2）车内广播功能/联络功能。在试验编组播送并确认播到另一个编组。两列车的通信联络工作正常。
（3）车门开闭操作。在试验编组操作 1 位侧和 2 位侧的车门开关并确认其动作正常。
（4）VCB 操作/受电弓操作。在试验编组操作 VCB 关/开并确认其动作正常。在试验编组操作受电弓升/降并确认其动作正常。

3. 连挂走行试验

通过试验编组的司机台操作，进行速度 10 km/h 左右的低速走行并确认如下事项：
（1）牵引控制（在显示画面确认各车辆的电机电流）。
（2）制动控制（在显示画面确认各车辆的 BC 压力）。
（3）没有列车分离等异常状况出现。

4. 摘 挂

根据通常的摘挂程序将试验编组与其他编组进行摘挂。确认摘挂动作没有异常。

5. 受电弓连锁功能试验

两编组在连挂相近侧的两个受电弓（前编组的后弓和后编组的前弓）升弓状态下进行连挂并确认连挂后不能牵引。

十一、行车试验后的确认

行车试验结束后，确认下述项目：
（1）车轮、轴箱、制动装置、牵引电机没有异常情况。
（2）没有空气、水、油的漏泄。
（3）受电弓没有异常情况。

本章小结

本章主要内容有动车组检修前试验鉴定内容,动车组落车及编组,动车组调试试验和动车组试运行。在动车组进行检修前需要进行试验鉴定,目的在于确定动车组的技术状态,制订检修方案,核定检修费用。动车组落车是动车组总组装的最后环节,必须按照技术要求和工艺要求进行。调试试验是检查组装后的动车组是否满足技术要求,并通过试验,调整动车组各项参数,以确保动车组组装正确、动作可靠、运行安全,并获得规定的性能。调试试验分静态调试和动态调试。动车组试运转是验证试验时整定的各项参数及动车组的各项性能,保证动车组正式使用时的可靠性。

复习思考题

10.1 简述动车组检修前静态通电试验鉴定的内容。
10.2 简述动车组检修前动调试验鉴定的内容。
10.3 简述车辆落成的过程。
10.4 动车组调试试验时,绝缘耐压试验有哪些内容?

第十一章　动车组检修设施

本章主要介绍我国动车组检修基地的设置，以及动车组检修基地的主要功能和主要设备配置。

第一节　我国动车组检修基地的设置

一、我国动车组检修基地设置原则

动车组检修基地是承担动车组的运用管理、整备保养、检修调试工作，使动车组始终保持良好运用状态的场所，通常包括维持动车组正常运行所需要的设施和动车组故障修复所需的设施。

动车组检修基地的设置直接关系到客运专线开行动车组的配属数量、运用检修效率和设备投资规模等重大问题，应遵循下列原则：

1. 客运需求原则

动车组检修基地的设置首先应根据客流量需求，原则上应设置在到发旅客输送量较大处，从铁路快速客运网规划分析，在路网性和区域性客运中心客运量最大，应设置检修基地。

2. 运用效率原则

从动车组运用效率分析，动车组检修基地应设置在最能提高动车组运用效率的地方，须结合列车运用计划确定，尽量减少动车组的空驶和回送。

根据客运专线的运营经验，动车组运营时段一般在 6：00—24：00（或 5：00—23：00），停运时间是留给线路维护和检修用的。在线路停运时间段内，大部分动车组停放在检修基地内（同时进行动车组检测、检查、清扫和清洗等作业），少量停放在沿线车站或停车线上。作为检修基地的一部分，动车组的存放场十分重要。上述两点说明，检修基地应按照"检修集中，运用分散"的原则设置。

3. 检修规模原则

从检修规模分析，检修基地应规模适当，便于调度管理。动车组检修基地规模首先要满足运营需要，基地内存车线数量要与客站到发动出入基地走行线的能力相匹配；检修库列位数的设置应满足所在线路或车站始发终到动车组检修的需要。

4. 设备配备原则

从检修设备配备分析，在同一基地内进行检修作业的动车组类型尽量统一。由于动车组不同编组及动力配置方式的不同，其检测检修设备也各不相同，为提高配用率，减少设备重复配置，同一基地应尽量统一车型。

二、动车组检修基地的分类

动车组检修基地的基本设置原则是：检修集中、运用分散，满足动车组"快速检修、安全可靠、高效运营"的检修运营要求。为此，动车组检修基地设置分为动车段、动车组运用所（动车所）和动车组存车场（简称存车场）共三级。

第一级为动车段，重点承担动车组的集中检修和运用整备工作，检修和运用整备工作包括一级至五级各级修程。

第二级为动车所，重点承担配属动车组运用整备和存放工作，运用整备工作包括一级至二级修程。根据动车组配属情况，整备能力要做够，存车能力满足需要，适应分散存放的要求。

第三级为存车场，仅承担动车组夜间存放（含客运整备）作业。

第二节 动车组检修基地的主要功能和主要设备配置

一、动车段的主要功能及设备配置

1. 动车段的主要功能

动车段负责动车组一至五级的全部修程，具备以下功能：

（1）动车组管理功能。确保动车组的维修质量，保证安全高效运行。同时，实现计划编制、运行管理、动车组维修、客运整备、安全质量、采购、成本、仓储配送等业务的一体化管理。

（2）检查整备功能。动车组的一、二级检修及整备工作。

（3）检修功能。动车组的三、四、五级检修。

（4）零配件储备及配送功能。动车组配件储备及配件的配送工作。

（5）信息化管理功能。开发了动车组信息化管理系统，包括动车组履历管理子系统、调度管理子系统、安全质量控制子系统。

（6）排污处理功能。对检修作业中产生的污水进行处理，污水处理后，可循环使用。

2. 动车段设备配置

为了满足上述功能，动车段设备配置有：

（1）检查库。完成动车组一级、二级修程的检修需要。

（2）检修库。完成动车组三级、四级、五级修程的检修需要。

（3）主要零配件辅助检修设施。设施能力满足生产需要，布局符合工艺要求。

（4）走行部故障诊断设施。走行线上设置轮对画面诊断装置，动车组从诊断装置通过时，自动检查出轮对画面的裂纹、磨耗和不圆度，并通过计算机网络将检测数据传输的检修库，动车组入库后进行相应检修。

（5）轮对探伤和不落轮旋轮加工设施。设置轮对检测加工设备，对动车组轮对空心轴进行探伤检查，对故障和尺寸，超限踏面进行不落轮加工。

（6）车体外部自动清洗设施。清洗线采用贯通式，清洗设施两端应满足停放一列车的要求。

（7）集便器排污设施。集便器排污设施采用固定方式，真空管道应布置在工作平台下，其长度应满足列车最大卸污要求，并考虑室外排污条件。

（8）主要零部件配送设施。根据检修运用需要完成零部件的储备和配送。

（9）动车段信息管理。动车段信息化系统要以动车组技术管理、生产管理、物流管理、调度指挥、安全监控为主要内容，对动车组各项工作进行全面的时实的信息化管理，通过信息的分散采集、远程诊断、网络传输、集中处理，对各类信息进行实时汇总分析，使各级管理人员及时掌握动车组生产、安全、运行情况，进行有效管理，科学决策。

（10）动车组存车设施。存车场能力应满足动车组运营开行需求。

二、动车运用所的功能及设备配置

1. 动车运用所的功能

动车组运用所负责动车组一、二级修程及客运整备，主要具备以下功能：
（1）动车组管理功能；
（2）动车组检查整备功能；
（3）排污处理功能；
（4）信息化监控功能。

2. 动车运用所设备配置

为了满足上述功能，动车运用所设备配置有：
（1）检查整备设备；
（2）临修设备；
（3）走行部故障诊断和不落轮旋轮加工设备；
（4）车体外部自动清洗设施；
（5）集便器卸污设施；
（6）信息化设施；
（7）存车设施。

三、动车组主要检修设施简介

1. 检查库、检修库

动车组检查检修作业在库内进行，设置 3 层作业平台（见图 11.1），满足车下、车内和车顶检修检查作业的要求。库内设有动车组上水、排水及排污设备。

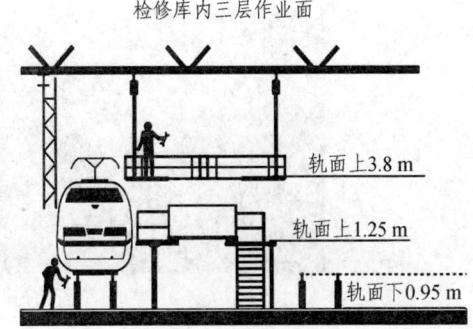

图 11.1　三层作业面

2. 主要零、配件辅助检修设施

设有临修设施，可以完成动车组转向架、轮对以及车顶部件的更换。

3. 走行部故障诊断设施

检修库前走行线上应设置轮对踏面诊断装置。动车组从诊断装置通过时自动检查出轮对踏面的裂纹、磨耗和不圆度，并通过计算机网络将检测数据传输到检修库，动车组入库后进行相应检修。

4. 轮对探伤和不落轮旋轮加工设施

图 11.2 给出了几种超声波探伤设备。图（a）所示为超声探伤台位上检测车轴示例；图（b）所示为超声波探伤机探测空心轴，用于检测车轴内部缺陷；图（c）所示为踏面超声波检测设备。

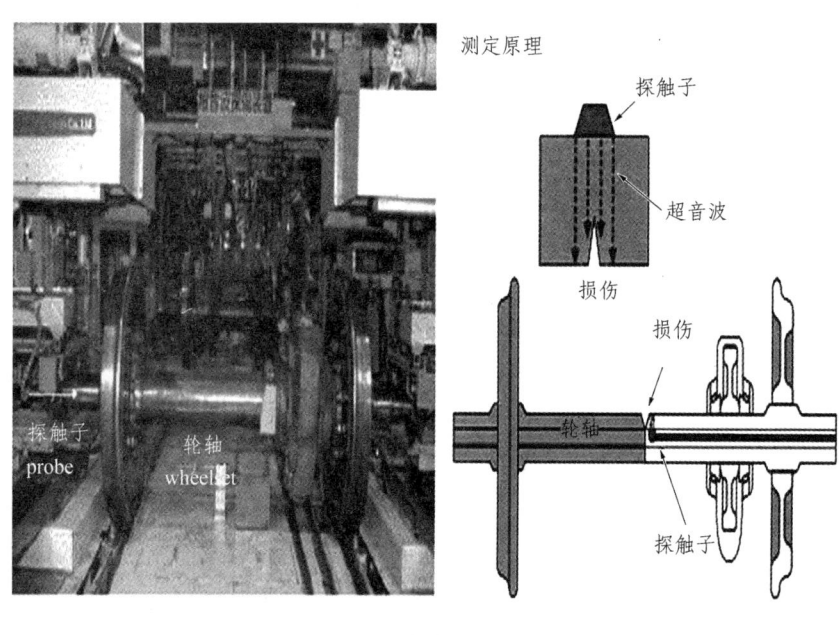

（a）

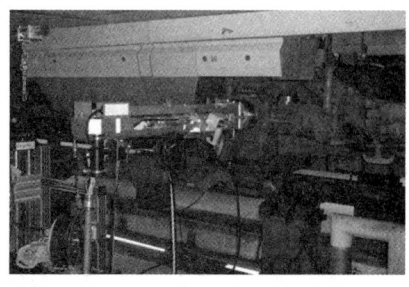 

（b）

(c)

图 11.2　超声波探伤设备

检修基地设有不落轮旋轮库。库内设置不落轮旋轮设备。

5. 车体外部自动清洗设施

设有清洗库，在平直线上设置车体外清洗设备，清洗线采用贯通式布置。图 11.3 为车体自动清洗设备。

图 11.3　车体自动清洗设备

6. 集便器排污设施

在工作平台下布置固定方式真空管道，其长度能满足长编组列车。真空管道能同时满足相邻两股整备线停留列车的污物箱满箱时卸污的要求。

7. 主要零部件配送中心

根据检修运用需要完成零部件的储备和配送。

8. 动车组管理信息中心

对动车组技术、生产、调度、安全监控、配件配送等各项工作进行全面的实时信息化管理，使各级管理人员及时掌握动车组技术安全运行情况，得到有效管理和科学决策，通过信息共享使各岗位人员了解工作内容和技术标准，进行工作质量管理和控制。硬件平台的搭建采用小型双机热备方式，建立中央数据库，通过运行终端和检测试验设备的联网运行实现信息共享。信息化系统纳入全铁路动车组信息化管理系统,实现全铁路信息共享。

9. 动车组存车设施

存车场能力应满足动车组运营开行需求。

第三节 动车组典型检修设备介绍

一、轮对故障动态检测设备

1. 系统概述

"轮对故障动态检测系统"安装在动车组入库线路上,动车组动态通过时,自动检测轮对外形尺寸、踏面缺陷状况、车轮擦伤和不圆度状况,适用于各型 CRH 动车组。检测流程如图 11.4 所示。

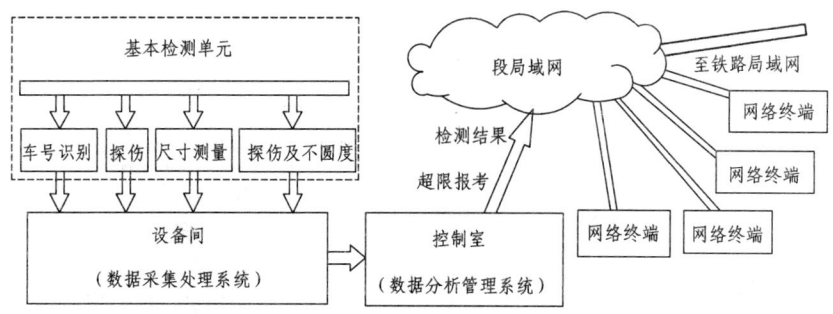

图 11.4 轮对故障动态检测流程示意图

2. 功 能

(1)自动检测轮对外形尺寸:踏面磨耗、轮缘厚度、QR 值、车轮直径、轮对内距。
(2)自动探测踏面缺陷:踏面剥离、裂纹。
(3)自动检测车轮擦伤及不圆度。
(4)自动识别车号及端位。
(5)绘制轮对外形检测曲线并与踏面标准外形曲线进行比较显示。
(6)检测结果存储、查询、统计、超限报警显示、打印及数据联网管理,如向动车组信息化管理系统提供接口。

3. 技术参数

外形尺寸检测技术指标:
踏面磨耗测量精度 ± 0.2 mm
轮缘厚度测量精度 ± 0.2 mm
QR 值测量精度   ± 0.4 mm

轮对内侧距测量精度 ±0.4 mm
车轮直径测量精度　±0.6 mm
车轮擦伤及不圆度检测技术指标：
擦伤深度测量精度 ±0.2 mm
不圆度测量精度　±0.2 mm
踏面缺陷检测技术指标：
裂纹或剥离长度（沿轮对轴向）≥10 mm
裂纹或剥离深度（沿车轮径向）≥3 mm
探测深度≤10 mm
车速范围：
通过速度≤30 km/h
检测时通过速度 5～12 km/h

4. 组成结构

轮对故障动态检测系统组成结构框图如图 11.5 所示。

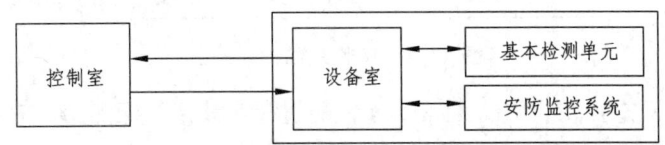

图 11.5　轮对故障动态检测系统组成结构框图

（1）基本检测单元。
作用：获取轮对外形的原始检测数据和踏面缺陷的原始检测数据。
组成：车号识别模块、轮对外形轮廓及内侧距检测模块、车轮直径检测模块、车轮擦伤及不圆度检测模块、踏面裂纹探测模块。
（2）设备间。
作用：现场控制；信号采集；数据处理及传输。
组成：现场控制系统、数据采集系统、数据处理系统、监控系统主控机。
（3）控制室。
作用：远程控制；远程监控；数据管理；网络信息化。
组成：操作控制台、监控系统、数据库、数据综合分析及管理软件。
（4）安防监控系统。
作用：监视现场设备，防盗及声光报警，确保现场检测设备的安全。
组成：监视摄像机（带云台）、壁挂显示器、微波红外报警器、壁挂音像、话筒、安防监控软件等。

5. 检测原理

（1）外形几何尺寸检测。线光源沿轮心方向投射到车轮踏面部分形成包含踏面外形尺寸信息的光截曲线，用与光入射方向成一定角度的 CCD 摄像机拍摄车轮外形光截曲线，经图像采集、处理获得车轮外形尺寸，如图 11.6 所示。

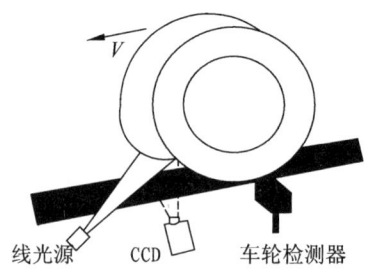

图 11.6　CCD 摄像机拍摄

（2）车轮不圆度（擦伤）检测。轮缘顶点位置的变化量反映了车轮踏面受损的情况，通过测得 t 点的相对位移 h，可得到当前车轮踏面的擦伤值，如图 11.7 所示。

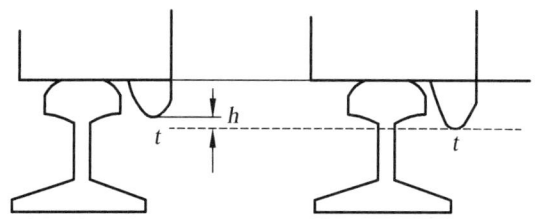

图 11.7　车轮踏面擦伤检测

（3）踏面缺陷动态探伤，如图 11.8 所示。通过超声波探头探测踏面表面信号，在显示器上观测踏面缺陷情况。

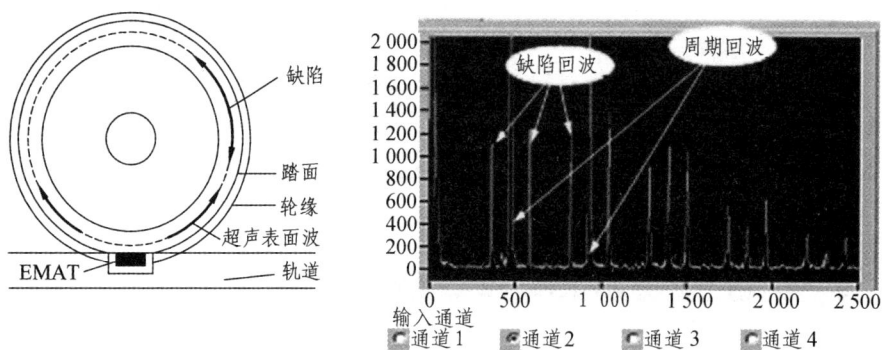

图 11.8　踏面缺陷动态探伤

6. 工作流程（见图 11.9）

系统工作流程包括以下三个方面：

（1）检测系统流程：执行与轮对检测相关的操作。系统开机后该流程自动执行。

（2）安防监控系统流程：用于保障系统安全，独立于检测系统工作，系统开机后该流程自动执行。

（3）数据管理系统流程：执行与数据查询、统计、网络访问及共享管理等相关的操作，独立于检测系统和安防监控系统。数据管理操作在密码保护下执行，访问和操作的数据包括检测结果数据和监控录像数据。

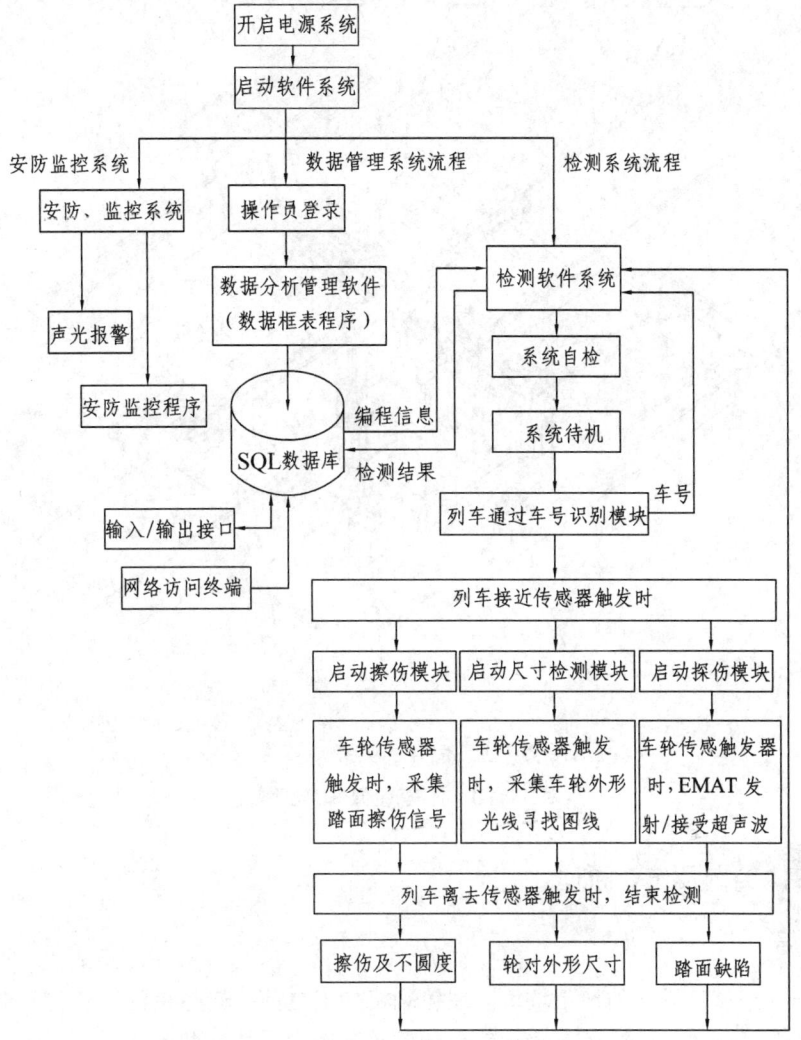

图 11.9 轮对故障动态检测系统工作流程

二、不落轮镟车床

不落轮镟车床是重要的机车车辆检修设备，可以在列车不解体状态下直接对磨损或擦伤的轮对进行镟修加工。该设备主要有液压仿形与数控式两种控制形式。两种形式的镟床各有特点，都能较好完成列车轮对的加工镟修。下面简要介绍液压仿形控制形式的不落轮镟车床。

(一) 车床组成

车床由机床床身、导轨系统、液压单元、电气柜、主操作面板、楼梯、扶手、碎片处理系统组成，如图 11.10 所示。

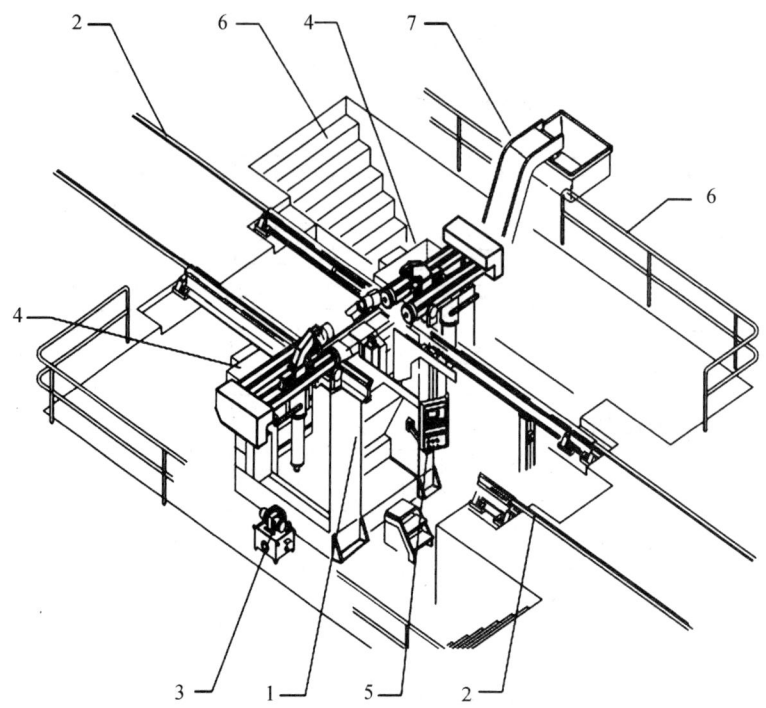

1—机床床身；2—导轨系统；3—液压单元；4—电气柜；5—主操作面板；
6—楼梯，扶手；7—碎片处理系统。

图 11.10　不落轮镟车床组成

(二) 整体结构及作业原理

1. 布　局

机床置于一个靠近导轨的地下坑里。在轮副机加工之前，这些导轨（滑轨）通过液压移出加工范围。两个紧凑的机床柱子支撑：轮副的驱动和对中系统；两个支撑的横梁；制动单元。

2. 进　给

当导轨闭合后，待加工的轮子就定位在机床上。关电开关可以确保轮副在机床上的准确定位。轮副通过三相无级变速的电动机驱赶。驱动力通过 4 个滚轮传递给车轮踏面。另外 2 滚轮作为轮副的轴向引导系统。

3. 对　中

在转动过程中通过调节轴箱，可以实现轮副踏面相对旋转轴的最高精度。由确定的车轮的旋转准确的最大量踩相对于旋转的轴可以确定轴而转弯箱取得。基于该目标，机床提供了轴箱调节设备。机床配有外部和内部（可选择）的轴箱调节单位。

4. 测　量

轮副外形的磨损测量和刀架的自动定位由安装在径向滑块上的定位和磨损探头控制。电子滑动监视器可以辨别在驱动滚轮（如果存在）的滑过瞬间。

5. 刀　具

在轮副加工中，使用加入碳化物的刀具。

6. 处　理

所有受高压的定位导轨都进行了回火。所有的滚轮轴承都根据使用年限进行了充分润滑。驱动滚轮的齿轮单元充满了油。在机床加工范围内所有的定位导轨都有防止转向冲击的保护。

7. 控　制

机床配有一个数控系统。电器部件在机床背部的控制柜中。机加工可选择半自动或者全自动模式。机床通过主操作面板控制。

8. 碎片处理

机加工中产生的碎片通过安装在机床上的气缸送往粉碎机（如果存在）进行粉碎，并且通过碎片传送带运到机床外。

本章小结

本章介绍了我国动车检修基地的设置原则及检修基地的分类；介绍了动车段、动车运用所的功能及配备，还对动车检修基地典型的检修设备（轮对旋修设备、轮对踏面检测设备等），从功能、原理、组成构造方面作了介绍。

复习思考题

11.1　动车检修基地设置原则是什么？
11.2　动车检修基地的类型有哪些？
11.3　动车段和动车运用所的主要功能是什么？
11.4　试述动车段和动车运用所设备的配置情况。
11.5　简述轮对踏面检测设备的功能及结构。

参考文献

[1] 宋永增. 动车组制造工艺[M]. 北京：中国铁道出版社，2007.
[2] 刘志明，史红梅. 动车组装备[M]. 北京：中国铁道出版社，2007.
[3] 林建辉. 动车组检修技术与设备[M]. 北京：中国铁道出版社，2010.
[4] 大连铁道学院. 车辆制造与修理工艺[M]. 北京：人民铁道出版社，1980.
[5] 中国铁路总公司. 铁路动车组运用维修规程[M]. 北京：人民铁道出版社，2015.
[6] 中国铁路总公司. 和谐5A/5G型动车组三级检修规程. 2014.
[7] 中国铁路总公司. 和谐5A型动车组四级检修规程. 2014.
[8] 中国铁路总公司. 和谐5A型动车组五级检修规程. 2016.
[9] 中国铁路总公司. 和谐CRH2A型动车组四级检修规程. 2010.
[10] 中国铁路总公司. 和谐CRH2A型动车组三级检修规程. 2010.
[11] 王伯铭. 动车组运用于检修[M]. 北京. 中国铁道出版社，2011.
[12] 周力. 国产动车组维修体系研究[D]. 北京：北京交通大学，2008.
[13] 刘丽影，刘继刚，刘继. 我国高速动车组检修制度[J]. 同济大学学报，2001，29（8）：4.
[14] 四方车辆厂. 200公里动车组使用维护说明书. 2009.
[15] 中国国家铁路集团有限公司. CRH380B型动车组一、二级检修作业规程. 2020.
[16] 中国国家铁路集团有限公司. CRH380B型动车组三级检修作业规程. 2020.
[17] 高飞，潘钰. 北京动车组检修基地与检修[J]. 铁道机车车辆，2010，30（4）：77-81.